KB201360

수정증보판

하나님의 구속사적 경륜으로 본

영원한 만대의 언약 십계명

The Eternal Covenant for All Generations:

The Ten Commandments

in Light of God's Administration in the History of Redemption

Huisun
Seoul, Korea

하나님의 구속사적 경륜으로 본

영원한 만대의 언약 십계명

박윤식

Rev. Yoon-Sik Park, D.Min., D.D.

| 서 평

민영진 박사

이스라엘 히브리대학교(Ph.D)
(前) 감리교신학대학교 교수, 대한성서공회 총무
(前) 세계성서공회 아태지역이사회 의장
(前) 침례신학대학교 특임교수
대한기독교서회 100주년 기념 성서주석 출애굽기, 사사기, 룻기, 전도서, 아가서 저자

이 책은 문체를 살펴보면 저자가 독자에게 높임법을 사용한 구어체 형식을 갖추고 있다. 이러한 구어체 화법은 어려운 내용을 쉽게 전달하는 방법이기도 하다. 저자는 오로지 자신의 청중 혹은 독자에게 전달할 십계명의 내용 설명과 그것이 지닌 현대적인 메시지 전달에 깊은 관심을 집중하고 있다.

본 서는 독특한 방법론과 구조를 가지고 있다. 십계명 자체를 다루기에 앞서서 예비 단계로 언약 일반, 시내산 언약, 언약 체결을 전후한 모세의 여덟 차례 시내산 등정을 상세하게 진술하고, 그리고 십계명의 서론을 논한 다음에, 비로소 열 계명을 각 계명별로 하나하나씩 다룬다.

저자는 각 계명을 설명하기에 앞서, 각 계명의 출처, 각 계명의 우리말 번역 본문[1], 각 계명의 영어 번역 본문[2], 각 계명의 히브리어 마소라 본문[3]을 제시한다. 다음에는 각 계명을 다섯 가지 각도에서 조명한다. ① 해당 계명 자체 해석 ② 해당 계명과 관련된 세부 율법 ③ 해당 계명을 범한 자의 최후 ④ 계명에 따라 "해당 계명의 예배에 대한 교훈"(1, 2, 3, 4 계명의 경우), "해당 계명의 복음적 확대"(5, 6, 7, 8, 9, 10계명의 경우) ⑤ 해당 계명의 구속사적(救贖史的) 교훈-이상 다섯 가지가 십계명 이해를 위해 저자가 설정한 기본적인 관찰의 틀이다.

저자의 설명은 사변적(思辨的)인 것이 아니라, 거의 다 신구약 성경의 문맥에서 본문을 인용하고 연결하는 방법을 택하였다. 저자 자신이 이것을 고백하고 있다. "성경의 황금맥(黃金脈)은 내가 죽고 또 죽어도 다 찾아내지 못하는 무진장의 광대한 광맥이었습니다. 저는 거기에서 파생된 겨우 몇 줄기의 지맥을 오직 하나님의 은혜로 발견하고 캐내는 가운데 「구속사 시리즈」를 출간하게 되었습니다"(저자 서문 중에서 16쪽).

저자가 일반적인 관주(貫珠) 성경이 제시하는 관련 구절과는 비교도 할 수 없을 만큼 많은 관련 구절들을 성경 안에서 뽑고, 그것들을 연결하고 직조하여, 성경 본문을 가지고 입체적이고 환상적인 건축물을 짓는 솜씨는 가히 천재적이라 할 수 있다. 거미줄이나 그

물망이 정교하게 얽혀 있지만 거기에는 분명 어떤 질서가 있듯이, 정보망(情報網)이나 방송망(放送網)이 정교한 네트워크를 형성하며 놀라운 메시지를 전달하듯이, 히브리어 구약 39권 929장 23,213절과 그리스어 신약 27권 260장 7,941절 중에서 해당 계명과 관련된 구절들을 뽑아내어, 치밀하게 수(繡)를 놓아 성경 본래의 메시지를 전달하는 솜씨는 경이롭기 그지없다. 저자는 성경으로 성경을 해명한다고 하는 종교개혁자들의 방법을 한껏 활용하고 있으니, 독자들은 십계명 부분만 읽더라도 성경 66권 전체를 넘나드는 깊은 체험을 하게 될 것이다.

십계명을 설명함에 있어서 모든 설명 자료를 신구약 성경에서 인용한 저자는, 제5계명 부모 공경을 설명하는 곳에서는 성경 문맥에서의 인용 외에도 드물게, 아주 예외적으로, 우리 동양의 고전을 인용한다. "효도는 보편적 천륜(天倫)으로, 이방 세계에서도 오래 전부터 '효도'(孝道)를 고유 미덕과 기본 윤리로 삼는 효도법이 있었습니다"(351쪽)라고 말하면서 『명심보감(明心寶鑑)』 22번째 이야기인 "팔반가(八反歌)"의 전문을 한문으로 인용하고, 우리말로 번역하여 실었다. 팔반가 여덟 수는 3대가 사는 집안에서, 어버이를 봉양하고 아이를 기르는 젊은 부모가 늙은 부모를 대할 때의 태도와 어린 자식을 대할 때 보이는 여덟 가지의 상반된 마음을 비교하여 읊은 노래다. 젊은 부모가 자기의 아이를 대하는 마음과 태도, 젊은 부모가 자기의 늙은 부모를 대하는 마음과 태도의, 그 상반된

국면을, 예를 들어 가면서 해학적(諧謔的)으로 날카롭게 꼬집고, 부모에게 효도할 것을 권하는 여덟 편의 반어적(反語的)인 노래다. 성경을 풀이함에 있어서 혹은 성경을 해석함에 있어서, 토착 문화의 언어나 교양을 원용(援用)하는 것이 긍정적인 효과를 가져다줄 수 있다고 하는 한 모범을 보인 것으로 판단된다. 명심보감의 활용이 '효'(孝)에 대한 하나님의 메시지를 전달하는 데 어쩌면 그렇게 절묘하게 들어맞을 수 있는지, 저자의 영적 능력은 범상을 뛰어넘는 그것이다. 이러한 저자의 동양 고전 활용 방법은 앞으로 우리나라나 중국이나 일본 및 한문권(漢文圈) 독자들과 훨씬 더 소통이 잘 될 수 있는 방법이라 생각한다.

십계명을 삶에 적용함에 있어서, 저자의 견해는 다른 어떤 이들보다 보수성과 철저성을 견지하고 있다. 저자는 "신약 시대 이후 오늘날 성도들은 안식일 대신 주일을 지키고 있습니다"(341쪽)라고 말하면서 유대교의 안식일이 기독교에서는 주님께서 부활하신 주일로 완성된 것이라고 설명하고 있다(340-341쪽). 이러한 해석을 유대교 쪽에서는 받아들이지 않을 것이지만, 저자의 십계명 해석 대부분은 유대교 쪽에서 볼 때도 아무런 이의를 제기하기 어려울 정도로 탁월하다. 유대교를 거뜬히 넘어서서 새로운 구속사적 지평을 열어 주고 있는 저자의 철저한 십계명 연구는 그 자체로서 능히 존경받을 만하다.

독자들은 이 책을 통하여, 저자가 성경을 1,800번 이상 정독하면서 구석구석 깊고 세밀한 부분까지 땀과 눈물로 연구한 평생의 작업을 너무 쉽게 거저 받는 것 같은 황송함을 느끼게 될 것이다. 부디 저자에게 허락하신 하나님의 폭포수 같은 은혜의 역사 모두가 귀한 저서로 빠짐없이 표현되어서 전 세계와 한국의 모든 교회들을 풍성한 생명의 꼴로 먹이는 하늘 양식으로 쓰임 받기를 간절한 마음으로 소망해 본다.

(前) 감리교신학대학교 교수, 대한성서공회 총무
(前) 세계성서공회 아태지역이사회 의장
(前) 침례신학대학교 특임교수
민 영 진 박사

민영진

---

1)「성경전서 개역 한글판」(대한성서공회, 1961)
2) The New American Standard Bible (The Lockman Foundation, 1977)
3) Biblia Hebraica Stuttgartensia, revision of Biblia Hebraica (third edition), 1977

강신택 박사

히브리 유니온 대학(Ph.D) / (前) 예일대학, 트리니티 신학대학원 교수
수메르어의 세계적 권위자
"히브리어 한글 대역 구약성경" 역자

먼저 이 책을 한국 땅에서 나오게 하신 하나님께 감사 찬양을 올립니다. 그리고 기독교 역사에 한 번 나올 법한 이 대서를 집필하신 저자에게도 감사를 드립니다. 저자는 이 책의 서문에서 십계명은 신구약 성경 66권을 압축한 것이고, 성경의 모든 내용은 십계명 열 마디의 말씀을 돌쩌귀 삼아서 움직이고 있다고 갈파(喝破)하고 있습니다. 저자는 십계명과 직접 관계된 성경의 여러 구절들을 이곳저곳 샅샅이 찾아서 십계명의 바르고 깊은 뜻을 설명하고 있습니다. 저는 이 책을 읽으면서 예수 그리스도를 통해 인류를 구원하시려는 모든 계획이 십계명에서 드러나고 있다는 것을 발견했습니다. 십계명은 과거와 미래를 연결시키는 다리입니다. 다리를 통해서 과거에서 미래로 건너가듯이, 십계명을 통해서 구약과 신약이 하나로 연결되는 것입니다.

이 책의 대작업은 하나님을 사랑하고 일생을 말씀과 함께 살아온 성경의 대가(大家)만이 할 수 있는 일입니다. 그동안 많은 학자들이 시내산 언약과 십계명에 관해서 연구하고 여러 책들을 출판했으며, 앞으로도 이러한 책들이 계속해서 출판되어 나올 것입니다. 그런데 저는 이 책은 이 분야에 있어서 현재뿐만 아니라 앞으로도 독보적인 책이 될 것이라고 감히 말씀드립니다. 이 책은 시내산 언약의 특징과 그 구속사적 의미의 핵심을 정확하게 정리하고 있습니다. 이어 모세의 시내산 8차 등정의 과정을 마치 드라마를 보듯이 선명하게 볼 수 있도록 묘사하고 있습니다. 지금까지 모세의 시내산 8차 등정에 대하여 간략하게 다룬 책들은 보았지만, 이렇게 성경 본문의 정확한 의미를 충분히 살려 자세히 정리한 책은 본 적이 없습니다. 저는 이 책을 읽으면서 모세가 80세의 노인으로서, 젊은이와 같이, 험하고 높은 산을 오르락내리락 하는 모습을 생생하게 보았습니다. 하나님의 뜻을 알기 위해서 두 번의 40일 금식기도와 한 차례의 40일 중보기도를 올리고, 여덟 차례에 걸쳐 시내산을 올라갔던 모세의 충성스러운 모습을 선명하게 보았습니다. 그의 손과 발에서는 피가 나고 온몸은 땀으로 젖어 있고, 그의 얼굴은 햇볕에 타서 까맣지만, 윤기가 나고 광택이 나는 것을 보았습니다.

저자는 모세가 몇년 몇월 며칠 무슨 요일에 시내산으로 올라갔었고, 또 내려왔었나 하는 것을 성경에 근거하여 정확하게 찾아내어 주었습니다. 그리고 그때그때마다 일어났던 모든 일들을 알기 쉽게 정리해 놓았습니다. 저자는 거룩하신 하나님과 모세와의 대화를, 하나님에게 절대적으로 복종하는 모세의 행동을, 너무나도 생생하게 그려 주고 있습니다. 저는 세계 수많은 학자들의 글을 접해 보았지만, 이렇게 마치 그 현장에서 직접 목격한 것처럼 생동감있게 증거하는 책은 처음 보는 것 같습니다. 저자의 십계명 설명은 다른 학자들과는 그 차원이 다른 것입니다. 저자는, 십계명은 만대의 택한 백성에게 생명을 주는 살아 있는 언약이며, 그 언약의 중심 인물은 예수 그리스도시라고 거듭거듭 선포하고 있습니다. '영원한 만대의 언약 십계명'을 읽다 보면 십계명 속에 진주보다 더 아름답고 빛나는 영적 보석들이 가득 차 있음을 발견하는 기쁨으로 충만케 됩니다.

저는 일평생 히브리어 연구에 전념하며, 히브리어에 관한 한 전문가라고 자부하는 학자로서, 저자가 시편 119편에 나오는 히브리어 열 가지 단어를 십계명과 연결시켜 설명하는 깊은 통찰력과 영적인 묘미에 감탄하지 않을 수 없었습니다. 또한 십계명의 모든 구절을 하나도 빠짐없이 히브리어 본래의 의미를 해석하며, 전혀 막힘이 없이 마치 물 흐르듯이 자연스럽게 구사하는 그 놀라운 능력에 혀를 내두르지 않을 수 없었습니다. 이렇게 원문에 철저하게 근거한 구속사적인 해석은, 실로 원문 성경의 구석구석을 아는 사람만이 할 수 있는 경이로운 주석인 것입니다. 저는 이제 한국의 모든 기독교인들이 이 책을 구입하셔서 머리 맡에 두고 읽고 또 읽어야 한다고 말씀드리고 싶습니다. 노란색이나 빨간색으로 줄을 치면서 천천히 읽으시기 바랍니다. 그 내용이 너무나도 방대하니까 천천히 읽으면서 소화하시기 바랍니다. 이 책을 읽을 때에 믿음이 적은 자들은 큰 믿음을 갖게 되고, 큰 믿음을 가진 자들은 더 굳건하고 확실한 믿음을 갖게 될 것입니다. 십계명을 읽고 또 읽으실 때에 성경에 대한 올바른 지식을 가지게 되고, 하나님이 어떤 분이신가 하는 것을 깨닫게 되고, 예수 그리스도를 통한 구원이 얼마나 귀중한가 하는 것을 알게 되실 것입니다.

제가 감히 바라는 것이 있다면, 이 책을 중심으로 해서 한국 교회에 '십계명 운동'이 일어났으면 하는 것입니다. 서구 교회들은 이미 십계명의 중요성을 잃은 지 오래되었습니다. 서구 교회들이 십계명을 강조하지 않았을 때부터 서구의 각 나라는 타락하기 시작했습니다. 모든 관공서에 붙어 있던 십계명은 떼어졌고, 공공장소에 세워졌던 십자가도 하나하나 없어져 가고 있으며, 그 대신 인간들이 만든 우상들로 가득 차 가고 있습니다. 제발 한국 교회는 서구 교회를 닮지 않기를 두 손 모아 기도합니다.

저자의 전 생애가 담긴 이 책은 대한민국 교회를 대표하는 저서라는 찬사를 받기에 부족함이 없는 세계적인 책입니다. 저자가 앞으로도 건강하심으로 대한민국과 세계의 교회들을 위해서 계속 최고의 책을 써 주시기를 바라며 저는 뒤에서 기도하겠습니다. 이 모든 일에 대해서 하나님께만 영광을 돌리며, 전 세계 모든 성도들에게 충심으로 이 책을 추천합니다.

אַשְׁרֵי מִי אֲשֶׁר שֹׁמֵר אֶת־עֲשֶׂרֶת הַדְּבָרִים
(복이 있는 자들은 열 말씀들을 지키는 자들이다)

(前) 예일대학, 트리티니 신학대학원 교수
수메르어의 세계적 권위자
강 신 택 박사

| 저자 서문
AUTHOR'S FOREWORD

박윤식 목사 |

이 세상에서 사람이 누릴 수 있는 최고의 부와 권력과 즐거움과 명예와 영광을 소유하였던 솔로몬-그는 인생 말년에 이 모든 것의 헛됨을 깨닫고 전도서 1:2에서 "헛되고 헛되며 헛되고 헛되니 모든 것이 헛되도다"라고 고백하였습니다. 이 세상에서는 아무런 소망도 찾을 수 없는 인생의 비극적 실존을 절규하듯이 토해 내고 있습니다. 아무리 부귀영화를 누린다 할지라도 이 세상의 생명은 "잠간 보이다가 없어지는 안개"와 같습니다(약 4:14). 욥은 "나의 날은 베틀의 북보다 빠르니 소망 없이 보내는구나"(욥 7:6)라고 고백하였습니다. 날아가듯이 빠르게 지나가는 허무한 인생 속에서(시 90:10), 오직 우리의 영광의 소망은 예수 그리스도뿐입니다(골 1:27).

저는 이제 나그네 인생 황혼을 지나가면서, 하루하루가 날아가는 화살처럼 너무도 빨리 지나감을 뼛속 깊이 통감하곤 합니다. 그러나 항상 감사하면서 소망을 품고 주님을 더욱더욱 찬송하며 살아갈 수 있는 것은(시 71:14), 하늘에 있는 더 나은 본향을 사모하기 때문입니다(히 11:16). 보이는 천지는 다 없어져도 하나님의 말씀은 영원하기에(마 24:35), 저는 일평생 새 하늘과 새 땅을 바라보며 오직 하나님의 말씀만 붙들고 의지하며 살아왔습니다.

2007년 구속사 시리즈 제1권 「창세기의 족보」를 발간한 것이 엊그제 같은데 벌써 제6권까지 발행이 되었습니다. 구속사 시리즈 제6권 「맹세 언약의 영원한 대제사장」에서 약속한 대로, 성막과 절기, 제사 제도 등을 주제로 그동안의 원고를 정리하다 보니 실로 방대한 분량이 되었습니다. 부득이 이번 구속사 시리즈 제7권에서는 '만대의 언약 십계명'을 중심으로 기술하고, 제8권에서는 제2권 「잊어버렸던 만남」의 속편으로 '횃불 언약의 성취'(10대 재앙과 출애굽, 그리고 가나안 입성)에 대하여 다룰 것입니다. 제9권에서는 성막에 관한 내용을 담아 내려고 합니다. 본 서의 주제인 '십계명'은, 그 속에 신구약 66권 하나님의 말씀이 압축되어 있습니다. 성경의 중심 내용은 십계명의 열 마디 말씀을 돌쩌귀 삼아 움직이고 있습니다. 십계명은 깊이 들여다볼수록, 그 속에서 예수 그리스도의 참모습을 밝히 깨달을 수 있고, 하나님 사랑의 넓이와 길이와 높이와 깊이가 어떠함을 온몸으로 체험할 수 있습니다(엡 3:19). 십계명 속에서 심오한 구속사적 진리를 깨닫기 위해, 본 서에서는 한 구절 한 구절, 또 한 마디 한 마디 그 원문의 뜻을 분명히 하였고, 될 수 있는 대로 다양한 번역문을 제시하고 성경에 나타난 예문과 함께 구속사적 설명을 곁들였습니다. 하나님께서 십계명을 주신 이유는, 사람이 "하나님 여호와를 경외하여 항상 복을 누리게 하기 위하심"(신 6:24)이라고 기록하고 있습니다. 그러나 법 그 자체로만 보면, 타락한 인간은 단 한 사람도 그 법을 지킬 수가 없기 때문에 하나님의 진노를 피할 자가 없습니다. 그래서 하나님께서는 예수님으로 하여금 죄인을 대신하여 십자가 위에서 그 진노와 형벌을 다 담당케 하심으로, 믿는 자를 구원해 주셨습니다. 실로 골고다의 십자가는, 십계명 속에 약속하신 하나님 사랑의 최절정이요 성취인 것입니다.

저는 목회 초창기 장안산과 지리산에서 오직 성경과 씨름하며 기도하는 가운데, 신구약 성경 노다지인 황금맥을 찾아 부단히 진리의 산중을 헤매다가, 성령의 강력한 조명으로 성경을 구속사적으로 깨달을 수 있는 눈이 조금씩 열리게 되었습니다. 성경의 황금맥은 내가 죽고 또 죽어도 다 찾아내지 못하는 무진장의 거대한 광맥입니다. 저는 거기에서 파생된 겨우 몇 줄기의 지맥을 오직 하나님의 은혜로 발견하고 캐내는 가운데 구속사 시리즈를 출간하게 되었습니다. 이 구속사 시리즈가 히브리어를 비롯한 전 세계 16개국 언어로 번역이 되어, 많은 분들에게 말씀에 대한 구속사적 해석이라는 신선한 충격과 영적 각성을 일으키고 있다는 소식을 듣고 있는데, 송구스러운 마음과 함께 더욱 큰 책임을 느끼게 됩니다.

불초한 사람은 신구약 성경의 핵심 요지가 십계명인 것을 깨닫고, 50년 이상의 설교 사역에서 십계명 그 열 마디의 물줄기를 따라 구속사적 관점에서 설교하려고 애를 썼습니다. 누가의 고백처럼 "말씀의 목격자"가 되기 위해 매일 쉬지 않고 기도를 올리면서, 성경 구석구석을 빠뜨리지 않고 연구하고, 최대한 힘 닿는 대로 관련된 모든 분야에 힘과 정성을 쏟아 부었습니다. 부디 이 부족하고 허물 많은 저서가 이제 130년을 바라보는 한국 기독교 역사에 다소(多少)라도 유익되기를 삼가 기도하고, 하나님을 사랑하고 성경을 깊이 알고자 하는 전 세계 사람들에게 친절한 길 안내자가 되기를 손 모아 기도할 뿐입니다.

이 책이 나오기까지 후원해 주신 사랑하는 성도들과 동역자들, 그 모두에게 물심양면의 헌신적 성원과 눈물 어린 기도에 감사 드리며, 원고 교정과 편집을 위해 정성을 쏟으신 분들에게 주님의 이름으로 진심으로 감사 드립니다. 그분들의 노력과 정성이 없었다면 이 책은 결코 나올 수 없었을 것입니다.

예수님의 예언대로 불법이 성하여 사랑이 식어지고(마 24:12) 억울한 자의 눈물겨운 호소가 그칠 날 없습니다. 차마 눈뜨고 볼 수 없는 죄악의 먹구름으로 뒤덮인 오늘날, 남녀노소 모두가 사랑에 목이 타고 사랑을 찾기에 갈급합니다. 찢기고 할퀴인 상처투성이의 인류를 치료할 특효약, 모든 부정을 깨끗하게 씻어 줄 티 없이 맑은 생명수, 그것은 바로 사랑으로 충만한 살아 계신 하나님의 말씀뿐입니다. 아무쪼록 이 책을 읽는 이마다 하나님의 사랑이 가슴속에 샘솟듯하여, 하나님의 나라 천국을 이 땅에서 맛보며 이 복음을 전 세계에 널리 전하는 귀한 은혜가 임하시기를 간절히 소원합니다.

2013년 10월 3일

천국 가는 나그네길에서

예수 그리스도 안에 있는 작은 지체 **박 윤 식** 목사

朴潤植 Yoonsikpark

| 차례

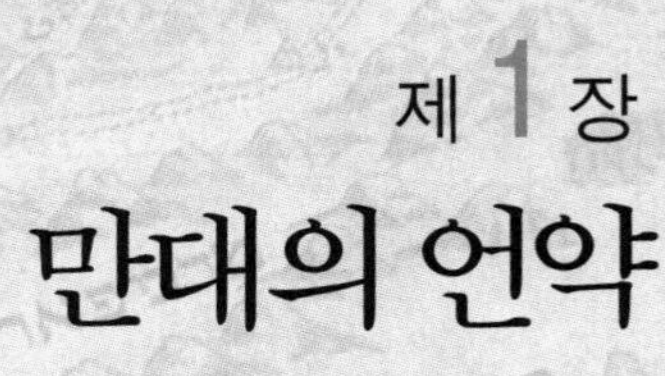

제 1 장
만대의 언약
The Covenant for All Generations

만대의 언약

The Covenant for All Generations

이 세상의 역사(歷史)는, 택한 성도들의 구원을 위하여 예수 그리스도의 구속을 중심으로 한순간도 단절 없이 진행되는 구속사(救贖史)입니다. 타락한 인간을 구속하시는 계획은 영원 전부터 예정되어 있었으며(엡 1:4, 3:11, 살후 2:13), 그러한 구속의 뜻은 하나님께서 시대마다 맺어 주신 언약에서 거듭거듭 확인되었습니다. 성경에 기록된 하나님의 언약은, 예수 그리스도를 중심으로 그 안에서 성취되는 것입니다. 우리는 예수 그리스도를 믿음으로 영원한 언약의 약속을 받았습니다(롬 4:16, 엡 1:13, 히 6:15, 11:9, 33, 참고-행 10:43, 11:17, 13:39, 15:7-9, 롬 3:22-26, 갈 3:22). 그 언약의 최종 목적은, 죄로 말미암아 사망에 갇힌 사람을 구속하여 '영생'이라는 최고의 선물을 주시는 것입니다(요일 2:25).

시대마다 여러 믿음의 선진들을 통하여 여러 모양으로 계시된 모든 언약은 예수 그리스도로 말미암는 새 언약으로 귀결됩니다. 모든 언약은 인간 구원의 유일하고 절대적인 근거가 된 십자가 대속과 장차 도래할 영원한 천국을 바라보게 합니다(마 26:27-29, 막 14:24-25, 눅 22:20, 고전 11:25, 참고-히 9:11-15, 13:20).

I
사람과 사람 사이의 언약
THE COVENANTS BETWEEN MEN

성경에는 하나님과 사람, 사람과 사람, 민족과 민족 간의 약속이 기록되어 있습니다. 성경의 중심 언약은 하나님께서 주권적으로 인간과 맺으신 구원의 언약이며, 이 외에 일상생활에서 맺어진 사람과 사람 사이의 언약도 있습니다.

1. 사람과 사람 사이의 언약의 목적
The purpose of the covenants between men

사람과 사람 사이의 언약에는 여러 가지 목적이 있습니다.

첫째, 상호 간의 화평을 유지하기 위해서 언약을 체결합니다.

야곱이 삼촌 라반을 떠날 때 라반과 야곱은 서로를 해하지 않기로 약속하고 언약을 체결하였습니다(창 31:43-55).

둘째, 상호 간의 안전 보장을 위해서 언약을 체결합니다.

가나안의 기브온 족속은 자신들의 안전을 보장받기 위하여 여호수아와 언약을 맺고(수 9:3-21), 그것을 "맹세한 맹약"이라 불렀습니다(수 9:20).

셋째, 상호 간의 우정을 맹세하기 위해서 언약을 맺습니다.

요나단은 다윗을 자기 생명같이 사랑하여 더불어 언약을 맺었습니다(삼상 18:3, 20:42).

넷째, 국가 간의 무역을 촉진하기 위해서 언약을 맺습니다.

두로 왕 히람은 솔로몬에게 백향목과 잣나무 재목을 주고, 솔로몬은 히람에게 밀 이만 석과 맑은 기름 이십 석을 주기로 약속하였습니다(왕상 5:7-12).

다섯째, 국가 간의 군사적 원조를 위해서 언약을 맺습니다.

남 유다 아사왕은 북 이스라엘 왕 바아사가 쳐들어왔을 때, 아람 왕 벤하닷에게 "나와 당신 사이에 약조가 있고 내 부친과 당신의 부친 사이에도 있었느니라 내가 당신에게 은금 예물을 보내었으니 와서 이스라엘 왕 바아사와 세운 약조를 깨뜨려서 저로 나를 떠나게 하라"라고, 언약을 근거로 원조를 요청하였습니다(왕상 15: 17-19).

2. 사람과 사람 사이의 언약의 성격

The characteristics of the covenants between men

세상에서 사람들끼리 어떤 약속을 하는 것은 피차에 유익과 즐거움이 있기 때문입니다. 이 세상에는 서로의 이익이 전제되지 않는 약속은 없습니다. 만일 이익에 대한 조건이 희미해지면 그 약속은 반드시 중도에 깨어지기 마련입니다. 국가 간에 굳은 신뢰로 '불가침 조약'이나 '평화 조약'을 맺지만, 그것은 영구하지 못합니다. 국가 간에 평화롭게 지내다가도 정국의 변화로 서로 분쟁이 생기면서, 어느 한 편이 그 약속을 깨뜨리기 때문입니다. 일본과 소련은

1941년 4월 13일 불가침 조약을 맺은 일이 있었으나 제2차 대전 때에 다시 개전(開戰)하였으며, 미·소 양국도 1, 2차 세계 대전 때는 동맹국이었으나 이 후 적대국이 되어 40년간 냉전 체제를 유지했습니다.

이처럼 사람의 언약은 영원하지 못한 것을 역사가 증언하고 있습니다. 사람의 언약은 타산적이요, 조건적이며, 상대적입니다. 그러므로 조건이 소멸될 때에는 그 약속도 소멸되고, 상대방의 성질이 변할 때는 그 약속도 변하게 되며, 약속한 당사자의 평가 잣대가 변하면 그 약속은 곧잘 깨어집니다. 약속의 대부분이 순간의 위기를 모면하기 위해 임시 변통으로 이루어지거나, 혹은 자국의 이익과 자기 욕심에 눈이 멀어 거짓말과 눈속임 등의 사기(詐欺)로 가득합니다.

이처럼 인간의 약속은 처음에는 모든 것을 보장해 줄 듯 귀에 달콤하지만, 그 동기가 이기적이어서 대부분 중도에 갑작스럽게 깨어지기가 일쑤입니다. 그래서 우리나라 속담에 '믿는 도끼에 발등 찍힌다'라고 하였습니다. 철석같이 믿고 신뢰했던 사람이 순식간에 돌변하여 배반한다는 것입니다. 아브라함과 그랄 왕 아비멜렉(창 20:2)은 상호 간에 화친 조약을 체결하였습니다(창 21:22-32). 그리고 세월이 지난 후에 아브라함의 아들 이삭은 아비멜렉[1]과 다시 새로운 화친 조약을 체결해야 했습니다(창 26:26-33). 그 이유는 아비멜렉의 백성이 이전에 맺은 화친 조약을 깨뜨리고 이삭의 우물을 빼앗아 갔기 때문입니다(창 26:12-22). 아브라함과 아비멜렉이 맺은 약속은 결코 영원한 효력을 발휘하지 못했던 것입니다.

사람의 약속은 쉽게 망각되곤 합니다. 요셉은 감옥에서 술 맡은 관원장의 꿈을 해석해 주면서, “당신이 득의하거든 나를 생각하고 내게 은혜를 베풀어서 내 사정을 바로에게 고하여 이 집에서 나를 건져내소서”(창 40:14)라고 요청했습니다. 그러나 술 맡은 관원장은 요셉의 해석대로 전직이 회복되었음에도 불구하고, 요셉을 기억하지 않았고 그와의 약속을 잊어버렸습니다(창 40:21-23).

3. 사람과 사람 사이의 언약의 결과

The consequences of the covenants between men

사람과 사람 사이에 언약을 체결할 때에도, 그것을 확증하기 위해 흔히 ‘맹세’를 합니다. 아브라함과 아비멜렉은 서로 맹세로 언약함으로써 동맹 관계를 맺었습니다(창 21:22-32). 창세기 21:31에서는 “두 사람이 거기서 서로 맹세하였으므로 그곳을 브엘세바(맹세의 우물)라 이름하였더라”라고 말씀하고 있습니다.

또 아브라함이 자기 집 모든 소유를 맡은 늙은 종에게 아들 이삭의 아내를 택하여 오라고 할 때에, 자기의 환도뼈 밑에 그 종의 손을 넣게 하여 맹세로 언약하였습니다(창 24:2-9, 37-41). 창세기 24:9에서 “종이 이에 주인 아브라함의 환도뼈 아래 손을 넣고 이 일에 대하여 그에게 맹세하였더라”라고 말씀하고 있습니다.

에서는 동생 야곱에게 맹세하고 장자의 명분을 팔았습니다. 창세기 25:33에서 “야곱이 가로되 오늘 내게 맹세하라 에서가 맹세하고 장자의 명분을 야곱에게 판지라”라고 말씀하고 있습니다.

또 야곱과 라반이 돌기둥을 세우고 돌무더기(여갈사하두다[아람어], 갈르엣[히브리어]: 증거의 무더기)를 쌓아 두고 화해 언약을 맺을 때에, 야곱은 그 아비 이삭의 경외하는 이를 가리켜 맹세하였습니다(창 31:43-

53). 이처럼 사람 사이에도 서로 간에 언약을 체결할 때는 '맹세'를 통해서 그 언약을 확증하였습니다.

그러나 사람의 맹세는 언제나 그 결과가 허무할 뿐입니다. 호세아 선지자는 "저희가 헛된 말을 내며 거짓 맹세를 발하여 언약을 세우니..."(호 10:4)라고 지적하였습니다.

참언약은 영원하신 하나님께로부터 나옵니다. 하나님만이 진실하시며, 하나님만이 언약을 책임지실 무한한 능력을 가진 분이시기 때문입니다. 사람을 믿고 사람과 언약을 맺는 것은 결국 자신을 사망으로 이끄는 치명적인 결과를 초래합니다. 이사야 선지자는, 이스라엘 지도자들이 인간의 악한 궤휼을 모르고 자기 눈에 강해 보이는 앗수르, 애굽 등의 세력과 언약을 맺은 것을 가리켜, "사망과 언약... 음부와 맹약"한 것과 같다고 예리하게 지적하였습니다(사 28:15上). 그것은 '거짓으로 자기 피난처를 삼고 허위 아래 자신을 숨긴 것'이라며, 그들의 어리석음을 깨우쳤습니다(사 28:15下). 또한 이사야 선지자는 사람과 그 힘을 철석같이 믿고 언약을 세운 그들에게 닥칠 비참한 최후에 대하여, '사망으로 더불어 세운 언약이 폐하며 음부로 더불어 맺은 맹약이 서지 못하여 넘치는 재앙이 유행할 때에 너희가 그것에게 밟힘을 당하게 된다'라고 예언하였습니다(사 28:18). 사람을 믿고 사람을 의지하는 자는 사망에 처하지만, 거짓이 없으신 하나님께 모든 것을 맡기고 의지하는 사람은 사망으로부터 영원한 해방을 보장받습니다.

Ⅱ
영원하신 하나님의 만대의 언약
THE EVERLASTING GOD'S COVENANT FOR ALL GENERATIONS

하나님께서 사람에게 주신 언약은, 사람 사이의 언약과 달리 하나님께서 영원히 기억하시며, 결단코 끊어지지 않는 영원불변의 약속이고, 참으로 천대에 명하신 영원한 언약입니다(시 105:8-10). 사도 바울은 '하나님의 말씀은 비밀이며 만세와 만대로부터 옴으로 감춰었던 것인데 이제는 그의 성도들에게 나타났다'라고 선포했습니다(골 1:25-26). 나아가, 이 비밀은 "너희 안에 계신 그리스도시니 곧 영광의 소망"이라고 선포했습니다(골 1:27, 2:2).

여기의 "만대"(萬代)는, 헬라어로는 '세대'를 뜻하는 '게네아'(γενεα)의 여성 복수 소유격인 '게네온'(γενεῶν)으로, '여러 세대들, 이어지는 세대들'을 뜻하며, 히브리어로는 '세대'를 뜻하는 '도르'(דּוֹר)의 복수형인 '도로트'(דֹּרוֹת)입니다. 그러므로 만대(萬代)는 '태초부터 종말까지 영원토록 끊어짐이 없는 대수'를 뜻합니다. 이사야 선지자는 "이 일을 누가 행하였느냐 누가 이루었느냐 누가 태초부터 만대를 명정(命定)하였느냐 나 여호와라 태초에도 나요 나중 있을 자에게도 내가 곧 그니라"(사 41:4)라고 말씀하였습니다. 과연 하나님께서는 과거의 세대뿐만 아니라 그 후에 나타나는 모든 세대에 이르기까지 전 역사의 주관자이십니다. 만대를 명령하신 하나님의 언약은, 영원부터 영원까지 유효합니다. 만대 곧 모든 세대를 통하여 반드시 언약하신 대로 성취하시기 때문에, 하나님의 언약은 참으로 만대의 언약이요, 영원한 언약입니다(참고-시 90:1-2).

누가복음 1:68-79은 신약 최초의 예언시(詩)입니다. 제사장 사가랴가 노년에 이르도록 무자(無子)하다가 하나님의 약속대로 세례 요한을 얻었을 때, 하나님의 영원한 언약 속에 담긴 깊고 오묘한 섭리를 깨닫고 노래한 찬가(讚歌)입니다. 사가랴는 가브리엘 천사가 전한 하나님의 말씀을 믿지 못한 결과로 10개월 동안 벙어리가 되어 말을 못 하다가(눅 1:20), 하나님께서 그의 입을 열어 주시고 혀를 풀어 주시므로 말을 하는 순간 성령의 충만함을 입어 놀라운 고백을 하였습니다(눅 1:64, 67). 거기에는 노년에 얻은 아들에 대한 인간적 기쁨이나 감정에 복받친 내용은 전혀 없고, 오직 언약하신 대로 기필코 이루어 주신 하나님 앞에, 벅찬 감사와 큰 기쁨과 찬양만 넘치고 있습니다.

그 내용을 요약하면 다음과 같습니다.

첫째, 메시아를 보내 주심에 대한 감사(68-71절)

둘째, 구원의 언약의 성취를 찬양(72-75절)

셋째, 세례 요한의 사명을 노래(76-77절)

넷째, 메시아의 구원을 찬양(78-79절)

사가랴가 성령이 충만하여 고백한 언약의 위대성은 누가복음 1:71-73에서 세 가지로 그 내용이 압축되어 있습니다.

1. "구원하시는 구원"입니다.

It is the deliverance of "salvation."

누가복음 1:71에서 "우리 원수에게서와 우리를 미워하는 모든 자의 손에서 구원하시는 구원이라"라고 말씀하고 있습니다. 여기 "구원하시는 구원이라"라는 말씀은 헬라어로 '소테리아'(σωτηρία)입니다. 메시아가 이 땅에 오시는 분명한 목적이 '구원하시는 구원'임을 밝히고 있습니다. 이는 예수 그리스도의 구원 역사가 너무도 강력하여, 세상의 어떤 존재도 결코 변개할 수 없는 완전하고 확실한 것임을 의미합니다(롬 8:38-39). 이는 죄와 사망으로부터 죄인들을 구원하는 언약 곧 "그 죄 사함으로 말미암는 구원"(눅 1:77)입니다. 곧 예수 그리스도를 통한 영적 출애굽을 의미합니다.[2]

누가복음 1:71에서 우리를 괴롭히는 대상을 가리켜 "원수" 또는 "우리를 미워하는 모든 자"라고 말씀하고 있습니다. 사람의 힘으로 도저히 이길 수 없는 원수는 죄와 사망입니다(고전 15:55-56). 그러나 하나님께서는 우리 주 예수 그리스도로 말미암아 우리에게 이김을 주십니다(고전 15:57). 예수 그리스도께서 십자가에서 죄 값을 대신 지불하시고 자기 백성을 죄와 사망에서 구원하셨습니다(마 1:21). 시편 106:10에서는 "저희를 그 미워하는 자의 손에서 구원하시며 그 원수의 손에서 구속하셨고"라고 말씀하고 있습니다.

진실로 예수 그리스도께서는 죄인들을 위한 "구원의 뿔"(눅 1:69) 이십니다. "뿔"은 그 힘과 능력의 절대성과 강력함을 상징하므로, "구원의 뿔"이라 함은 구원의 힘, 구원의 능력, 구원의 확실함을 뜻합니다(삼상 2:10, 시 18:2, 계 5:6). 예수 그리스도로 말미암아 죄 가운데서 건지심을 입은 자는, 종신토록(살아 있는 모든 날 동안) 성결과 의로 두려움이 없이 주님을 섬겨야 합니다(참고-눅 1:75). 전에는 죄와 사망의 종이었으나, 이제는 예수 그리스도로 말미암아 죄 사함 받은 하나님의 자녀이기 때문입니다(롬 8:15).

2. "거룩한 언약"입니다.

It is "His holy covenant."

사가랴의 시에서 당시 시대상은 "어두움과 죽음의 그늘"(눅 1:79)이란 말로 압축되었습니다. 너무나 암울했던 시대에 예수 그리스도께서 자기 땅에 오신 이 놀라운 사건은, 하나님께서 그 거룩한 언약을 기억하신 결과였습니다. 누가복음 1:72에서 "우리 조상을 긍휼히 여기시며 그 거룩한 언약을 기억하셨으니"라고 말씀하고 있습니다(참고-출 2:23-25, 시 105:8, 42, 106:45). 언약의 대상인 인간이 죄가 없는 정결한 상태라면 '거룩'을 말할 필요가 없습니다. 그러나 인간에게는 죄가 있기 때문에, 언제나 하나님의 신적 속성 중에 '거룩'이 앞서 나오게 됩니다. 그래서 사람과 맺으시는 언약에 대하여, "하나님이 그 거룩하심으로 말씀하시되"(시 60:6)라고 말씀하셨고, "나의 거룩함으로 한 번 맹세하였은즉"(시 89:35), "주 여호와께서 자기의 거룩함을 가리켜 맹세하시되"(암 4:2)라고 말씀하셨습니다. 하나님은 언제나 '하나님 자신의 거룩'을 의지하여 언약하십니다.

사가랴가 찬미한 "거룩한 언약"은 헬라어로 '디아데케스 하기아스'(διαθήκης ἁγίας)입니다. "거룩한"의 기본형 '하기오스'(ἅγιος)는, 평범하고 속된 용도로부터 엄격하게 구별되는 것을 의미합니다. 따라서 "거룩한 언약"이라고 할 때는 분명한 목적으로 성별된 언약이란 뜻입니다. 하나님께서는 그 뜻을 다 이루기까지 오랜 세월 어떤 극한 상황에서도 그 언약을 끝까지 보수하신다는 것입니다. "거룩한 언약"이라는 말은 성경에서 다니엘 선지자가 장차 될 일을 예언할 때 처음 기록되었습니다. 안티오쿠스 4세에 의해서 예루살렘이 함락되고 성전이 짓밟히는 비극적 상황을 예언하면서, "거룩한 언약"(בְּרִית קֹדֶשׁ, 베리트 코데쉬)을 세 번 말씀하고 있습니다(단 11:28, 30). 세상 악(부정)의 세력이 거세게 달려들어 성전이 파괴되고 다 망한 것 같아도, 하나님의 거룩한 언약은 성결하게 보존되고 그 거룩한 언약이 반드시 성취될 날이 온다는 것입니다.

예수 그리스도께서 자기 땅에 오실 때에도 영적 암흑이 참으로 극에 달하였지만(요 1:5), 하나님의 절대 주권 섭리로 그 거룩한 언약은 기필코 성취되어, 예수 그리스도께서 이 땅에 오신 것입니다. 사가랴는 그 입이 처음 열렸을 때 '주 이스라엘의 하나님이 자기 백성을 돌아보사 속량하셨다'(눅 1:68)라고 감격적인 고백을 토해 냈습니다. "돌아보사"는 헬라어 '에피스켑토마이'(ἐπισκέπτομαι)로서, '도움을 주기 위해 살펴본다'라는 뜻으로, "하나님께서 자기 백성을 돌아보셨다"라는 의미입니다(눅 7:16). 그 결과로, 돋는 해가 위로부터 우리에게 임하여 어두움과 죽음의 그늘은 완전히 사라지고, 우리 발은 평강의 길로 인도받게 된 것입니다(눅 1:78-79).

3. "맹세하신 맹세"입니다.

It is the "oath which He swore."

누가복음 1:73에서 "곧 우리 조상 아브라함에게 맹세하신 맹세라"라고 말씀하고 있습니다. "맹세하신 맹세"는 헬라어로 '호르콘 혼 오모센'(ὅρκον ὃν ὤμοσεν)입니다. "맹세"로 번역된 '호르콘'의 기본형 '호르코스'(ὅρκος)는 '맹세로 보증하다'라는 뜻으로도 사용되었고(히 6:17), "맹세하신"으로 번역된 '오모센'의 기본형 '옴뉘오'(ὀμνύω)는 일반적으로 '맹세하다'라는 뜻입니다(행 2:30, 히 6:13, 16). 맹세 자체만으로도 그 약속을 반드시 지키겠다는 확증인데, "맹세하신 맹세"라고 이중적으로 표현한 것은, 하나님의 언약이 진실하고 확실하여 반드시 성취될 것을 강력하게 강조한 것입니다. 하나님께서 한번 맹세하신 것은 요지부동입니다. 시편 110:4에서 "여호와는 맹세하고 변치 아니하시리라"라고 말씀하였습니다(시 102:26-27).

하나님의 맹세의 특징은 다음과 같습니다.

첫째, 하나님 스스로를 두고 하는 맹세입니다.

하나님께서는 자신보다 더 큰 자가 없으므로, 하나님 스스로를 두고 맹세하시며 언약을 체결하셨습니다. 그래서 "내가 나를 가리켜 맹세하노니"(창 22:16), "나의 영원히 삶을 두고 맹세하노니"(신 32:40), "내가 나의 거룩함으로 한번 맹세하였은즉"(시 89:35), "내가 나의 큰 이름으로 맹세하였은즉"(렘 44:26)이라고 말씀하셨습니다. 이러한 표현들은, 하나님의 약속의 근거가 하나님 자신에게 있음을 나타낸 것입니다. 하나님께서는 만유보다 크신 분이요(요 10:29), 지극히 크신 하나님이십니다(스 5:8, 느 4:14, 시 95:3, 단 2:45, 딛 2:13). 하나님 앞에는 모든 열방이 아무것도 아니며, 하나님께서는 그들을 없는 것같이, 빈 것처럼 여기십니다(사 40:17). 하나님께서는 원하신 것, 뜻하신 것, 생각하신 것, 계획하신 것, 말씀하신 것, 경영하신 것들을 어김없이 반드시 이루시는 분입니다(욥 42:2, 시 115:3, 135:6, 사 14:24-27, 46:9-11, 55:11). 하나님께는 능치 못한 일이 없습니다(창

18:14, 렘 32:17, 막 9:23, 눅 1:37). 하나님께서 스스로 맹세하시면 그 하시는 일을 감히 막을 자가 없고(욥 34:29), 그 일에 대하여 감히 무슨 일을 그렇게 하시느냐고 따지거나 물을 자가 없습니다(단 4:35). 능하신 하나님 앞에 인간의 경험과 이성은 아무것도 아닙니다(참고-고전 1:25).

둘째, 보증이 있는 맹세입니다.

히브리서 6:17에서 "하나님은 약속을 기업으로 받는 자들에게 그 뜻이 변치 아니함을 충분히 나타내시려고 그 일에 맹세로 보증하셨나니"라고 말씀하고 있습니다. 하나님께서는 약속을 하실 뿐 아니라 "맹세(ὅρκος, 호르코스)로 보증하셨나니(μεσιτεύω, 메시튜오)"라고 말씀하셨습니다. 구원의 약속이 확실히 이루어지도록 하나님께서 책임지신다는 말씀입니다.

그 맹세의 보증은 바로 중보자 예수 그리스도입니다. 맹세는 진실을 말하지 않으면 자신에게 저주가 임한다는 것을 의미합니다. 따라서 맹세로 보증하셨다는 것은, 맹세의 대상인 인간의 죄를 책임지는 예수 그리스도의 중보자적 죽음을 암시하기도 합니다.[3] 죄인을 위해 중보하시는 예수님의 제사장직은 맹세로 된 것입니다(히 7:20-21). 그리하여 예수님께서는 "더 좋은 언약의 보증"이 되셨습니다(히 7:22). 예수님께서는 자신의 목숨을 제물로 드려, 하나님의 언약을 보증하셨고 하나님의 사랑을 확증하셨습니다. 로마서 5:8에 "우리가 아직 죄인 되었을 때에 그리스도께서 우리를 위하여 죽음으로 하나님께서 우리에게 대한 자기의 사랑을 확증하셨느니라"고 말씀하고 있습니다.

셋째, 사랑에 근거한 맹세입니다.

하나님께서는 한 번 말씀하시면 반드시 열매를 맺으시는 신실한 분이시며(사 55:11), 말씀하시는 입술에 거짓이 없으시며(히 6:17-18), 약속하시면 반드시 이루시는 미쁘신(πιστός, 피스토스: faithful, 신실한) 분입니다(고전 1:9, 10:13, 고후 1:18, 살전 5:24, 딤후 2:13, 히 10:23, 11:11, 벧전 4:19, 요일 1:9). 또한, 무슨 말씀을 하시든지 사람처럼 식언치 않으시며(민 23:19), 최고의 완벽한 권위를 가진 분이시며, 스스로 자신의 거룩한 성품을 거스르거나 모순된 일들을 하지 않는 전능자이십니다. 그러므로 절대자 하나님의 모든 말씀은 그 속성상 진실을 입증하기 위해 맹세가 필요하지 않습니다. 그러나 하나님께서는 자주 맹세를 통해 그의 확고한 의지를 더욱 분명히 하셨는데,[4)] 이것은 바로 인간을 향한 하나님의 크신 사랑의 표현입니다. 이 사랑은 '아가페'(ἀγάπη, love)의 사랑으로, 맹세를 통해서라도 언약의 확실성을 알게 하시려는 무궁한 사랑인 것입니다. 하나님께서 애굽의 종 되었던 집에서 이스라엘 백성을 구원하신 것은, 그들의 열조에게 맹세하신 언약을 지키기 위함이었으며, 그 근거는 바로 이스라엘 백성에 대한 하나님의 뜨거운 사랑이었습니다. 그래서 신명기 7:8에서 "여호와께서 다만 너희를 사랑하심을 인하여 또는 너희 열조에게 하신 맹세를 지키려 하심을 인하여 자기의 권능의 손으로 너희를 인도하여 내시되 너희를 그 종 되었던 집에서, 애굽 왕 바로의 손에서 속량하셨나니"라고 말씀하고 있습니다.

넷째, 성실(신실)하신 맹세입니다.

시편 132:2, 11에 "맹세"라는 단어가 각각 기록되어 있습니다. 2절에 나오는 맹세는 다윗이 하나님께 맹세한 것이고, 11절에 나오는 맹세는 하나님께서 다윗에게 맹세하신 것입니다. 여기 다윗이 하나님께 맹세하였다는 말씀에는 "성실히"라는 단어가 나오지 않지만, 하나님께서 다윗에게 맹세하셨다는 말씀에는 "성실히"라는 단어가 붙어 있습니다. 우리는 하나님께 맹세한 것을 성실하게 끝까지 지켜 나가지 못할지라도, 하나님께서는 우리에게 맹세하신 것을 성실히 지키시는 분입니다. 사람은 변할지라도, 하나님께서는 어제나 오늘이나 영원토록 변치 아니하십니다(히 13:8). 그러한 하나님께서 성실과 맹세로 맺으신 언약은, 어떤 경우에도 파기될 수 없는 영원불변의 약속입니다.

세상의 약속은 오랜 역사가 지나는 동안 왜곡되고 변질되고 번복되는 일들이 가득합니다. 상호 간의 신뢰가 무너지고 진실이 사라져서 약속이 깨어지는 일이 허다합니다. 피를 나눈 형제끼리도 원수가 되고, 살인까지 서슴지 않는 무섭고 악한 시대입니다.

그러나 하나님의 약속인 언약은 결코 변질되지 않고 반드시 성취되는 영원한 '만대의 언약'입니다(창 9:16, 17:7, 13, 19, 출 31:16, 레 24:8, 삼하 23:5, 대상 16:17, 사 24:5, 55:3, 겔 16:60, 37:26, 히 13:20). 하나님께서 예로부터 여러 선지자들의 입으로 말씀하신 대로(눅 1:70, 히 1:1-2), 때가 차매 그 아들을 보내사 "주의 백성"을 찾아오셨습니다(눅 1:77, 갈 4:4). 이 사건은 "우리 하나님의 긍휼"로 인해, 돋는 해가 위로부터 임하여 흑암에 행하던 백성에게 큰 빛을 비춘 사건입니다(눅 1:78, [참고-]사 9:2). 그 언약은 중도에 깨어지거나 변하지 않고, 하나님의 뜨거운 사랑과 긍휼 속에서 어김없이 성취되어 온 '만대의 언약'입니다.

만대의 언약 가운데 본 서에서 집중적으로 다룰 주제는, 시내산 언약과 거기에서 주신 '십계명'입니다.

III
시내산 언약의 특징
THE CHARACTERISTICS OF THE SINAITIC COVENANT

시내산 언약은 이스라엘 백성이 출애굽 한 후 시내 광야에 도착하여 머무르는 동안, 모세를 중보자로 하여 하나님께서 십계명과 여러 율례를 주시면서 맺은 언약입니다(출 24:1-8). 이 언약은 '하나님의 산' 시내산(출 3:1, 4:27)에서 '하나님의 사람' 모세(신 33:1, 대상 23:14, 스 3:2)를 통해 주신 것으로(요 1:17, 7:19), 하나님에 의해 계획되고 성별된 구속사적 경륜 속에서 주어진 것입니다. 모세는 시내산 아래에서 단을 쌓고, 그곳에 희생의 피 반(半)을 뿌린 후, 시내산에서 받은 말씀을 기록한 '언약서'(the book of the covenant)를 백성 앞에서 낭독하여 들려주었습니다(출 24:4-7上). 이에 백성은 "여호와의 모든 말씀을 우리가 준행(遵行)하리이다"라고 서원하였습니다(출 24:7下). 그리고 모세는 백성에게 피를 뿌리면서 "이는 여호와께서 이 모든 말씀에 대하여 너희와 세우신 언약의 피니라"라고 선포하므로, 마침내 시내산 언약이 체결되었습니다(출 24:8).

시내산 언약은 출애굽 초기에 광야 1세대와 맺은 언약이었습니다. 이 언약은 출애굽 말기에 41번째로 진을 친 모압 평지에서(신 29장) 광야 2세대에게 다시 확증되었습니다(일명 '모압 평지 언약'). 시내산 언약은 이스라엘 백성을 공식적인 '언약 백성'으로 삼은 언약이며, 구속사적으로 매우 중요한 언약입니다.

이스라엘 백성은 출애굽 한 지 45일째 되던 날에 시내 광야에 도착했습니다(출 19:1). 그리고 하나님께서는 시내산에서 모세를 중재자로 세워 이스라엘 백성과 언약을 맺으셨습니다. 이 언약의 체결은, 아브라함과 횃불 언약을 맺은 이후 계속되어 온 이스라엘 백성과 하나님과의 관계를 갱신하여, 이스라엘을 공식적으로 언약 백성 삼으신 구속사적 사건입니다.

1. '나라'를 대상으로 한 언약

The Sinaitic covenant: a covenant made with the nation

시내 광야에 진친 다음, 하나님께서 모세를 처음 시내산에서 부르실 때 "이스라엘 자손에게 고하라"(출 19:3)라고 말씀하셨습니다. 이것은 언약의 대상이 이스라엘 백성 전체임을 나타냅니다. 아담, 노아, 아브라함, 이삭, 야곱 등 개인을 중심으로 언약을 체결하신 하나님께서, 이제는 전 이스라엘 백성 곧 한 국가를 상대로 언약을 체결하십니다(출 24:3-8). 하나님의 구속사가 한 사람에서 시작되어 한 가족을 중심으로 진행되다가, 이제는 한 국가(백성 전체)를 중심으로 확장된 것입니다. 특히 시내산 언약을 체결할 때 이스라엘 12지파를 상징하는 열두 기둥을 세운 것은, 언약의 대상이 이스라엘 백성 전체임을 보여 줍니다(출 24:4).

(1) 이스라엘은 애굽 땅 종 되었던 집에서 구원 받은 백성입니다.

시내산 언약의 핵심을 담고 있는 십계명은 "나는 너를 애굽 땅,

종 되었던 집에서 인도하여 낸 너의 하나님 여호와로라"(출 20:2)라는 말씀으로 시작됩니다. 하나님께서는 언약을 체결하기에 앞서 이스라엘을 애굽에서 구원하셨다는 것을 강조하심으로, 이스라엘의 과거가 비참한 종살이 신세였음을 분명히 하신 것입니다. 이스라엘 백성이 애굽 땅에서 받은 탄압과 고역은 견디기 어려운 고통이었기 때문에, "쇠풀무 곧 애굽"(신 4:20), "철 풀무 같은 애굽"(왕상 8:51), "쇠풀무 애굽 땅"(렘 11:4)이라고 말씀했습니다. 이스라엘은 연약하고 무력하여, 스스로의 힘으로는 결코 애굽의 고난을 뚫고 새로운 민족으로 자립할 수가 없는 노예에 불과했습니다. 그러므로 출애굽은 전적으로 하나님의 "강한 손과 편 팔"(신 5:15, 11:2, 시 136:12)로, "큰 시험과 이적과 기사와 강한 손과 편 팔"(신 7:19, 26:8)로, "징조와 기사와 강한 손과 드신 팔과 큰 두려움"(렘 32:21)으로 인도해 내신 기적적인 사건이었습니다.

"이스라엘 자손은 생육이 중다하고 번식하고 창성하고 심히 강대하여 온 땅에 가득"하게 되었습니다(출 1:7). 이에 요셉을 알지 못하는 새 왕이 일어나서 심한 고역으로 이스라엘 백성을 학대하였습니다. 그러나 이스라엘 백성은 "학대를 받을수록 더욱 번식하고 창성"하였으므로(출 1:12), 애굽 사람이 이스라엘 자손을 인하여 근심하여 더욱 학대하였습니다. 또한 이스라엘 백성의 번식과 창성을 막기 위해 애굽 왕은 히브리 산파에게 '히브리 여인을 위하여 조산할 때에 살펴서, 낳은 아이가 아들이거든 죽이라'라는 명령을 내렸습니다(출 1:16). 그러나 하나님께서 산파들에게 애굽 왕보다 하나님을 더 두려워하는 마음을 주심으로(출 1:17), 민족의 멸절 위기 가운데 하나님의 백성을 보호하셨습니다. 이스라엘의 비참함과 위기, 하나님의 은총과 강한 능력이 선명하게 대비됩니다. 이로써 하나님께서는 이스라엘 백성의 교만을 꺾으시고, 출애굽의 역사는 전적으로 하나님 은혜의 결과요, 인간적인 노력이나 시도와는 전혀 상관없는 것임을 만천하에 드러내셨습니다.

하나님께서 시내산에서 이스라엘과 언약을 체결해 주실 때, 이스라엘은 그에 합당한 수고도 없었고 의로움도 전혀 갖추지 못했습니다(참고-신 7:7, 9:4-6). 긍휼이 한없으신 하나님의 눈여겨보심을 받기 전의 이스라엘은, 들에 버려진 갓난아이와 같이 연약하고 가련한 민족이었는데, 이러한 이스라엘의 출애굽은 참으로 하나님의 무한한 자비와 은혜 그 자체였습니다(참고-겔 16:1-14).

우리도 죄와 사망의 권세 아래 영원한 사망을 향해 달려가는 존재였지만, 독생자 예수 그리스도를 통해 비로소 영원한 생명을 허락받고(요일 2:25), 또 하나님을 아바 아버지라 부를 수 있는 양자의 자격을 부여 받았습니다(롬 8:15, 갈 4:6). 이는 하나님의 깊고 무한한 돌보심이요, 은혜로 주시는 온전한 사랑이요, 자격을 따지지 않고 베풀어 주시는 무조건적인 사랑입니다(엡 2:4-8).

(2) 이스라엘은 아브라함과의 언약이 성취되어 세워진 큰 나라입니다.

시내산 언약은 출애굽기 2:24에서 "하나님이 그 고통 소리를 들으시고 아브라함과 이삭과 야곱에게 세운 그 언약을 기억"하시므로 맺어진 언약입니다. 출애굽기 6:5에서도 "이제 애굽 사람이 종을 삼은 이스라엘 자손의 신음을 듣고 나의 언약을 기억하노라"라고 말씀하고 있습니다. 출애굽의 역사는 우연한 사건이 아니요, 이스라엘의 노력에 의한 것도 아니며, 하나님께서 그 조상 아브라함과 이삭과 야곱에게 맹세하신 언약의 성취였던 것입니다(신 9:5). 그것은 처음부터 언약에 신실하신 하나님의 역사로만 가능한 일이었습니다.

이제 이스라엘 백성은 그 수에 있어서 어느덧 하나님께서 아브라함에게 언약하셨던 말씀대로 "큰 민족"(창 12:2)이 되었습니다. 출애굽기 1:7에서 "이스라엘 자손은 생육이 중다하고 번식하고 창성하고 심히 강대하여 온 땅에 가득하게 되었더라"라고 말씀하고 있습니다. 그들은 숫자적으로만 많을 뿐 아니라 심히 강하였습니다. 애굽 왕 바로가 "이 백성 이스라엘 자손이 우리보다 많고 강하도다"(출 1:9)라고 말함과 같이, 그들은 오직 하나님의 언약대로 "강대한 나라"(창 18:18)가 되었던 것입니다. 저들은 더 이상 애굽의 압제로부터 탈출하는 데만 급급한 나약한 노예 민족이 아니라, 이제 하나님의 언약을 믿고 '항오(行伍)를 이루며 행진하는 여호와의 군대' 곧 당당한 정복자로 성장한 것입니다(출 12:41, 13:18, 민 33:1).

2. 하나님께서 직접 전 백성에게 음성으로 들려주신 언약

God's spoken covenant made directly with the people

시내산 언약은, 하나님께서 불 가운데서 전 백성에게 직접 선포하신 언약입니다(출 20:1-19, 신 5:4, 23-24). 이러한 언약은 인류의 역사가 있어 온 이래로 한 번도 없었던 최초의 언약이었습니다. 신명기 4:32-33에서는 "이런 큰 일이 있었느냐 이런 일을 들은 적이 있었느냐 [33]어떤 국민이 불 가운데서 말씀하시는 하나님의 음성을 너처럼 듣고 생존하였었느냐?"라고 세 번씩이나 묻고 있습니다.

그 대답은, 시간적으로 "하나님이 사람을 세상에 창조하신 날부터 지금까지" 없었고, 공간적으로 "하늘 이 끝에서 저 끝까지" 아무데도 없었다는 것입니다(신 4:32). 이스라엘처럼 하나님의 음성을 직접 들은 백성이 없었고, 또 그렇게 하나님의 음성을 듣고도 생존한 국민은 없었습니다(참고-출 20:19, 신 5:25, 18:16, 히 12:18-20).

참으로 시내산 언약은 하나님께서 전 백성에게 직접 들려주신 세계 최초의 언약이었습니다. 그래서 신명기 4:8에 "오늘 내가 너희에게 선포하는 이 율법과 같이 그 규례와 법도가 공의로운 큰 나라가 어디 있느냐"라고 말씀하고 있으며, 시편 147:19-20에서도 "저가 그 말씀을 야곱에게 보이시며 그 율례와 규례를 이스라엘에게 보이시는도다 [20]아무 나라에게도 이같이 행치 아니하셨나니 저희는 그 규례를 알지 못하였도다 할렐루야"라고 노래하였습니다.

3. 기록으로 구체화된 최초의 언약

The first covenant to be set in writing

시내산 언약의 뚜렷한 특징은 처음으로 하나님의 언약이 기록으로 구체화되었다는 사실입니다. 십계명은 두 돌판에 새겨졌습니다(출 31:18). 처음에는 하나님께서 돌판을 직접 만드시고, 그 돌판에 친히 손으로 기록하셨습니다. 출애굽기 32:16에서 "그 판은 하나님이 만드신 것이요 글자는 하나님이 쓰셔서 판에 새기신 것이더라"라고 말씀하고 있으며, 신명기 9:10에서도 "그 판의 글은 하나님이 친수로 기록하신 것이요"라고 말씀하고 있습니다. 하나님께서 친수로 기록하셨다는 표현은, 그만큼 하나님께서 시내산 언약을 귀하고 소중하게 생각하셨다는 증거입니다.

모세가 이처럼 귀하고 소중한 증거의 두 돌판을 시내산에서 40

주야를 금식하며 기도한 후에 하나님께 받아서 들고 내려오는데, 모세의 내려옴이 더딤을 보고 산 아래 이스라엘 백성은 금송아지를 만들고 숭배하였습니다(출 32:1-6). 이것을 보고 대노한 모세는 두 돌판을 산 아래로 던져서 깨뜨렸습니다(출 32:19). 그리고 "모세가 그들의 만든 송아지를 가져 불살라 부수어 가루를 만들어 물에 뿌려 이스라엘 자손에게" 마시게 하였습니다(출 32:20). 이어 모세가 "누구든지 여호와의 편에 있는 자는 내게로 나아오라 하매"(출 32:26), 레위 지파가 여호와의 편에 서서 허리에 칼을 차고 진 이 문에서 저 문까지 왕래하며 방자한 백성 가운데 삼천 명 가량을 도륙하였습니다(출 32:25-28). 이튿날 모세는 백성의 죄를 속하기 위하여 다시 시내산으로 올라가 40일 중보기도를 올렸고, 산 밑으로 내려와 진 밖에 회막을 치고 죄인을 위해 또 기도를 올렸습니다. 그 후에 모세는 직접 "돌판 둘을 처음 것과 같이 깎아"(출 34:1) 만들어 가지고 시내산에 올랐고, 하나님께서는 그 두 돌판의 "양면 이편 저편에"(출 32:15) '십계명'(열 말씀)을 다시 친수로 기록해 주셨습니다(출 34:1, 28).

하나님께서는 또 여러 가지 율례를 주셨습니다(출 20:22-23:33). 출애굽기 24:4에서 "모세가 여호와의 모든 말씀을 기록하고"라고 말씀하고 있으며, 출애굽기 24:7에서 '모세가 언약서를 가져 백성에게 낭독했다'고 말씀하고 있습니다. 하나님의 언약이 언약서에 기록되었을 뿐 아니라, 그 분량이 많은 것도 이전에 볼 수 없었던 큰 은혜입니다(참고-호 8:12).

하나님의 언약이 돌판에 새겨지고 언약서에 기록되었다 함은, 그 언약이 만대까지 영원히 보존되어야 한다는 것을 의미합니다. 훗날 히스기야왕이 앗수르와 싸우기 위하여 하나님과의 언약을 저버리고 애굽과 동맹을 체결했을 때, 하나님께서는 반드시 그것에 대한 심판이 있을 것이라고 경고하셨습니다(사 30:1-7). 그리고 그 경고의 말씀을 서판과 책에 기록하여 후세까지 보존하라고 명령하셨습니다. 이사야 30:8에서 "이제 가서 백성 앞에서 서판에 기록하며 책에 써서 후세에 영영히 있게 하라"라고 말씀하고 있습니다. 표준새번역에서는 "이제 너는 가서, 유다 백성이 어떤 백성인지를, 백성 앞에 있는 서판 앞에 새기고, 책에 기록하여서, 오고 오는 날에 영원한 증거가 되게 하여라"라고 번역하였습니다. 이렇게 서판(나무판)에 새긴 것도 후세에까지 보존되어 영원한 증거가 된다면, 돌판에 기록된 말씀은 더욱 영원무궁토록 보존되는 것입니다.

4. 언약의 땅에서 지킬 실천적 언약
A practical covenant to be kept in the Promised Land

이스라엘이 시내산에서 곧 들어갈 땅은 가나안이었습니다. 시내산 언약을 통하여 땅에 대한 약속이 구체화되는 것은, 이제 가나안 입성(入城)이 임박하였음을 보여 줍니다. 가나안의 지리적 위치는 요단강 서쪽 전 지역을 가리키는데, 성경에서 '단에서 브엘세바까지'라고 말씀하고 있습니다(삿 20:1, 삼상 3:20). 그 땅은 지정학적으로 아시아, 유럽, 아프리카의 세 대륙이 만나는 지점이며, 동시에 과거 중근동 역사에 있어서 북쪽의 메소포타미아와 남쪽의 이집트 양대 강국이 늘 충돌했던 지점이기도 합니다.

에스겔 38:12에서는 가나안 땅을 "세상 중앙"이라고 부르고 있습니다. "중앙"이란 말은 히브리어 '타부르'(טַבּוּר)이며, '중심, 배꼽'이라는 뜻입니다. 배꼽이 사람의 신체 부위의 중심에 해당하듯이, 당시 세계에 알려진 아시아, 유럽, 아프리카 세 대륙의 꼭짓점에 있던 가나안 땅은, 그야말로 '세상의 중심'이었습니다.

(1) 약속의 땅

가나안은 아브라함과의 언약을 통해서 약속된 땅입니다(창 12:7, 13:14-17, 15:7, 18-21, 17:8). 하나님께서는 아브라함에게 눈을 들어 동서남북을 바라보라고 하시면서, "보이는 땅을 내가 너와 네 자손에게 주리니 영원히 이르리라"라고 말씀하셨습니다(창 13:14-15). 가나안 땅이 '열조에게 언약으로 주신 땅'이라는 사실은, 신구약 성경에서 각 시대마다 거듭거듭 기록되었습니다.[5] 가나안 땅은 여러 가지로 호칭되었습니다.

① **여호와께서 네게 주시는 땅** / 신 4:40, 9:23, 15:5, 7, 16:20, 17:14, 18:9, 19:10, 14, 21:1, 25:15, 26:2, 27:2-3, 28:8, 52

② **여호와께서 기업(유업)으로 주신 땅** / 레 14:34, 신 4:21, 9:6, 12:10, 19:2-3, 21:23, 24:4, 왕상 8:36, 대하 6:27, 시 136:21, 겔 33:24

③ **여호와의 땅** / 사 14:2, 겔 36:20, 호 9:3

④ **아름다운 땅** / 민 14:7, 신 3:25, 4:21-22, 6:18-19, 8:7, 9:6, 11:17, 수 23:13, 15-16, 대상 28:8, 슥 7:14

⑤ **기름진 땅** / 느 9:25, 35, 렘 2:7

⑥ **젖과 꿀이 흐르는 땅** / 출 3:8, 17, 13:5, 33:3, 레 20:24, 민 13:27, 14:8, 16:13-14, 신 6:3, 11:9, 26:9, 15, 27:3, 31:20, 수 5:6, 렘 11:5, 32:22, 겔 20:6, 15

⑦ **낙토(즐거움의 땅)** / 시 106:24, 렘 3:19, 12:10

⑧ 소산이 풍성한 땅 / 사 30:23, 겔 36:29-30
⑨ 부족함이 없는 땅 / 신 8:9
⑩ 옥토 / 신 8:10, 좋은 땅 / 신 1:35
⑪ 네 하나님 여호와께서 권고하시는 땅 / 신 11:12

열조에게 미리 약속하신 가나안 땅은, 시내산 언약을 통해서 더욱 구체화되었습니다. 가나안 입성이 임박한 상황에서 받은 시내산 언약은, 실제 가나안 땅에 관련된 내용으로 가득 차 있습니다. 시내산 언약 가운데 출애굽기 23:10-33에서는 그 땅에서 지킬 안식년과 안식일(10-13절), 3대 절기(14-19절), 그리고 그 땅을 정복하는 규례(20-33절)를 매우 구체적으로 말씀하여 주셨습니다.

한편, 신명기에는 하나님께서 시내산 언약을 통해 주신 십계명을 비롯한 모든 명령과 규례와 법도가, 이스라엘 백성이 가나안 땅에서 반드시 지키고 행해야 되는 것임을 누누이 강조하고 있습니다(신 4:1, 5, 13-14, 5:31, 6:1). 그 복된 언약의 땅에서 사는 동안 하나님을 사랑하고 그 약속을 믿고 순종하면, 모든 일에 풍요롭고 형통하도록 축복해 주시겠다고 약속하셨습니다.

첫째, 생업의 축복입니다(신 7:12-14, 11:10-11, 28:12).

신명기 11:14-15 "여호와께서 너희 땅에 이른 비, 늦은 비를 적당한 때에 내리시리니 너희가 곡식과 포도주와 기름을 얻을 것이요 [15]또 육축을 위하여 들에 풀이 나게 하시리니 네가 먹고 배부를 것이라"

둘째, 심히 번성하는 축복입니다(신 8:1).

신명기 6:3 "이스라엘아 듣고 삼가 그것을 행하라 그리하면 네가 복을 얻고 네 열조의 하나님 여호와께서 네게 허락하심같이 젖과 꿀이 흐르는 땅에서 너의 수효가 심히 번성하리라"

셋째, **장수의 축복입니다**(신 4:40, 5:33, 6:2, 11:9).

신명기 11:21 "여호와께서 너희 열조에게 주리라고 맹세하신 땅에서 너희의 날과 너희 자녀의 날이 많아서 하늘이 땅을 덮는 날의 장구함 같으리라"

넷째, **강대한 나라들을 얻는 축복입니다**(신 9:1).

신명기 11:23 "여호와께서 그 모든 나라 백성을 너희 앞에서 다 쫓아 내실 것이라 너희가 너희보다 강대한 나라들을 얻을 것인즉"

다섯째, **능히 당할 사람이 없는 승리의 축복입니다**(신 6:18-19).

신명기 11:25 "너희 하나님 여호와께서 너희에게 말씀하신 대로 너희 밟는 모든 땅 사람들로 너희를 두려워하고 무서워하게 하시리니 너희를 능히 당할 사람이 없으리라"

그러나 불순종하는 자는 약속의 땅에서 풍요로운 축복을 누릴 수 없습니다. 약속의 땅은, 이스라엘 백성이 하나님의 언약을 망각하고 하나님의 말씀에 불순종하여 이방 사람과 결혼하거나 우상 숭배에 빠지게 되면, 그들을 토해 버리는 땅이기 때문입니다(레 18:24-28, 20:22).

(2) 왕벌을 통한 땅의 정복(하나님의 주권 역사)

약속의 땅은 한마디로 하나님께서 함께하시는 땅입니다. 하나님께서 함께하시지 않는 가나안 땅은 아무 의미가 없습니다(참고-출 33:1-3, 14-16). 특히 광야와 약속의 땅에서 이스라엘 백성의 중심이었던 성막은, '하나님께서 이스라엘 백성 중에 함께하신다'는 외적인 표였습니다(출 25:22, 29:42-43). 출애굽기 29:45-46에서는 "내가 이스라엘 자손 중에 거하여 그들의 하나님이 되리니 [46]그들은 내가 그들의 하나님 여호와로서 그들 중에 거하려고 그들을 애굽 땅에서 인도하여 낸 줄을 알리라"라고 말씀하고 있습니다. 참으로 전지전능하신 하나님께서 이스라엘 백성 가운데 거처를 정하시고, 그들 가운데서 앉고, 눕고, 그들과 더불어 생활하시면서 은혜를 내려 주시겠다는 자비와 긍휼의 약속입니다. 역대상 17:5에서는 "내가 이스라엘을 올라오게 한 날부터 오늘날까지 집에 거하지 아니하고 오직 이 장막과 저 장막에 있으며 이 성막과 저 성막에 있었나니"라고 말씀하고 있습니다(삼하 7:6). 이는 이스라엘 백성이 성막을 중심으로 광야에서 이동할 때나 약속의 땅에 들어왔을 때에도, 항상 하나님께서 이스라엘과 함께 거주하셨음을 나타내는 말씀입니다.

이스라엘 백성이 하나님의 약속을 믿고 지키면 그 땅의 정복은 하나님께서 해 주시는 것입니다(출 34:11, 레 25:18, 신 7:1, 8:1). 그래서 하나님께서는 가데스 바네아에서 모세를 통하여 "하나님 여호와 그가 너희를 위하여 싸우시리라"(신 3:22)라고 하시면서, 그 땅을 담대히 정복하라고 강력하게 명령하셨습니다(신 9:23, 참고-신 1:21, 2:31, 3:18). 그러나 이스라엘 백성은 하나님의 말씀을 믿지 않고 정탐꾼 보낼 것을 간청하였으며, 하나님께서는 마지못해 각 지파에서 대표 12명을 뽑아 40일 동안 그 땅을 정탐하도록 허락하셨습니다(신 1:19-23, 참고-민 13:1-25). 그러나 약속의 땅 가나안을 보고 돌아온 10명의 정탐꾼은, 그 땅을 악평하였고 그들은 곧바로 여호와 앞에서 재앙으로 죽었습니다(민 14:36-37). 그 땅을 선하게 보고했던 여호수아와 갈렙 단 두 사람만 가나안 땅에 입성할 자격을 허락받았습니다(민 14:30, 38). 악한 보고를 듣고 하나님을 원망한 이스라엘 백성은, 정탐한 40일의 하루를 1년으로 환산하여, 광야 생활 40년이라는 무서운 심판을 선고 받았습니다(민 14:27, 34).

가나안 땅 정복은 결코 칼이나 활로 한 것이 아니라, 시내산 언약에서 약속해 주신 대로 하나님의 주권적인 역사로 왕벌을 통해 이루어 주셨습니다(참고-신 7:20, 수 24:12).

출애굽기 23:28 "내가 왕벌을 네 앞에 보내리니 그 벌이 히위 족속과 가나안 족속과 헷 족속을 네 앞에서 쫓아내리라"

특히 가나안 7족속 중에 가장 막강한 군사력을 가진 세 족속(히위, 가나안, 헷)을 멸할 때, 왕벌을 보내 주신다고 약속하고 있습니다. 이는 시내산 언약 가운데 주신 약속입니다. 왕벌은 벌 중의 벌입니다. 떼를 지어 날아다니면서 침을 쏘아 한 방에도 사람에게 치명상을 입힐 수 있는 공포의 벌입니다. 신명기 7:20에서는 하나님께서 "왕벌을 그들 중에 보내어 그들의 남은 자와 너를 피하여 숨은 자를 멸하시리니"라고 말씀하고 있습니다. 이는 '너로부터 숨은 그들과 남은 그들을 멸하기까지'라는 의미이며, 적들 가운데 문을 잠그고 숨어서 남아 있는 자까지 왕벌이 쫓아 들어가서 기어이 다 죽인다는 것입니다(신 7:21-24). 신명기에는 왕벌의 역사로 아모리 왕 시혼, 바산 왕 옥을 패배시킨 일(수 24:12)이 자주 언급되었습니다(신 1:4, 2:26-35, 4:46-47, 29:7, 31:4).

시내산 언약을 체결할 때, 약속하신 땅은 아직 들어가지 못한 상태였고 앞으로 들어가야 할 땅이었습니다. 언약을 체결(출 24장)하기 전에 하나님께서는 "너로 내가 예비한 곳에 이르게 하리니"(출 23:20)라고 말씀하셨으며, 출애굽기 23:30에서는 "네가 번성하여 그 땅을 기업으로 얻을 때까지"라고 말씀하셨습니다. 이는 반드시 가나안 땅을 주시겠다는 약속입니다. 하나님께서는 시내산 언약을 통해서 이스라엘 백성으로 하여금 언약의 땅 가나안을 바라보게 하신 것입니다.

하나님께서는 인간이 측량할 수 없는 방법을 동원하여, 주권적으로 이스라엘의 구원 역사를 이루어 오셨습니다. 약속의 하나님은 언제든지 말씀하신 그대로 이루시는 미쁘신 분입니다. 고린도후서 1:18, 20에서 "하나님은 미쁘시니라 ... 하나님의 약속은 얼마든지 그리스도 안에서 예가 되니..."라고 말씀하고 있으며, 히브리서 10:23에서 "약속하신 이는 미쁘시니 ..."라고 말씀하고 있습니다(히 11:11). '미쁘시다' 함은, 믿음직하고 결코 꾸밈이나 거짓이 없다는 의미이며(신 7:9, 사 49:7), 이는 하나님의 속성입니다. 데살로니가전서 5:24에서 "너희를 부르시는 이는 미쁘시니 그가 또한 이루시리라"라고 말씀하고 있습니다. 미쁘신 하나님께 죄를 자백하면 우리 죄를 사하시며(요일 1:9), 끝까지 보호하시고 책임지십니다(살후 3:3). 우리는 미쁨이 없을지라도 주는 일향(一向) 미쁘십니다(딤후 2:13). 하나님의 미쁘심은 영원히 폐할 수 없습니다(롬 3:3). 하나님의 미쁘심이야말로 우리의 참된 소망입니다.

Ⅳ 시내산 언약의 구속사적 의미

THE REDEMPTIVE-HISTORICAL MEANING OF THE SINAITIC COVENANT

시내산 언약은 피로 맺은 언약이며, 중보자가 있는 언약입니다. 따라서 시내산 언약은, 십자가에서 피 흘리신 그리스도와 그분의 중보 사역으로 말미암는 구속 역사를 일깨워 주는 언약으로서, 대대로 지켜야 할 만대의 언약입니다.

1. 피로 맺은 언약

A covenant made with blood

모세는 제4차로 시내산에 올라갔다가 받은 하나님의 모든 말씀을 가지고 이스라엘 백성과 언약을 체결하였습니다. 모세는 번제와 화목제 희생의 피를 취하여 반(半)은 여러 양푼에 담고 반(半)은 단에 뿌렸습니다(출 24:5-6). 그리고 언약서를 백성에게 낭독하여 들려주자 백성이 화답하였고, 이에 모세는 그 피를 취하여 백성에게 뿌렸습니다(출 24:7-8). 모세는 "여호와께서 이 모든 말씀에 대하여 너희와 세우신 언약의 피니라"라고 공포하였습니다(출 24:8). 이처럼 시내산 언약은 피로 체결된 언약입니다. 언약의 증거물은 '피'요,

언약의 내용을 담은 증서는 '언약서'였습니다.

시내산 언약이 피로 세워진 것은 어떤 의미가 있습니까?

첫째, 하나님 앞에서 피를 제단에 뿌렸다는 것은 하나님과 하나의 공동체로 연합되었다는 의미입니다.

하나님 앞에서 피를 제단에 뿌린 것은, 희생의 피를 통해 백성이 속죄를 받고 하나님 앞에 나아갈 수 있는 길이 열려, 죄인 된 인간이 하나님과 영적으로 연합되었음을 의미합니다. 죄로 인해 부정한 인간은 결코 거룩하신 하나님과 대등한 관계에서 언약을 맺을 수 없습니다. 그러므로 이 피는 언약에 참예할 수 있게 허락하신 은혜의 피요, 속죄의 피였습니다. 시내산 언약은 오직 하나님의 절대 주권적 은혜로 맺어진 것입니다.

둘째, 반드시 언약을 지키겠다는 굳은 약속입니다.

피 뿌림은 언약을 인준(認准)하는 행위입니다. 피는 생명(生命)을 나타냅니다(창 9:4-5, 레 17:11, 14, 신 12:23). 모세가 율법 준수를 서약하면서 제물의 피를 취하여 뿌린 것은, 생명을 걸고 이 율법을 지키겠다는 서약입니다. 만약 이 언약을 어기면 생명까지 내놓겠다는 다짐입니다.

히브리서에는 출애굽기 본문에 기록되지 않은 한 가지 사실, 곧 그 피를 뿌릴 때 언약을 기록한 책(언약서)에도 뿌렸다는 사실이 기록되어 있습니다(히 9:19-20). 모세는 언약서를 가져와 백성에게 낭독하여 들린 후에 제물의 피를 취하여 그 책과 온 백성에게 뿌렸습니다(출 24:6-8). 언약서에도 피가 뿌려졌다 함은 하나님께서 이 책에 대하여 보증하신다는 표입니다. 이러한 원리를 볼 때, 신구약 성경 66권은 모두 예수 그리스도의 영원한 피가 뿌려진 복음입니다.

셋째, 예수님께서 세우실 피의 언약을 바라보게 합니다.

예수님께서는 최후의 만찬에서 "이 잔은 내 피로 세우는 새 언약이니 곧 너희를 위하여 붓는 것이라"라고 말씀하셨습니다(눅 22:20, 고전 11:25, 참고-마 26:27-28, 막 14:23-24). 모세가 뿌린 희생의 피는, 장차 인간을 위한 희생 제물이 되어 십자가에서 피를 흘리실 예수 그리스도를 바라보게 합니다(히 9:12, 14, 10:12-14, 12:24). 피의 언약의 실체이신 예수님께서 오시기까지, 시내산 언약을 통해서 주어진 율법은 이스라엘 백성을 하나님의 백성으로 살게 하는 삶의 지침이 되었으며, 예수님께서 오시는 길을 준비하는 토대가 되었습니다(요 5:39, 45-47, 갈 3:24).

2. 중보자가 있는 언약
A covenant with a mediator

시내산 언약을 맺기까지, 모세는 총 8차에 걸쳐 시내산을 오르내리면서, 하나님과 이스라엘 사이에서 언약의 중재자가 되었습니다(출 19:9, 20:18-21, 신 5:5, 23-27, 31). 사도 바울은 모세가 율법을 받은 경위에 대하여, "... 천사들로 말미암아 중보의 손을 빌어 베푸신 것인데 약속하신 자손이 오시기까지 있을 것이라"(갈 3:19)라고 말씀하였습니다(행 7:38, 53, 히 2:2). 사도 요한도 '율법은 모세로 말미암아 주신 것이요, 은혜와 진리는 예수 그리스도로 말미암았다'라고 기록하였습니다(요 1:17). 말하자면 모세는 '옛 언약의 중보자'이고, 예수 그리스도는 '새 언약의 중보자'이십니다(히 9:15, 12:24, 참고-딤전 2:5). "중보자"(mediator)는 '사이가 멀어진 사람들을 화목시키는 역할을 하는 사람'(삼상 2:25, 욥 33:23), '적대적 관계나 시시비비가 있는 양자 사이에서 화해와 일치를 도모하는 일을 하는 사람'(사 38:14)입니다. '아직 법정으로 가지 않은 문제를, 법정까지 가는 것을 미리 방지하기 위해 세운 화해자나 중재자'를 뜻합니다.

오늘날 우리가 드리는 모든 기도는, 예수 그리스도의 중보에 의해 하나님께 드려집니다(요 15:16, 16:23-24). 예수 그리스도의 "새 언약의 중보"의 직분에 관하여, 히브리서 8:6에서는 "이제 그가 더 아름다운 직분을 얻으셨으니 이는 더 좋은 약속으로 세우신 더 좋은 언약의 중보시라"라고 말씀하고 있습니다. "더 좋은"의 헬라어 '크레잇톤'(κρείττων)은 '더 강한, 더 우수한'이라는 뜻으로, 옛 언약에 비하여 새 언약이 우월하다는 것을 거듭 강조한 것입니다. 그러므로 예수 그리스도께서는 우리에게 더 좋은 언약의 보증이 되시며(히 7:22), 유일하신 참중보자이십니다. 디모데전서 2:5에서도 "하나님은 한 분이시요 또 하나님과 사람 사이에 중보도 한 분이시니 곧 사람이신 그리스도 예수라"라고 말씀하고 있습니다.

3. 대대에 지킬 만대(萬代)의 언약

A covenant for all generations to keep

시내산 언약은, 이스라엘 백성이 11번째 진친 시내 광야에 도착하여, 하나님과 이스라엘 사이에 맺은 언약입니다. 이 언약은 약 40년 만에 이스라엘이 가나안 입성을 앞두고 41번째로 진을 친 모압 평지에서 재확증되었습니다. 그래서 이 언약을 '모압 평지 언약'이라고 부릅니다. 하나님께서 모세를 통해 시내산 언약을 재확증하신 것은, 시내산 언약이 그만큼 중요한 언약이고, 가나안 입성을 앞두고 반드시 기억해야 할 언약임을 보여 줍니다.

모세가 모압 평지에서 시내산 언약을 다시 강론하면서(신명기) 특별히 강조한 것은 무엇일까요?

첫째, 시내산 언약은 "오늘날 여기 살아 있는 우리 곧 우리"와 세우신 것이라고 가르쳤습니다.

신명기 5:2에서 "우리 하나님 여호와께서 호렙산에서 우리와 언약을 세우셨나니"라고 말씀하고 있습니다. 신명기 5:3에서도 이어서 강조하기를, 이 언약의 대상은 "오늘날 여기 살아 있는 우리 곧 우리"(פֹה הַיּוֹם כֻּלָּנוּ חַיִּים, 포 하욤 쿨라누 하임)라고 했습니다. 원문의 뜻을 살려 신명기 5:3을 직역하면, '여호와께서 이 언약을 세우신 것은 **우리** 열조가 아니라 바로 **우리** 곧 오늘날 여기 살아 있는 **우리** 모두와 세우신 것입니다'라고 번역할 수 있습니다. '바로 우리'라고 직역한 구절은 '우리'를 가리키는 히브리어 1인칭 복수 대명사가 두 번 반복하여 사용된 것입니다(אִתָּנוּ אֲנַחְנוּ, 잇타누 아나흐누). 2절에서 "**우리** 하나님이 ... **우리**와" 언약을 세우셨다고 한 것까지 포함하면, 2-3절에서 "우리"라는 말을 다섯 번이나 반복하고 있습니다. 이는 언약 체결의 대상이 '열조'가 아니라, 바로 모압 평지에 서 있는 현재의 '우리'라는 사실을 강조한 표현입니다.

이는 언약의 현재성을 강조하고 있습니다. 시내산 언약은 과거 조상들과 세우신 옛 언약이 아니라, '지금' 살아서 하나님 앞에 대면하여 서 있는 '우리'와 체결하신 언약입니다. 하나님의 언약의 시제는 언제나 현재 곧 "오늘날"(הַיּוֹם, 하욤)입니다.

또한 언약의 장소도 십계명이 주어진 시내산에 한정되는 것이 아니라, 당시 광야 제2세대가 머물고 있던 요단 동편의 모압 땅(신 1:5), "여기"(פֹּה, 포)입니다.

하나님의 언약은 '지금', '여기에', 살아 있는 '우리'와 체결하신 언약입니다. 약 40년 전에 시내산에서 하나님의 임재를 체험하고 언약 체결식에 참여한 많은 조상들이, 광야 생활 가운데 불순종과 원망으로 인해 죽고 말았습니다. 이처럼 불순종으로 죽은 자들은 더 이상 하나님의 언약 체결의 대상이 아닙니다. 오직 언약에 신실하고, 그 언약에 순종함으로 무사히 광야를 통과하여 가나안을 목전에 두고 '지금', '여기' 모압 평지에까지 당도해 있는 이스라엘 제 2세대인 '우리'가 언약의 당사자입니다.

둘째, 시내산 언약의 대상은 "우리와 함께 여기 있지 않은 자에게까지"라고 하였습니다(신 29:14-15).

이 말씀을 선포할 때 광야 제1세대는 이미 전멸한 후이므로(민 14:28-35, 26:63-65, 신 2:14-15), 15절에 "우리와 함께 여기 선 자"는 지금 모압 평지에서 모세의 설교를 듣고 있는 광야 제2세대를 말합니다. 또 15절에서 "우리와 함께 여기 있지 아니한 자에게까지"라고 말씀하신 것은, 언약의 대상이 시공(時空)을 초월하여 무한히 확대되는 것을 의미합니다. 언약의 대상이 장차 영적 이스라엘에게까지 확장될 것을 바라본 것입니다. 표면적 유대인뿐만 아니라 마음의 할례를 받은 이면적 유대인(롬 2:28-29), 즉 영적 이스라엘 백성된 모든 신자들을 가리킵니다. 믿음의 의로 아브라함의 영적 후손이 된 우리 성도들도(롬 4:11-16, 갈 3:7-9, 29) 이 영원한 언약에 참여하고 있는 것입니다.

시내산 언약이 모압 평지 언약으로 재확인되고 그 의미가 후세 대까지 확장되는 과정은, 하나님의 말씀이 지니는 무궁한 생명력을 다시 한 번 깨닫게 합니다. 성경은 과거의 사람들에게만 의미 있었던 것이 아니라, 지금 살아 있는 우리에게도 의미가 있고 생명으로 역사하는 말씀이요 살아 있는 언약입니다. 사람의 언약은 당사자가 죽으면 그 효력이 상실되지만(롬 7:1-3), 하나님께서는 알파와 오메가요 처음과 나중이시며(계 1:8, 17, 2:8, 21:6, 22:13), 예나 지금이나 변함없이 살아 계신 분입니다(히 1:12, 13:8). 그러므로 그분의 언약은 영원합니다. 하나님께서는 살아 있는 믿음으로 현재를 살아가는 성도의 하나님, 곧 산 자의 하나님이십니다(마 22:32, 막 12:26-27, 눅 20:38). 우리는 이 영원한 언약의 주인공들임을 기억해야 합니다. 왜냐하면 이 언약이 현재 살아 있는 나 자신을 위하여 주어진 것이기 때문입니다.

하나님께서는 한 번 맺으신 언약을 과거, 현재, 미래 어느 때든지 변치 않으시고 신실하게 지키십니다. 하나님께서는 끝이 없는 인자하심과 성실하심으로, 끝까지 언약에 신실하십니다(시 89:33-35). 진실로 하나님께서는 인생이 아니시기에 한 번 약속하신 바를 결코 변경하거나 취소하지 않으십니다(민 23:19, 삼상 15:29). 천지는 변하고 산들은 요동할지라도, 하나님께서 친히 세우신 그 언약은 조금도 흔들리지 않고 견고합니다(사 54:10).

시편 105:8-10에서도 하나님께서 아브라함에게 하신 언약이 천 대까지 명하신 것이며 이스라엘에게 하신 영영한 언약이라고, 그 언약의 신실성과 영원성을 찬송하고 있습니다(대상 16:15-18). 신명기에서는, 시내산 언약이 처음 시내산에서 주어질 때뿐만 아니라 모든 세대로 지속되어 끊어짐이 없다는 사실을 특별히 강조함으로써, 시내산 언약이 '만대의 언약'이라는 것을 말씀해 주고 있습니다. 하나님의 언약은 과거에 묶여 있는 죽은 언약이 아니라, 현재를 살아가는 하나님의 백성에게 생명을 불어넣어 주는 살아 있는 언약입니다. 말하자면 언약의 시제는 '현재'이며, 언약의 장소는 '여기'이며, 언약의 대상은 살아 있는 '우리'입니다.

4. 구속 계시가 명백한 언약

A covenant with a clear revelation regarding redemption

하나님의 언약은 하나님의 구속 경륜 가운데 한 번도 파기된 적이 없으며, 정확하게 진행되고 완벽하게 성취되어 왔습니다. 하나님께서는 아담에게 처음 언약하시고, 노아를 통해 그리고 아브라함과 이삭과 야곱을 통해 계속적으로 언약을 체결하셨습니다. 시내산 언약은 이전에 체결된 언약과 동떨어진 것이 아니라 점진적 발전 관계 속에 있습니다. 시내산에서 율법이 선포되었다고 해서 처음 주신 언약이 중지되거나 폐기되는 것이 아니라 도리어 그 언약들을 새롭게 발전시킵니다. 하나님께서 미리 정하신 언약을 430년 후에 생긴 율법이 무효로 할 수 없을 뿐만 아니라 그 약속을 헛되게 할 수도 없는 것입니다.

갈라디아서 3:17 "내가 이것을 말하노니 하나님의 미리 정하신 언약을 사백 삼십 년 후에 생긴 율법이 없이하지 못하여 그 약속을 헛되게 하지 못하리라"

하나님의 구속사에 나타난 모든 언약은, 죄악된 백성을 어떻게 구원할 것인가를 목적으로 하고 있습니다. 그 가운데 시내산 언약은 죄의 문제를 가장 크게 염두에 두고 주어진 언약으로서, 죄 문제의 해결을 구체적으로 보여 주는 언약입니다. 즉 시내산 언약은 택한 백성을 구속하기 위한 하나님 언약의 목적을 더욱 명백히 밝히고 있습니다. 사도 바울은 시내산 언약의 골자인 율법의 명백한 구속 계시를 다음과 같이 설명하였습니다.

첫째, 율법은 죄의 본성을 철저하게 자각시켜 겸손하게 합니다.

율법을 지키는 행위 자체가 인간에게 구원을 가져다주는 것은 아닙니다(롬 5:13-20, 갈 2:16-21, 3:19-22, 히 7:19, 28). 그래서 사도 바울은 "율법은 무엇이냐?"라고 묻고는 "범법함을 인하여 더한 것이라"(갈 3:19)라고 답하였습니다. "범법함을 인하여 더한 것이라" 함은, '하나님의 법을 어기고 죄가 많아졌기 때문에, 그 많은 죄를 알게 하려고 율법을 주셨다'라는 것입니다(롬 4:15, 5:20). 이는 로마서 7:7-8의 말씀과도 상통합니다. 율법은 인간을 죄로부터 구원하는 능력이 없고(행 13:39, 갈 3:11), 다만 죄를 더 절실히 인식하게 만들고(롬 7:7, 딤전 1:9-10), 죄가 살아나게 하고(롬 7:9), 죄를 폭로하여 심히 죄 되게 하며(롬 7:13), 결국은 죄를 더 많아지게 만듭니다(롬 5:20). 그러므로 로마서 3:20에서 "율법의 행위로 그의 앞에 의롭다 하심을 얻을 육체가 없나니 율법으로는 죄를 깨달음이니라"라고 말씀하고 있는 것입니다.

결국, 율법은 마치 죄인들을 가두어 두는 감옥과 같아서, 율법을 따라 살지 않는 자들을 억압하고 구속하며 감시하는 기능을 합니다. 율법으로 말미암아 모든 사람은 죄의 세력 아래, 율법의 저주

아래, 그리고 하나님의 심판 아래 꼼짝없이 감금당한 것입니다(롬 3:19, 갈 3:10, 22-23, 참고-갈 4:3-5). 사도 바울도 '나약한 육신이 죄의 세력을 거부하거나 율법을 지킬 수 있는 능력이 없음'을 솔직하고도 처절하게 고백하였습니다(롬 7:14-25).

율법의 목적을 깨닫지 못한 유대인들은 스스로 의롭다고 자처하면서 언약 백성이라는 특권 의식 속에서, 율법 없이 사는 이방인들을 부정한 죄인으로 취급했습니다(갈 2:15). 그러나 실상은 그들 또한 철저하게 정죄를 당한 죄인이었습니다(참고-마 3:7-10). 더구나 그들은 율법을 통해 그리스도에게 나아가도록 하신 하나님의 본래 목적(롬 3:21, 갈 3:24)을 깨닫지 못한 결과로, 인간적인 수단에 얽매여 율법의 노예가 되어 버렸고, 예수 그리스도를 완전히 배격하는 치명적인 결말을 초래하였습니다(행 13:26-27). 그래서 사도 바울은 유대인들이 하나님의 구원 섭리를 올바로 깨달았다면 "위에 있는 예루살렘"이 되었겠지만, "지금 있는 예루살렘" 곧 땅의 예루살렘에 거하는 유대인들은 율법의 근본 목적을 오해하여 "저가 그 자녀들로 더불어 종 노릇 하고" 있다고 예리하고 강력하게 지적하였습니다(갈 4:25-31).

둘째, 율법은 예수 그리스도를 대망(待望)하게 합니다.

인간은 죄를 알게 해 주는 율법을 통해서만 비로소 자기 자신이 멸망할 수밖에 없는 처지임을 알게 되어, 자신을 그리스도에게 맡기게 됩니다. 율법은 인간의 죄악상을 적나라하게 드러내어 보임으로서, 예수 그리스도의 구속을 바라보게 해 줍니다. 갈라디아 3:19에서 "그런즉 율법은 무엇이냐 ... 약속하신 자손이 오시기까지 있을 것이라"라고 말씀하고 있습니다. 22절에 "그러나 성경이 모든 것을 죄 아래 가두었으니 이는 예수 그리스도를 믿음으로 말미암은 약속을 믿는 자들에게 주려 함이니라"라고 말씀하고 있습니다. 율법은 죄를 깨닫게 하고, 약속하신 자손 예수 그리스도를 대망케 하며, 예수 그리스도 앞으로 인도하는 몽학선생 역할을 합니다(갈 3:24-29).

예수 그리스도께서 십자가에 달려 율법의 저주를 받은 것은 "율법의 저주에서 우리를 속량"하시기 위함이었습니다(갈 3:13). 예수 그리스도께서 때가 차매 율법 아래 나신 것은 "율법 아래 있는 자들을 속량하시고 우리로 아들의 명분을 얻게 하려 하심"이었습니다(갈 4:4-5). 히브리서 2:14-15에서는 "죽기를 무서워하므로 일생에 매여 종 노릇 하는 모든 자들을 놓아주려"고 예수님께서 육신을 입고 이 땅에 오셨다고 말씀하고 있습니다.

이처럼 예수님께서는 율법을 폐하러 오신 것이 아니라, 오히려 율법을 완성하러 오신 것입니다(마 5:17-20, 롬 10:4). 율법은 여전히 의의 내용으로 남아 있으며(롬 2:13), 믿음은 율법을 폐하는 것이 아니라 오히려 율법을 굳게 세우는 것입니다(롬 3:31). 그래서 예수님께서는 산상수훈을 통해 "... 하였다는 것을 너희가 들었으나 나는 너희에게 이르노니"라고 여섯 차례나 말씀하시며, 율법을 새로운 차원에서 조명해 주시고 친히 완성하셨습니다(마 5:21-22, 27-28, 31-32, 33-34, 38-39, 43-44).

예수께서 이 땅에 오신 목적은 우리를 죄에서 해방하여 참된 자유를 주시기 위함입니다(요 8:32). 인간은 모두 죄인이요, 죄 없는 자가 없습니다(롬 3:10, 23, 5:12). 죄는 아무리 작은 것이라도 범하는 순간부터 인간을 무섭게 옭아매고 죄의 종을 만들어 버립니다.

예수님께서 성전에서 가르치실 때, 서기관들과 바리새인들이 간음 중에 잡힌 여자를 현장에서 끌고 와서 가운데 세워 놓고, 예수님께 "모세는 율법에 이러한 여자를 돌로 치라 명하였거니와 선생은 어떻게 말하겠나이까?"(요 8:5)라고 물었습니다. 이때 예수님께서 몸을 굽혀 손가락으로 땅에 글을 쓰자, 저희가 묻기를 마지 아니하였습니다(6-7절). 이에 예수님께서는 일어나 "너희 중에 죄 없는 자가 먼저 돌로 치라" 하시고는 다시 몸을 굽히사 손가락으로 땅에 쓰셨습니다(7-8절). 이 말씀을 듣고 양심의 가책을 받아 어른으로 시작하여 젊은이까지 하나씩 하나씩 나가고, 오직 예수님과 여자만 남았습니다(9절). 이때 예수님께서는 "나도 너를 정죄하지 아니하노니 가서 다시는 죄를 범치 말라"(11절)라고 말씀하셨습니다. 그 여자를 얽매고 있던 그 죄로부터 완전한 자유를 선포하신 것입니다. 실로, 죄의 결과는 무서운 정죄와 억압이요, 극도에 달한 수치요, 돌에 맞아 죽게 하는 저주입니다(3-5절). 그러나 예수님께서는 죄로 인하여 죽음의 문턱에 선 그 여인에게, 말씀을 통해 참된 자유를 선언하셨습니다(11절). 예수님께서는 "진리를 알지니 진리가 너희를 자유케 하리라"라고 하시면서(요 8:32), "진실로 진실로 너희에게 이르노니 죄를 범하는 자마다 죄의 종이라 [35]종은 영원히 집에 거하지 못하되 아들은 영원히 거하나니 [36]그러므로 아들이 너희를 자유케 하면 너희가 참으로 자유하리라"(요 8:34-36)라고 말씀하셨습니다.

우리는 오직 하나님의 말씀, 이 진리를 굳게 붙잡고 자유의 한복판에 서 있어야 합니다. 육신의 생각은 사망이요 영의 생각은 생명과 평안입니다(롬 8:6). 그리스도의 영이 없으면 그리스도의 사람이 아닙니다(롬 8:9). 우리 몸은 우리 것이 아니라 그리스도의 피로 값

주고 사신 성령의 전입니다(고전 6:19-20). 그러므로 우리는 먹든지 마시든지 무엇을 하든지 하나님의 영광을 위하고(고전 10:31), 우리의 몸과 삶 전체를 하나님께서 기뻐하시는 거룩한 산 제사로 드려야 합니다(롬 12:1).

V
계속적으로 확증되어야 할 시내산 언약
THE SINAITIC COVENANT THAT MUST BE AFFIRMED CONTINUOUSLY

1. 구속사의 장자 이스라엘
Israel, the firstborn of redemptive history

애굽에서의 이스라엘은 마치 버려진 아이와 같은 비참한 상태였습니다. 에스겔 16:4에서는 "네가 날 때에 네 배꼽 줄을 자르지 아니하였고 너를 물로 씻어 정결케 하지 아니하였고 네게 소금을 뿌리지 아니하였고 너를 강보로 싸지도 아니하였나니"라고 말씀하고 있으며, 에스겔 16:6에서는 "내가 네 곁으로 지나갈 때에 네가 피투성이가 되어 발짓하는 것을 보고 네게 이르기를 너는 피투성이라도 살라 다시 이르기를 너는 피투성이라도 살라" 하셨다고 말씀하고 있습니다. 이 아이의 운명은 목숨만 간신히 붙어 있을 뿐이지, 상한 갈대보다 못하고 꺼져 가는 촛불보다 가련하여, 누군가 당장 돌보지 않으면 생명이 스러져 버릴 처지였습니다. 에스겔 16:5에서는 "네가 나던 날에 네 몸이 꺼린 바 되어 네가 들에 버리웠었느니라"라고 말씀하고 있습니다. 여기 "꺼린 바 되어"는 히브리어 '고알'(גֹּעַל)로, '몹시 싫어함, 혐오함'이라는 뜻입니다. 이러한 표현은 이스라엘이 애굽의 노예가 되어 아무도 도와주는 사람이 없이 버림을 받았던 비참한 상황을 말씀하는 것입니다. 하나님께서는, 이제 막 태어나 길가에 무자비하게 버려진 아이와도 같은 그 이스라엘을, 출애굽 역사를 통해 그 품에 안고 나오신 것입니다.

그리고 하나님께서는 이제 이스라엘을 "내 아들 내 장자"라고 선언하십니다. 하나님께서 모세에게 바로 앞에서 "이스라엘은 내 아들 내 장자라 ...[23]내 아들을 놓아서 나를 섬기게 하라"라고 선포하게 하셨습니다(출 4:22-23). 이스라엘은 지금까지 바로의 노예에 불과하였습니다. 그러나 하나님께서는 이제 이들을 하나님의 아들, 그것도 장자라고 선언하고 계십니다. 이것은 고대 근동 지역에서 주인이 노예들 가운데 한 사람을 뽑아서 자신의 아들로 삼는 것과 같은 원리입니다. 출애굽 하여 시내산에 도착할 때까지의 광야 노정은, 하나님께서 이스라엘 백성을 마치 독수리가 날개를 펴서 새끼를 업어 나르듯이 인도하신 노정입니다. 하나님께서 어린 아들, 장자인 이스라엘 백성을 40년 동안 친히 등에 업고 오신 것입니다. 출애굽기 19:4에서 "나의 애굽 사람에게 어떻게 행하였음과 내가 어떻게 독수리 날개로 너희를 업어 내게로 인도하였음을 너희가 보았느니라"라고 말씀하고 있습니다.

시내산 언약은 하나님의 아들이 된 이스라엘과 하나님께서 공식적으로 법적인 계약을 체결하는 약속이었습니다. 이제 하나님께서는 이스라엘 백성의 아버지가 되시고, 이스라엘은 그의 아들로서 하나님의 이름으로 일컫는 하나님의 백성이 되는 것입니다(참고-민 6:27, 신 28:10, 대하 7:14, 사 43:7, 63:19, 렘 14:9, 15:16, 단 9:19). 아들이 된 이스라엘 백성은 시내산 언약 후에 군대로 계수됨으로써

(민 1:1-3), 하나님의 나라를 건설할 수 있는 명실상부한 구속사적 장자로 성장하였습니다.

2. 다시 확증된 언약
A reaffirmed covenant

시내산 언약은 출애굽 초기 광야 1세대와 맺으신 언약입니다. 이 언약은, 이스라엘 백성이 가나안 입성을 앞두고 41번째로 진을 친 모압 평지에서 재확증되었고, 이것은 '모압 언약'이라고 불립니다. 모압 언약은 하나님께서 출애굽 40년 11월 1일 가나안 입성을 앞둔 광야 2세대와 체결하신 언약입니다(신 1:3, 29:1-29).

이때는 여호수아와 갈렙 외의 구(舊)세대가 세렛 시내를 건너기 전에 다 죽고 난 다음입니다(민 14:26-35, 26:64-65, 신 2:13-15). 하나님의 장자로 시내산 언약을 체결한 이스라엘 백성 중 20세 이상으로 싸움에 나갈 만한 군인이 603,550명(민 1:46)이었습니다. 그 가운데 여호수아와 갈렙을 제외한 나머지 603,548명은 다 죽고 말았던 것입니다. 그들은 하나님의 말씀을 믿지 못하여 순종하지 않았고 도리어 하나님을 원망하였기 때문입니다. 민수기 14:29-30에서 "너희 시체가 이 광야에 엎드러질 것이라 너희 이십 세 이상으로 계수함을 받은 자 곧 나를 원망한 자의 전부가 [30]여분네의 아들 갈렙과 눈의 아들 여호수아 외에는 내가 맹세하여 너희로 거하게 하리라 한 땅에 결단코 들어가지 못하리라"라고 하신 말씀 그대로 이루어진 것입니다.

이제 하나님께서는 광야 2세대를 하나님의 장자로 세우시고, 그들을 새로운 구속사의 주역으로 사용하시기 위하여, 그들과 언약을 갱신하시고 하나님의 말씀을 새롭게 가르치신 것입니다. 왜냐하면 이들이 가나안 땅에 들어가서 지상의 하나님의 나라를 건설하는 주인공이 되어야 했기 때문입니다.

앞서 '시내산 언약의 구속사적 의미'에서 살펴본 대로, 모세는 광야 제2세대와 언약을 갱신하면서, 시내산에서 세운 언약의 대상이 이제 광야에서 죽은 조상들이 아니라 현재 말씀을 받고 있는 이스라엘 백성임을 강조하였습니다. 신명기 5:2-3에서 "우리 하나님 여호와께서 호렙산에서 우리와 언약을 세우셨나니 [3]이 언약은 여호와께서 우리 열조와 세우신 것이 아니요 오늘날 여기 살아 있는 우리 곧 우리와 세우신 것이라"라고 말씀하고 있습니다. 여기서 모세는 시내산(호렙산) 언약이, 더 이상 광야에서 죽은 광야 1세대와 세운 것이 아님을 강조하고 있습니다. 모세는 시내산 언약이 이제, 그 체결에 참여하지 않았으나 오늘 여기 하나님 앞에 서 있는 광야 2세대와 세운 언약임을 선포하고 있습니다.

이것은 광야 2세대에게, 과거에 베풀어 주신 하나님의 모든 은혜를 상기시키기 위함이었습니다. 왜냐하면 그들은 애굽에서의 고된 종살이를 전혀 모르는 세대요, 홍해가 갈라지는 생생한 구원 역사를 피부로 체험하지 못한 세대였기 때문입니다. 그러나 그들은 이제 새로운 언약 백성, 하나님의 장자로서 가나안 땅에 들어가서 하나님의 나라를 건설해야 하기 때문에, 그들이 강한 책임감을 갖고 하나님의 말씀대로 절대 순종하며 살 것을 촉구하기 위함이었습니다. 신명기 4:1에서는 "이스라엘아 이제 내가 너희에게 가르치는 규례와 법도를 듣고 준행하라 그리하면 너희가 살 것이요 너희의 열조의 하나님 여호와께서 너희에게 주시는 땅에 들어가서 그것을 얻게 되리라"라고 말씀하셨습니다.

3. 계속적으로 확증되고 확증되어야 할 언약

A covenant that must be affirmed and reaffirmed continuously

주전 1446년 3월에 체결된 시내산 언약은 주전 1407년 11월에 모압에서 재확증되었습니다. 그러나 시내산 언약은 궁극적으로 계속 확증되어야 할 언약입니다. 왜냐하면 신명기 29:14-15에서 "내가 이 언약과 맹세를 너희에게만 세우는 것이 아니라 [15]오늘날 우리 하나님 여호와 앞에서 우리와 함께 여기 선 자와 오늘날 우리와 함께 여기 있지 아니한 자에게까지니"라고 말씀하고 있기 때문입니다. 여기에서 시내산 언약은 "오늘날 우리와 함께 여기 있지 아니한 자에게까지" 유효한 언약이라고 말씀하고 있습니다. 여기 "오늘날 우리와 함께 여기 있지 아니한 자"가 누구입니까? 이들은 장차 태어날 이스라엘 백성의 후손들을 가리킵니다. 나아가, 육적인 후손들뿐만 아니라 예수 그리스도의 복음 안에서 등장할 영적 이스라엘까지 포함합니다(롬 2:28-29, 4:11, 16, 갈 3:7-9, 29). 시내산 언약을 갱신하면서 언약의 대상을 확대하고 있는 것은, 시내산 언약이 그 실체인 '새 언약'으로 갱신되어 전 우주적인 언약으로 확대될 것을 보여 줍니다. 오늘날 우리도 시내산 언약에 직접 참여한 자들은 아닙니다. 그러나 시내산 언약이 계속적으로 확증되어 예수 그리스도 안에서 완성될 '새 언약'을 바라보게 한다면, 시공간을 초월하여 오늘 여기 있는 우리도 믿음 안에서 시내산 언약을 계승하여 우리 삶 속에서 영원한 언약으로 계속 확증해 가야 합니다.

우리가 계승해야 할 시내산 언약의 핵심은 바로 십계명입니다. 하나님께서는 세부 율법(출 20:22-23:33)을 주시기에 앞서 먼저 십계명을 주셨습니다(출 20:1-17). 그러므로 십계명은 모든 율법의 머리요, 강령입니다. 그래서 예수님께서도 십계명을 '하나님을 사랑하라'와 '네 이웃을 네 몸과 같이 사랑하라'라는 두 계명으로 압축하신 다음에, 이 두 계명이 "온 율법과 선지자의 강령"이라고 말씀하셨습니다(마 22:36-40). 여기 '강령'은 헬라어 '크레만뉘미'(κρεμάννυμι)로, '매달다'라는 뜻입니다. 이것은 모든 율법이 십계명에 매달려 있다는 뜻으로, 십계명이 모든 율법의 머리요, 핵심이요, 근본임을 선포하신 것입니다.

다음 장부터는 모세의 시내산 8차례 등정으로 시작하여 시내산 언약의 중심인 십계명에 대하여 자세히 살펴보겠습니다. 오늘날 우리가 십계명의 본 뜻을 알고 하나님께서 기뻐하시는 방법대로 잘 지킬 때, 시내산 언약은 우리 세대에서 계속적으로 확증되고 이 땅에서 하나님의 나라는 점점 확장될 것입니다.

제 2 장

모세의 8차례 시내산 등정

Moses' Eight Ascents of Mount Sinai

모세의 8차례 시내산 등정

MOSES' EIGHT ASCENTS OF MOUNT SINAI

하나님께서는 아브라함 한 사람을 불러서 언약을 체결하시고, 그를 통하여 이스라엘을 세우시고, 그들을 통한 전 인류의 구원 계획을 세우셨습니다. 이스라엘은 430년간의 애굽 생활을 통해 약 200만 명의 거대한 민족을 이루었습니다(출 12:40-41, 행 7:17, 참고-창 15:13-14). 하나님께서는 호렙산 떨기나무 가운데서 모세를 불러 이스라엘 민족의 지도자로 세우신 후, 마침내 주전 1446년(출애굽 원년) 1월 15일에 이스라엘을 출애굽 시키셨습니다(민 33:3). 출애굽 한 이스라엘 민족은 그해 3월 1일(출 19:1) 시내 광야에 도착한 후, 시내산 언약을 맺었습니다(출 19:1-24:11). 이스라엘 백성은 출애굽 제2년 2월 20일 바란 광야를 향해 출발하기까지(민 10:11-12上) 11개월 20일 동안 시내 광야에 머물렀습니다.

시내 광야에서의 약 1년은, 애굽에서 종살이하던 이스라엘이 하나의 국가로 막 태어나려는 희망과 열정으로 가득 찼던 민족적 여명기였습니다. 국가의 모습을 갖추어 가던 건국기요, 가나안 정복 전쟁을 철저하게 준비하던 기간이었습니다. 시내 광야에 도착하자마자 모세는 총 8차례에 걸쳐 시내산을 오르내리면서 하나님과 이스라엘 사이의 중재자가 되어 시내산 언약을 맺었고(출 24:1-11), 십계명(출 20:1-17)과 세부 율법(출 20:22-23:33) 그리고 성막(출 25:1-31:11)에 관한 말씀을 받아 백성에게 전했습니다.

I
시내산으로 이끄신 하나님의 섭리

GOD'S PROVIDENCE THAT LED THE ISRAELITES TO MOUNT SINAI

하나님께서는 아브라함을 통하여 가나안 땅을 주시겠다고 여러 차례 약속하셨습니다(창 12:1-3, 7, 13:14-17, 15:13-21, 17:7-8). 하나님께서는 과거에 세우신 언약대로 이스라엘을 애굽의 고통 가운데서 구출하여 내시고, 가나안 땅으로 인도하신 것입니다. 애굽에 들어갈 때 고작 70명에 불과했던 저들은(창 46:26-27) 애굽 생활 430년 동안 약 200만 명의 거대 민족으로 번성하고 심히 강대하여, 애굽의 바로가 위협을 느낄 정도였습니다(출 1:7-22). 마침내 애굽에 거주한 지 430년이 마치는 그날(출 12:40-41), 하나님께서는 큰 권능과 강한 손으로(출 32:11) 약 200만 명의 이스라엘의 남녀노소와 심히 많은 생축까지 잔악한 애굽인의 속박에서 완전히 구출해 내셨습니다(출 12:37-41).

이날 이스라엘은 아브라함 때 맺은 횃불 언약대로(창 15:14) '큰 재물'을 이끌고 나왔습니다(출 3:22, 11:2-3, 12:36, 시 105:37-38). 천한 노예가 하나님의 주권적인 역사로 순식간에 거부(巨富)가 되는, 참으로 신비롭고 놀라운 하나님의 섭리였습니다.

하나님께서 이스라엘을 애굽에서 해방하고 출애굽 시키셔서 시내산으로 인도하신 섭리는, 세 가지 히브리어 동사를 통해서 간결하게 표현되고 있습니다.

① '섬기다'라는 뜻의 히브리어 '아바드'(עָבַד)입니다.

② '제사 드리다'라는 뜻의 히브리어 '자바흐'(זָבַח)입니다.

③ '절기를 지키다'라는 뜻의 히브리어 '하가그'(חָגַג)입니다.

1. 하나님을 섬기게 하시기 위한 섭리

God's providence that enabled the Israelites to worship God

출애굽기 3:12 "하나님이 가라사대 내가 정녕 너와 함께 있으리라 네가 백성을 애굽에서 인도하여 낸 후에 너희가 이 산에서 하나님을 섬기리니 이것이 내가 너를 보낸 증거니라"

이스라엘 백성이 "이 산"(시내산)에서 하나님을 섬기는 것이 "내가 너(모세)를 보낸 증거"라고 말씀하고 있습니다. '섬기다'는 히브리어 '아바드'(עָבַד)로, '일하다, 예배하다, 봉사하다'라는 의미이며(창 14:4, 15:13, 27:29, 29:18, 20, 30:29, 시 100:2), 포괄적으로 하나님을 향한 신앙 전반을 일컫는 말입니다(신 6:13, 10:12, 20, 11:13, 수 24:14-15, 말 3:14 등). 처음 부름 받을 때 주신 이 말씀을 확신한 모세는, 애굽 땅에 열 가지 재앙이 진행되는 동안 강퍅한 바로 앞에 서서 '여호와의 말씀에 내 백성을 보내라 그들이 나를 섬길 것이니라 하셨다'라고 여러 차례 선포했습니다(출 4:23, 7:16, 8:1, 20, 9:1, 13, 10:3, 24-26). 마치 사령관이 부하에게 결정 사항을 통보하듯, 모세는 하나님의 말씀의 권세를 앞세우고 외쳤습니다.

하나님을 섬기는 것이 사실상 출애굽의 목적이며, 더 나아가 그것이 하나님의 장자로서 해야 할 본분입니다(출 4:22-23). 그래서 하나님께서는 모세를 처음 부르실 때, 이스라엘 백성이 시내산에서 하나님을 섬기는 것이 "내가 너를 보낸 증거"라고 말씀하신 것입니다(출 3:12下).

이 후에 하나님께서 애굽에 내린 열 가지 재앙 역시, 하나님의 장자 이스라엘을 애굽에서 놓아주게 하여 그들이 하나님을 섬기게 하시기 위한 목적이었습니다(출 10:1-3). 여덟 번째 메뚜기 재앙이 예고되었을 때(출 10:4-6), 바로의 신하들은 "그 사람들을 보내어 그 하나님 여호와를 섬기게 하소서 왕은 아직도 애굽이 망한 줄을 알지 못하시나이까"(출 10:7)라고 항변하였습니다. 잠시 흔들렸던 바로는 "가서 너희 하나님 여호와를 섬기라 갈 자는 누구 누구뇨"(출 10:8)라고 물었고, 모세와 아론은 남녀노소(男女老少)와 우양(牛羊)을 데리고 가겠다고 답하였습니다(출 10:9). 이때 바로는 순간 말을 바꾸어 "너희 남정(男丁: 장정, 젊은 남자)만 가서 여호와를 섬기라"(출 10:11)라고 하며, 여전히 마음을 강퍅하게 하고 이스라엘을 놓아주지 않았습니다.

2. 하나님께 희생 제사를 드리게 하시기 위한 섭리

God's providence that enabled the Israelites to sacrifice to God

하나님께서는 모세에게 이스라엘 장로들과 함께 애굽 왕에게 가서 "우리가 우리 하나님 여호와께 희생을 드리려 하오니 사흘 길쯤 광야로 가기를 허락하소서"라고 말할 것을 명령하셨습니다(출 3:16-18, 참고-출 5:3). 여기 '희생을 드리다'는 '동물을 죽이다, 제사 드리다'라는 뜻의 히브리어 '자바흐'(זָבַח)이며, '~에게'(לְ, 레)라는 뜻의 전치사가 함께 쓰여 '~에게 제사를 드리다'(삼상 1:3)라는 의미입니다. 모세와 아론이 이 말씀을 전하자 폭군 바로는 이스라엘 백성을 더욱 학대하였고(출 5:6-23), 열 가지 재앙 중 네 번째 파리 재앙을 당한 후에 애굽 땅에서 희생을 드리라고 하였습니다(출 8:25). 그러나 짐승을 잡아 희생 제사를 드리는 것을 애굽 사람들이 싫어하기 때문에 반드시 광야로 들어가야 한다는 모세의 말에(출 8:26-27), "너무 멀리는 가지 말라 그런즉 너희는 나를 위하여 기도하라"(출 8:28)라고 조건을 달아 허락하였습니다. 하지만 파리떼가 떠나자 그 마음이 더욱 강퍅해져서 이스라엘을 떠나지 못하게 하였습니다(출 8:31-32).

이 후에 재앙의 강도는 점점 강해져, 사람을 괴롭히는 정도를 넘어 애굽인의 재산에 직접적인 피해를 입히기 시작했습니다. 다섯 번째 재앙에서는 애굽 사람의 생축에 피해를 주었고(출 9:1-7), 여섯 번째 재앙에서는 모든 애굽 사람의 몸에 질병(독종)이 생기게 하였습니다(출 9:8-12). 술객들도 독종에 걸려 그때부터는 모세 앞에 서지 못하였습니다(출 9:11).

희생 제사를 드리기 위해서는 반드시 생축이 필요했으므로, 하나님께서는 재앙을 통해 이스라엘 백성뿐 아니라 이스라엘의 생축도 구별하셨습니다. 이스라엘의 생축은 다섯 번째 악질 재앙 때에 구별되어 하나도 죽지 않았습니다(출 9:4, 6). 일곱 번째 우박 재앙 때에도 이스라엘 자손이 거한 고센 땅이 구별되었습니다(출 9:26). 이 때 바로의 신하 중에도 '하나님의 말씀을 두려워하는 자'는 그 종들과 생축을 집으로 들여 재앙을 피했으나(출 9:19-20), '하나님의 말씀을 마음에 두지 않는 자'는 그 종들과 생축을 들에 그대로 두었다가(출 9:21) 엄청난 피해를 당했습니다(출 9:22-25).

아홉 번째 흑암 재앙 때에는 바로가 "양과 소는 머물러 두고 너희 어린것은 너희와 함께 갈지니라"(출 10:24)라고 하였으나, 모세는 "우리의 생축도 우리와 함께 가고 한 마리도 남길 수 없으니 이는 우리가 그 중에서 취하여 우리 하나님 여호와를 섬길 것임이며 또 우리가 거기 이르기까지는 어떤 것으로 여호와를 섬길는지 알지 못함이니이다"(출 10:26)라고 대답하였습니다. 모세는 바로 앞에서 하나님을 섬기기 위해 모든 사람, 모든 재산이 하나도 남김없이 나가야 한다고 당당하게 통보했습니다.

이러한 하나님의 주권 역사 앞에 바로는 항복하고 말았습니다. 마지막으로 행해진 장자 재앙을 통해서, 바로의 장자로부터 옥에 갇힌 사람의 장자까지와 생축의 처음 난 것을 다 치고(출 12:29), 맷돌 뒤에 있는 여종의 장자까지 치셨습니다(출 11:5). 그제서야 바로는 "너희의 말대로 너희의 양도 소도 몰아가고 나를 위하여 축복하라"(출 12:32)라고 하며 굴복하였습니다.

하나님의 주권 역사로 모든 생축은 하나님을 섬기기 위해 거룩하게 구별되었습니다(참고-출 3:12, 18, 4:23, 5:3, 7:16, 8:1, 20, 25, 27-28, 9:1, 13, 10:3, 8, 11, 24-26, 12:31-32). 이스라엘은 하나님을 섬기기 위한 생축(양, 소)을 완전히, 모조리 다 가지고 나왔습니다. 한 마리도 남기지 않았습니다. 이스라엘 백성이 출애굽 할 때 "양과 소와 심히 많은 생축"이 그들과 함께하였습니다(출 12:38).

3. 하나님 앞에 절기를 지키게 하시기 위한 섭리

God's providence that enabled the Israelites to celebrate a feast before God

모세와 아론은 하나님의 말씀의 권위에 힘입어 바로 앞에 섰습니다. 그리고 "이스라엘 하나님 여호와의 말씀에 내 백성을 보내라 그들이 광야에서 내 앞에 절기(חַג, 하그)를 지킬 것이니라 하셨나이다"(출 5:1)라고 담대하게 선포하였습니다.

출애굽기 10:9에서도 "모세가 가로되 우리가 여호와 앞에 절기를 지킬 것인즉 우리가 남녀노소와 우양을 데리고 가겠나이다"라고 말씀하고 있습니다. 여기 "절기"에 해당하는 히브리어 '하그'(חַג)는 '기뻐하다, 춤추다, 기념하다, 빙빙 돌다, 순환하다'라는 뜻의 '하가그'(חָגַג)에서 유래하였습니다. 이는 '절기'가 매년 그맘때가 되면 주기적으로 돌아오는 데다 축제의 성격을 가지고 있기 때문입니다.

하나님께서 이스라엘 백성을 출애굽시키실 때 "이 달로 너희에게 달의 시작 곧 해의 첫 달이 되게" 하라 명하시고, 절기의 날짜를 정하는 기준을 삼으셨습니다(출 12:2). 그리고 유월절을 말씀하시면서, "이날을 기념하여 여호와의 절기(חַג, 하그)를 삼아 영원한 규례로 대대에 지킬지니라"라고 명령하셨습니다(출 12:14, 17-18).

이처럼 하나님께서는 이스라엘 백성이 시내산에 도착해서 해야 할 일에 대하여, 출애굽 전부터 분명히 말씀하셨습니다. 그러나 이 세 가지 목적은 궁극적으로 하나님께서 이스라엘 백성과 언약을 체결하시기 위함입니다. 모세는 시내산을 자그마치 8차례에 걸쳐 오르내리며 십계명을 받고 언약을 체결하였습니다. 이제 족장 아브라함 '개인'을 중심으로 진행되어 온 구속사가, 이스라엘이라는 '국가'를 중심으로 하는 차원으로 전환되는 중요한 시기를 맞게 된 것입니다.

Ⅱ 한눈에 보는 8차례 시내산 등정

OVERVIEW OF MOSES' EIGHT ASCENTS OF MOUNT SINAI

모세는 시내산 언약을 체결할 때 총 8차례 시내산(2,291m)에 올라갔습니다. 모세가 시내산 정상을 8차례에 걸쳐 오르내린 과정은 출애굽기 19:1-25, 20:1-21, 24:1-18, 32:7-35, 33:1-6, 34:1-35, 신명기 4:10-40, 5:1-33, 9:9-29, 10:1-11에 자세히 기록되어 있습니다. 모세의 시내산 8차례 등정 일정은 십계명과 성막과 절기에 대한 핵심 배경으로서, 구속사적으로 매우 중대한 의미를 가집니다.

모세가 시내산을 숨가쁘게 총 8차례에 걸쳐 오르고 내릴 때, 올라간 곳은 산 밑이나 중턱 정도가 아니라 "산꼭대기"(רֹאשׁ הָהָר, 로쉬 하하르)였습니다(출 19:20, 34:2). 또한 모세는 아침 일찍 예비하여 올라감으로 언약 체결 시에 필요한 중보 사역을 헌신적으로 감당하였습니다(출 24:4, 34:2, 4).[6)]

시내산 8차례 등정은, 3월 1일 일요일에 시내 광야에 도착하여(출 19:1) 다음날 3월 2일 월요일 1차 시내산 등정부터 7월 10일 월요일 하산까지 총 127일 걸렸습니다.

시내산 등정 제1차에서 8차까지의 과정을 간략하게 요약하면 다음과 같습니다.

※ 출애굽과 모세의 시내산 등정 연대는 티쉬리 기준 연대 계산 방식으로 표기하였습니다.

차 례		내 용
제 1 차	올라감 3/2 (월)	**하나님께서 시내산 언약 체결을 제의하심** / 출 19:1-6 ① 이스라엘 자손이 시내 광야에 도착하여 시내산 앞에 장막을 치고, 모세는 시내산에 올랐다(출 19:1-3). ② 하나님께서는 먼저, 이스라엘이 출애굽 할 수 있었던 것은 하나님의 절대적인 힘과 주권적 은혜라고 말씀하셨다(출 19:4). ③ 택함 받은 이스라엘 민족이 말씀을 잘 듣고 언약을 지키면, 열국 중에 내 소유, 제사장 나라, 거룩한 백성이 된다고 약속하셨다(출 19:5-6, 신 4:6).
	내려옴	**하나님의 언약 체결 제의를 백성에게 전함** / 출 19:7-8上 ① 모세가 백성의 장로들을 불러 여호와의 모든 말씀을 그 앞에 진술하였다(출 19:7). ② 백성이 일제히 "여호와의 명하신 대로 우리가 다 행하리이다"라고 응답하였다(출 19:8上).
제 2 차	올라감 3/3 (화)	**하나님께서 '3일 성결'을 명령하심** / 출 19:8下-13, 신 4:10 ① 모세가 백성의 말을 여호와께 보고하였다(출 19:8下, 9下). ② 여호와께서 빽빽한 구름 가운데서 임하셨다(출 19:9上). ③ "오늘과 내일 그들을 성결케 하며 그들로 옷을 빨고 예비하여 제 삼일을 기다리게 하라"라고 명하셨다(출 19:10-11上). ④ 사면으로 지경을 정하고, 산에 오르거나 그 지경을 범하지 못하게 하셨다(출 19:12). 이것을 범한 자는 돌에 맞거나 살에 쐬어 죽임을 당하도록 명하셨다(출 19:13).
	내려옴	**성결 명령을 백성에게 전하고, 백성이 준행** / 출 19:14-15 ① 모세가 백성으로 성결케 하니, 백성이 자기 옷을 빨았다(출 19:14).

차례		내용
	내려옴	② 모세가 백성에게 "예비하여 제 삼일을 기다리고 여인을 가까이 말라"라고 지시하였다(출 19:15).
제3차	올라감 3/5(목)	**제3일 아침(3/5, 목)에 여호와께서 강림** / 출 19:16-19 ① 제 삼일 아침에 우레와 번개와 빽빽한 구름이 산 위에 있고 나팔 소리가 심히 크니 진중(陣中) 모든 백성이 떨었다(출 19:16). ② 모세가 하나님을 맞으려고 백성을 거느리고 진에서 나와 산기슭에 섰을 때, 여호와께서 불 가운데서 강림하심으로 시내산에 연기가 자욱하고, 그 연기가 옹기점 연기같이 떠올랐으며, 온 산이 크게 진동하였다(출 19:17-18). ③ 나팔 소리가 점점 커질 때에 모세가 말한즉 하나님이 음성으로 대답하셨다(출 19:19). **일반 백성의 시내산 입산을 엄격하게 금지** / 출 19:20-24 ④ 여호와께서 시내산 꼭대기에서 모세를 부르시니 모세가 올라갔다(출 19:20). ⑤ 여호와께서 모세에게 "내려가서 백성을 신칙(申飭: 납 신, 삼갈 칙 - 단단히 일러서 경계함)하라"라고 시내산 입산 금지를 다시 엄히 명하셨다(출 19:21). ⑥ 제사장들에게는 그 몸을 성결케 하지 않으면 그들을 돌격하겠다고 엄히 명하셨다(출 19:22). ⑦ 모세는 곧 순종치 않고, 백성이 시내산에 오르지 않을 거라고 장담하다가, 여호와께로부터 "가라 너는 내려가서 ... 제사장들과 백성에게는 ... 올라오지 못하게 하라"라고 책망을 들었다(출 19:23-24).
	내려옴	**하나님의 책망을 받고 모세가 지체 없이 순종** / 출 19:25 모세가 곧 백성에게 내려가서 그들에게 고했다(출 19:25).

<table>
<tr><th colspan="2">차 례</th><th>내 용</th></tr>
<tr><td rowspan="2">제
4
차</td><td>올
라
감
3/6
(금)</td><td>십계명과 율법을 주심 / 출 20:1-23:33, 신 5:1-6:9
총회의 날 / 신 5:22, 9:10, 10:4, 18:16
① 십계명(출 20:1-17)은 하나님께서 전 이스라엘 백성에게 음성으로 직접 들려주셨다(출 20:22, 신 4:12, 33, 5:22, 24).
② 직접 십계명을 들은 전 백성은 하나님의 엄위하심을 보고 극심한 공포에 휩싸여, 중재자 모세를 통해 하나님의 말씀을 받도록 해 달라고 간곡히 요청하였다. 율법(출 20:22-23:33)은 중재자 모세를 통하여 간접적으로 주셨다(참고-출 20:18-21, 신 5:22-33).
③ 하나님께서 전 백성을 대표하여 "모세만" 여호와께 가까이 나아오도록 지시하셨다(출 24:1-2, 신 5:28-33).</td></tr>
<tr><td>내
려
옴</td><td>모세가 하나님의 모든 말씀을 백성에게 전하고 기록함
/ 출 24:3-4上
① 모세는 산에서 내려와 백성에게 여호와의 모든 말씀과 그 모든 율례를 고했고, 이스라엘 백성은 일제히 큰 소리로 모든 말씀을 준행하겠다고 응답했다(출 24:3).
② 모세는 밤새 여호와의 모든 말씀을 기록하였다(출 24:4上). 이것이 바로 "언약서"(7절)이다.

이튿날 이른 아침(3/7, 토), 시내산 언약 체결식 / 출 24:4下-8
③ 이른 아침 산 아래에 단을 쌓고, 이스라엘 십이 지파대로 열두 기둥을 세우고, 이스라엘 자손의 청년들을 보내어 번제와 화목제를 드리게 하였다(출 24:4-5).
④ 모세가 희생 제물의 피를 취하여, 반(半)은 여러 양푼에 담고 반(半)은 단에 뿌렸다(출 24:6).
⑤ 모세는 언약서를 백성에게 낭독하여 들려주었고, 백성은 전과 같이 "여호와의 모든 말씀을 우리가 준행하리이다"라고 답하였다(출 24:7).</td></tr>
</table>

<table>
<tr><th colspan="2">차 례</th><th>내 용</th></tr>
<tr><td>제
4
차</td><td>내
려
옴</td><td>⑥ 모세가 그 피를 취하여 백성에게 뿌리며 "이는 여호와께서 이 모든 말씀에 대하여 너희와 세우신 언약의 피니라"라고 했고, 언약식은 완전하게 거행되었다(출 24:8).</td></tr>
<tr><td rowspan="2">제
5
차</td><td>올
라
감
3/7
(토)</td><td>시내산에서 언약 체결 기념 식사 / 출 24:9-11
① 언약 체결 후, 모세와 아론과 나답과 아비후와 이스라엘 장로 70인이 시내산에 올라갔다(출 24:9).
② 이들이 본 이스라엘 하나님은 "그 발 아래에는 청옥을 편 듯하고 하늘같이 청명"한 모습이었다(출 24:10).
③ 이때 산에 오른 자들을 가리켜 "이스라엘의 존귀한 자들"이라 칭하였고, 그들은 하나님을 보았으나 죽지 않았으며, 그들은 하나님을 보고 먹고 마셨다(출 24:11).</td></tr>
<tr><td>내
려
옴</td><td>내려온 직접적 기록이 없음
모세가 제6차로 시내산에 오르기 전에, 아론과 훌 그리고 장로들에게 뒷일을 부탁한 것을 볼 때, 제5차로 시내산에 올라간 모세가 다시 내려왔음을 알 수 있다(출 24:12-14).</td></tr>
<tr><td>제
6
차</td><td>올
라
감
3/8
(일)</td><td>모세의 첫 번째 40주야 금식기도, 하나님께서 친수로 기록한 십계명의 두 돌판을 주심, 성막 식양에 관한 계시를 받음 / 출 24:12-31:18, 32:15-16, 신 9:9-11
① 여호와께서 모세에게 "너는 산에 올라 내게로 와서 거기 있으라"라고 하시며, 오랜 시간 머물 것을 암시하셨다(출 24:12上).
② 모세에게 "너로 그들을 가르치려고 내가 율법과 계명을 친히 기록한 돌판을 네게 주리라"라고 말씀하셨다(출 24:12下).
③ 모세는 그의 종자(從者) 여호수아를 데리고 하나님의 산으로 올라갔다(출 24:13).</td></tr>
</table>

차례		내용
		④ 모세가 산에 오르자, 구름이 산을 가리며 여호와의 영광이 시내산 위에 머물렀고(출 24:15-16上) 구름이 6일 동안 산을 가리더니, 제7일(3/14, 토)에 여호와께서 구름 가운데서 모세를 부르셨다(출 24:16下). ⑤ 모세는 사십 일 사십 야를 산에 거하면서 떡도 먹지 아니하고 물도 마시지 않았다(출 24:18, 신 9:9). ⑥ 성막 식양에 관한 계시를 받았다(출 25:1-31:11). ⑦ 하나님께서 손가락으로 친히 쓰신 언약의 두 돌판(증거판)을 주셨다(출 24:12下, 31:18, 32:15-16, 신 9:9-11).
제 6 차	내려옴 4/17 (목)	**이스라엘 백성의 금송아지 숭배와 깨뜨려진 두 돌판** / 출 32:1-29, 신 9:15-17, 21 ① 이스라엘 백성이 모세가 산에서 내려옴이 더딤을 보고, 언약의 말씀을 불신, 불순종하여 자기들을 인도할 신을 요구하매, 아론의 주도하에 백성 모두가 귀의 금고리를 빼어 모아 송아지 형상의 우상을 만들어 섬겼다(출 32:1-8). ② 모세가 산에서 내려오기 전에, 하나님께서는 백성이 말씀을 떠나 스스로 속히 부패하였음을 알리시면서 그들을 진멸하겠다고 하셨다. 모세는 중보의 기도를 드렸다(출 32:7-14, 신 9:12-14, 참고-신 4:16, 25, 31:29). ③ 모세가 진 가까이에 이르러 금송아지 앞에서 방자하게 춤추는 백성을 보고 대노하여, 두 돌판을 그들의 목전에서 산 아래로 던져 깨뜨렸다(출 32:15-19, 25, 신 9:15-17). ④ 당일에 레위 자손이 각각 그 허리에 칼을 차고 진 이 문에서 저 문까지 왕래하며, 각 사람이 그 형제와 그 친구와 그 이웃을 3천여 명이나 도륙(屠戮)하였다(출 32:26-28). ⑤ 금송아지 숭배자 도륙 사건으로, 레위 자손은 모세로부터 "그 아들과 그 형제를 쳤으니 오늘날 여호와께 헌신하게 되었느니라"라는 칭찬과 축복을 받았다(출 32:29).

<table>
<tr><th colspan="2">차 례</th><th>내 용</th></tr>
<tr><td rowspan="2">제
7
차</td><td>올
라
감
4/18
(금)</td><td>모세의 40주야 중보기도 / 출 32:30-35, 신 9:25-29, 10:10-11
① 모세는 "내가 이제 여호와께로 올라가노니 혹 너희의 죄를 속할까 하노라"라고 말하고 시내산에 올라갔다(출 32:30-31上).
② 모세가 자기 생명을 담보하며 하나님께 사죄를 요청하는 기도를 올렸다(출 32:31下-32).
③ 사람이 범죄하면 하나님께서 반드시 그 죄를 보응하시겠다는 말씀을 하신 후, 즉시 치명적인 재앙을 내리셔서 이스라엘 백성을 치셨다(출 32:33-35).
④ 신명기에는 금송아지 숭배와 관련, 모세의 중보기도를 다시 요약 정리하면서, '사십 주야를 여호와 앞에 엎드렸다'라고 기록하였다(신 9:25-29, 10:10-11).</td></tr>
<tr><td>내
려
옴
5/28
(화)</td><td>40일 중보기도 후 단장품 제거 / 출 33:1-6
5월 29일 수요일(출애굽 한 지 132일)에 임시 회막 건립 및 중보기도 / 출 33:7-23
① 하나님께로부터 젖과 꿀이 흐르는 땅에 함께 가지 않으시겠다는 참담한 말씀을 듣고, 전 이스라엘 백성이 회개하고 단장품을 제하였다(출 33:1-6).
② 모세는 진 밖에 임시 회막을 세우고(5/29, 수요일), 회막으로 나아갔다(출 33:7-8).
③ 회막에 들어갈 때에, 하나님께서 구름기둥으로 임재하시고, 사람이 그 친구와 이야기함같이 여호와께서 모세와 대면하여 말씀하셨다(출 33:9-11).
④ 모세의 중보기도로, 하나님께서 이스라엘과 함께하여 가나안으로 인도해 주실 것을 약속해 주셨다(출 33:12-17).
⑤ 모세가 이 약속을 확증하기 위해 주의 영광 보이시기를</td></tr>
</table>

차례		내 용
		간구하자, 하나님께서 모세에게 등을 보이셨다(출 33:18-23).
제 8 차	올라감 5/30 (목)	**두 번째 40주야 금식기도, 하나님께서 친수로 기록한 십계명의 두 돌판을 주심** / 출 34:1-28, 신 9:18, 10:1-4 ① 모세가 여호와의 명대로 돌판 둘을 처음 것과 같이 깎아 만들고 아침에 일찌기 일어나 시내산에 올라갔다(출 34:4, 신 10:1-3). ② 하나님께서는 이스라엘 백성과 다시 언약을 세우시고, 금송아지 사건을 반복하지 않도록 우상 숭배를 금하는 율례를 엄격히 선포하였다(출 34:10-17). ③ 3대 절기와 안식일에 대하여 명령하셨다(출 34:18-26). ④ 모세가 하나님의 말씀(출 34:10-26)을 기록하여, 하나님께서 이스라엘과 언약을 세우셨음을 선포하였다(출 34:27). ⑤ 모세는 여호와와 함께 40일 40야를 시내산에 있으면서 금식하였고, 하나님께서는 언약의 말씀 곧 십계를 그 판들에 처음 것과 같은 내용으로 기록해 주셨다(출 34:28, 신 9:18, 10:2, 4).
	내려옴 7/10 (월)	**두 번째 두 돌판과 모세 얼굴 꺼풀의 광채** / 출 34:29-35, 신 10:5 ① 모세가 증거의 두 돌판을 들고 내려왔을 때, 여호와와 말씀하였음을 인하여 얼굴 꺼풀에 광채가 났다(출 34:29). ② 모세는 두려워하는 이스라엘 자손을 가까이 오게 하고, 여호와께서 시내산에서 이르신 말씀을 그들에게 명하였다(출 34:30-32). ③ 모세가 말하기를 마치고 수건으로 얼굴을 가렸으며, 그가 여호와 앞에 들어갈 때는 수건을 벗었다(출 34:33-34). ④ 이스라엘 자손이 모세 얼굴의 광채를 보는 고로 모세가 다시 수건으로 자기 얼굴을 가렸다(출 34:35).

III
모세의 8차례 시내산 등정
Moses' Eight Ascents of Mount Sinai

시내산은 시내 광야의 척박한 황무지 위에 솟아오른 해발 2,291미터 높이의 산으로, 전체가 온통 큰 바위만으로 둘러싸여 있어 매우 험한 곳입니다. 시내산의 '시내'(סִינַי, Sinai)는 '가시나무 숲, 떨기나무 많은 곳'이라는 뜻이며, '호렙'(חֹרֵב, Horeb: 건조한 곳)으로 기록되기도 하였습니다(출 3:1, 17:6, 33:6, 신 1:2, 6, 19, 4:10, 15, 5:2, 9:8, 18:16, 29:1).

시내산은 천지 만물을 친히 창조하시고 인생들의 생사화복을 주관하시는 하나님께서 영광 중에 임재하신 곳입니다. 그러므로 시내산은 아랍인들이 흔히 말하는 '모세의 산'(Jebel Musa)이 아니라 "하나님의 산"입니다(출 3:1, 4:27, 18:5, 24:13, 민 10:33).

모세는 일반 백성이 진을 친 시내 광야와는 멀리 떨어진 높은 산 위에서 하나님을 만나고, 다시 평지로 내려와서 백성에게 하나님의 말씀을 전하기를 여덟 차례나 반복하였습니다. 우리는 혹시라도 모세가 힘겨운 시내산 등정을 여덟 차례나 반복한 것에 대하여 '불필요하거나 이상한 일'로 오해하는 무지를 결코 범해서는 안 됩니다. 모세는 자기 의지대로 산에 오른 것이 아니라, 하나님의 명령대로 움직였습니다. 하나님과 이스라엘 백성이 언약을 체결하는 중대한 일에 꼭 필요한 중보 사역을 충실하고도 헌신적으로 담당한 것입니다. 모세는 하나님의 거룩한 뜻을 받아 백성에게 내려가 전달했고, 백성으로 하여금 하나님의 약속을 믿고 따를 수 있도록 하였습니다. 그리고 모세는 백성의 여러 가지 생각과 의지를 받아가지고 하나님께 올라갔습니다(출 19:7-8, 20:18-21, 24:1-3, 12).

제1차에서 제5차까지는 당일에 올라갔다가 내려왔으며, 제6차에서 제8차까지는 세 번 모두 산상에서 40일 기도를 드렸습니다. 그 중에 제6차와 제8차는 금식기도이며, 제7차는 중보기도입니다. 모세는 총 세 차례에 걸쳐 40일 기도를 드린 것입니다.

제1차 40일 금식기도(3/8-4/17) - 출 24:12-18, 신 9:9-14
제2차 40일 중보기도(4/18-5/28) - 출 32:30-33:6,
신 9:25-29, 10:10-11
제3차 40일 금식기도(5/30-7/10) - 출 34:1-28,
신 9:18, 10:1-5

이스라엘 백성의 출애굽과 시내 광야까지 도착한 일, 그리고 모세의 시내산 8차례 등정과 시내산 언약을 맺는 일체의 과정은, 하나님의 오묘한 섭리 속에 이루어진 신비로운 사건입니다. 또한 하나님께서 주권적으로 개입하셔서, 장차 이루어질 구속 경륜의 완성을 계시하신 사건입니다. 모세가 시내산에 한 번씩 올라갈 때마다 어떤 사건들이 일어났는지 그 순서와 내용을 정확하게 알고, 시내산 언약 체결의 배경과 과정, 그리고 그 '때'를 자세히 살펴보면, 이 모든 역사 속에 깃들인 하나님의 구속 섭리들을 풍성히 깨닫게 됩니다.

제1차	올라감	3월 2일 월요일 (출애굽 한 지 46일)

THE FIRST ASCENT
(Monday, the 2nd day of the 3rd month; 46 days after the exodus)

하나님께서 시내산 언약 체결을 제의하심 / 출 19:1-6
God proposes the Sinaitic covenant / Exod 19:1-6

이스라엘 백성은 출애굽 제1년(주전 1446년) 3월에 시내 광야에 이르렀으며, '그 산'(시내산) 앞에 장막을 쳤습니다(출 19:1-2). 모세는 시내 광야에 도착한 후 "하나님 앞에" 올라갔습니다(출 19:3上). 하나님의 구체적인 지시가 없는 상태에서 모세가 시내산에 올라간 것은, 이 산에서 있을 중요한 일이 출애굽 하기 전부터 이미 예고되어 있었기 때문입니다. 출애굽기 3:12을 볼 때, 하나님께서 모세를 불러 세우시면서 "... 백성을 애굽에서 인도하여 낸 후에 너희가 이 산(시내산)에서 하나님을 섬기리니 이것이 내가 너를 보낸 증거니라" 라고 말씀하셨던 것입니다.

모세가 산에 올라갔을 때, 하나님께서는 모세를 불러 "너는 이같이 야곱 족속에게 이르고 이스라엘 자손에게 고하라"라고 하시며(출19:3下), 언약을 맺는 데 필요한 준비 사항을 말씀하셨습니다. 이때 하나님께서는 언약의 당사자인 그 백성을 가리켜 "야곱 족속" 그리고 "이스라엘 자손"이라고 부르셨습니다. 이는 야곱이 형 에서의 위협을 피해 밧단아람으로 도망칠 때에는 보잘것없는 빈털털이 신세였지만(창 27:41-28:22), 하나님께서 함께하신 결과로 큰 재산과 대가족을 거느린 거부(巨富)가 되어 고향 땅 가나안으로 돌아온 역사(창 31:1-18, 33:1-20)를 추억하게 합니다. 야곱의 후손 이스라엘 민족은 이제 막 노예 생활에서 벗어난 상태여서 외적으로 너무나 형편없지만, 하나님께서 이제 그들과 언약을 맺고 함께하시기 때문에 반드시 놀라운 역사가 일어날 것을 암시해 줍니다. 더 나아가, 지금 저들은 야곱에게 약속하신 대로(창 28:14, 35:11) 백성이 번성하여 무수히 많아졌습니다(출 12:37-38, 민 1:45-46). 과연 하나님께서는 열조와 약속하신 일을 반드시 성취하시며, 그것에 변함없이 신실하심을 보여 주십니다.

제1차로 시내산에 오른 모세가 이스라엘 백성에게 전하도록 받은 구체적인 하나님의 말씀은 무엇입니까?

1. 하나님의 절대 주권적인 은혜가 이스라엘 백성을 출애굽 시켜 지금까지 인도하셨다는 사실입니다.

God's sovereign grace delivered the Israelites from Egypt and led them thus far.

출애굽기 19:4 "나의 애굽 사람에게 어떻게 행하였음과 내가 어떻게 독수리 날개로 너희를 업어 내게로 인도하였음을 너희가 보았느니라"

이 말씀은 애굽에서 고통스러운 종살이에 시달리는 이스라엘을 구하시려고 하나님께서 놀라운 권능으로 애굽 사람들을 벌하신 것과, 반면에 구속하신 이스라엘 백성은 마치 창공을 날아가는 독수리의 날개에 업힌 듯이 하나님의 절대 안전 보호를 받았다는 것을 증거합니다. 독수리가 그 새끼를 자기 날개 위에 업어 나르듯, 하나님께서 그의 장자인 이스라엘을 무서운 악의 압제로부터 건져내신 것입니다(신 32:11, 참고-사 40:31).

그것은 애굽과 애굽 왕 바로에게 내린 열 가지 재앙에서 건져내실 때부터 시작되었습니다. ① 7일간 하수가 피가 되는 재앙(출 7:14-25) ② 개구리 재앙(출 8:1-15) ③ 티끌이 이가 되어 사람과 생축을 괴롭힌 재앙(출 8:16-19) ④ 파리떼가 가득한 재앙(출 8:20-32) ⑤ 생축에 악질이 생기는 재앙(출 9:1-7) ⑥ 사람과 짐승에게 독종이 발하는 재앙(출 9:8-12) ⑦ 우박과 불덩이가 쏟아지는 재앙(출 9:13-35) ⑧ 메뚜기 재앙(출 10:1-20) ⑨ 3일간의 흑암 재앙(출 10:21-29) ⑩ 모든 처음 난 것(장자)이 죽는 재앙(출 11:4-10, 12:29-36)이었습니다. 이 장자 재앙으로, 애굽 가운데 처음 난 것 곧 위에 앉은 바로의 장자로부터 맷돌 뒤에 있는 여종의 장자와 심지어 옥에 갇힌 사람의 장자들까지 다 죽었고, 모든 생축의 처음 난 것도 다 죽었습니다(출 11:5, 12:29-30).

장자 재앙 후 이스라엘에게 나가기를 허락했던 바로가 변심하여 이스라엘을 추격하였을 때에도, 하나님께서는 앞서 행하던 여호와의 사자를 백성 뒤로 옮기고 구름기둥도 함께 옮기셨습니다. 그 후 애굽 진영에는 흑암이 있게 하고 이스라엘 백성에게는 광명이 있게 하시면서, 큰 동풍으로(출 14:21) 홍해를 가르고 온 이스라엘이 바다 가운데 마른 땅으로 건너게 하셨습니다(출 14:1-22, 31). 참으로 이스라엘은 독수리 날개, 하나님의 등에 업혀 홍해를 건넌 것입니다. 또한 이스라엘은 수르 광야의 마라에서 치료하시는 하나님을(출 15:22-26), 신 광야에서 특별 양식인 만나와 메추라기를 주시는 하나님을(출 16:1-36), 르비딤에서 반석으로부터 솟는 생수를 주시는 하나님을(출 17:1-7), 아말렉과의 전쟁에서 여호와 닛시(출 17:8-16)의 승리를 주시는 하나님을 체험하였습니다.

이처럼 이스라엘 백성 전체가 한 사람도 낙오자 없이 '하나님의 산' 시내산이 있는 시내 광야까지 무사히 도착할 수 있었던 것은, 하나님께서 그 어떤 세력도 그들을 넘보거나 방해하지 못하도록 절대 주권적 역사로 인도해 주신 결과입니다.

2. 선택받은 이스라엘 민족이 하나님의 말씀을 잘 듣고 언약을 지키면, '열국 중에서 내 소유, 제사장 나라, 거룩한 백성이 된다'는 약속입니다.

God promised that if the chosen people of Israel obey His voice and keep His covenant, then they will be His own possession, a kingdom of priests, and a holy nation.

출애굽기 19:5-6 "세계가 다 내게 속하였나니 너희가 내 말을 잘 듣고 내 언약을 지키면 너희는 열국 중에서 내 소유가 되겠고 [6] 너희가 내게 대하여 제사장 나라가 되며 거룩한 백성이 되리라 너는 이 말을 이스라엘 자손에게 고할지니라"

(1) 이스라엘은 하나님의 소유입니다.

이스라엘 민족은 전 세계 열국과 비교하면 너무나 미약한 민족에 불과하지만, 하나님께 선택받았으므로 모든 민족들 위에 뛰어난 민족임에 틀림없습니다. 출애굽기 33:16에 "... 나와 주의 백성을 천하 만민 중에 구별하심이 아니니이까"라고 말씀하고 있습니다. 끝까지 하나님의 말씀을 잘 듣고 언약을 지키면, 천하 만민 중에 구별된 하나님의 소유가 되는 것입니다.

하나님께서는 이 세상의 만물을 창조하신 조물주로, 만물의 주인이십니다. 그래서 모세는 "하늘과 모든 하늘의 하늘과 땅과 그 위의 만물은 본래 네 하나님 여호와께 속한 것이로되"(신 10:14)라고 말씀하였고, 이러한 하나님께서 "오직 네 열조를 기뻐하시고 그들을 사랑하사 그 후손 너희를 만민 중에서 택하셨음이 오늘날과 같으니라"(신 10:15)라고 말씀하였습니다.

출애굽기 19:5의 "소유"는 히브리어 '세굴라'(סְגֻלָּה)인데, '특별한 보물, 깊이 감추인 보물'이라는 뜻입니다. 한마디로 최상의 가치를 가진 물건이요, 외부로부터 특별하게 보호받는 물건을 의미합니다(참고-대상 29:3, 전 2:8). 그래서 이스라엘을 신명기 7:6에서는 '하나님의 기업의 백성', 신명기 26:18에서는 "보배로운 백성"이라고 말씀하고 있으며, 시편 135:4에서 "여호와께서 자기를 위하여 야곱 곧 이스라엘을 자기의 특별한 소유로 택하셨음이로다"라고 말씀하고 있습니다(참고-사 43:1-4, 말 3:17). 또한 '정금같이 보배로운 시온의 아들들'(애 4:2)이라고 말씀하고 있습니다. 이는 부모가 낳은 여러 자식 중에서 가장 아끼는 첫 열매, 장자를 말합니다. 이처럼 하나님께서는 특별한 소유인 이스라엘을 한순간도 그 누구도 넘보지 못하도록 지키십니다.

이 땅의 성도들은 가장 존귀한 자들로(시 16:3) 하나님께서 끝까지 보호하시는 백성입니다. 시편 34:7에 "여호와의 사자가 주를 경외하는 자를 둘러 진치고 저희를 건지시는도다"라고 말씀하고 있으며, 시편 125:2에는 "산들이 예루살렘을 두름과 같이 여호와께서 그 백성을 지금부터 영원까지 두르시리로다"라고 말씀하고 있습니다. 예수님께서도 "저희를 주신 내 아버지는 만유보다 크시매 아무도 아버지 손에서 빼앗을 수 없느니라"(요 10:29)라고 말씀하셨습니다.

(2) 이스라엘은 제사장 나라입니다.

출애굽기 19:6에서 "제사장 나라"는 히브리어 '맘레케트 코하님'(מַמְלֶכֶת כֹּהֲנִים)입니다. 이 단어는 구약성경에 단 1회 쓰였으며, '제사장같이 구별된 나라, 왕이 된 제사장들, 제사장 같은 왕, 혹은 왕 같은 제사장'이라고 다양하게 해석됩니다.[7] '맘레케트'(מַמְלֶכֶת)는 성경에서 '왕권(왕의 권위와 위엄)', '왕국' 두 가지를 다 의미하는데(대하 13:5, 렘 27:1, 28:1), 출애굽기 19:6의 "제사장 나라" 역시 '왕권'을 의미하는 것으로 해석됩니다.[8]

구약성경을 헬라어로 번역한 70인경에는 '바실레이온 히에라튜마'(βασίλειον ἱεράτευμα)라고 하였는데, 이들의 기본형을 볼 때, '바실레이아'(βασιλεία)는 '왕권, 왕의 통치, 왕국'을, '히에라튜마'(ἱεράτευμα)는 '제사장직'을 뜻하여, 이스라엘은 여호와에게 있어서 '왕적인 제사장 나라'임을 잘 드러내고 있습니다. 이 뜻을 따라 신약성경 베드로전서에서는 "왕 같은 제사장들"(벧전 2:9)이라고 하였습니다.

제사장들이 일생 동안 하나님을 섬기는 일에만 전념하듯이, 이스라엘은 영원히 하나님만을 섬기는 나라입니다. 또한 제사장이 하나님과 백성을 중재하듯이, 이스라엘 백성은 세상 나라를 하나님 앞으로 이끌어오기 위해 중재하는 나라입니다. 그리고 이스라엘은 왕권을 가진 나라이므로, 세계에서 가장 뛰어나고 권세 있는 나라가 되었음을 가리킵니다. 참으로 선택받은 이스라엘만이 누리는 절대적인 권리요, 축복이었습니다(신 26:18-19).

(3) 이스라엘은 거룩한 백성입니다.

출애굽기 19:6의 "거룩한 백성"은 히브리어 '고이 카도쉬'(גּוֹי קָדוֹשׁ)

로, '거룩한 나라'라는 뜻입니다. '카도쉬'(קָדוֹשׁ)는 구약성경에 약 100회 정도 나오며, '분리'나 '구별'이라는 의미가 강조되고 있습니다. 즉 이스라엘은 우주의 창조주이시며 소유주이신 하나님과 언약을 맺은 당사자로서, 세상에서 구별되어 오직 하나님만을 위해 쓰임받는 '거룩한 백성'이라는 뜻입니다. 이렇게 언약을 맺은 저들을 가리켜 하나님의 성민(聖民), 하나님의 기업의 백성이라고 부릅니다(신 7:6, 14:2, 26:19, 28:9, 단 7:27).

이스라엘에게 이처럼 엄청난 자격을 아낌없이 부여하시는 이유는, 그들 자신이 어떤 자격이 있기 때문이 아니라, 하나님과 언약을 맺은 언약 백성이기 때문이었습니다. 언약 백성에게 약속하기를, 하나님의 말씀에 순종하고 언약을 잘 지키면, 세계 열국으로부터 "이 큰 나라 사람은 과연 지혜와 지식이 있는 백성"이라는 칭찬과 명성을 얻게 된다고 말씀하셨습니다(신 4:6, 8).

오늘날 우리도 하나님의 말씀을 두려운 마음으로 받아 지키기를 힘써야 합니다. 하나님을 경외하는 것이 지식의 근본이요(잠 1:7), 지혜의 근본이며(욥 28:28, 시 111:10, 잠 9:10, 15:33), 사람의 본분입니다(전 12:13). 하나님을 경외하면 사망의 그물에서 벗어나 생명의 샘에 이르게 됩니다(잠 14:27). 하나님께서는 자기를 경외하는 자를 눈여겨보시며(시 33:18), 자기를 경외하는 자에게 주신 언약을 영원히 기억하십니다(시 25:14, 111:5).

제1차	내려옴	3월 2일 월요일 (출애굽 한 지 46일)

THE FIRST DESCENT
(Monday, the 2nd day of the 3rd month; 46 days after the exodus)

모세가 하나님의 언약 체결 제의를 백성에게 전함 / 출 19:7-8上
Moses tells the people of God's proposal to establish a covenant / Exod 19:7-8a

모세는 산에서 내려와 이스라엘 백성에게 하나님께 받은 모든 말씀을 그대로 전하였습니다. 출애굽기 19:7에서 "모세가 와서 백성의 장로들을 불러 여호와께서 자기에게 명하신 그 모든 말씀을 그 앞에 진술하니"라고 말씀하고 있습니다. 여기 "진술하니"는 '놓다, 두다'라는 뜻을 가진 히브리어 '숨'(שׂוּם)의 와우 계속법이 사용되어 '그리고 그가 두었다'라는 뜻입니다. 모세는 하나님께 받은 말씀을 받자마자 즉시 그대로 백성의 장로들에게 펼쳐 놓았던 것입니다. 거기에 모세의 어떤 인간적인 감정이나 생각은 조금도 들어가지 않았습니다. 그래서 이스라엘의 장로들과 백성은 "여호와의 명하신 대로 우리가 다 행하리이다"(출 19:8)라고 만장일치로 응답하였습니다. 하나님께서 요구하시는 것은 무엇이든지 다 행하리라는 확신 넘치는 답변이었습니다.

제2차	올라감	3월 3일 화요일 (출애굽 한 지 47일)

THE SECOND ASCENT
(Tuesday, the 3rd day of the 3rd month; 47 days after the exodus)

하나님께서 '3일 성결'을 명령하심 / 출 19:8下-13, 신 4:10
God commands consecration for three days / Exod 19:8b-13, Deut 4:10

모세는 제2차로 시내산에 올라가, 백성의 굳은 의지를 곧바로 하나님께 전하였습니다. 출애굽기 19:8 하반절에서 "모세가 백성의 말로 여호와께 회보하매"라고 말씀하고 있습니다. "회보(回報)하매"는 '돌아가다'라는 뜻을 가진 '슈브'(שׁוּב)가 와우 계속법으로 연결되어 있습니다. 이것은 모세가 백성의 답변을 듣자마자 다음날 곧장 시내산을 향해 발걸음을 돌렸다는 것을 보여 줍니다. 중재자 모세는 백성의 생각을 조금도 지체하지 않고 하나님께 회보한 것입니다.

이때 하나님께서는 모세에게 "내가 빽빽한 구름 가운데서 네게 임함은 내가 너와 말하는 것을 백성으로 듣게 하며 또한 너를 영영히 믿게 하려 함이니라"라고 말씀하셨습니다(출 19:9).

"빽빽한 구름 가운데서"는 히브리어로 '베아브 헤아난'(בְּעַב הֶעָנָן)이며, '그 구름이 어두운 구름 가운데서'라는 뜻입니다. 그 구름은 금방이라도 비가 올 듯한 먹구름같이 어두운 구름이었음을 의미합니다. 이어서 "너는 백성에게로 가서 오늘과 내일 그들을 성결케 하며 그들로 옷을 빨고 [11]예비하여 제 삼일을 기다리게 하라 이는 제 삼일에 나 여호와가 온 백성의 목전에 시내산에 강림할 것임이니"라고 엄중한 성결 명령을 내리셨습니다(출 19:10-11).

하나님께서는 거룩한 말씀을 내놓으시기에 앞서 그 백성에게 "오늘과 내일" 이틀 동안 성결케 하며 옷을 빨고 예비하여 제 삼일을 기다리도록 명령하셨습니다. '성결'은 한자로 '거룩할 성(聖), 깨끗할 결(潔)'로 '거룩하고 깨끗함'이라는 뜻이며, 히브리어 '카다쉬'(קָדַשׁ)로 '거룩하다, 분리되다'라는 뜻입니다. 하나님께서는 성결을 가장 사랑하십니다(슥 14:20, 말 2:11, 히 12:14, 참고-출 28:36, 약 3:17, 4:8).

그래서 욥은 날마다 온 가족의 성결을 위하여 번제(예배)를 드렸습니다(욥 1:5).

제 2 차	내려옴	3월 3일 화요일 (출애굽 한 지 47일)

THE SECOND DESCENT
(Tuesday, the 3rd day of the 3rd month; 47 days after the exodus)

모세가 성결 명령을 백성에게 전하고, 백성이 준행함 / 출 19:14-15
Moses delivers the command for consecration; the people comply / Exod 19:14-15

모세는 하나님의 말씀을 듣고 산에서 내려오자마자 백성에게 그 말씀을 전해 주었고, 백성은 그 말씀을 듣고 성결 명령을 준행하였습니다. 출애굽기 19:14에서 "자기 옷을 빨더라"라고 말씀하고 있는데, 이는 단순한 세탁이 아니라 내적 성결을 위한 의식적 성결 행위입니다.

또한 출애굽기 19:15에서는 "... 예비하여 제 삼일을 기다리고 여인을 가까이 말라"라고 명령하고 있습니다.

"여인을 가까이 말라"(אַל־תִּגְּשׁוּ אֶל־אִשָּׁה, 알 티게슈 엘 잇샤)에서 "가까이"는 '함께 눕다, 접근하다'라는 뜻의 '나가쉬'(נָגַשׁ)의 칼 미완료형이 쓰였습니다. 이는 어떤 대상에게 매우 가까이 접근하는 것을 나타내는데, 만지기 위하여 가까이 가거나(창 27:21), 먹기 위하여 가까이 가져가거나(창 27:25), 입맞추기 위하여 가까이 가거나(창 27:27), 포옹하기 위하여 가까이 갈 때(창 48:10) 사용되었습니다. 여기 "여인"(אִשָּׁה, 잇샤)은 결혼한 여자, 곧 아내들(your wives)을 가리킵니다. 율법에서는 부부 사이일지라도 성관계를 맺은 다음날 저녁까지 부정합니다. 남자의 정수가 남자와 여자 모두를 부정하게 만들기 때문에 전신을 물로 씻고 옷을 빨아야 하는 정결 의식이 필요하였습니다(레 15:16-18, 참고-신 23:10-11).

하나님께서는 구속사적으로 중대한 일을 앞두고는 반드시 성결을 요구하셨습니다. 이스라엘이 가나안 땅에 입성할 때 요단을 건너기 전에 성결을 요구하셨고(수 3:5), 제사장 아히멜렉은 다윗과 그 함께한 자들이 거룩한 떡을 먹을 수 있는 조건으로 '성적 성결'을 확인했습니다(삼상 21:4). 이때 다윗이 "우리가 참으로 삼 일 동안이나 부녀를 가까이하지 아니하였나이다"(삼상 21:5)라고 대답하여 그 떡을 받을 수 있었습니다(삼상 21:6). 사도 바울도 부부가 금식하며 기도하려 할 때는 얼마 동안 서로 떨어져 성결을 유지하도록 하였습니다(고전 7:5).

지금 시내산에서 하나님의 말씀을 받아 언약을 맺는 일은 전 민족적으로 중차대한 일이므로, 하나님께서는 결혼한 부부라도 동침을 금하면서 몸과 마음이 정결하고 순수하도록 3일간의 엄격한 성결을 명하신 것입니다. 죄악된 인간은 성결함이 없이는 결코 거룩한 하나님께 가까이 접근할 수 없습니다(참고-히 12:14). 그래서 레위기 11:44-45에서 "내가 거룩하니 너희도 몸을 구별하여 거룩하게 하고 ... [45]내가 거룩하니 너희도 거룩할지어다"라고 말씀하고 있습니다. 주의 백성은 성결함으로 하나님을 만나고 "나는 의로운 중에 주의 얼굴을 보리니 깰 때에 주의 형상으로 만족하리이다"라고 고백할 수 있어야 합니다(시 17:15). 예수 그리스도 안에서 성결케된 백성은 천국에서 하나님의 얼굴을 볼 수 있을 것입니다(마 5:8, 계 22:3-4).

오늘날 성도의 성결은 예수 그리스도의 피 뿌림을 받아 양심의 악을 깨닫고 몸을 맑은 물로 씻는 것입니다. 그리할 때 참마음과 온전한 믿음으로 하나님께 가까이 나아갈 수 있습니다(히 10:22, 약 4:8). 마지막 때도 어린 양의 피에 자기 옷을 씻어 희게 하지 않은 자는 결코 하나님 앞에 설 수 없습니다(계 7:14, 22:14). 또한 성결한 자는 구원과 상급이 있으나, 성결치 못하면 마지막 심판을 피할 수 없습니다(말 2:11-12, 3:2, 참고-고후 7:1).

제 3 차	올라감	3월 5일 목요일 (출애굽 한 지 49일)

THE THIRD ASCENT
(Thursday, the 5th day of the 3rd month; 49 days after the exodus)

제3일 아침(3/5, 목)에 여호와께서 시내산에 강림하심 / 출 19:16-19
The Lord descended upon Mount Sinai in the morning of the third day (5th day of 3rd month, Thurs) / Exod 19:16-19

일반 백성의 시내산 입산을 엄격하게 금지하심 / 출 19:20-24
God strictly forbids the people from coming up Mount Sinai / Exod 19:20-24

이스라엘 전 백성이 하나님의 명령대로 성결케 하기를 마친 제 삼일 아침에(출 19:16), 모세가 하나님을 맞으려고 백성을 거느리고 진에서 나와 산기슭에 섰습니다(출 19:17).

1. 하나님께서 시내산에 강림하시는 광경

The scene of God's descent upon Mount Sinai

하나님께서 시내산에 강림하시는 광경은 너무나 두려운 것이어서, 모든 백성이 다 떨 수밖에 없었습니다.

출애굽기 19:16-20 "제 삼일 아침에 우레와 번개와 빽빽한 구름이 산 위에 있고 나팔 소리가 심히 크니 진중 모든 백성이 다 떨더라 [17]모세가 하나님을 맞으려고 백성을 거느리고 진에서 나오매 그들이 산 기슭에 섰더니 [18]시내산에 연기가 자욱하니 여호와께서 불 가운데서 거기 강림하심이라 그 연기가 옹기점 연기같이 떠오르고 온 산이 크게 진동하며 [19]나팔 소리가 점점 커질 때에 모세가 말한즉 하나님이 음성으로 대답하시더라 [20]여호와께서 시내산 곧 그 산꼭대기에 강림하시고 그리로 모세를 부르시니 모세가 올라가매"

첫째, 우레와 번개와 빽빽한 구름이 산 위에 있었습니다 (출 19:16).

우레(뇌성)와 번개는 누구에게나 놀라운 기상학적 현상이요 강력한 소리와 빛으로서, 사람들에게 커다란 공포와 두려움을 주는 자연 현상입니다. 보통 우레는 하나님의 음성에 비유되곤 합니다. 그래서 신구약 성경에는 하나님께서 우레와 번개 속에서 말씀하시는 모습을 자주 찾아볼 수 있습니다(삼하 22:14, 욥 37:2-5, 시 18:13, 29:3, 렘 10:13, 요 12:27-30, [참고-]사 42:13, 렘 25:30, 호 11:10, 욜 3:16, 암 3:8). 요한계시록에서는 우레와 번개가 심판을 위한 목적으로 자주 기록되었습니다. "보좌로부터 번개와 음성과 뇌성이 나고"(계 4:5), "뇌성과 음성과 번개와 지진이 나더라"(계 8:5), "... 외칠 때에 일곱 우레가 그 소리를 발하더라 [4]일곱 우레가 발할 때에..."(계 10:3-4), "성전 안에 하나님의 언약궤가 보이며 또 번개와 음성들과 뇌성과 지진과 큰 우박이 있더라"(계 11:19), "번개와 음성들과 뇌성이 있고 또 큰 지진이 있어 어찌 큰지 사람이 땅에 있어 옴으로 이같이 큰 지진이 없었더라"(계 16:18)라고 말씀하고 있습니다.

또한 하나님께서는 자신의 실체를 감추시기 위하여 빽빽한 구름 속에서 비밀한 가운데 임하셨습니다. 시편 18:11에서 "저가 흑암으로 그 숨는 곳을 삼으사 장막같이 자기를 두르게 하심이여 곧 물의 흑암과 공중의 빽빽한 구름으로 그리하시도다"라고 말씀하고 있습니다. 성경에서 구름은 하나님의 영광스러운 현현을 상징합니다. 솔로몬 성전에 언약궤를 모실 때 하나님의 영광의 구름이 가득하여 제사장이 그 구름으로 인하여 능히 서서 섬기지 못하였습니다(왕상 8:10-11, 대하 5:13-14). 예수님께서 재림하실 때 구름을 타고 오실 터인데(단 7:13, 행 1:9-11, 살전 4:16-17, 계 1:7), 큰 권능과 영광스러운 모습으로 오실 것입니다(마 24:30, 막 13:26, 눅 21:27).

그렇다면 하나님께서 빽빽한 구름 가운데 임하신 목적이 무엇입니까? 출애굽기 19:9을 볼 때, 바로 이스라엘 백성으로 하여금 모세가 하나님의 대리자요, 중재자임을 믿게 하려 함이었습니다.

> **출애굽기 19:9** "여호와께서 모세에게 이르시되 내가 빽빽한 구름 가운데서 네게 임함은 내가 너와 말하는 것을 백성으로 듣게 하며 또한 너를 영영히 믿게 하려 함이니라 모세가 백성의 말로 여호와께 고하였으므로"

이스라엘 백성으로 하여금 모세를 믿게 하려 한 것은, 하나님께서 앞으로 모세를 통해 이스라엘 백성에게 주시는 모든 율법과 규례들이 하나님의 명령으로서의 권위를 가질 수 있도록 하기 위해서입니다. 또한 모든 율법과 규례들은 모세의 창작물이 아니라 하나님께서 친히 주신 것이라는 사실을, 이스라엘 백성이 신뢰하게 하시기 위한 조치였던 것입니다. 하나님께서는 그 말씀의 권위와 신뢰성을 보장하시기 위해 그 말씀의 전달자인 모세를 철저하게 신뢰하도록 만드셨습니다. 말씀을 전하는 사명자가 사람들에게 신뢰를 얻지 못한다면 그가 전하는 말씀은 공허한 바람 소리요, 울리는 꽹과리에 불과합니다. 하나님 앞에서 성결하고 거룩한 삶을 살며, 모든 사람 앞에서 진리를 알고 그 진리를 좇는 모습을 보여 줄 때, 진실로 하나님의 말씀의 권위가 크게 높아지고 그 말씀이 흥왕하여 부흥케 되는 역사가 일어납니다(행 6:7).

둘째, 나팔 소리가 심히 크게 들렸습니다(출 19:16, 19).

하나님께서 우레와 번개와 빽빽한 구름, 그리고 연기와 불 가운데 강림하실 때 나팔 소리가 점점 커졌습니다. "나팔을 길게 불거든 산 앞에 이를 것이니라"라고 말씀하신 대로(출 19:13下), 나팔 소리가 심히 커지자 진중 모든 백성이 다 떨며 하나님을 맞으려고 나아갔으며(출 19:16下-17), 나팔 소리가 점점 커질 때에 모세가 말한즉 하나님이 음성으로 대답하셨습니다(출 19:19). 하나님께서 시내산에 강림하실 때, 성경에는 나팔에 대한 언급이 네 번이나 기록되어 있습니다(출 19:13, 16, 19, 20:18). 나팔 신호의 강도에 따라 백성은 하나님께서 임재하시는 시간을 짐작하였으니, 나팔 소리는 곧 하나님의 강림을 예고하는 신호였습니다.

시내산의 나팔 소리는 자연적인 방법으로 인간이 숨을 불어서 소리를 내는 나팔이 결코 아닙니다. 이스라엘 백성이나 모세가 분 것이 절대 아니었습니다.[9] '나팔 소리'는 하나님의 나팔이며, 이것은 하나님의 일을 위해 사용된 기적의 나팔이었습니다(살전 4:16). 기적의 큰 나팔 소리는 하나님의 임재를 선포하였고, 백성은 그 소리에 집합하였습니다. 나팔 소리는 하나님의 말씀을 경청하라는 신호였습니다. 요한계시록 8:6에서는 천사들이 나팔을 불었다고 기록하고 있습니다.

구약성경에서 희년을 선포할 때, 대속죄일에(레 25:9-10), 월삭에(시 81:3), 금식일과 성회를 선포할 때(욜 2:15), 여호와께 맹세를 할 때(대하 15:14), 그리고 여호와 하나님의 법궤를 오벧에돔 집에서 다윗의 성으로 메고 올라올 때(삼하 6:15, 대상 15:28) '나팔'(שׁוֹפָר, 쇼파르)을 불었습니다. 구약성경에서 이 나팔 소리는 '여호와의 날'에 큰 일을 선포할 때 사용될 것이라고 예언되었습니다(사 27:13, 욜 2:1, 습 1:16, 슥 9:14). 또한 성경에서 일반적으로 나팔 소리는 하나님과 예수 그리스도의 음성으로 비유되었습니다(계 1:10, 4:1).[10] 이 나팔 소리는 하나님의 심판(욜 2:1-2, 습 1:14-16, 계 8:2-9:21, 11:15-19), 죽은 자의 부활(고전 15:52, 살전 4:16), 그리고 하나님께서 택하신 자들을 땅끝 사방에서 모으실 때(사 27:13, 마 24:31) 사용되었습니다.[11]

시내산에서 최초로 울린 심히 큰 나팔 소리에 백성이 크게 떨었듯이(출 19:16), 예수 그리스도께서 재림하실 때 마지막 큰 나팔 소리가 울려 퍼지면 전 세계가 진동하는 역사가 일어날 것입니다. "큰 나팔 소리"와 함께 그 택하신 자들을 하늘 이 끝에서 저 끝까지 사방에서 모으고(마 24:31), "마지막 나팔"이 울려 퍼질 때 죽은 자들이 썩지 아니할 것으로 다시 살고, 살아 있는 자도 순식간에 홀연히 변화하는 구원 역사가 일어날 것입니다(고전 15:51-52). 사도 바울은 그것을 "하나님의 나팔"의 역사라고 했습니다(살전 4:16-17). 요한계시록 10:7에서 "일곱째 천사가 소리 내는 날 그 나팔을 불게 될 때에 하나님의 비밀이 그 종 선지자들에게 전하신 복음과 같이 이루리라"라고 말씀하고 있으며, 요한계시록 11:15에서 "일곱째 천사가 나팔을 불매 하늘에 큰 음성들이 나서 가로되 세상 나라가 우리 주와 그 그리스도의 나라가 되어 그가 세세토록 왕 노릇 하시리로다"라고 말씀하고 있습니다.

셋째, 시내산에 연기가 자욱해졌으며, 그 연기가 옹기점 연기 같이 떠올랐습니다(출 19:18).

"연기가 자욱하니"(עָשָׁן כֻּלּוֹ, 아샨 쿨로)에서 '자욱하다'의 히브리어 '쿨로'(כֻּלּוֹ)는 '전부'를 뜻하는 명사 '콜'(כֹּל)에 '산'을 가리키는 3인칭 대명사 접미어 '오'(וֹ)가 결합된 것으로, 시내산 전체가 온통 연기로 둘러싸여 있었다는 것을 말합니다.

또한 하나님께서 내려오시는 모습을 가리켜 '연기가 옹기점 연기 같이(짙고 맹렬하게) 떠올랐다'라고 말씀하고 있습니다. "옹기점"(כִּבְשָׁן, 키브샨)은 금속을 제련하기 위한 용광로를 가리키는 것으로, 개역성경에서는 "풀무"라고도 번역되었습니다(출 9:8, 10). 이러한 짙고 맹렬한 연기(smoke)는 어떤 물질이 탈 때 나타나는 현상으로, 하나님의 진노와 심판을 의미합니다(계 9:18). 시편 74:1에서 "진노의 연기"라고 말씀하였고, 이사야 30:27에서 "... 진노가 불붙듯 하며 빽빽한 연기가 일어나듯 하며..."라고 말씀하고 있습니다. 아브라함이 소돔, 고모라의 심판을 알게 된 것은, 눈을 들어 "연기가 옹기점 연기같이 치밀음"을 보았기 때문입니다(창 19:27-28, 참고-시 18:8). 요한계시록 9:2에서는 "저가 무저갱을 여니 그 구멍에서 큰 풀무의 연기 같은 연기가 올라오매 해와 공기가 그 구멍의 연기로 인하여 어두워지며"라고 말씀하고 있습니다.

또한 연기는 온 세상을 심판하시는 하나님께서 권능 가운데 임재하시는 역동적인 모습입니다. 이는 하나님의 강림을 더욱 명확하게 알려 줍니다. 요한계시록 15:8에서 "하나님의 영광과 능력을 인하여 성전에 연기가 차게 되매..."라고 말씀하고 있습니다.

하나님께서 시내산에 연기가 자욱한 모습으로 임재하신 것은, 온 세상을 심판하시고 주관하시는 하나님의 영광과 위엄을 역동적으로 나타내 주는 광경입니다.

넷째, **여호와께서 불 가운데서 강림하셨습니다**(출 19:18上).

"불"(אֵשׁ, 에쉬)은 일반적으로 물질을 태워서 소멸하기 때문에, 심판의 대표적인 상징입니다. 하나님께서 시내산에 불 가운데서 강림하신 것은 '소멸하는 불'로서 모든 불의와 죄악을 태워 없애시는 심판의 주님을 나타냅니다(신 4:11-12, 24, 33, 5:4, 24, 10:4, 히 12:29). 그 목적은 죄와 불의를 태움으로써 자기 백성을 거룩하게 정화하시기 위한 것입니다. 시내산에서 불로 임재하신 하나님께서는 이스라엘 백성의 모든 불의와 죄악을 태워, '정금'(참고-욥 23:10) 같은 언약 백성으로 거듭나기를 원하셨을 것입니다. 그래서 시내산에서 주신 율법을 "불같은 율법"(신 33:2)이라고 말씀하고 있습니다. "불 가운데서 말씀하시는 하나님의 음성"(신 4:33), 혹은 '불같은 역할을 하는 율법'(참고-롬 3:19-20)이라는 뜻으로 이해할 수 있습니다.

또한 하나님께서는 불을 통해 밝은 빛을 주십니다. 이스라엘 백성은 영적으로 무지하고 어리석은 상태였다가, 십계명과 율법을 통하여 그들의 영혼에 밝은 빛이 임하게 되었습니다(시 119:130). 예수 그리스도께서는 이 땅에 오셔서 참빛이 되시어, 사람들의 무지하고 어두운 영적 흑암을 십자가 대속의 죽음으로 밝혀 주셨습니다(요 1:4-9, 8:12, 9:5, 행 26:18).

다섯째, 온 산이 크게 진동하였습니다(출 19:18下, 참고-히 12:26).

'온 산이 크게 진동하였다' 함은 우레로 인한 작은 진동이 아니라 지진을 수반한 큰 진동으로, 산 전체가 흔들리는 현상을 가리킵니다. 산에 있는 모든 동물과 식물, 그리고 산 아래에 모인 이스라엘 백성 전체가 하나님의 임재 앞에 크게 진동했습니다. "진동"의 히브리어 '하라드'(חָרַד)는 '떨다, 전율하다, 깜짝 놀라다'라는 뜻으로 많이 사용되었습니다.

이처럼 진동(지진이나 강력한 땅의 흔들림)은 하나님의 임재를 나타내는 대표적인 상징입니다(삿 5:4-5, 시 29:8, 60:2, 사 2:21). 또한 하나님의 임재로 인해 땅이 크게 진동했다는 것은 그 말씀의 권세와 능력을 말합니다. 시편 저자는 "여호와의 소리가 광야를 진동하심이여"(시 29:8)라고 말씀하였으며, 이사야 선지자도 "진동시키시는 소리로 인하여 민족들이 도망하며"(사 33:3)라고 말씀하였습니다. 이러한 진동을 하나님의 임재와 관련하여 "하나님이여 주의 백성 앞에서 앞서 나가사 광야에 행진하셨을 때에(셀라) [8]땅이 진동하며 하늘이 하나님 앞에서 떨어지며 저 시내산도 하나님 곧 이스라엘의 하나님 앞에서 진동하였나이다"(시 68:7-8)라고 말씀하였고, 이사야 선지자도 "여호와께서 일어나사 땅을 진동"(사 2:19, 21)시키신다고 말씀하였으며, 학개 선지자도 "조금 있으면 내가 하늘과 땅과 바다와 육지를 진동시킬 것이요"(학 2:6)라고 말씀하였습니다. 이 진동은 곧 '만국의 진동'으로 발전합니다(학 2:7上). "만국"은 히브리어로 '콜 하고임'(כָּל־הַגּוֹיִם)이며, '모든 민족'을 가리킵니다.

특별히 출애굽기 19장의 시내산 언약과 20장의 십계명 내용을 기록하고 있는 히브리서 기자는 땅을 진동시킨 요인이 "그 소리"였다고 말씀하였습니다(히 12:26). "그 소리"란 시내산에서 말씀하신 하나님의 음성을 가리킵니다. 모세 또한 신명기에서 시내산 언약의 광경을 다시 기록하면서, "우리 하나님 여호와께서 그 영광과 위엄을 우리에게 보이시매 불 가운데서 나오는 음성을 우리가 들었고"(신 5:24)라고 말씀하였습니다.

실로, 하나님의 임재와 위엄의 상징인 구름과 연기가 빽빽히 시내산을 뒤덮은 가운데, 하나님의 영광의 광채가 마치 맹렬히 타오르는 화염같이 온 산에 충만히 퍼져 있었습니다(신 4:11, 히 12:18-19, 참고-시 97:2-3, 사 4:5). 이에 백성은 하나님의 놀라운 위용(威容)에 압도되어 두려움 가운데 하나님 앞에 엎드렸습니다.

이때 이스라엘 백성은 십계명을 하나님의 음성으로 직접 들었고(출 20:1-17, 18-20, 신 5:4-5, 22-29), 십계명은 모세가 받은 두 돌비에 새겨졌으며(신 5:22), 후세에 전수되어 영원히 지킬 규례로 주어졌습니다.

2. 백성과 제사장들의 시내산 입산 금지령

The command forbidding the people and the priests from ascending Mount Sinai

여호와께서 시내산 산꼭대기에 강림하시고 그리로 모세를 부르시므로 모세가 제3차로 시내산에 올라갔습니다(출 19:20). 이때 하나님께서 일반 백성의 시내산 입산을 엄격하게 금하셨습니다.

여호와께서는 백성과 제사장들이 산 위로 올라오지 못하도록 "백성을 신칙(申飭: 단단히 타일러서 조심하게 함)하라"라고 당부하시고, 제사장들에게는 그 몸을 성결케 하도록 명령하셨습니다(출 19:21-24). 여기 "신칙하라"는 '두 배로 하다, 반복하다, 경고하다'라는 뜻의 히브리어 '우드'(עוּד)로, 매우 중요한 사항이므로 '반복하여 단단히 일러서 경고하라'는 명령입니다. 그 이유는 여호와께서 그들을 "돌격"(突擊: 갑자기 돌, 두드릴 격)하실 수 있기 때문입니다(출 19:22, 24). "돌격할까"는 '터치고 나오다, 깨뜨리다, 파하다'라는 뜻을 가진 히브리어 '파라츠'(פָּרַץ)의 미완료형으로, 군사적 행동과 같은 갑작스러운 공격으로 인한 철저한 파괴가 지속되는 행위를 뜻합니다(삼하 6:8, 대상 13:11, 15:13).

모세는 '백성이 시내산에 오르지 못하게 단단히 일러서 경고하라'(출 19:12, 21)라는 하나님의 지시를 받았을 때, "산 사면에 지경을 세워 산을 거룩하게 하라 하셨사온즉 백성이 시내산에 오르지 못하리이다"(출 19:23)라고 대답하였습니다. 하나님이 명하신 대로 이미 산 사면으로 지경(경계선)을 긋고 산을 범하지 못하도록 구획을 설정해 두었고(출 19:12), 또 그 지경을 범하면 사람이나 짐승을 무론하고 돌을 던져 죽이거나 살을 쏘아 죽이도록 정하였기 때문에(출 19:13), 모세는 백성이 시내산에 오를 일은 절대 없을 것이라고 장담한 것입니다.

이때 하나님께서는 모세에게 "가라 너는 내려가서"라고 재차 명령하시며, "제사장들과 백성에게는 돌파하고 나 여호와에게로 올라오지 못하게 하라 내가 그들을 돌격할까 하노라"라고 강력하게 지시하셨습니다(출 19:24). 이렇게 모세와 아론 외에는 시내산으로 올라오는 것을 엄격하게 금하셨습니다(출 19:24上).

제3차	내려옴	3월 5일 목요일 (출애굽 한 지 49일)

THE THIRD DESCENT
(Thursday, the 5th day of the 3rd month; 49 days after the exodus)

하나님의 책망을 받고 모세가 지체 없이 순종함 / 출 19:25
Moses immediately obeys after God's rebuke / Exod 19:25

출애굽기 19:25에서 "모세가 백성에게 내려가서 그들에게 고하니라"라고 말씀하고 있습니다. 여기서 "내려가서 ... 고하니라"(וַיֹּאמֶר ... וַיֵּרֶד, 바예레드 ... 바요메르)라고 하여 와우 계속법이 거듭 사용된 것을 볼 때, 모세는 지체하지 않고 신속하게 내려가서 곧장 백성에게 전한 것입니다. 하나님의 엄중한 말씀을 소홀히 여기고 자기 생각을 앞세우다가 하나님의 격한 책망을 받은 모세는, 하나님의 말씀을 백성에게 전하고자 온 힘을 기울였던 것입니다(출 19:21-25).

백성과 제사장들의 시내산 입산 금지에 대한 하나님의 경고는 얼핏 보기에 너무도 엄중하여 지나친 공포감을 주는 듯하나, 백성 중 한 사람이라도 죄를 짓다가 죽임 당하는 일이 없도록 철저하게 보호하시려는, 하나님의 크고 깊은 생각이요 빈틈없는 사랑의 배려였습니다. 사람의 생각은 너무나 짧고 얕아서 실수가 많고 어리석지만, 하나님의 인자하심은 참으로 크고 완전합니다(시 36:5, 103:11). 그러므로 하나님을 경외하고 그 명령대로 신속히 준행하는 자는 그 언약 성취의 열매를 속히 얻게 되고(시 25:14, 111:5, 렘 32:40, 말 2:5), 어디를 가든지 재앙을 만나지 않고 무엇을 하든지 수치를 당하지 않습니다(시 22:5, 25:3, 20, 69:6, 71:1, 사 54:4).

제4차	올라감	3월 6일 금요일 (출애굽 한 지 50일)

THE FOURTH ASCENT
(Friday, the 6th day of the 3rd month; 50 days after the exodus)

십계명과 율법을 주심 / 출 20:1-24:2, 신 5:1-6:9
이날을 가리켜 "총회의 날"이라 부름 / 신 5:22, 9:10, 10:4, 18:16, 참고-행 7:38).
The Ten Commandments and the law are given / Exod 20:1-24:2, Deut 5:1-6:9
This day is called the "day of the assembly" / Deut 5:22, 9:10, 10:4, 18:16, Ref-Acts 7:38

모세는 제3차로 시내산에 올라갔다가 내려와서 이스라엘 백성에게 시내산에 오르지 못하도록 단단히 일렀습니다. 그 다음날 하나님께서는 시내산에 강림하셔서 이스라엘 백성을 시내산 아래 모으셔서 직접 십계명을 주셨으며(출 20:1-19, 신 5:22上, 23-27), 모세가 제4차로 시내산에 올라왔을 때 모세를 통해 율법을 주셨습니다(출 20:21-23:33, 신 5:28-6:9). 십계명은 전 이스라엘을 대상으로 하나님께서 음성으로 직접 들려주셨고(출 20:1-17), 율법은 중재자 모세를 통하여 주신 말씀입니다(출 20:22-23:33).

십계명을 주실 때는 모세뿐만 아니라 전 이스라엘 백성이 함께 들었습니다. 출애굽기 20:22에서 "여호와께서 모세에게 이르시되 너는 이스라엘 자손에게 이같이 이르라 내가 하늘에서부터 너희에게 말하는 것을 너희가 친히 보았으니"라고 말씀하고 있습니다. 신명기 5:22에서 "너희 총회에 이르신 후에", 신명기 5:23에서 "그 소리를 너희가 듣고", 신명기 5:24에서 "나오는 음성을 우리가 들었고"라고 말씀하고 있습니다.

이때 백성이 들은 십계명은 '절대적인 단언(斷言) 형식'으로 선포되었습니다. 그리고 이 내용은 모압 평지에서 광야 제2세대에게 모세의 최후 설교를 통해 다시 선포되었습니다(신 5:7-21).

십계명의 내용을 간추리면 아래와 같습니다.

제1계명 출 20:3 신 5:7	**출애굽기 20:3** "너는 나 외에는 다른 신들을 네게 있게 말지니라" You shall have no other gods before Me. לֹא יִהְיֶה־לְךָ אֱלֹהִים אֲחֵרִים עַל־פָּנָֽיַ
제2계명 출 20:4-6 신 5:8-10	**출애굽기 20:4-5上** "너를 위하여 새긴 우상을 만들지 말고 또 위로 하늘에 있는 것이나 아래로 땅에 있는 것이나 땅 아래 물 속에 있는 것의 아무 형상이든지 만들지 말며 그것들에게 절하지 말며 그것들을 섬기지 말라" You shall not make for yourself an idol, or any likeness of what is in heaven above or on the earth beneath or in the water under the earth. You shall not worship them or serve them. לֹא תַעֲשֶׂה־לְךָ פֶסֶל וְכָל־תְּמוּנָה אֲשֶׁר בַּשָּׁמַיִם מִמַּעַל וַאֲשֶׁר בָּאָרֶץ מִתָּחַת וַאֲשֶׁר בַּמַּיִם מִתַּחַת לָאָרֶץ לֹא־תִשְׁתַּחֲוֶה לָהֶם וְלֹא תָעָבְדֵם
제3계명 출 20:7 신 5:11	**출애굽기 20:7上** "너는 너의 하나님 여호와의 이름을 망령되이 일컫지 말라" You shall not take the name of the LORD your God in vain. לֹא תִשָּׂא אֶת־שֵׁם־יְהוָה אֱלֹהֶיךָ לַשָּׁוְא
제4계명 출 20:8-11 신 5:12-15	**출애굽기 20:8** "안식일을 기억하여 거룩히 지키라" Remember the sabbath day, to keep it holy. זָכוֹר אֶת־יוֹם הַשַּׁבָּת לְקַדְּשׁוֹ
제5계명 출 20:12 신 5:16	**출애굽기 20:12上** "네 부모를 공경하라" Honor your father and your mother. כַּבֵּד אֶת־אָבִיךָ וְאֶת־אִמֶּךָ

제6계명 출 20:13 신 5:17	**출애굽기 20:13** "살인하지 말지니라" You shall not murder. / לֹא תִּרְצָח
제7계명 출 20:14 신 5:18	**출애굽기 20:14** "간음하지 말지니라" You shall not commit adultery. / לֹא תִּנְאָף
제8계명 출 20:15 신 5:19	**출애굽기 20:15** "도적질하지 말지니라" You shall not steal. / לֹא תִּגְנֹב
제9계명 출 20:16 신 5:20	**출애굽기 20:16** "네 이웃에 대하여 거짓 증거하지 말지니라" You shall not bear false witness against your neighbor. לֹא-תַעֲנֶה בְרֵעֲךָ עֵד שָׁקֶר
제10계명 출 20:17 신 5:21	**출애굽기 20:17上** "네 이웃의 집을 탐내지 말지니라" You shall not covet your neighbor's house. / לֹא תַחְמֹד בֵּית רֵעֶךָ

하나님으로부터 직접 십계명을 하나하나 듣고 있던 이스라엘 백성은 하나님의 위엄을 보고 공포에 휩싸여 혼절(昏絶: 정신이 아찔하여 까무라침)할 지경이었습니다. 신명기 5:23에서 "산이 불에 타며 캄캄한 가운데서 나오는 그 소리를 너희가 듣고", 출애굽기 20:18에서는 "뭇 백성이 우레와 번개와 나팔 소리와 산의 연기를 본지라 그들이 볼 때에 떨며 멀리 서서"라고 기록하고 있습니다. 산 전체가 온통 하나님의 영광과 위엄으로 충만했으며, 그야말로 시내산은 "하나님의 산"이었습니다(출 3:1, 4:27, 18:5, 24:13).

그들은 산이 떠나갈 듯 울리는 우레 소리와 나팔 소리, 앞이 보이지 않는 연기와 흑암, 산이 불에 타는 모습, 불 가운데서 나오는 하나님의 음성 등을 경험하고, 심히 두려워하며 죽음의 공포에 휩싸이고 말았습니다. 신명기 5:25에서 이스라엘 백성의 두령과 장로들이 "이제 우리가 죽을 까닭이 무엇이니이까 이 큰 불이 우리를 삼킬 것이요 우리가 우리 하나님 여호와의 음성을 다시 들으면 죽을 것이라"라고 말하였습니다. 참으로 죄악된 인간이 하나님을 직접 만나면 곧 죽는다는 것을 너무나 생생하게 절감한 고백입니다. 이에 그들은 만장일치로 모세에게 "당신이 우리에게 말씀하소서 우리가 들으리이다 하나님이 우리에게 말씀하시지 말게 하소서 우리가 죽을까 하나이다"라고 간곡히 부탁했습니다(출 20:19, 신 5:27). 전 백성이 '제발 하나님의 음성을 직접 듣지 않도록 해 달라'라고 간청한 것입니다. 이때, 하나님께서는 백성의 소리를 들으시고 그들의 말을 옳게 여기셔서, 이 후에 중재자 모세를 통하여 말씀을 전하도록 조치하셨습니다(신 5:28, 30-31). 그리고 모세는 극심한 공포 속에 떨고 있는 백성에게 "두려워 말라 하나님이 강림하심은 너희를 시험하고 너희로 경외하여 범죄치 않게 하려 하심이니라"(출 20:20)라고 전하였습니다.

이 후에 백성은 산 아래 장막으로 멀리 철수하였고, 모세는 흑암 중에 계신 하나님께로 더욱 가까이 나아갔습니다(출 20:21). 모세는 거기서 하나님께로부터 율례와 법도를 받았습니다(출 20:22-23:33). 하나님께서 흑암 중에 계심은 그 백성으로부터 친히 스스로를 숨기시기 위한 것입니다(출 20:21, 신 5:22, 시 18:11, 사 45: 15). 이는 죄로 가득한 인간은 하나님의 영광과 거룩을 도무지 감당할 수 없는 존재임을 보여 줍니다. 죄인들 앞에서 하나님 자신을 암흑 속에 숨기신 것은, 그들의 연약함을 모두 아시는 하나님의 자비롭고 은혜로운 해결책이었습니다.

이 후 시내산 언약을 체결하는 자리에는 모세가 백성의 유일한 중재자가 되었습니다. 오로지 모세 한 사람만 여호와께 "가까이 나아오고"(וְנִגַּשׁ, 베닉가쉬), 이스라엘을 대표하는 아론과 그의 두 아들 그리고 장로 70인은 시내산에 임재하여 계신 하나님께 함부로 접근하지 못하고 "멀리서"(מֵרָחֹק, 메라호크) 경배해야만 했습니다(출 24:1-2). 더욱이 일반 백성은 아예 시내산 근처에도 오지 못하게 하였습니다(출 24:2). 전 백성을 대표하여 모세만이 여호와께서 임재하신 산꼭대기까지 올라갈 수 있었습니다.

제 4 차	내려옴	3월 6일 금요일 (출애굽 한 지 50일)

THE FOURTH DESCENT
(Friday, the 6th day of the 3rd month; 50 days after the exodus)

모세가 하나님의 모든 말씀을 백성에게 전달하고 기록함 / 출 24:3-4上
Moses recounts all the Words of God to the Israelites and writes them down / Exod 24:3-4a

하나님께 율법을 받은 모세는 일단 산에서 내려와 백성에게 가서 여호와의 모든 말씀과 그 모든 율례를 고하였습니다(출 24:3上). 이는 십계명(출 20:1-17)을 제외한 출애굽기 20:22-23:33의 모든 말씀을 가리킵니다. 이어 모세는 "여호와의 모든 말씀을 기록"(출 24:4)하였는데, 이것이 바로 언약서입니다(출 24:7). 십계명은 일반 백성도 하나님께 직접 들었으나(출 20:18-20, 신 5:23-26), "모든 말씀과 모든 율례"는 모세만 하나님께 들은 것이기 때문에 모세는 그것(출 20:22-23:33)을 백성에게 성실히 전달했습니다.

이는 세부적인 사회 도덕법(시민법, civil law)입니다. 출애굽기 20:22-23:19에는 십계명의 실제적인 운용에 필요한 70여 가지의 구체적 율법 조항들이 기록되어 있습니다. 이 모든 율법 조항들은 하나님의 지시에 따라 모세가 세운 것입니다. 출애굽기 21:1에서 "네가 백성 앞에 세울 율례는 이러하니라"라고 말씀하고 있습니다. 여기 "율례"는 히브리어로 '미쉬파트'(מִשְׁפָּט)이며, '판단, 판결'이라는 뜻으로, 법정에서 판단 기준이 되는 것과 사회 도덕법 성격을 지니는 시민법을 가리킵니다. 십계명은 하나님의 '절대적인 단언 명령' 형식이었으나, 율례의 경우는 구체적인 재판의 상황을 가정하고 각 상황에 따른 판결까지를 기록한 '판례'(case) 형식을 띠고 있습니다. 특별히 "세울 율례"라고 말씀하였는데, "세울"에 해당하는 히브리어는 '숨'(שׂוּם)으로, '두다, 위임하다, 확고부동하게 하다'라는 뜻입니다. 이는 하나님께서 한 번 정하신 율례는 변함없이 확고하게 시행된다는 의미입니다.

하나님께서는 거룩하고 의롭고 선하신 자신의 성품을 따라, 하나님을 믿는 백성이 자유를 가지며, 경제적으로 균등하게 살며, 평안을 누리며 살 수 있는, 높은 수준의 도덕법이 시행되는 사회를 위하여 이미 약 3,500년 전에 율법을 주셨던 것입니다.

세부적인 율례의 내용을 간추리면 아래와 같습니다.

출 20:22-26	우상 숭배 금지 및 제단 규례
출 21:1-11	종에 관한 법 ① 남종에 관한 법(1-6절) ② 여종에 관한 법(7-11절)

출 21:12-17	사형에 처하는 경우 ① 살인자에 관한 법(12-14절) ② 불효 자식에 관한 처형법(15, 17절) ③ 인신 매매에 대한 법(16절)
출 21:18-27	육체에 상해를 입힌 경우
출 21:28-32	소가 사람을 받아서 죽인 경우
출 21:33-36	타인의 짐승에 손해를 입힌 경우
출 22:1-4	이웃의 재물을 도적질한 경우
출 22:5-15	이웃의 재산이나 물건에 피해를 준 경우 ① 가축 관리의 소홀과 화재의 배상(5-6절) ② 위탁받은 물건에 대한 피해(7-15절)
출 22:16-17	처녀를 범한 자에 대한 규례
출 22:18-20	종교적 범죄로 사형에 처할 자들 ① 무당(18절) ② 짐승과 행음하는 자(19절) ③ 우상 숭배자(20절)
출 22:21-27	약자의 사회적 보호법 ① 이방 나그네를 압제하지 말 것(21절) ② 과부나 고아를 해롭게 하지 말 것(22-24절) ③ 가난한 자에게 변리를 취하지 말 것(25절) ④ 가난한 자의 옷을 전당 잡은 경우(26-27절))
출 22:28-31	종교 생활의 질서를 위한 기본 규례들 ① 재판장을 욕하지 말고 백성의 유사들을 저주하지 말 것(28절) ② 첫 수확물, 장자, 짐승의 초태생을 하나님께 드릴 것(29-30절) ③ 야생 동물에게 찢긴 것의 고기를 먹지 말 것(31절)

출 23:1-9	정의와 복지를 위한 소송에 관한 법 ① 거짓 증거를 하지 말 것(1-3절) ② 상대가 원수라도 그의 재산을 보호할 것(4-5절) ③ 뇌물 금지와 공정한 판결(6-8절) ④ 이방 나그네를 압제하지 말 것(9절)
출 23:10-19	절기에 관한 법 ① 안식년과 안식일 준수(10-12절) ② 이스라엘의 3대 절기(14-19절)
출 23:20-33	언약서의 결론 가나안 땅에 입성한 이스라엘 백성의 올바른 삶 (출 23:20-33)

이 말씀을 받은 이스라엘 백성은 "한 소리로"(קוֹל אֶחָד, 콜 에하드) "여호와의 명하신 모든 말씀을 우리가 준행하리이다"라고 일제히 대답하였습니다(출 24:3下).

이튿날 이른 아침 | 3월 7일 토요일 (출애굽 한 지 51일)

EARLY NEXT MORNING
(Saturday, the 7th day of the 3rd month; 51 days after the exodus)

시내산 언약 체결식 / 출 24:4-8
The Sinaitic covenant ratification ceremony / Exod 24:4-8

모세는 이 모든 말씀을 밤새 기록하고, 이른 아침에 일어나 산 아래에 단을 쌓았습니다(출 24:4). 제단은 하나님께서 임재하시는 장소입니다. 이스라엘 12지파대로 열두 기둥을 세우고 이스라엘 자손의 청년들을 보내어 여호와께 번제와 소로 화목제를 드리게 하였습니다(출 24:4下-5). 보통, 국가들 사이에 행해진 동맹 관계도 약속한 바를 기념하기 위해 돌로 무더기를 쌓거나 돌기둥을 세우기도 했습니다(창 31:44-46, 수 4:3-9, 20, 24:26-27).

이 후 모세는 희생 제물의 피를 취하여, 반(半)은 여러 양푼에 담고 반(半)은 단에 뿌렸습니다(출 24:6). 새로 세운 제단 위에 피의 절반을 뿌린 행동은, 하나님과 인간 사이의 언약을 통한 단단한 결속을 보여 줍니다. 왜냐하면 피를 뿌리는 것은 언약을 지키지 않을 때 죽음으로써 책임을 지겠다는 뜻으로, 반드시 언약을 지키겠다는 굳은 약속을 나타내기 때문입니다. 그 후에 모세는 그 기록한 언약서를 백성에게 낭독하여 들려주었습니다(출 24:7上). 그리고 백성은 전과 같이 "여호와의 모든 말씀을 우리가 준행하리이다"(출 24:7下)라고 대답하였습니다.

모세는 자기가 받은 하나님의 거룩한 말씀을 한 자씩 또박또박 기록해 두었다가(출 24:4) 모든 백성에게 낭독하여 들려주었으며, 백성은 그것을 "여호와의 모든 말씀"이라고 고백하였습니다(출 24:7). 이처럼 성경은 스스로, 하나님의 말씀 그 자체임을 명확하게 증거하고 있습니다(참고-롬 3:2, 엡 6:17, 히 4:12). 성경의 신적 권위는 오직 성경 자체에 있습니다. 이것이 바로 성경의 독자적 신임성(獨自的信任性)입니다. 하나님의 말씀은 그 자체로 완전하고 확실하고 정직하며 순결합니다(시 19:7-10). 모든 성경은 사람의 생각에서 나온 것이 아니라, 살아 계신 하나님의 말씀입니다(딤후 3:16, 벧전 1:23, 벧후 1:21). 성경은 여호와의 입이 명하셨고 그의 신이 모으셨으므로, 하나도 빠진 것이 없고, 그 짝이 없는 것이 없습니다(사 34:16). 그러므로 그 해석도 성경에서 성경으로 해야 정확합니다.

앞서 희생의 피 절반을 제단에 쏟은(출 24:6) 모세가 여러 양푼에 담아 둔 나머지 피를 다시 취하여 백성에게 뿌렸습니다. 피를 뿌림과 동시에, 모세가 "이는 여호와께서 이 모든 말씀에 대하여 너희와 세우신 언약의 피니라"(출 24:8)라고 선포함으로, 언약 당사자인 하나님과 이스라엘 사이의 언약이 완전하게 체결되었습니다. 이 언약식에서 중요한 행사 중 하나는 희생의 피를 뿌린 것인데, 반(半)은 하나님께서 임재하시는 제단에, 그리고 나머지는 백성에게 뿌렸습니다. 언약을 깨뜨릴 경우 피 곧 생명으로써 그 값을 치르게 된다는 엄중한 서약인 동시에, 하나님께서 주신 언약을 통해 하나님과 하나로 연합되었음을 보여 줍니다. 모세는 출애굽기 24:8 하반절에서 "너희와 세우신 언약의 피"라고 선포하면서, 그것이 "이 모든 말씀에 대하여"(עַל, 알: 위에) 세워진 것이라고 말하였습니다. 이것은 하나님께서 모세에게 지금까지 선포하신 말씀이 바로 시내산에서 피로 맺은 언약의 기초이자 전부임을 보여 줍니다. 그래서 히브리서에는 출애굽기에 기록되지 않은 사실, 곧 언약서에도 피를 뿌린 것을 기록하고 있습니다.

히브리서 9:19-20 "모세가 율법대로 모든 계명을 온 백성에게 말한 후에 송아지와 염소의 피와 및 물과 붉은 양털과 우슬초를 취하여 그 책과 온 백성에게 뿌려 [20]이르되 이는 하나님이 너희에게 명하신 언약의 피라 하고"

모세가 시내산에서 행한 언약식처럼, 하나님의 거룩하신 아들 예수 그리스도의 보배로운 피가 십자가에서 온 인류에게 뿌려져서 십자가의 언약에 참여하는 자, 곧 그 피로 속량됨을 얻는 자는 하나님의 자녀가 되고, 하나님 앞에 나아갈 수 있는 자격자가 됩니다. 그리고 이 언약의 기초는 하나님께서 주신 하나님의 모든 말씀입니다(참고-골 1:20).

제5차	올라감	**3월 7일 토요일 (출애굽 한 지 51일)**
THE FIFTH ASCENT (Saturday, the 7th day of the 3rd month; 51 days after the exodus)		
시내산에서 언약 체결을 기념하는 식사 / 출 24:9-11 The covenant meal on Mount Sinai / Exod 24:9-11		

모세가 제5차로 시내산에 올라간 상황을 "모세와 아론과 나답과 아비후와 이스라엘 장로 칠십 인이 올라가서"(출 24:9)라고 말씀하고 있습니다. 이때 모세와 아론과 나답과 아비후와 이스라엘 장로 70인이 함께 하나님을 보고 먹고 마시며, 언약 체결을 기념하는 식사를 하였던 것입니다(출 24:10-11). 엄숙한 언약 체결식을 모두 마치면서 그 언약을 최종적으로 확인하고, 언약 관계에 대해 감사하고 축하하면서 기쁨과 평화를 맛보았던 것입니다. 언약을 체결하기 전에는 하나님께서 시내산 근처에도 접근하지 못하도록 철저하게 경계하셨기 때문에 극도로 긴장되고 두려운 가운데 있었지만(출 19:12-24), 언약이 체결되고 마무리된 후에는 화해와 기쁨이 가득한 축제가 이루어졌습니다.

성경은 이날 모세를 비롯한 아론과 나답과 아비후와 이스라엘 장로 70인을 가리켜 "이스라엘의 존귀한 자들"(출 24:11)이라고 부르고 있습니다. 장로 70인은 이스라엘 12지파에서 각기 6명씩 선별된 각 지파의 지도자급 인사 72인 가운데 나답과 아비후를 제외한 사람들을 가리킵니다(참고-출 3:16, 신 31:28).[12] "존귀한 자들"의 히브리어 '아칠'(אָצִיל)은 '고귀한 사람, 지도자'라는 뜻입니다.

이날 존귀한 자들이 하나님을 보았다는 사실이 두 번 강조되어 있습니다(출 24:10-11).

먼저, 출애굽기 24:10에서 "이스라엘 하나님을 보니..."라고 말씀하고 있습니다. 여기 "보니"는 히브리어 '라아'(רָאָה)의 칼(기본)미완료형으로서, 그 대상을 분명히 목격하여 그가 누구인지 분별했다는 의미입니다. 그들이 본 것은 '하나님의 발'(his feet: KJV) 곧 하나님의 영광스러운 보좌의 아래 부분이었습니다. 출애굽기 24:10에서 "... 그 발 아래에는 청옥을 편 듯하고 하늘같이 청명하더라"라고 말씀하고 있습니다. 그 발 아래는 청옥(sapphire stone: KJV)으로 바닥을 포장한 듯 한없이 순결한 모습과 티 없이 맑고 찬란하게 빛나는 모습이었습니다. 실로 그 영광의 보좌는 인간이 감히 접근할 수 없는 거룩함, 필설로 다 표현하기 어려운 아름다움 그 자체였습니다.

또한, 출애굽기 24:11에서도 존귀한 자들이 "하나님을 보고"라고 말씀하고 있습니다. 여기 "보고"는 10절에 쓰인 '보다'(רָאָה, 라아)와는 달리, 히브리어 '하자'(חָזָה)의 칼 미완료형으로, 영적인 깨달음이나 계시를 통해서 보는 특수한 경우를 가리킬 때 사용되기도 하였습니다(민 24:4, 욥 36:25, 시 17:15, 63:2). 이스라엘의 지도자들은 지금까지 하나님을 그들의 조상의 하나님(출 3:6, 13, 15, 4:5)으로만 알고 있었으나, 이제 자신들의 하나님이 되셨다는 사실을 분명히 깨달은 것입니다.

더 나아가, 그들이 하나님을 보고만 있었던 것이 아니라 "먹고 마셨더라"라고 말씀하고 있습니다(출 24:11下). 여기에서 "먹고"의 히브리어 '아칼'(אָכַל)은 '먹다, 맛보다'라는 뜻 외에 '즐기다'라는 의미도 있으며, "마셨더라"의 히브리어 '샤타'(שָׁתָה)는 '마시다, 흡수하다'라는 뜻 외에 '향연, 연회'라는 뜻이 있습니다. 그들은 하나님과 함께 단순히 먹고 마시는 것 이상으로 잔치의 기쁨과 즐거움을 누렸음을 나타냅니다(참고-에 7:1, 욥 1:4, 21:25, 전 6:2).

한편, 하나님을 본 자는 누구든지 죽음을 면치 못하였는데(참고-창 32:30, 출 33:20, 삿 6:22-23, 13:22), 이날 하나님께서 존귀한 자들에게는 "손을 대지 아니하셨고"(출 24:11)라고 말씀하고 있습니다. 하나님을 뵙고도 죽지 않았음을 강조한 말씀입니다. 이는 언약을 체결한 백성의 지도자들에게 베푸신 매우 특별한 은혜였습니다. 그 이유는 저들이 언약의 피를 통해 거룩하고 복된 언약 공동체, 바로 "존귀한 자들"로 인정되었기 때문입니다.

언약을 체결한 당사자들끼리 하는 기념 식사를 가리켜 신학적으로는 '언약적 식사'(covenant meal)라고 부릅니다.[13] 함께 식사를 한다는 그 자체로 상대방에 대한 존중과 사랑의 의미 등을 내포한다고 볼 수 있습니다. 예수님께서 낮고 천한 죄인들(제자들, 세리, 창녀들)의 친구가 되어 함께 식사를 해 주신 것도, 그들을 품어 주시고 사랑하고 존중하셨다는 의미입니다(마 9:10-13, 11:19, 막 2:15-17, 눅 5:29-32, 15:1-2, 19:5-10). 하나님께서는 언약 백성을 이 땅에서 가장 존귀하다고 인정해 주시고, 그들의 허물을 모두 가려 주시며, 심판 대신 큰 은혜를 베풀어 주시는 분입니다.

이 땅에서 허물의 가리움을 받는 자가 가장 큰 행복자입니다. 시편 32:1-2에서 "허물의 사함을 얻고 그 죄의 가리움을 받은 자는 복이 있도다 [2]마음에 간사가 없고 여호와께 정죄를 당치 않은 자는 복이 있도다"라고 말씀하고 있습니다(롬 4:7-8). 예수님께서도 "마음이 청결한 자는 복이 있나니 저희가 하나님을 볼 것"(마 5:8)이라고 말씀하셨습니다. 마찬가지로, 오늘날 죄로 인하여 죽을 수밖에 없는 존재일지라도 예수 그리스도 안에서 믿음으로 언약을 맺은 백성은 모든 죄를 사함 받고, 사망을 이기고, 하나님을 보고 먹고 마시는 영적 교제를 누리게 될 것입니다.

이렇게 언약 체결과 동시에 그 언약에 대한 최종 확인까지 모두 마친 하나님과 이스라엘은 이제 공적인 언약 관계가 성립되었습니다.

제5차	내려옴	3월 7일 토요일 (출애굽 한 지 51일)

THE FIFTH DESCENT
(Saturday, the 7th day of the 3rd month; 51 days after the exodus)

내려온 직접적 기록이 없음 / 출 24:12-14
There is no explicit record of the descent / Exod 24:12-14

하나님을 보고 먹고 마시고 기쁨과 즐거움의 잔치를 즐긴 모세와 아론과 나답과 아비후와 70인의 장로들은 아마도 늦은 시간에 시내산에서 내려왔을 것입니다. 제5차 시내산 등정에서 내려왔다는 직접적 기록은 없으나, 모세가 제6차로 시내산에 오르기 전에 아론과 훌, 장로들에게 뒷일을 부탁하였던 것으로 보아, 시내산에서 이미 내려와 있었음을 알 수 있습니다(출 24:12-14).

제6차	올라감	3월 8일 일요일 (출애굽 한 지 52일)

THE SIXTH ASCENT
(Sunday, the 8th day of the 3rd month; 52 days after the exodus)

모세의 첫 번째 40주야 금식기도(3월 8일부터 4월 17일까지)
Moses' first 40-day fasting prayer (from the 8th day of the 3rd month to the 17th day of the 4th month)

하나님께서 친수로 만드시고 십계명을 기록한 두 돌판을 주심 / 출 24:12, 31:18, 32:15-16, 신 9:9-11
God gives the two stone tablets with the Ten Commandments written with His finger / Exod 24:12, 31:18, 32:15-16, Deut 9:9-11

성막 식양에 관한 계시를 받음 / 출 25:1-31:11
Moses receives the revelation of the pattern of the tabernacle / Exod 25:1-31:11

제5차 시내산 등정에서 언약 체결 기념 식사를 마친 후에, 모세는 아론과 그 두 아들과 이스라엘 장로 70인과 함께 시내산에서 내려왔다가, 제6차로 하나님의 부르심을 받았습니다. 하나님께서는 모세에게 "너는 산에 올라 내게로 와서 거기 있으라 너로 그들을 가르치려고 내가 율법과 계명을 친히 기록한 돌판을 네게 주리라"라고 말씀하셨습니다(출 24:12).

모세는 산에서 내려온 지 얼마 안 되었지만, 다시 올라오라시는 명령에 조금도 지체하지 않고 그 종자 여호수아를 데리고 하나님의 산으로 올라갔습니다(출 24:13). 장기간 자리를 비우게 될 것을 예감한 모세는, 남은 장로들에게 "너희는 여기서 우리가 너희에게로 돌아오기까지 기다리라 아론과 훌이 너희와 함께하리니 무릇 일이 있는 자는 그들에게로 나아갈지니라"라고 특별히 당부하였습니다(출 24:14).

그리고 모세가 산에 오르자, 구름이 산을 가리며 여호와의 영광이 시내산 위에 머물렀습니다(출 24:15-16上). 구름이 6일 동안 산을 가리더니, 제7일에 이르러 여호와께서 구름 가운데서 모세를 부르셨습니다(출 24:16下). 하나님의 영광과 구름으로 가득한 산에서 어느덧 6일이 지나고, 드디어 제7일에 구름 가운데서 모세의 귀에 하나님의 음성이 또렷하게 들린 것입니다. 산 위에 가득한 여호와의 영광은 산 아래 있는 이스라엘 자손의 눈에 "맹렬한 불"처럼 보였다고 기록하고 있습니다(출 24:17). "맹렬한"은 '삼키다, 먹어 치우다'라는 뜻을 가진 히브리어 '아칼'(אָכַל)로, 산 아래 백성에게 비친 산 위의 하나님의 영광은, 마치 산 전체를 삼켜 버릴 듯 아주 무섭고 매우 강렬했음을 나타냅니다.

이 후 모세는 구름 속으로 들어가서 산 위에 올랐습니다(출 24:18上). 모세는 도합 사십 일 사십 야를 산에 거하면서 떡도 먹지 않고 물도 마시지 않았습니다(출 24:18下, 신 9:9下).

이때 하나님께서는 성막에 관련된 말씀(출 25:1-31:11)과 안식일에 대한 말씀(출 31:12-17)을 주셨습니다. 모세는, 여호와께서 자기에게 보이신 식양대로(출 25:9, 40, 26:30, 27:8, 민 8:4, 히 8:5) 하나도 빠짐 없이 그대로 성막을 만들었습니다(출 40:19, 21, 23, 25, 27, 29, 32). 하나님께서 모세에게 보여 주신 성막은 출애굽 제2년 1월 1일 이 땅 위에 완벽하게 지어졌습니다(출 40:2, 17).

입산한 지 사십 주야가 지난 후에, 하나님께서는 이스라엘과 세우신 언약의 두 돌판을 주셨습니다(출 31:18, 신 9:9-11). 이는 하나님께서 준비하시고 하나님의 손가락으로 친히 쓰신 것이었습니다(written with the finger of God: KJV - 출 24:12下, 31:18, 신 9:10-11). 출애굽기 32:16에서 "그 판은 하나님이 만드신 것이요, 글자는 하나님이 쓰셔서 판에 새기신 것이더라"라고 말씀하고 있습니다.

제6차	내려옴	4월 17일 목요일 (출애굽 한 지 91일)
THE SIXTH DESCENT (Thursday, the 17th day of the 4th month; 91 days after the exodus)		

이스라엘 백성의 금송아지 숭배와 깨뜨려진 십계명의 두 돌판 / 출 32:1-29, 신 9:15-17, 21
Israel worships the golden calf and the two stone tablets of the Ten Commandments are shattered / Exod 32:1-29, Deut 9:15-17, 21

모세는 시내산에 제6차로 오르면서, 다른 때와 달리 하나님과 있는 시간이 길어질 것을 예감하고(출 24:12), 장로들에게 부탁하기를, "너희는 여기서 우리가 너희에게로 돌아오기까지 기다리라"라고 한 후, 자신이 없는 동안 "무릇 일이 있는 자"는 '너희와 함께하고 있는 아론과 훌에게 나아가라'라고 당부하였습니다(출 24:14). 곧이어 출애굽기 32장은 이스라엘 백성이 신속히 타락한 사건(출 32:7-8, 신 9:12, 16)을 기록하고 있습니다.

그들의 지도자 모세가 피를 뿌리며 하나님과의 언약을 체결한 후에 곧바로 하나님의 명을 받들어 시내산에 올라갔는데, 금송아지 숭배 사건은 그로부터 약 40여 일이 가까워 올 때였습니다. 백성이 내뱉은 한마디 한마디 속에는, 그들 마음에 숨은 동기가 얼마나 악했는지 잘 나타나 있습니다.

출애굽기 32:1 "백성이 모세가 산에서 내려옴이 더딤을 보고 모여 아론에게 이르러 가로되 일어나라 우리를 인도할 신을 우리를 위하여 만들라 이 모세 곧 우리를 애굽 땅에서 인도하여 낸 사람은 어찌 되었는지 알지 못함이니라"

첫째, 백성은 "모세가 산에서 내려옴이 더딤을 보고"라고 하였습니다.

"더딤을 보고"는 히브리어로 '바야르 보세쉬'(וַיַּרְא...בֹּשֵׁשׁ)입니다. "더딤을"에 해당하는 '보세쉬'는 '부끄럽다', '실망하다'라는 뜻의 '부쉬'(בּוּשׁ)의 강의형으로, 어떤 일이 실패함으로 인하여 생기는 참을 수 없는 수치나 부끄러움을 의미합니다(욥 6:20, 시 25:2-3, 렘 14:3). 믿음이 없고 패역한 백성은 더디 오는 모세의 신변을 걱정하기는커녕, 이제 더 이상 모세를 기다리는 것이 부질없고 어리석은 일이라고 판단한 것입니다.

둘째, 백성은 "모여 아론에게 이르러 ... 일어나라"라고 말하였습니다.

여기 "모여"의 히브리어 '바익카헬'(וַיִּקָּהֵל)은 '모으다, 소집하다'라는 뜻의 '카할'(קָהַל)의 니팔(수동)형으로, 백성이 어떤 힘에 이끌리어 모이게 된 것을 나타냅니다. 그들은 모세가 40일이 가깝도록 내려오지 않자, 실망과 불안에 사로잡혀서 일종의 군중 심리에 이끌려 모였던 것입니다. 일반적으로 '카할'의 니팔형과 '...에게'를 뜻하는 전치사 '알'(עַל)이 함께 쓰일 경우는 '대적하거나 위협하는'(against)이라는 의미로 쓰입니다. "거스려"(민 16:3), "칠 때에"(민 16:42), "공박하니"(민 20:2) 세 가지 모두 그런 경우입니다. 저들은 아론을 위협하면서 "일어나라 우리를 인도할 신을 우리를 위하여 만들라"라고 요구하였습니다(출 32:1下). 명령형으로 "일어나라"(קוּם, 쿰)라고 한 것은, 아론에게 위협과 협박을 하는 의미가 강합니다.

셋째, 백성은 "우리를 인도할 신을 우리를 위하여 만들라" (출 32:1下)라고 말하였습니다.

지금의 문제는 과거처럼 식량이 부족해서도 아니고, 목이 말라서도 아니며, 고기가 먹고 싶어서도 아니었습니다. "우리를 인도할 신을 우리를 위하여 만들라"라고 말하고 있는데, 이것은 근본적으로 악한 모습입니다. 이는 지금까지 따랐던 모세를 무시하겠다는 의미입니다. 모세의 조력자로 있으면서 의지가 약하고 소극적이었던 아론은 저들의 위협에 굴복하여, "너희 아내와 자녀의 귀의 금고리를 빼어 내게로 가져오라"(출 32:2)라고 말하였습니다. 모든 백성이 그 귀에서 금고리를 빼어 아론에게 가져오자, 아론이 그 고리를 받아 부어 각도로 새겨 송아지 형상을 만들었습니다(출 32:3-4). 이때 금으로 된 모든 패물을 다 받은 것이 아니라, 아내와 자녀의 "귀의 금고리"를 받았습니다(출 32:2).

아론이 많은 형상들 가운데 특별히 애굽의 신 아피스(Apis)를 모방하여 송아지를 만든 것은, 그가 애굽의 영향에서 완전히 벗어나지 못한 흔적입니다. 그리고 아론은 "내일은 여호와의 절일이니라"라고 공포하였습니다(출 32:5下). 그러나 이것은 여호와께서 명하지 않은 날을 여호와의 절일이라고 거짓으로 선포한 것입니다. 이러한 아론의 선포에 따라, 그 다음날 백성은 일찍이 일어나 금송아지 앞에 번제와 화목제를 드리고, 앉아서 먹고 마시며, 일어나서 춤추고 뛰놀았습니다(출 32:6, 19上).

이제 이스라엘은 스스로, 여호와의 백성이 아니고 애굽의 종 노릇 하던 백성으로 돌아간 것입니다. 만일 이때 아론에게 모세와 같이 오직 하나님 편에 서는 순교적이고 결사적인 각오만 있었다면, 자기뿐 아니라 이스라엘 전 백성이 바른 길을 걷고 큰 축복과 영광을 누리는 유익이 있었을 것입니다.

넷째, **백성은 "이 모세 곧 우리를 애굽 땅에서 인도하여 낸 사람은 어찌 되었는지 알지 못함이니라"(출 32:1下)라고 말하였습니다.**

"이 모세"는 자신들을 지금까지 이끌며 헌신한 모세를 아주 경멸하는 표현입니다. 또한 "우리를 애굽 땅에서 인도하여 낸 사람"은 문자적으로는, '애굽 땅에서 우리를 올라오게 만든 사람'(the man who caused us to ascend from the land of Egypt)이라는 뜻으로 해석할 수 있습니다.[14] 모세는 하나님께서 이스라엘 백성을 애굽에서 구출하여 약속의 땅 가나안으로 이끌어 갈 자로 세우신 유일한 중재자였습니다. 출애굽기 19:9에서 "여호와께서 모세에게 이르시되 내가 빽빽한 구름 가운데서 네게 임함은 내가 너와 말하는 것을 백성으로 듣게 하며 또한 너를 영영히 믿게 하려 함이니라"라고 말씀하셨습니다.

그런데 지금 아론에게 몰려온 이 백성은 모세의 생사(生死)를 진정으로 염려하는 모습은 전혀 보이지 않고, 도리어 그를 통해 하나님께서 행하신 큰 구원을 비웃고, 모세를 배척하기 위해 거짓으로 선동하기 시작한 것입니다. 그래서 우리말성경에는 "우리를 이집트에서 이끌어낸 그 사람 모세가 어떻게 됐는지 알게 뭡니까?"라고 번역하였습니다.

스데반은 그의 설교에서, 당시 백성이 신(神)을 요구한 그 마음속의 실질적 동기를 두 가지로 밝혀 놓았습니다. 사도행전 7:39-40에서 "우리 조상들이 모세에게 복종치 아니하고자 하여 거절하며 그 마음이 도리어 애굽으로 향하여 [40]아론더러 이르되 우리를 인도할 신들을 우리를 위하여 만들라 애굽 땅에서 우리를 인도하던 이 모세는 어떻게 되었는지 알지 못하노라 하고"라고 말씀하고 있습니다.

첫째, 모세에게 복종치 않으려 하며 거절하는 마음입니다.

둘째, 애굽으로 향하고 있는 마음입니다.

이렇게 스데반 집사는 이스라엘 백성의 음흉한 마음을 날카롭게 지적하였습니다. 그 말씀에 이어 사도행전 7:41에서, 저들은 송아지를 만들어 그 우상 앞에 제사하며 "자기 손으로 만든 것을 기뻐하더니"라고 설교하였습니다. 출애굽기 32:6에서는 "먹고 마시며 일어나서 뛰놀더라"라고 말씀하고 있습니다. 시내산에서 하나님과 언약을 맺을 때에도 "하나님을 보고 먹고 마셨더라"(출 24: 11下)라고 하였는데, 우상 앞에서는 "뛰놀더라"가 추가된 것입니다. '뛰놀다'는 히브리어 '차하크'(צָחַק)에서 파생된 단어인데, 이 단어가 칼(기본)형으로 쓰일 때는 '웃다'(창 17:17, 18:12-13, 21:6)의 뜻이지만, 피엘(강조)형으로 쓰일 때는 '농담하다'(창 19:14), '희롱하다'(창 39:14, 17)의 뜻으로 쓰입니다. 특히 이 단어가 서로 껴안는 행위(창 26:8)를 나타낼 때도 쓰인 것을 볼 때, 출애굽기 32:6에서 "뛰놀더라"라고 번역된 「개역성경」의 본 뜻은 남녀 간에 서로 껴안고 노는 성적 행위를 가리킵니다(창 39:14-17). 그들이 우상 숭배 의식을 하면서 음란하고 난잡하게 성적인 추태를 보인 것입니다. 이에 대해 하나님께서는 "백성이 방자하니 이는 아론이 그들로 방자하게 하여 원수에게 조롱거리가 되게 하였음이라"(출 32:25)라고 말씀하셨습니다. '방자(放恣)하다'의 원어적 뜻 가운데 하나는 '벌거벗었다'라는 뜻으로, 이스라엘 백성이 우상 숭배를 하면서 이방 풍습을 따라 옷을 벗고 광란의 축제를 벌였음을 의미합니다.

저들은 얼마 전까지만 해도 "여호와의 명하신 대로 우리가 다 행하리이다"(출 19:8), "여호와의 명하신 모든 말씀을 우리가 준행하리이다"(출 24:3[下]), "여호와의 모든 말씀을 우리가 준행하리이다"(출 24:7[下])라고 고백하면서 언약식을 치렀던 자들입니다.

희생 제물의 피 뿌림을 통해 언약을 맺은 백성의 우상 숭배 사건은 단순한 죄가 아닙니다. 하나님과의 영광스러운 언약 관계를 불법적으로 깨뜨리고 우상과 새로운 언약을 맺은 전무후무한 범죄요, 극도로 사악한 범죄였습니다. 시편 106:19-20에는 "저희가 호렙에서 송아지를 만들고 부어 만든 우상을 숭배하여 [20]자기 영광을 풀 먹는 소의 형상으로 바꾸었도다"라고 기록하고 있습니다. "썩어지지 아니하는 하나님의 영광을 썩어질 사람과 금수와 버러지 형상의 우상으로" 바꾼 것입니다(롬 1:23).

하나님께서는 모세에게 이스라엘 백성이 스스로 부패하여(신 9:12, [참고-]신 4:16, 25, 31:29) 하나님의 말씀을 속히 떠나 지금 산 아래에서 우상을 부어 만들고 있음을 알리시면서, 이스라엘 전체를 다 진멸하고("그 이름을 천하에서 도말하고"), 모세 한 사람을 통해 큰 나라("강대한 나라")를 세우시겠다고 말씀하셨습니다(출 32:7-10, 신 9:12-14).

이스라엘이 급속히 하나님의 말씀을 떠난 고로 하나님께서 이스라엘을 진멸하시겠다는 말씀을 듣는 순간, 모세의 마음은 너무나 참담했을 것입니다. 그러나 그는 생각이 깊고 매사에 온유한 사람답게(민 12:3) 하나님께 기도했습니다. 모세의 애절한 간구(출 32:11-13)는 하나님의 진노를 누그러뜨렸고, 하나님께서는 그들을 진멸하시겠다는 뜻을 돌이키사 백성에게 심판을 내리지 않으셨습니다(출 32:14).

모세는 진 가까이에 이르러 금송아지 앞에서 백성이 춤추는 것을 보고 크게 분노하여, 시내산에서 하나님께서 새겨 주신 증거의 두 돌판을 손에서 산 아래로 던져 그들의 목전에서 깨뜨렸습니다(출 32:15-19, 신 9:15-17). "깨뜨리니라"(출 32:19)의 히브리어는 '산산조각 내다'(창 19:9, 렘 2:20)라는 뜻을 가진 '샤바르'(שָׁבַר)의 피엘(강조)형으로, 다시 회복할 수 없게 완전히 깨뜨린 것을 의미합니다. 이는 모세가 인간적인 분노의 감정을 자제하지 못하여 일어난 것이 아니라, 하나님의 공의로움에 근거한 거룩한 분노였습니다. 돌판을 깨뜨림으로 이스라엘 백성이 멸망하는 것을 막고자 한 것입니다. 고대 근동에서는 언약의 판을 깨뜨릴 경우 그 판에 기록된 문서 내용의 효력이 취소되었음을 의미했기 때문입니다.[15] 만일 그 돌판에 새겨진 계명대로 심판하신다면, 이스라엘은 당장에 큰 화를 당할 수밖에 없었을 것입니다.

모세가 돌판을 던진 장소는 "산 아래"입니다(출 32:19). "산기슭"(출 19:17), "산 아래"(출 24:4)는 모두 같은 어원으로, 모세가 산 아래 돌판을 던진 것은 언약을 맺었던 바로 그 장소에 던진 것입니다. "아래"에 해당하는 히브리어 '타하트'(תַּחַת)는 "깊은 곳"(사 44:23)을 뜻하는데, "산 아래"는 산의 가장 아랫부분(the foot of the mountain) 즉 산기슭(비탈진 곳의 아랫부분)입니다. 그곳은 하나님께서 이스라엘과 언약을 맺었던 바로 그 장소입니다(출 24:4). 모세가 호렙산에 있을 때 하나님께서 그에게 "나를 위하여 백성을 모으라"라고 말씀하시자, 백성이 "가까이 나아와서 산 아래 서니"라고 말씀했던 바로 그 장소였습니다(신 4:10-11).

모세는 그들이 만든 송아지를 불살라 가루가 될 때까지 부수어 물에 뿌려 이스라엘 자손에게 마시게 하였습니다(출 32:20). 신명기 9:21에는 "너희의 죄 곧 너희의 만든 송아지를 취하여 불살라 찧고 티끌같이 가늘게 갈아 그 가루를 산에서 흘러내리는 시내에 뿌렸었느니라"라고 말씀하고 있습니다. 마치 간음한 혐의가 있는 여인이 "저주가 되게 하는 쓴 물"을 마셔야 했던 것처럼(민 5:24), 하나님께서는 이스라엘 백성으로 하여금 우상을 태워 만든 가루를 섞은 물을 마시게 하심으로써, 우상 숭배의 결과가 이토록 큰 저주와 고난과 멸망을 가져온다는 사실을 절실하게 깨닫도록 하셨습니다.

이스라엘은 지금도 4월(담무스월) 17일을 십계명의 두 돌판이 깨어진 날로, 회개하며 지키고 있습니다.

이스라엘의 죄에 대한 하나님의 진노는 여기서 그치지 않았습니다. 모세가 "누구든지 여호와의 편에 있는 자는 내게로 나아오라"라고 하자, 레위 자손이 자원하였습니다(출 32:26). 모세는 레위인들에게 각각 그 허리에 칼을 차고 진 이 문에서 저 문까지 왕래하며 각 사람이 그 형제와 그 친구와 그 이웃을 도륙(屠戮)하게 하였습니다(출 32:27). 도륙은 한자로 '죽일 도(屠), 죽일 륙(戮)'으로, '모두 무참하게 죽여 버리는 일'이라는 뜻입니다. 이에 레위 자손이 모세의 말대로 행하여, “이날에”(בַּיּוֹם הַהוּא 바욤 하후: 바로 그날) 우상 숭배로 배역한 3천여 명이 무참하게 피를 흘리며 죽어 갔습니다(출 32:28).

하나님의 분명한 뜻이 나타나는 순간 주저 없이 순종하여 행동으로 옮긴 레위 자손은, 모세로부터 “그 아들과 그 형제를 쳤으니 오늘날 여호와께 헌신하게 되었느니라”라는 명예로운 칭찬과 함께 이스라엘에게 율례와 법도를 가르치며 하나님께 제사 드리는 직분을 받는 큰 축복을 받았습니다(출 32:29, 신 33:9-11).

시내산 아래 있던 백성의 대부분이 귀의 금고리를 빼어 우상 숭배에 참여했음에도 불구하고(출 32:3), 하나님께서는 전 이스라엘을 진멸치 않으시고(참고-출 32:10, 14), 모세의 중보기도를 들으신 후에 레위 자손의 헌신을 통해 3천여 명만 도륙하도록 하셨습니다(출 32:26-29). 아마도 그 3천여 명은 백성을 적극적으로 유혹하였거나, 모세의 책망 후에도 계속해서 회개치 않고 하나님과 모세를 대적한 자들이었을 것입니다.

동족이 동족을 잔인하게 죽임으로 범죄자들을 강력하게 처벌한 것은, 백성을 타락시킨 죄의 씨앗을 완전히 제거하기 위함이었습니다. 더 나아가 근본적으로는, 피 뿌림의 예식(출 24:6-8)에서 예고되었듯이, 그 언약을 파기하는 것은 곧 ‘죽음’이라는 사실을 실감하게 해 준 것입니다. 이로써 하나님께서는 죄에 대해서 반드시 그 대가를 치르게 하신다는 사실과, 언약을 깨뜨리고 우상 숭배하는 죄악이 얼마나 가증스럽고 얼마나 무서운 결과를 초래하는가를 백성에게 깨우쳐 주셨습니다.

제7차	올라감	4월 18일 금요일 (출애굽 한 지 92일)

THE SEVENTH ASCENT
(Friday, the 18th day of the 4th month; 92 days after the exodus)

모세의 40주야 중보기도(4월 18일부터 5월 28일까지)
/ 출 32:30-35, 신 9:25-29, 10:10-11
Moses' 40-day intercessory prayer (from the 18th day of the 4th month to the 28th day of the 5th month) / Exod 32:30-35, Deut 9:25-29, 10:10-11

레위 자손들이 동족 3천여 명을 도륙함으로 이스라엘 내에 있는 죄악을 제거한 그 이튿날, 모세는 "내가 이제 여호와께로 올라가노니 혹 너희의 죄를 속할까 하노라"라고 말하고, 시내산을 제7차로 올라갔습니다(출 32:30-31上). 이 말씀을 볼 때, 모세는 자신의 이름을 걸고 하나님께 사죄를 요청하기 위하여 다시 시내산에 올라간 것으로 볼 수 있습니다.

출애굽기 32:31-32 "... 슬프도소이다 이 백성이 자기들을 위하여 금 신을 만들었사오니 큰 죄를 범하였나이다 [32]그러나 합의하시면 이제 그들의 죄를 사하시옵소서 그렇지 않사오면 원컨대 주의 기록하신 책에서 내 이름을 지워 버려 주옵소서"

모세의 기도 후에 하나님께서는 "누구든지 내게 범죄하면 그는 내가 내 책에서 지워 버리리라 [34]이제 가서 내가 네게 말한 곳으로 백성을 인도하라 내 사자가 네 앞서 가리라 그러나 내가 보응할 날에는 그들의 죄를 보응하리라"라고 말씀하셨습니다(출 32:33-34). "보응할 날에는 ... 보응하리라"라는 말씀은 히브리어로 '우베욤 포크디 우파카드티'(וּבְיוֹם פָּקְדִי וּפָקַדְתִּי)이며, '방문하다, 탐색하다, 계수하다'라는 뜻을 가진 '파카드'(פָּקַד)를 두 번 사용하여, 하나님께서 반드시 직접 찾아오셔서 조사하시고 따지셔서 벌을 주시겠다는 것입니다. 공동번역에서는 '파카드'의 뜻을 잘 살려 "내가 그들을 찾아가 그들의 잘못을 따질 날이 반드시 오리라"라고 번역하였습니다.

하나님의 진노는 여기서 그치지 않고, 마지막으로 출애굽기 32: 35에서 "여호와께서 백성을 치시니 이는 그들이 아론의 만든바 그 송아지를 만들었음이더라"라고 말씀하고 있습니다. 여기 "치시니"의 히브리어 '나가프'(נָגַף)는 '질병이 들게 하다, 때리다'라는 뜻입니다. 이것은 하나님께서 이스라엘 백성에게 즉시 치명적인 재앙을 내리셨음을 의미합니다.

이어서 하나님께서는 모세에게 이스라엘 백성을 가리켜 "네(모세)가 애굽 땅에서 인도하여 낸 백성"이라고 부르시면서(출 33:1), "나는 너희와 함께 올라가지 아니하리니 너희는 목이 곧은 백성인즉 내가 중로에서 너희를 진멸할까 염려함이니라"라고 말씀하셨습니다(출 33:3). '목이 곧다'라는 말은 원래 농부가 말을 잘 듣지 않는 소나 말 등의 가축에게 쓰던 표현으로, '완고하여 다른 사람의 말을 듣지 않으며 지극히 자기중심적인 생각으로 가득 차서 올바른 충고를 듣지 않는 불순종'을 말합니다. 이러한 자들은 오히려 자기 행위의 정당성을 주장하고 자기 의로움을 내세우며, 하나님 앞에 굴복하지 않고 하나님을 훼방하며 회개할 생각조차 하지 않습니다.

한편, '신명기'에서는 금송아지 숭배 사건과 관련된 모세의 중보기도를 다시 요약 정리하면서, 출애굽기에서는 기록하지 않았던 사실, 곧 여호와 앞에 40주야를 엎드려 회개했다는 것을 특별히 기록하였습니다(신 9:25-29, 10:10-11).

신명기 9:25 "그때에 여호와께서 너희를 멸하겠다 하셨으므로 내가 여전히 사십 주야를 여호와 앞에 엎드리고"

וָאֶתְנַפַּל לִפְנֵי יְהוָה אֵת אַרְבָּעִים הַיּוֹם וְאֶת־אַרְבָּעִים
הַלַּיְלָה אֲשֶׁר הִתְנַפָּלְתִּי כִּי־אָמַר יְהוָה לְהַשְׁמִיד אֶתְכֶם

바에트납팔 리프네 예호바[아도나이] 에트 아르바임 하욤 베에트 아르바임 하라일라 아쉐르 히트납팔티 키 아마르 예호바[아도나이] 레하쉬미드 에트켐

히브리 원문을 그대로 직역하면, '내가 엎드렸던 그 40일 밤과 그 40일 낮에 여호와 앞에 엎드렸다. 왜냐하면(כִּי, 키) 여호와께서 너희를 멸망시킬 것을 말씀했기 때문이다'가 됩니다. 여기 40일은 첫 번째 두 돌판에 새긴 십계명을 받았던 기간이 아니고 중보기도를 위한 40주야로, 모세가 이스라엘 자손들의 우상 숭배로 인한 죄악을 놓고 여호와 앞에서 회개의 기도를 하며 엎드린 기간입니다.[16] 모세는 '40주야 금식기도' 두 번을 포함하여 시내산에서 40주야 기도를 세 번이나 드린 셈입니다.[17]

신명기 9:25에서 "엎드리고"의 히브리어는 '떨어지다, 던지다'라는 뜻을 가진 '나팔'(נָפַל)의 히트파엘(재귀강조)형인데, 한 문장에 두 번 반복되어 쓰였습니다(הִתְנַפָּלְתִּי ... וָאֶתְנַפַּל, 바에트납팔...히트납팔티). 특히 "엎드리고"(וָאֶתְנַפַּל, 바에트납팔)는 미완료형으로, 모세가 한약을 달여 쥐어짜듯이 심령의 진액을 쏟으며 기도하기를 40주야 동안 쉬지 않았음을 보여 줍니다.

과연 모세의 기도는 그 내용에 있어서 참으로 간절하고 희생적이었습니다(신 9:25-29). 모세는 범죄한 이스라엘 백성을 살려 내기 위해 여호와께 간구하여 가로되 "주 여호와여 주께서 큰 위엄으로

속하시고 강한 손으로 애굽에서 인도하여 내신 주의 백성 곧 주의 기업을 멸하지 마옵소서"(신 9:26)라고 눈물로 간절히 중보기도를 올렸습니다. 모세는 백성의 죄악상을 "강퍅과 악과 죄"라고 고백하였습니다(신 9:27). 그리고 모세가 하나님 앞에 마지막으로 간구할 수 있었던 힘의 근거는 언약의 열조들이었습니다. 27절을 공동번역은 "주의 종이었던 아브라함과 이삭과 야곱을 생각해서라도 이 백성이 고집이 세고 바탕이 나빠서 잘못을 저지르기는 했습니다마는, 부디 못 보신 체해 주소서"라고 번역하고 있습니다.

모세가 중보기도를 40주야나 올렸다는 사실에서, 하나님을 멀리하고 그 말씀을 멸시하여 언약을 파기한 죄가 얼마나 무섭고 위험한가를, 그리고 범죄는 쉬워도 속죄는 이토록 힘들고 어렵다는 것을 참으로 뼈저리게 느끼게 됩니다. 하나님께서는 죄를 철저히 징계하시지만, 언약 백성을 기필코 구원하시는 사랑의 하나님, 언약의 하나님이십니다(참고-출 34:6-7). 하나님께서는 사랑 자체이십니다(요일 4:7-10, 16, 19). 그 사랑은 영원토록 동일하고 한이 없으며 변함이 없으십니다(히 1:12, 13:8).

제 7 차	내려옴	5월 28일 화요일 (출애굽 한 지 131일)

The Seventh Descent
(Tuesday, the 28th day of the 5th month; 131 days after the exodus)

40일 중보기도 후에 단장품을 제거함 / 출 33:1-6
5월 29일 수요일(출애굽 한 지 132일)에 임시 회막 건립 및 중보기도 / 출 33:7-23

Ornaments removed after the 40-day intercessory prayer / Exod 33:1-6
On Wednesday, the 29th day of the 5th month (132 days after the exodus), temporary tent of meeting set up and intercessory prayer offered / Exod 33:7-23

이스라엘 백성은, 40일 중보기도를 마치고 내려온 모세를 통하여 "나는 너희와 함께 올라가지 아니하리니"라는 하나님의 말씀을 듣게 됩니다(출 33:3). 이 황송한 말씀을 들은 이스라엘 백성은 슬퍼하여 한 사람도 그 몸을 단장하지 않았고, 하나님의 명대로 단장품을 제하였습니다(출 33:4-6). 백성이 단장품을 제한 후에 모세는 진 밖에 하나님과의 만남의 장소로 임시 회막을 세웠습니다. 출애굽기 33:7에서 "모세가 항상 장막을 취하여 진 밖에 쳐서"라고 말씀하고 있습니다. 히브리어 원문에는 "항상"이라는 단어가 없으며, "취하여"는 '라카흐'(לָקַח)의 미완료형입니다. 이것은 모세가 40일 중보기도 후에 처음으로 임시 회막을 세운 이후 지속적으로 장막을 취하곤 했음을 의미합니다. 모세가 회막으로 나아갈 때에는 백성이 다 일어나 자기 장막문에 섰습니다(출 33:8). 모세가 회막으로 들어갈 때 구름기둥이 내려 회막문에 서고, 여호와께서 모세와 말씀하실 때 모든 백성이 회막문에 구름기둥이 섰음을 보고 다 일어나 각기 장막문에 서서 경배하였습니다(출 33:9-10).

여기 "경배하며"는 '엎드리다, 절하다'라는 뜻을 가진 히브리어 '샤하'(שָׁחָה)의 히트파엘(재귀강조)형으로서, 이스라엘 백성이 자발적이고도 아주 강력하게 회개하고 있음을 나타내는 것입니다.

이처럼 이스라엘 백성 전체가 회개를 할 뿐만 아니라, 모세 역시 비통한 심정으로 "내가 참으로 주의 목전에 은총을 입었사오면 원컨대 주의 길을 내게 보이사 내게 주를 알리시고 나로 주의 목전에 은총을 입게 하시며 이 족속을 주의 백성으로 여기소서"라고 간청했습니다(출 33:13).

이에 하나님께서는 뜻을 돌이키시어 "내가 친히 가리라"(출 33:14)라고 선언하시고, 모세를 반석 틈에 두시고 하나님의 등을 보여 주셨습니다(출 33:21-23). 시편 기자는 이때의 상황을 회고하면서 "그래서 주님께서는, 그들을 멸망시키겠다고 선언하셨으나, 주님께서 택하신 모세가 감히 주님 앞에 나아가 그 갈라진 틈에 서서 파멸의 분노를 거두어들이시게 하셨습니다"(시 106:23 - 표준새번역)라고 고백하였습니다.

참으로 이스라엘 전 백성의 회개와 지도자 모세의 생명을 건 간절한 중보기도는 하나님께서 무한하신 긍휼과 자비와 용서를 베푸시는 결정적인 계기가 되었습니다. 모세의 중재가 없었더라면 이스라엘은 시내산에서 멸절했을 것입니다.

그날 하나님의 영광을 보여 달라고 간청하는 모세에게 하나님께서는 자신의 등을 보여 주심으로, 하나님과 백성과의 관계가 다시 회복되었음을 알리셨습니다(출 33:18-23).

제8차	올라감	5월 30일 목요일 (출애굽 한 지 133일)

THE EIGHTH ASCENT
(Thursday, the 30th day of the 5th month; 133 days after the exodus)

두 번째 40주야 금식기도(5월 30일부터 7월 10일까지)
하나님의 친수로 새긴 십계명의 두 돌판 / 출 34:1-28, 신 9:18, 10:1-4
The second 40-day fasting prayer (from the 30th day of the 5th month to the 10th day of the 7th month)
The two stone tablets of the Ten Commandments written by the finger of God / Exod 34:1-28, Deut 9:18, 10:1-4

하나님께서는 다시 모세에게 "너는 돌판 둘을 처음 것과 같이 깎아 만들라 네가 깨뜨린바 처음 판에 있던 말을 내가 그 판에 쓰리니"라고 말씀하셨습니다(출 34:1, 신 10:2). 돌판을 깎되 '처음 것과 같이' 하라고 말씀하셨습니다(신 10:1). 하나님께서 준비하셨던 처음 두 돌판을 본 자는 모세뿐입니다. 모세는 처음에 하나님께서 깎으셨던 그 돌판의 모습 그대로 깎아 만들었습니다. 돌을 깎는 기계가 없던 그 옛날, 모세가 하나님의 말씀에 순종하여 돌판을 깎는 과정은 각고의 노력과 함께 아마도 상당한 시간이 걸렸을 것입니다. 그리고 하나님께서 지시하신 대로 아침에 일찍이 일어나 그 두 돌판을 손에 들고 시내산에 올라갔습니다(출 34:2, 4).

모세는 시내산에서 여호와와 함께하면서, 전과 같이 사십 일 사십 야를 거기 여호와 앞에 엎드려 떡도 먹지 않고 물도 마시지 않았습니다(출 34:28, 신 9:18). 그리고 하나님께서는 언약의 말씀 곧 십계명을 그 두 돌판에 기록하셨습니다(출 34:28, 신 10:4).

제8차	내려옴	7월 10일 월요일 (출애굽 한 지 172일)

THE EIGHTH DESCENT
(Monday, the 10th day of the 7th month; 172 days after the exodus)

두 번째 두 돌판과 모세 얼굴 꺼풀의 광채 / 출 34:29-35, 신 10:5
The second pair of stone tablets and Moses' radiant face
/ Exod 34:29-35, Deut 10:5

모세가 그 증거의 두 판을 자기 손에 들고 시내산에서 내려오자, 그가 여호와와 말씀하였음을 인하여 얼굴 꺼풀에 광채(光彩: 아름답고 찬란한 빛)가 났습니다(출 34:29). 처음에 모세는 자신의 얼굴에서 광채가 나고 있다는 사실을 모르고 있었습니다. 그런데 아론과 온 이스라엘 자손이 자신의 얼굴을 보고 두려워하며 피하자 아론과 회중의 모든 어른을 자신에게로 오게 한 후, 모세가 그들과 말하니 그

제야 온 이스라엘 자손이 "가까이" 왔습니다(출 34:30-32上). 그리고 여호와께서 시내산에서 이르신 모든 말씀을 다 그들에게 명하였으며, 말하기를 마친 후에 수건으로 자기 얼굴을 가렸습니다(출 34:32下-33). 그 후 모세는 여호와 앞에 들어가서 함께 말씀할 때에는 나오기까지 수건을 벗고 있었으며, 나와서는 그 명하신 일을 이스라엘 자손에게 고하고 여호와께 말씀하러 들어가기까지 다시 수건으로 자기 얼굴을 가렸습니다(출 34:34-35).

모세의 얼굴에 광채가 났다는 것은 보이는 태양빛이 아니라 하나님의 영광이 그 얼굴에 드러났다는 것입니다. 모세는 백성이 자기 얼굴의 광채를 "보는 고로"(רָאָה, 라아: 주목하다, 자세히 보다 - 출 34:30, 35上), 그 광채를 가리어서 주목하지 못하게 하려고 수건을 썼습니다(출 34:33, 35下, 참고-고후 3:13).

사도 바울은 모세에게 나타났던 광채는 장차 사라지는 영광 곧 율법의 영광을 나타낸 것이라고 하였습니다(고후 3:7, 11, 13). 그리고 유대인들이 모세 율법의 일시적인 성격을 깨닫지 못하고, 더 큰 영광의 복음을 듣고도 완악하여 깨닫지 못하는 상태를, 수건이 그들의 심령을 덮고 있는 것에 비유하였습니다(고후 3:13-15). 이 수건은 예수 그리스도 안에서 없어질 것인데(고후 3:14, 16), 유대인들은 수건이 그 심령을 덮고 있어서 예수 그리스도를 영접할 수 없었던 것입니다.

또한 사도 바울은 '돌판에 새겨진 계명을 받은 모세의 얼굴에도 영광의 광채가 있었다면, 새 언약의 일꾼들에게는 더 큰 영광의 광채가 있지 않겠느냐'라고 교훈하였습니다(고후 3:6-9). 새 언약의 영광은 잠시 있다가 사라지는 옛 언약의 영광과는 감히 비교도 할 수 없습니다. 우리가 주께로 돌아가면, 수건을 벗은 얼굴로 거울을 보는 것같이 끊임없이 주의 영광을 보므로, 하나님의 아들과 같은 형상으로 바뀌는 것입니다. 주의 영으로 말미암아 영광으로 영광에 이르게 됩니다(고후 3:18).

하나님께서 처음에는 모세에게 직접 돌판을 준비하여 주셨습니다(출 31:18, 32:16). 그러나 그 판이 깨어지자, 모세에게 돌판을 깎아서 준비하라고 명령하시고 거기에 말씀을 기록하셨습니다(출 34:1, 4, 28, 신 10:1-4). 모세는 하나님께서 친수로 언약의 말씀을 기록하신 두 돌판을 다시 가지고 내려와서 언약궤 안에 두었습니다(출 25:16, 21, 40:20, 신 10:5, 왕상 8:9). 그리고 모세는 모압 평지에서 율법의 모든 말씀을 기록한 책을, 여호와의 언약궤를 메는 레위 자손 제사장들과 이스라엘 모든 장로에게 주어 맡겼으며, 그들에게 명하여 그 언약궤 곁에 율법책을 두어 증거가 되도록 하였습니다(신 31:9, 24-26).

제 3 장

성경의 강령(綱領) 십계명, 그 열 가지 본질(本質)

The Essence of the Scripture, the Ten Commandments: The Ten Essential Aspects

성경의 강령(綱領) 십계명, 그 열 가지 본질(本質)

THE ESSENCE OF THE SCRIPTURE, THE TEN COMMANDMENTS: THE TEN ESSENTIAL ASPECTS

신구약을 관통하는 한 가지 주제는 '하나님의 구원'입니다. 성경의 역사는, 죄로 인해 사망 선고를 받은 인간에게 예수 그리스도를 통한 구원의 길을 가르쳐 주고 있는 구속사입니다. 하나님의 구속사는 언약으로 끊임없이 이어지는 맥입니다. 그 언약은 과거에 묶여 있는 죽은 언약이 아니라, 현재와 미래까지 만세와 만대의 택한 백성에게 생명을 주는 살아 있는 언약입니다. 그 모든 언약과 구속사의 중심 인물은 예수 그리스도이시며(요 5:39, 고전 1:30), 구속사의 중심 사건은 십자가입니다. 그 후 예수 그리스도의 천국 복음 운동을 통하여 신약 교회가 탄생하였고, 마지막 때 주님의 재림으로 구속사의 완성을 보게 될 것입니다. 그리고 그 복음의 핵심은 모세를 통해 주신 십계명에 압축되어 있습니다. 십계명은 '열 말씀들'(ten words)이며, 그 본질(本質)이 시편 119편에 모두 함축되어 있습니다.

시편 119편은 '하나님의 말씀'을 히브리어 단어 열 가지를 통해 표현하고 있습니다. 이 역시 '열 말씀들'이라고 이해할 수 있습니다. 시편 119편은 십계명의 본질을 이해하는 데 큰 도움이 될 것입니다.

I
십계명과 열 가지 말씀
THE TEN COMMANDMENTS AND THE TEN WORDS

예수님께서는 산상보훈에서 십계명에 대한 새로운 해석을 해 주셨는데, 십계명을 하나님 사랑과 이웃 사랑 두 계명으로 요약하시고, 마태복음 22:38-40에서 "이 두 계명이 온 율법과 선지자의 강령이니라"라고 말씀하셨습니다.

"강령(綱領)"은 한자로 '벼리 강, 거느릴 령'으로, '일의 으뜸이 되는 줄거리, 정당 등의 단체에서 입장·목적·계획·방침 및 운동의 차례·규범 따위를 요약해서 적은 것'이라는 뜻입니다. 이처럼 예수님께서 십계명을 "강령"이라고 하신 것은, 십계명이 신구약 성경 전체의 핵심이 됨을 암시해 주고 있습니다.

시편 119:160에서도 "주의 말씀의 강령은 진리"라고 특별히 기록하였는데, 이것은 하나님의 모든 말씀, 그리고 그 모든 말씀을 압축하고 있는 '열 말씀들' 곧 '십계명'이 태초부터 진리이며 영원히 변치 않는 것이므로, 하나님의 백성이 마땅히 그 말씀을 의존하고 지키며 살아야 한다는 것을 보여 줍니다.

시편 119편은 성경 전체에서도 매우 특별한 의미가 담긴 시입니다. 성경의 강령인 '십계명'의 본질 열 가지를 신구약 성경 가운데 가장 밝히 드러내 주고 있기 때문입니다. 또 시편 119편은 신구약 성경 전체의 중앙에 위치하고 있으며, '하나님의 말씀'이라는 단일 주제를 가지고 총 176구절로 노래하였습니다.

이 시는 표제가 기록되지 않은 시편 중 하나로, 누가 언제 어떤 배경으로 지었는지 전혀 알 수 없습니다. 시편 119편은 총 176절로 매우 길지만, 처음부터 끝까지 매우 질서정연합니다. 그 이유는 답관체(踏冠體)라는 독특한 형식을 갖추었기 때문인데, 답관체란 한자로 '밟을 답, 으뜸 관, 몸 체'이며,'머리를 밟아 가는 체'라는 뜻입니다. 시편 119편은 행(行)이나 연(聯)의 첫머리에 히브리어 알파벳이 순서대로 이어져 나오는 독특한 형식입니다. 시편에 나오는 답관체의 시(詩) 아홉 편 중에서(시 9, 10, 25, 34, 37, 111, 112, 119, 145편), 시편 119편은 그 구성이 가장 아름답고 완벽해서 답관체 시의 정수로 꼽힙니다.

시편 119편은 8구절씩 총 22연으로 구성되어 있으며, 히브리어 알파벳의 첫 글자인 '알렙'(א)부터 마지막 글자인 '타우'(ת)까지 22자를 순서대로 사용하였습니다. 이는 하나님의 말씀이 성도의 삶의 알파(시작)와 오메가(마지막)가 된다는 것입니다(사 41:4). 또한 한 개의 연에 포함된 여덟 절은 그 첫머리가 모두 같은 히브리어 알파벳으로 시작합니다.

전체 176절 속에는 단순히 형식을 짜맞추기 위한 무의미하고 지루한 반복이 전혀 없습니다. 각 구절마다 온전하고 정확한 교훈과 생동감 넘치는 표현들로 가득 차 있습니다. 그것은 모두 시인이 하나님의 말씀과 함께한 희비애락(喜悲哀樂)의 산 경험들이었습니다.

시인이 경험한 하나님의 말씀은 정직합니다(시 19:8, 119:137).

시인이 경험한 하나님의 말씀은 의롭습니다(시 19:9, 119:62, 106, 123, 142, 160, 164, 172, 참고-스 9:15, 느 9:8, 시 7:9, 89:16, 116:5, 145:17).

시인이 경험한 하나님의 말씀은 완전합니다(시 19:7, 119:96).

시인이 경험한 하나님의 말씀은 거룩하며 순결합니다(시 12:6, 19:8-9, 77:13, 93:5, 105:42, 참고-롬 7:12, 벧후 2:21).

시인이 경험한 하나님의 말씀은 영원합니다(시 119:160).

시인이 경험한 하나님의 말씀은 살리는 말씀, 생명의 원천입니다(시 119:25, 37, 40, 50, 93, 107, 116, 144, 149, 154, 156, 159).

시인이 경험한 하나님의 말씀은 정미(精美)합니다(시 18:30, 119:140). 정미는 한자로 '자세할 정, 아름다울 미'이며, '정밀하고 아름답다'라는 뜻입니다. 그래서 하나님의 말씀은 우리 삶의 모든 부분에 언제나 밝은 지도와 확실한 지침을 제시해 주는 등불입니다(시 119:105). 사람이 무관히 여기는 것을 하나님께서는 공평과 불꽃 같은 명철로 자세히 살피시며 정확하게 판단하십니다. 사람은 눈에 보이는 큼직한 사건만 처리하기에 급급하지만, 하나님께서는 큰 일뿐 아니라 작은 일, 그리고 보이지 않는 심리적 문제까지도 처리해 주시고, 그 결과로 이웃 간에 풍성한 평화와 화해를 가져다 주십니다. 그러므로 그 말씀 앞에서 약한 자나 강한 자, 가난한 자나 부한 자, 그 누구라도 예외가 없이 그 심령이 무한한 위로와 사랑을 받게 됩니다.

시편 119편 기자는 한결같이 오직 하나님의 말씀만을 노래하였습니다. '주의 법, 주의 증거, 주의 규례, 주의 율례, 주의 말씀, 주의 법도, 주의 계명, 주의 도, 주의 약속, 주의 진리'라고 하였습니다. 이 모든 말씀의 특성은 모두 사실상 하나님의 속성입니다. 말씀이 바로 하나님 자신이기에(요 1:1), 하나님의 말씀을 모르고는 하나님을 알 수 없다는 중대한 진리를 전해 줍니다. 시편 119편은 히브리어 단어 열 가지를 통해 하나님의 말씀을 집대성하였고, 성경 전체를 축약해 놓았습니다. 한마디로, 시편 119편은 하나님의 말씀의 핵심적 본질(本質)을 알려 주고 있습니다. 하나님의 말씀은 그 고유한 속성이 반드시 행동으로 나타나는 말씀입니다. 십계명은 그 말씀을 받은 자가 지켜야 할 구체적인 행동 강령이므로 시편 119편의 '열 말씀들'은 십계명의 본질이요, 각 계명의 구체적 행동 지침이 됩니다.

II
십계명의 열 가지 본질(本質)
THE TEN ESSENTIAL ASPECTS OF THE TEN COMMANDMENTS

신구약 성경을 핵심적으로 요약한 열 가지 말씀이 십계명인데, 시편 119편에서 하나님의 '말씀'에 해당하는 히브리어 단어 열 가지를 통해 십계명의 본질을 완벽하게 노래하고 있습니다. 시편 119편은 십계명의 열 말씀 각각의 구체적 행동 지침이 되고 있습니다.

① 토라(תּוֹרָה) / 율법
② 에두트(עֵדוּת), 에다(עֵדָה) / 증거
③ 미쉬파트(מִשְׁפָּט) / 판단(규례)
④ 호크(חֹק) / 율례
⑤ 다바르(דָּבָר) / 말씀
⑥ 픽쿠드(פִּקּוּד) / 법도
⑦ 미츠바(מִצְוָה) / 계명
⑧ 데레크(דֶּרֶךְ) / 길(도)
⑨ 이므라(אִמְרָה) / 말씀(약속)
⑩ 에메트(אֱמֶת),
에무나(אֱמוּנָה) / 진리(성실)

이 열 가지 히브리어는 말씀이 갖는 특징들을 하나씩 반영하고 있어, 하나님의 말씀을 보다 분명하고 폭넓게 이해하도록 도와줍니다. 전체 176절 가운데 시편 119:122 한 구절을 제외하고 나머지 모든 구절에서, '율법'을 가리키는 원어 열 개가 최소한 한 번씩 번갈아 가며 그 의미에 맞게 명확하게 언급되어 있습니다. 시편 119편에서는, 하나님의 율법이 인간을 속박하고 옭아매는 규정이 아니라, 하나님 백성의 삶 속에 깊이 뿌리내린 신앙의 기초 곧 믿음, 사랑, 의지함, 전적인 순종, 이 모든 것을 가능케 하는 힘과 생명임을 잘 나타내고 있습니다. 시편 119편이 저작된 때는 분명히 성전에서 수많은 의식법과 제사법이 엄격하게 지켜진 시대였는데도, 그 의식과 제사에 관련된 단어가 단 한 번도 나타나지 않으며, 바리새인의 율법주의도 찾아볼 수 없습니다. 시인은 오직 율법을 지극히 사랑하며 즐거워하고, 생명보다 귀한 보배로 여겨 그의 가슴속에 깊이 품고 있습니다. 이 말씀을 깊이 묵상하면, 우리의 마음을 강하게 사로잡는 영적 보석들을 발견하게 되고, 순간순간 한없이 넘치는 기쁨과 희열을 경험하게 되며, 큰 소망이 넘칠 것입니다. 할렐루야!

시편 119편에서 하나님의 말씀을 가리키는 열 가지 히브리어 단어의 어원과 번역된 단어, 이 열 단어가 성경에서 쓰인 용례와 그 교훈, 그 말씀 앞에서의 모범적인 태도, 그리고 예수 그리스도와 관련되는 구속사적 의미를 살펴보겠습니다. 단, 본 서에는 이 열 가지 단어가 '하나님의 말씀'을 가리키는 의미로 적용된 구절만 선택하였습니다.

1. 토라(תּוֹרָה) = 주의 법, 주의 율법 / Thy law

(1) 성경 구절

시 119:1, 18, 29, 34, 44, 51, 53, 55, 61, 70, 72, 77, 85, 92, 97, 109, 113, 126, 136, 142, 150, 153, 163, 165, 174 ➡ 25회

(2) 어원과 뜻

'던지다, 활을 쏘다'라는 뜻의 동사 '야라'(יָרָה)에서 유래하였는데, 이 동사의 히필(사역)형은 '손을 뻗다, 손으로 가리키다'라는 의미입니다.[18] 손을 뻗어서 길을 가리키는 동작을 나타내는 의미가 확장되어 '가리키다, 지시하다'로 사용되다가, '가르침, 교훈, 율법'을 의미하게 되었습니다(욥 22:22, 시 78:1, 사 1:10). 토라는 율법을 뜻하는 단어로 가장 많이 쓰이는데, 인생이 가야 할 길을 바르게 지시하고 가르쳐 주는 것은 하나님의 말씀뿐임을 보여 줍니다.

(3) 용례

성경에서 토라가 처음으로 사용된 곳은 창세기 26:5이며, "아브라함이 내 말을 순종하고 내 명령과 내 계명과 내 율례와 내 '법도'(תּוֹרָה)를 지켰음이니라"라고 기록되어 있습니다. 모세는 시내산에 이르기 전에 장인 이드로의 충고를 따라 지도력을 효율적으로 분산하여 이스라엘을 통치할 법(토라)과 행정 질서의 근간을 세웠습니다(출 18:16-20).

(4) 교훈

하나님께서 지시하신 말씀(토라)은, 그 자체로 하나님의 법이자 계시이므로, 시인에게 있어서 천천 금은보다 승(勝)한 것이며(72절), 사랑과 즐거움의 대상이었습니다(70, 77, 92, 97, 113, 163, 165, 174절). 시인은 그 말씀(토라)을 전심으로 영원히 지키겠다고 고백하고 있습니다(2, 34, 44, 55, 136절). 토라를 버리는 자는 악인이요(53절), 의인을 괴롭히는 교만한 자요(51, 85절), 두 마음을 품은 자요(113절), 거짓된 자입니다(29, 163절). 그러나 토라를 사랑하는 자에게는 큰 평안이 있습니다. "주의 법(토라)을 사랑하는 자에게는 큰 평안이 있으니 저희에게 장애물이 없으리이다"(165절)라고 고백하였습니다. 공동번역에서는 "당신의 법을 사랑하는 이에게는 만사가 순조롭고 무엇 하나 꺼릴 것이 없사옵니다"라고 번역하였습니다.

(5) 모범적인 태도

시편 119:97에서 "내가 주의 법(토라)을 어찌 그리 사랑하는지요 내가 그것을 종일 묵상하나이다"라고 고백하고 있습니다. 여기 "내가... 묵상하나이다"에 해당하는 히브리어는 '시하티'(שִׂיחָתִי)로, '묵상'을 뜻하는 '시하'(שִׂיחָה)에 1인칭 대명사 어미가 결합된 것입니다. 원문대로 직역하면 '(하루 종일 주의 법이)나의 묵상입니다'라는 뜻입니다(시 1:2). 이것은 시편 저자가 하루 종일 말씀에 비추어 생각하고 행동했다는 뜻입니다. 한순간도 말씀의 기준에서 벗어나지 않으려고, 말하거나 행동하기 전에 말씀이 의미하는 바를 먼저 생각하고, 온 마음을 말씀에 기울인 것입니다(느 8:3). 진실로 말씀을 지극히 사모하는 자는 한순간도 말씀에서 이탈하지 않게 되고, 흑암 중에도 의의 길로 인도함을 받습니다.

(6) 구속사적 의미

예수님과 율법은 떼려야 뗄 수 없는 깊은 관계를 맺고 있습니다. 예수님께서 성육신 하실 당시 이스라엘 사회는 온통 율법의 규례로 가득 차 있었습니다. 그러나 하나님께서 율법을 주신 목적을 깨닫는 자는 없었습니다.

예수님과 율법의 관계는 다음과 같습니다.

첫째, 율법은 예수님을 증거하고 있습니다.

누가복음 24:44에서 "모세의 율법과 선지자의 글과 시편에 나를 가리켜 기록된 모든 것"이라고 말씀했고, 요한복음 1:45에서 "모세가 율법에 기록하였고 여러 선지자가 기록한 그이"라고 말씀하고 있으며, 로마서 3:21에서 "율법과 선지자들에게 증거를 받은 것"이라고 말씀하고 있습니다(요 5:39, 45-47). 율법이 예수님을 증거하기 때문에, 진정으로 율법(토라)을 사랑하는 자라면, 그는 반드시 예수님 앞으로 오게 되어 있는 것입니다(갈 3:24).

둘째, 예수님께서는 율법의 마침이요 완성자이십니다.

로마서 10:4에서 "그리스도는 모든 믿는 자에게 의를 이루기 위하여 율법의 마침이 되시니라"라고 말씀하고 있으며, 마태복음 5:17에서 "내가 율법이나 선지자나 폐하러 온 줄로 생각지 말라 폐하러 온 것이 아니요 완전케 하려 함이로라"라고 말씀하고 있습니다. 그러므로 아무리 율법을 사랑하고 율법을 잘 지켰다고 할지라도, 예수님 앞으로 오지 않는다면 그것은 완전하지 못한 것입니다. 우리는 율법을 통하여 반드시 예수님 앞으로 나아가야 합니다.

결국 우리는 율법으로 자신이 죄인임을 철저하게 인식하게 되며(롬 3:20, 7:7-9, 13), 나아가 예수님을 믿음으로 죄에서 해방되어 의인이 되는 것입니다. 갈라디아서 2:16에서 "사람이 의롭게 되는 것은 율법의 행위에서 난 것이 아니요 오직 예수 그리스도를 믿음으로 말미암는 줄 아는 고로 우리도 그리스도 예수를 믿나니 이는 우리가 율법의 행위에서 아니고 그리스도를 믿음으로써 의롭다 함을 얻으려 함이라 율법의 행위로써는 의롭다 함을 얻을 육체가 없느니라"라고 말씀하고 있습니다(롬 3:28, 갈 3:11).

2. 에두트(עֵדוּת), 에다(עֵדָה)
= 주의 증거, 여호와의 증거 / Thy testimonies

(1) 성경 구절

시 119:2, 14, 22, 24, 31, 36, 46, 59, 79, 88, 95, 99, 111, 119, 125, 129, 138, 144, 146, 152, 157, 167, 168 ➡ 23회

(2) 어원과 뜻

히브리어 어원은 '우드'(עוּד)로서, 일차적으로는 '둘러싸다'라는 뜻입니다. 그러나 히필(사역) 형태는 '경고하다, 확신을 주다, 증인을 삼다'라는 뜻입니다(출 19:23). 신명기 4:26, 30:19, 31:28에는 모세가 '천지를 불러 증거를 삼았다'라고 하였으며, 창세기 21:30, 31:52에는 '증거 삼다'라는 뜻으로 쓰였습니다. '에다'나 '에두트'는 법적 증인을 뜻할 때도 있고, '증거물'을 뜻할 때도 있습니다(욥 16:8). 특히 시편 60:1, 80:1(서두)에 쓰인 '에두트'(개역성경: 에듯)는 '계시된 시'라는 의미를 담고 있습니다.[19]

(3) 용례

신명기 6:17에서는 '하나님이 명하신 명령과 증거하신 것과 규례를 삼가 지키라'라고 말씀합니다. 하나님의 증거는 명령과 규례와 동일하게 반드시 지켜야 할 것임을 보여 주고 있습니다(신 4:44-45).

아울러 느헤미야 9:34에서는 "경계하신 말씀"(עֵדוּת)으로 번역되었으며, "여호와의 율법"(시 19:7)이나, "언약"(시 25:10)과 같은 의미로 쓰이기도 했습니다.

(4) 교훈

성도는 받은 증거가 많을수록 그 믿음이 견고하며 어떤 상황에서도 초지일관 흔들림이 없습니다. 확실한 증거는 하나님의 말씀뿐이요, 그 말씀을 들음으로 우리의 믿음은 더욱 견고해지며 확신이 넘칩니다(롬 10:17). 시편 19:7에서 "...여호와의 증거는 확실하여 우둔한 자로 지혜롭게 하며"라고 말씀하고 있습니다(참고-시 93:5). "우둔"은 한자로 '어리석을 우(愚), 둔할(무딜) 둔(鈍)'이며, '어리석고 무디다'라는 뜻으로, 유혹에 쉽게 빠지거나 자주 흔들리는 사람을 가리킬 때 쓰입니다. 우리는 믿노라 하면서도 얼마나 자주 흔들리며 우둔합니까? 우리의 낯빛이 어둡고 심령이 답답하고 미련할 때, 밝은 해결과 진정한 해답과 완전한 지혜가 되는 것은 살아 계신 하나님의 말씀밖에 없습니다. 말씀으로 돌아가면 엉킨 문제도 한꺼번에 풀리는 은혜가 임하고, 지혜와 총명과 명철이 가득해지고 심령의 눈이 밝아집니다.

(5) 모범적인 태도

시편 119:31에서 "내가 주의 증거(에두트)에 밀접하였사오니 여호와여 나로 수치를 당케 마소서"라고 말씀하고 있습니다. 여기 "밀접하였사오니"는 히브리어 '다바크'(דָּבַק)로, '착 달라붙다, 굳게 결합하다, 힘써 좇아가다'라는 뜻입니다. 이것은 "남자가 부모를 떠나 그 아내와 연합하여 둘이 한 몸을 이룰지로다"(창 2:24)에서 "연합하여"

와 같은 단어입니다. 시편 기자는 주의 증거와 마치 한 몸을 이룬 듯이, 항상 말씀에 달라붙어서 살고 있었던 것입니다. 하나님께서는 말씀과 밀접하게 한 몸을 이룬 자를 절대로 버리지 않으시며, 확실하게 보호하시고 끝까지 책임져 주십니다.

(6) 구속사적 의미

예수님께서는 모든 증거들의 실체이십니다. 예수님께서는 "요한의 증거보다 더 큰 증거"를 가지고 계시며(요 5:36), 모든 성경이 예수님에 대하여 증거하고 있으며(요 5:39), 예수님께서 하시는 일들이 예수님을 증거하고 있습니다(요 5:36, 10:25). 예수님께서는 구약의 모든 증거를 일점 일획까지 모두 성취하신 분이요, 그 말씀대로 다 행하신 분입니다(마 5:17-20). 예수님 자신은 이 세상의 그 어떤 증거보다도 더 확실한 하나님의 증거입니다. 그 이유가 무엇입니까?

첫째, 직접 보고 들으신 것을 증거하시기 때문입니다.

세상에서도 가장 확실한 증거는 직접 보고 들은 것이라야 하고 그것만이 인정을 받습니다. 예수님께서는 아버지로부터 직접 보시고 직접 들으신 것을 증거하시기 때문에 그 증거는 가장 확실하고 강력한 증거입니다. 요한복음 3:32에서 "그가 그 보고 들은 것을 증거하되"라고 말씀하고 있습니다. 바리새인들이 보기에는 예수님께서 혼자 자신을 증거하고 계시기 때문에, 그 증거가 거짓이라고 말하였습니다(요 8:13). 이때 예수님께서는 담대하게, 넘치는 확신을 가지고 "내가 나를 위하여 증거하여도 내 증거가 참되니 나는 내가 어디서 오며 어디로 가는 것을 앎이어니와 너희는 내가 어디서 오며 어디로 가는 것을 알지 못하느니라"라고 말씀하셨습니다(요 8:14). 예수님께서는 아버지께서 보여 주시고 들려주신 그대로, 그리고 아버지께서 행하신 그대로 증거하셨습니다(요 5:19-20, 8:38, 12:49-50). 그러므로 그분의 증거는 항상 참이며 가장 확실한 것입니다.

둘째, 성부 하나님과 성령 하나님께서 증거하시기 때문입니다.

율법은 두 사람의 증거가 참되다고 기록하고 있습니다(신 17:6, 19:15, 요 8:17). 예수님께서는 요한복음 8:18에서 "내가 나를 위하여 증거하는 자가 되고 나를 보내신 아버지도 나를 위하여 증거하시느니라"라고 말씀하셨습니다. 바리새인들과 이스라엘 백성은 "나를 보내신 아버지도 나를 위하여 증거하시느니라"라고 하시는 예수님의 말씀을 깨닫지 못했습니다. 그러나 분명히 성부 하나님께서 예수님을 증거하시기 때문에(요 5:37, 요일 5:9) 예수님은 그렇게 말씀하셨고 예수님의 증거는 참될 수밖에 없습니다. 또한 성령 하나님께서도 예수님을 증거하십니다. 요한복음 15:26에서 "내가 아버지께로서 너희에게 보낼 보혜사 곧 아버지께로서 나오시는 진리의 성령이 오실 때에 그가 나를 증거하실 것이요"라고 말씀하고 있습니다(요일 5:7).

그러므로 타락한 인생은 가장 확실하고 가장 참되신 증거 곧 예수님의 증거를 믿고 순종하며 따라가야 합니다. 날마다 우리 속에서 예수 그리스도의 증거가 더욱 견고하게 되어야 합니다(고전 1:6). 예수님의 증거를 가진 자들만이 마지막 때 극심한 환난 속에서도 남은 자들이 될 수 있습니다(계 12:17).

3. 미쉬파트(מִשְׁפָּט) = 주의 판단, 주의 규례 / Thy judgments, Thine ordinances

(1) 성경 구절

시 119:7, 13, 20, 30, 39, 43, 52, 62, 75, 84("국문"), 91, 102, 106, 108, 120, 121("의"), 132("베푸시던 대로"), 137, 149, 156, 160, 164, 175 ➡ 23회

(2) 어원과 뜻

'재판하다, 다스리다'라는 뜻의 동사 '샤파트'(שָׁפַט)에서 유래하였으며, '재판, 판단, 형벌' 등을 뜻합니다. 미쉬파트는 종종 '호크'(חֹק, 법도 - 출 15:25)와 '토라'(תּוֹרָה, 교훈 - 사 42:4)와 대등하게 사용됩니다. 오경의 법령들은 미쉬파트이며(레 5:10, 9:16 등), 사실상 모세 율법의 각 규정들이 미쉬파트입니다(신 33:10, 21).

(3) 용례

광야 노정 가운데 네 번째로 진친 '마라'에서는 아직 시내산에 이르기 전으로 율법을 주시지 않은 때였는데도, 하나님께서는 이스라엘에게 '법도(חֹק)와 율례(מִשְׁפָּט)'를 정하시고 이스라엘을 단련하셨습니다(출 15:25-26). 또한 출애굽기 21:1에서 "네가 백성 앞에 세울 율례(미쉬파트)는 이러하니라"라고 말씀하시면서, 출애굽기 21-23장에 나올 언약서에 나열된 율법 조항을 소개하셨습니다. 그 후 언약서에 기록된 내용으로 이스라엘의 민사 사건을 규제하였으며, 이러한 판례는 후에 이스라엘 백성의 행동 규범과 규례가 되었습니다.[20] 절기를 지킬 때에도 규정된 법대로 지켜야 되므로 '규례대로 지키라'라고 명령하셨습니다(민 9:3). 민수기 27:5에 '슬로브핫의 딸들의 사

연을 여호와께 품하니라'라고 기록되어 있습니다. 여기서 미쉬파트가 "사연"으로 처음 번역되었는데, 이 사건을 계기로 '미쉬파트'가 "이스라엘 자손에게 판결(미쉬파트)의 율례"가 되었습니다(민 27:11).

(4) 교훈

시편 119편 기자는 주(主)의 "옛" 규례(미쉬파트)를 기억하고 스스로 위로하였으며(52절), 천지가 주의 규례(미쉬파트)대로 "오늘까지" 있으며(91절), 주의 의로운 모든 규례(미쉬파트)가 "영원"하다고 고백하였습니다(160절). 하나님의 판단은 사람의 심장 폐부를 감찰하시므로 언제나 진실하고 공의롭습니다(렘 11:20, 17:10, 20:12, 벧전 1:17). 그러므로 하나님의 판단(미쉬파트)을 믿고 따르는 자는 영원히 실패가 없으며 그 안에서 의로움과 선한 열매를 맺습니다(7, 39, 62, 75, 106, 137, 160절). 죄악된 인간은 스스로 판단할 자격이나 능력이 전혀 없으므로, 그 판단이 정확하지 못하고 비뚤어지기 쉬우며, 의롭지 못하고 아무것도 보장해 주지 못하는 허망한 거짓일 때가 많습니다(롬 3:4, 욥 11:11). 그러므로 우리는 하나님의 정확하고 의로우신 판단대로 겸손히 순종해야 합니다(시 62:12, 잠 24:12, 전 12:14, 고후 5:10). 하나님께서는 그 법도(미쉬파트)를 좇으며 지키는 자에게 '그로 인하여 살리라'라고 축복하셨습니다(레 18:4-5).

또한 하나님의 판단은 매우 정확하고 언제나 의롭습니다. 그래서 하나님의 판단(미쉬파트)은 우리 일상 생활에서 심한 책망이나 무서운 형벌이 될 때도 있습니다. 만일 그것이 세상 법정의 판결이라면 조금 봐주는 것도, 약간의 긍휼도 용납되지 않을 것입니다. 그러나 하나님의 판단은, 자세히 들여다보면 무한한 사랑과 자비와 길이 참으심, 그리고 전에 지은 죄를 계산하지 않으시는 은혜가 함께합니다(롬 3:25). 시편 119:132에서 "주의 이름을 사랑하는 자에게 베푸시던 대로(미쉬파트) 내게 돌이키사 나를 긍휼히 여기소서"라고 기록하고 있습니다. 처음부터 늘 해 오시던 대로 주의 이름을 사랑하는 자에게 주님의 긍휼을 베풀어 달라는 간절한 기도입니다.

책망을 흔쾌히 들으려는 사람은 많지 않습니다. 아무리 타당해도, 아무리 유익해도 책망을 받는 순간 서운한 생각이 들고 감정이 상하게 됩니다. 그런데 다윗은 악인의 달콤한 칭찬보다 의인으로부터 오는 쓰디쓴 책망을 머리의 기름같이 여기고 그것을 달게 받겠다고 고백하였습니다. 시편 141:5에 "의인이 나를 칠지라도 은혜로 여기며 책망할지라도 머리의 기름같이 여겨서 내 머리가 이를 거절치 아니할지라 저희의 재난 중에라도 내가 항상 기도하리로다"라고 말씀하였습니다. 다윗은 자신을 책망한 그 의인이 재난을 당하여 어려움에 처할지라도 진정으로 마음 깊은 곳에서부터 그를 위하여 기도하겠다고 합니다. 놀라우리만큼 승화된 신앙을 고백하고 있습니다.

실로, 하나님의 책망(미쉬파트)을 잘 청종하면, 마침내 세상에서 참으로 보배로운 사람이 됩니다. 최고의 사람에게 최고의 장식품이 어울리는 것처럼, 잠언 25:12에는 "슬기로운 자의 책망은 청종하는 귀에 금고리와 정금 장식이니라"라고 말씀하고 있습니다. 하나님의 책망을 기꺼이 받고 곧 순종하면 마침내 그 속에 깃들인 하나님의 뜨거운 사랑과 생명의 빛을 경험하게 됩니다(잠 6:23, 엡 5:13).

(5) 모범적인 태도

하나님의 판단(미쉬파트)대로 이루어진 공의로운 역사를 볼 때마다, 시편 저자는 너무도 감탄하여 찬양하지 않을 수 없었습니다. 그래서 "주의 의로운 규례(미쉬파트)를 인하여 내가 하루 일곱 번씩 주를 찬양하나이다"라고 고백하였습니다(시 119:164). 여기 '일곱'이라는 숫자는 완전을 나타내는 상징적 의미가 있습니다. 그러므로 시편 기자는 하루 종일 입에서 찬양이 끊어지지 않았다는 것입니다. 그 이유는 하나님의 판단(미쉬파트)이 가장 의롭고 항상 정확하다는 것을 온몸으로 체험했기 때문입니다.

오늘날 우리 입술에도 종일토록 찬양이 떠나지 말아야 합니다. 하나님의 말씀과 그 말씀의 역사를 경험하고 무궁한 사랑과 자비를 뜨겁게 느낄 때, 마음속에서는 저절로 즐거운 찬송이 우러나오게 됩니다. 그것이 곧 하나님께 드리는 찬미의 제사요, 입술의 열매입니다(사 57:19, 골 3:16, 히 13:15). 성도들은 입술의 열매로 인하여 영혼이 배부르고 만족함을 얻습니다(잠 18:20).

(6) 구속사적 의미

70인경에서는 '미쉬파트'를 주로 '크리마'(κρίμα)로 번역하였으며, 이는 '분쟁, 판단, 판결, 심판'이라는 뜻입니다. 율법의 판단과 심판은 정확하지만, 예수님의 판단과 심판은 그 이상입니다.

첫째, 예수님의 판단은 참입니다.

요한복음 8:16에서 "만일 내가 판단하여도 내 판단이 참되니 이는 내가 혼자 있는 것이 아니요 나를 보내신 이가 나와 함께 계심이라"라고 말씀하고 있습니다. 성부 하나님께서 함께하시는 판단은 오직 참입니다. 세상 사람들은 눈에 보이는 대로, 귀에 들리는 대로 심판합니다. 그러나 사람의 중심을 보시는 예수님께서는 결코 눈에 보이는 대로, 귀에 들리는 대로 심판하지 않으십니다(사 11:3, 요 2:24-25, 7:24, 8:15). 예수님께서는 오직 정직으로 판단하시기에(시 9:7-8, 사 11:4), 예수님의 판단은 항상 참인 것입니다.

둘째, 예수님께서는 심판의 권세를 가지고 계십니다.

예수님께서는 "내가 심판하러(κρίμα) 이 세상에 왔으니"라고 말씀하셨습니다(요 9:39). 아버지께서 아무도 심판하지 않으시고 모든 심판을 아들에게 맡기셨다고 말씀하심으로, 그 심판의 신적 권위와 공의로움을 입증하셨습니다(요 5:22, 29-30). 사도들도 "하나님이 산 자와 죽은 자의 재판장으로 정하신 자가 곧 이 사람"인 것을 증거하였습니다(행 10:42). 예수님의 심판은 가장 의로운 심판입니다(시 96:13, 요 5:30).

미쉬파트는 앞으로 이 세상을 심판하러 오실 의로운 재판장이신 예수 그리스도를 바라보게 해 줍니다. 모든 인간은 예외 없이 그리스도의 심판대 앞에 서야 합니다(고후 5:10, 히 9:27). 그때에 우리는 심판을 면하고 사망에서 생명으로 옮겨지기 위하여, 주님의 말씀을 믿고 그를 보내신 자를 믿는 자들이 되어야 할 것입니다(요 5:24). 요한복음 12:48에서 "나를 저버리고 내 말을 받지 아니하는 자를 심판할 이가 있으니 곧 나의 한 그 말이 마지막 날에 저를 심판하리라"라고 말씀하고 있습니다.

4. 호크(חֹק) = 주의 율례 / Thy statutes

(1) 성경 구절

시 119:5, 8, 12, 16[21], 23, 26, 33, 48, 54, 64, 68, 71, 80, 83, 112, 117, 118, 124, 135, 145, 155, 171 ➡ 22회

(2) 어원과 뜻

'돌에 새기다, 칼집을 내다, 그리다, 명시하다'라는 뜻의 동사 '하카크'(חָקַק)에서 유래하여(사 22:16, 겔 4:1), '확실히 자리잡은 것, 확고한 것'이라는 뜻입니다. 또한 '경계선'(욥 38:10, 렘 5:22), '경계선으로 할당된 작업량'(출 5:14, 잠 31:15)이라는 뜻으로도 쓰였습니다. '호크'는 성경 말씀과 하나님의 율법의 법적 구속력과 영원성을 강조하는 단어이며, 고대 근동에서는 '칙령을 내리다, 법을 명하다'라는 뜻으로도 이해됩니다. 그 이유는 그 당시에는 일반적으로 법을 돌비나 돌판에 새겨서 공공 장소에 세워 두었기 때문입니다. 이사야 30:8에서 "이제 가서 백성 앞에서 서판에 기록하며 책에 써서(하카크) 후세에 영영히 있게 하라"라고 기록하고 있습니다.

(3) 용례

출애굽 한 이스라엘 백성이 네 번째로 진을 친 장소가 마라인데 거기에서 법도(호크)와 율례를 주시고 그 순종 여부를 시험하셨습니다(출 15:22-26). 이사야 10:1에서 "불의한 법령을 발포하며..."라고 기록하였는데, 여기서 '발포하다'가 '하카크'입니다. 시편 2:7에도 하나님께서 "내가 영(令)을 전하노라"라고 말씀하셨는데, 여기서 '영'이 '호크'입니다. '호크'에서 파생한 명사 '훅카'(חֻקָּה)

가 '올람'(עוֹלָם)과 함께 사용되면 '영원한 규례'로 번역됩니다(출 12:14, 17, 레 3:17, 6:22, 10:9, 16:29, 31, 34, 17:7, 23:14, 21, 31, 41, 24:3, 9, 민 10:8).

(4) 교훈

시편 119편 저자는 '주의 율례(호크)를 내게 가르치소서'라고 반복하여 간구하고 있습니다(12, 26, 33, 64, 68, 124, 135, 171절). 또한 한시도 평안할 날 없는 낯선 땅을 지나는 나그네로서, "나의 나그네 된 집에서 주의 율례(호크)가 나의 노래가 되었나이다"(54절)라고 고백하였습니다. 나그네와 행인같이 이 땅에 잠시 머물고 있는 우리도(대상 29:15, 벧전 2:11) 생소한 미지의 인생길을 어떻게 살아야 하는지, 영원한 본향을 어디서 찾아야 하는지, 겸손히 하나님의 말씀 앞에 지혜를 구하고 그 말씀을 마음에 확실히 새겨야 하겠습니다(벧전 1:17).

(5) 모범적인 태도

시편 119:83에서 "내가 연기 중의 가죽 병같이 되었으나 오히려 주의 율례(호크)를 잊지 아니하나이다"라고 말씀하고 있습니다. 여기 가죽 병은 히브리어 '노드'(נֹאד)로, 동물의 가죽으로 만들어 포도주나 우유를 담아 두는 부대를 가리키는 것입니다(수 9:4, 13, 삿 4:19). 이 가죽 부대는 장막에서 불을 피우다 보면 연기 때문에 그을리고 점점 말라서 볼품없이 비틀어지게 됩니다. 그러므로 "연기 중의 가죽 병"은 시편 기자가 온갖 고난과 역경으로 인해 육체적·정신적·영적으로 바짝바짝 타 들어가는 듯한 상황을 비유적으로 표현한 것입니다. "잊지"는 히브리어 '샤카흐'(שָׁכַח)로, 단순히 잊는다는 차원이 아니라 하나님의 말씀을 무시하고 하나님을 떠나는 행동을 나타내기도 합니다(신 8:11, 19). 시편 기자는 도저히 하나님의 말씀대로 순종하기 어려운 절망적인 상황에서도 결코 하나님의 율례(호크)에 대한 믿음을 버리지 않았던 것입니다. 끝까지 주의 율례를 행하려고 마음을 기울였습니다(시 119:112).

(6) 구속사적 의미

예수님께서는 구약의 율례(호크)의 목적이 되시는 분입니다. 율례는 '규칙'으로, 반드시 지켜야 하는 구속력이 있습니다. 율례 가운데 특별히 '하나님의 율례'는 영원한 구속력이 있습니다. '하나님의 율례'는 예수 그리스도와 깊은 연관이 있습니다.

첫째, **예수님께서 율례를 전하셨습니다.**

시편 2:7에서 "내가 영(호크)을 전하노라 여호와께서 내게 이르시되 너는 내 아들이라 오늘날 내가 너를 낳았도다"라고 말씀하고 있습니다. 여기에서 앞부분에 나오는 "내가"는 하나님께서 세우신 왕, 궁극적으로 하나님의 아들이신 예수님을 가리키는 것입니다. 여기서 "내 아들"을 솔로몬으로 보기도 하지만 궁극적으로는 솔로몬이 아닙니다. 왜냐하면 이 왕의 소유가 땅끝까지 이르는데(시 2:8), 솔로몬의 소유는 땅끝까지 이르지 못했기 때문입니다. 그러나 예수님의 소유는 땅끝까지 이릅니다(시 72:8). 예수님께서는 하나님의 율례를 전하시는 분입니다. 그러므로 그분의 말씀만이 영원한 구속력을 가지는 것입니다.

둘째, **예수님께서는 하나님의 말씀 그대로 전하였습니다.**

시편 2:7의 "내가 영을 전하노라"에서 "전하노라"는 히브리어 '사파르'(סָפַר)의 '피엘 미완료형'으로, 예수님께서 하나님의 말씀을 그대로 변함없이 전하실 것을 나타냅니다. 실제로 예수님께서는 율례를 전하되, 하나님께서 말씀하신 그대로 전하였습니다. 요한복음 12:49-50에서 "내가 내 자의로 말한 것이 아니요 나를 보내신 아버지께서 나의 말할 것과 이를 것을 친히 명령하여 주셨으니 [50]나는 그의 명령이 영생인 줄 아노라 그러므로 나의 이르는 것은 내 아버지께서 내게 말씀하신 그대로 이르노라"라고 말씀하고 있습니다. 예수님께서는 오직 아버지께서 주신 말씀만을 전하셨던 것입니다(요 5:19-20, 14:24, 17:8, 14).

성도는 예수님께서 전해 주신 말씀 그대로 가감 없이 전하고 보존해야 합니다. 요한계시록 22:18-19에서 "내가 이 책의 예언의 말씀을 듣는 각인에게 증거하노니 [19]만일 누구든지 이것들 외에 더하면 하나님이 이 책에 기록된 재앙들을 그에게 더하실 터이요 만일 누구든지 이 책의 예언의 말씀에서 제하여 버리면 하나님이 이 책에 기록된 생명 나무와 및 거룩한 성에 참예함을 제하여 버리시리라"라고 경고하고 있습니다(신 4:2, 12:32, 잠 30:6, 전 3:14).

5. 다바르(דָּבָר) = 주의 말씀 / Thy Word

(1) 성경 구절

시 119:9, 16, 17, 25, 28, 42, 43, 49, 57, 65, 74, 81, 89, 101, 105, 107, 114, 130, 139, 147, 160, 161, 169 ➡ 23회

(2) 어원과 뜻

'다바르'는 '말하다'라는 뜻의 동사 '다바르'(דָּבַר)에서 유래하였으며, '말씀, 명령' 등을 뜻합니다. 선지자들은 하나님의 말씀을 전할 때에 '여호와의 말씀'이라는 표현을 수없이 사용하였는데, 이는 자신의 생각을 임의로 전하지 않고 하나님의 말씀을 전한다는 확증이었습니다(렘 22:1-2, 겔 22:1, 호 1:1, 욜 1:1, 욘 1:1, 미 1:1, 습 1:1, 학 1:1, 슥 1:1, 말 1:1).

그 밖에도 "이 율법의 모든 말씀"(신 17:19, 27:3, 8, 26, 28:58, 29:29, 31:12, 32:46, 수 8:34), "율법의 말씀"(신 31:24, 왕하 23:24, 대하 34:19, 느 8:9, 13), "내가 네게 명하는(증거하는) 이 말씀"(신 4:2, 6:6, 32:46), "여호와께서 자기에게 명하신 그 모든 말씀"(출 19:7), "조서"나 "명령"으로 번역되었습니다(에 1:19, 렘 35:14). "십계명"을 나타낼 때에도 '다바르'로 표현되었습니다(출 34:28, 신 4:13, 10:4).

(3) 용례

'다바르'는 구약성경에 동사로 1,140번, 명사로는 1,455번 사용되었는데, 대부분 "말씀"을 의미합니다. 특히 '데바르 예호바[아도나이]'(דְּבַר־יְהוָה) 곧 '여호와의 말씀'(the Word of the Lord)이라는 표현이 259번이나 사용되었습니다.

성경에 등장하는 '말씀하다'라는 뜻을 가진 대표적인 단어는 '다바르'(דָּבַר)와 '아마르'(אָמַר)입니다. 한편, 명사 '다바르'는 '말씀' 외에도 '행적'(왕상 14:19, 대하 9:29), '사적'(왕상 14:29, 15:23, 대하 13:22), '행위'(왕상 16:20)를 나타내었습니다.

구약성경에서 '말씀하다'를 뜻하는 동사 '다바르'는 창세기 8:15에 처음 등장합니다. "하나님이 노아에게 말씀하여 가라사대"에서

"가라사대"가 바로 '다바르'입니다. 여기서 '다바르'의 피엘(강조)형이 사용되었는데, 이것은 하나님께서 노아에게 방주에서 나올 것을 아주 강력하게 말씀하신 것을 의미합니다. 또한 창세기 8:15의 "말씀하여"는 '아마르'(אָמַר)입니다. 본래 하나님께서 말씀하시는 것을 나타낼 때 '아마르'가 사용되었지만, 노아가 방주에서 나오면서부터 '아마르'와 '다바르'가 같이 사용되기 시작한 것입니다.

(4) 교훈

말씀(다바르)은 빛이며(105, 130절), 거짓 없는 진리이며(43, 160절), 영원히 변하지 않고(89절), 소성케 하는 신비한 능력이요(25, 107절), 우둔한 자에게 빛을 비추어 깨우치는 능력이며(130절), 극심한 고난 중에 피할 안전한 은신처요 든든한 방패입니다(114절). 그러므로 그 말씀(다바르)은 인생이 사모할 유일한 소망의 대상이요(49, 81, 147절), 전 생애를 걸고 믿고 경외할 대상입니다(42, 57, 74, 161절). 칠흑 같은 어두움에 휩싸여 있을 때 발 디딜 곳을 비추어 주는 한 줄기의 빛, 환난의 연속으로 길을 잃고 헤맬 때 능히 헤쳐 나갈 수 있는 결정적인 해결의 실마리가 곧 말씀(다바르)입니다.

태초의 말씀이 육신을 입고 이 땅에 오신 분이 예수님 자신입니다(요 1:1, 14). 예수님께서는 이 땅의 어둠을 물리치는 생명의 참빛 자체입니다(요 1:4-5, 9, 8:12, 11:9-10, 고후 4:6). 요한복음 9:5에 "내가 세상에 있는 동안에는 세상의 빛이로라"라고 말씀하셨고, 아직 잠시 동안 빛이 너희 중에 있으니 "빛이 있을 동안에 다녀 어두움에 붙잡히지 않게 하라 어두움에 다니는 자는 그 가는 바를 알지 못하느니라 [36]너희에게 아직 빛이 있을 동안에 빛을 믿으라 그리하면 빛의 아들이 되리라"(요 12:35-36上)라고 말씀하셨습니다. 이처럼 참빛 자체이신 예수님은 모든 사람을 밝고 희망차게 살아가게 하는 빛의 원천입니다.

사람의 말은 공허하지만, 하나님의 '말씀'(다바르)은 하나님의 뜻을 '이루는' 능력이 있습니다. 하나님의 말씀은 반드시 열매를 맺으며(사 55:11), 하나님의 말씀을 받은 자 역시 그 말씀을 따라 살면 반드시 성취의 열매를 맺게 됩니다. 시편 119:9에서 "청년이 무엇으로 그 행실을 깨끗케 하리이까 주의 말씀(דָּבָר)을 따라 삼갈 것이니이다"라고 말씀하고 있습니다. 영어성경(NIV)에는 "By living according to your word."(주의 말씀을 따라 살아감으로써)라고 번역하였습니다. 그러므로 주의 '말씀'(다바르)을 지키는 것은 곧 그 말씀을 내 삶 속에서 성취하는 것입니다.

(5) 모범적인 태도

시편 119:28에서 "나의 영혼이 눌림을 인하여 녹사오니 주의 말씀(다바르)대로 나를 세우소서"라고 말씀하고 있습니다. 여기 "눌림을 인하여"는 히브리어 '투가'(תּוּגָה)로, '비통함, 슬픔'이라는 뜻입니다. 시편 기자는 엄청난 슬픔에 빠지는 고난을 당하였습니다. 자신의 영혼이 슬픔으로 인하여 녹아 내릴 정도로 고난을 당하였던 것입니다. 시편 119:107에서 "나의 고난이 막심하오니", 시편 119:25에 "내 영혼이 진토에 붙었사오니"라고 표현할 정도입니다. 그러나 이렇게 자신을 가누기조차 힘든 슬픔 속에서도 시편 저자는 주의 말씀(다바르)을 바라보며, "주의 말씀대로 나를 세우소서"(28절)라고 고백하였습니다. 여기 "세우소서"는 히브리어 '쿰'(קוּם)으로, 확고하게 서 있는 상태를 의미합니다. 극도의 슬픔 속에서도 우리를 강하게 세우는 것은 오직 하나님의 말씀(다바르)입니다.

(6) 구속사적 의미

말씀(다바르)은 다른 어떤 단어보다도 앞으로 오실 예수님을 명확하게 나타내는 단어입니다. 말씀(다바르)은 예수님의 다른 이름으로, 예수님의 실체를 나타내는 데 사용되었습니다.

첫째, 초림하신 예수님께서는 '말씀'이 육신이 되어 오신 분입니다.

'다바르'에 해당하는 헬라어는 '로고스'(λόγος)입니다. 요한복음 1:1에서 "태초에 말씀(로고스)이 계시니라 이 말씀이 하나님과 함께 계셨으니 이 말씀은 곧 하나님이시니라"라고 말씀하고 있습니다. 만물이 말씀으로 말미암아 지은 바 되었으며 지은 것이 하나도 말씀이 없이는 된 것이 없습니다(요 1:3, 10, 히 11:3). 그런데 이 말씀이 육신이 되어 우리 가운데 거하신 분이 바로 예수님이십니다(요 1:14). 예수님께서는 이 땅에 오셔서 승천 직전까지 쉬지 않고 오직 말씀만을 가르치셨습니다(마 5:1-7:29, 막 1:21-22, 눅 24:25-27, 44-49). 예수님의 말씀은 죽은 지식이 아니라 살아 역사하는 말씀이요, 실제적인 효과를 발휘하는 능력입니다(히 4:12). 그 말씀 안에는 영과 생명이 있으므로(요 6:63), 말씀하실 때 죽은 자가 살아나고(요 5:25, 11:43-44), 그 말씀을 들을 때 성령이 임했습니다(행 10:44).

둘째, 다시 오시는 주님의 이름이 '말씀'입니다.

요한계시록 19:11에서 사도 요한은 "백마와 탄 자"를 보게 됩니다. 그분의 이름은 "충신과 진실"이며, 그분은 공의로 심판하며 싸우시는 분입니다. 이어 요한계시록 19:13에서 "또 그가 피 뿌린 옷을 입었는데 그 이름은 하나님의 말씀(로고스)이라 칭하더라"라고 말씀하고 있습니다. 사도 요한은 요한일서 1:1에서도 예수님을 가리켜 "태초부터 있는 생명의 말씀(로고스)"이라고 증거하였습니다.

예수님께서는 '말씀(로고스)' 자체이십니다. 그래서 성도는 말씀을 떠나서는 결코 살 수 없습니다. 예수님께서는 요한복음 15:5에서 "저가 내 안에, 내가 저 안에"라고 말씀하셨고, 요한복음 15:7에서는 "너희가 내 안에 거하고 내 말이 너희 안에 거하면"이라고 말씀하심으로, 예수님과 예수님의 말씀을 동일선상에 놓으셨습니다. 우리가 예수님의 말씀을 믿음으로 받을 때, 바로 예수님을 믿음으로 영접하는 것입니다(요 1:12).

6. 픽쿠드(פִּקּוּד) = 주의 법도 / Thy precepts

(1) 성경 구절

시 119:4, 15, 27, 40, 45, 56, 63, 69, 78, 87, 93, 94, 100, 104, 110, 128, 134, 141, 159, 168, 173 ➡ 21회

(2) 어원과 뜻

'만나다, 조사하다, 벌하다'라는 뜻의 동사 '파카드'(פָּקַד)에서 유래하여, '명령, 법도, 교훈' 등을 뜻하며, 주로 복수형으로 쓰이고 율법의 개개 조항들을 가리킵니다. 학자들은 '파카드'에 대해 '구약에

약 300번 등장하는 이 단어처럼 번역하는 데 어려움을 주는 단어는 없을 것이다'[22]라고 말합니다. 일반적으로 '파카드'는 관리인이나 감독관, 책임자에게 책임과 의무를 다하도록 부탁하는 일에 다양하게 사용되었습니다. 그래서 거기서 파생된 '픽쿠드'(פִּקּוּד)는 '반드시 지켜야 할 법도 혹은 책임'을 의미합니다.

(3) 용례

'파카드'의 히필(사역) 형태는 민수기 1:50에서 '...을 관리하게 하라', 민수기 27:16에서 여호수아를 "세워서", 열왕기상 14:27에서 르호보암왕이 놋방패를 만들어 시위대 장관의 손에 "맡기매", 시편 31:5에서 "부탁하나이다", 예레미야 23:2에서는 양 무리를 '돌보다'로 번역되었습니다. 관리인이나 총책임자는 맡은 일을 완수하기 위해 작은 일부터 큰 일까지 세밀하게 살피고, 직무를 다하려고 희생을 감수하며 한시도 쉬지 않습니다. 마찬가지로, 하나님의 말씀을 맡은 자는 지극히 작은 것부터 큰 것까지 "근실히"(시 119:4) 지켜야 합니다(눅 16:10, 참고-마 25:21, 23, 눅 19:17).

(4) 교훈

시편 119편 저자는 교만한 자가 거짓을 지어 자신을 치려 하여도(69절), 교만한 자가 자신을 엎드러뜨리는 억울한 중에도(78절), 악인이 자신을 거의 멸하게 하였어도(87절), 악인이 자신을 해하려고 올무를 놓은 것을 뻔히 알면서도(110절), 사람들의 압박으로 심각한 위협을 당하면서도(134절), 자신이 멸시를 당하는 중에도(141절) 계속해서 전심으로(마음을 다 쏟아, 온 정성을 기울여서, 최선을 다해) 주의 법도(픽쿠드)를 지키겠다는 위대한 고백을 하였습니다(69절).

시인은 그토록 극심한 환난 중에 말씀(픽쿠드)을 중심에 모심으로 도리어 대적으로부터 벗어나 자유롭게 행보하였으며(45절), 악을 떠나서 하나님의 법도(픽쿠드)를 지킴으로 명철을 얻고(100, 104절, 참고-욥 28:28), 그 말씀(픽쿠드)이 자신을 살게 하심을 받고(93, 159절), 주의 손이 항상 도움이 되는 놀라운 체험을 하였습니다(173절).

(5) 모범적인 태도

시편 119:87에서 "저희가 나를 세상에서 거의 멸하였으나 나는 주의 법도(픽쿠드)를 버리지 아니하였사오니"라고 말씀하고 있습니다. 여기 "멸하였으나"는 '끝나다, 멸하다, 실패케 하다'라는 뜻을 가진 히브리어 '칼라'(כָּלָה)의 피엘 완료형입니다. 시편 저자는 완전히 멸망 직전까지 내려갔습니다. 마치 광풍 앞에 선 가냘픈 촛불처럼 꺼지기 직전이었습니다. 그에게는 아무런 잘못이 없었지만, 교만한 악인들이 무고히 그를 핍박하였던 것입니다(78, 85-86절). 그러나 그는 "주의 법도(픽쿠드)를 버리지 아니하였사오니"(87절)라고 고백합니다. 여기 "버리지"는 히브리어 '아자브'(עָזַב)로, '배교하다'(신 12:19, 14:27)라는 의미로 사용되기도 하였습니다. 그러므로 참신앙은 세상에서 완전히 버림받고 생명의 위협을 받는 순간에 이를지라도 하나님의 법도(픽쿠드)를 배신하지 않고 끝까지 지키는 것입니다(계 14:12).

(6) 구속사적 의미

픽쿠드는 감독이나 관리인에게 주어진 책임과 의무를 뜻합니다. 구약성경에서는 예수님께서 목자로 오실 것을 예언하고 있습니다(사 40:11, 겔 37:24). 예수님께서는 양 무리를 감독하시는 목자로서,

온몸으로 '하나님의 법도'(픽쿠드)를 준행함으로써 택자 구원을 완수하셨습니다.

첫째, 예수님께서는 양들을 인도하시는 책임을 다하셨습니다.

예수님께서는 "선한 목자"(요 10:11, 14), "내 백성 이스라엘의 목자"(마 2:6), "양의 큰 목자"(히 13:20), "영혼의 목자"(벧전 2:25), "목자장"(벧전 5:4)이십니다. 예수님께서는 자기 양의 이름을 각각 불러 인도하여 내십니다(요 10:3). 예수님께서는 우리에 들지 아니한 다른 양들도 인도하여 내십니다(요 10:16). 이것은 예수님께서 장차 유대인뿐만 아니라 이방인들까지 전 세계적으로 구원하실 것을 나타내는 것입니다. 예수님께서는 인도하신 양들에게 생명을 얻게 하고, "더 풍성히 얻게" 하심으로 목자의 책임을 다하셨습니다(요 10:10).

둘째, 예수님께서는 목숨을 바쳐서 책임을 완수하신 목자이십니다.

삯군 목자는 양을 책임지려 하지 않고 기회만 보다가, 위기 상황이 닥치면 버리고 도망가며, 양을 돌아보는 사랑은 조금도 없습니다(요 10:12-13). 그러나 참목자는 양을 구하기 위해서 단호히 목숨을 버립니다. 예수님께서는 참목자로서 양들을 위해 십자가에서 목숨을 버리심으로 그 책임을 완수하셨습니다. 요한복음 10:11에서 "나는 선한 목자라 선한 목자는 양들을 위하여 목숨을 버리거니와"라고 말씀하고 있으며, 요한복음 10:15에서 "아버지께서 나를 아시고 내가 아버지를 아는 것 같으니 나는 양을 위하여 목숨을 버리노라"라고 말씀하고 있습니다. 이것이 바로 '픽쿠드'의 삶입니다.

성도는 하나님께서 맡기신 책임을 완수하기 위하여 예수님처럼 목숨을 바쳐 충성해야 합니다. 사도 바울은 사도행전 20:24에서 "나의 달려갈 길과 주 예수께 받은 사명 곧 하나님의 은혜의 복음 증거하는 일을 마치려 함에는 나의 생명을 조금도 귀한 것으로 여기지 아니하노라"라고 고백하였습니다(딤후 4:7).

7. 미츠바(מִצְוָה) = 주의 계명 / Thy commandments

(1) 성경 구절

시 119:6, 10, 19, 21, 32, 35, 47, 48, 60, 66, 73, 86, 96, 98, 115, 127, 131, 143, 151, 166, 172, 176 ➡ 22회

(2) 어원과 뜻

'지시하다, 임명하다, 명령하다'라는 뜻의 동사 '차바'(צָוָה)에서 유래하였으며, 더할 수 없이 높은 권위로 선포되어 '반드시 지켜야 하는 명령'으로서의 하나님의 말씀을 의미합니다. 동사 '차바'는 아담에게 선악과를 지목하시며 금하시는 명령에서 처음 사용되었습니다(창 2:16). 그리고 노아(창 6:22, 7:5)와 아브라함(창 18:19)에게 언약을 명하실 때 사용되었습니다. 시편 105:8에서는 아브라함과 이삭과 야곱에게 하신 언약을 "천대에 명하신(צָוָה, 차바) 말씀"이라고 기록하고 있습니다. 또한 모세가 성막에 대하여 여러 가지 지시를 받아 준행하였을 때, "여호와께서 모세에게 명하신(차바) 대로" 하였다고 말씀하고 있습니다(출 39:1, 5, 7, 21, 26, 29, 31, 32, 42, 43, 40:16, 19, 21, 23, 25, 27, 29, 32). 예레미야애가 3:37에서 "주의 명령(차바)이 아니면 누가 능히 말하여 이루게 하랴"라고 말씀하고 있습니다.

(3) 용례

명사 '미츠바'는 구약에 약 180번 사용되었는데, 토라의 다양한 의미와 병행되어 번갈아 가며 사용되었습니다(창 26:5, 출 16:28, 24:12, 민 36:13, 신 30:10, 16).[23] 출애굽기 24:12에는 "내가 율법과 계명을 친히 기록한 돌판을 네게 주리라"라고 말씀하여 십계명을 '미츠바'로 기록하고 있으며, '미츠바'가 언약의 세부 조항을 의미할 때도 있습니다(왕하 23:3). 신명기 30:16에서 미츠바(명령)를 지키는 것이 생존하고 번성하고 복 받는 길임을 말씀하고 있습니다.

하나님께서는 백성이 하늘보다 높은 권세의 말씀(미츠바)을 미처 깨닫지 못하고 순간이라도 잊어버릴까 봐 옷단 귀에 항상 '술'을 만들어서 달도록 율법에 규정하셨습니다(민 15:37-40). 옷단의 술은 분초도 틈이 없이 지켜 순종해야 하는 하나님 말씀의 권위를 강조합니다. 말씀의 권위는 곧 그 계명을 말씀하신 하나님의 권위입니다.[24]

(4) 교훈

시편 119편 기자는 주의 모든 계명을 하나도 빠짐없이 지키려고 몸부림쳤습니다(6, 10, 32, 60, 115, 166절). 그 결과로 "내가 보니 모든 완전한 것이 다 끝이 있어도 주의 계명은 심히 넓으니이다"(96절)라고 고백하였습니다. '옥에도 티가 있다'라는 말처럼 세상에 존재하는 것 중에서 완전하다는 것들은 금방 한계가 드러나지만, 하나님의 말씀은 흠도 티도 없이 절대적으로 완전합니다. 그러므로 완전하신 말씀을 온전히 믿는다면, 그 사람은 하나님의 은혜로 날마다 하나님 앞에 흠 없이 살 수 있게 됩니다(고전 1:8, 고후 7:1, 살전 3:13, 5:23, 벧후 3:14).

(5) 모범적인 태도

시편 기자는 시편 119편의 마지막 176절에서 "잃은 양같이 내가 유리하오니 주의 종을 찾으소서 내가 주의 계명(미츠바)을 잊지 아니함이니이다"라고 말씀하고 있습니다. 시편 기자는 원수들에게 쫓겨서 이리저리 피해 다니는 자신의 절망적인 상황을 '유리하는 잃은 양'으로 표현하였습니다. 그러나 이러한 절박한 상황에서도 결코 하나님의 계명(미츠바)을 잊지 않았다고 고백합니다. "환난과 우환이 내게 미쳤으나 주의 계명(미츠바)은 나의 즐거움"이었습니다(143절). 주의 계명(미츠바)에 주의하는 자는 결코 부끄러움을 당하지 않을 것입니다. 시편 119:6을 표준새번역에서는 "내가 주의 모든 계명(미츠바)을 낱낱이 마음에 새기면, 내가 부끄러움을 당할 일이 없을 것입니다"라고 번역하고 있습니다.

(6) 구속사적 의미

미츠바는 '하나님의 명령, 계명'을 의미합니다. 성경 전체는 하나님의 명령이요 계명이라 할 수 있습니다. 예수님께서는 하나님의 명령 앞에 오직 절대 순종뿐이었습니다. 예수님의 모습은 성도가 어떻게 하나님의 명령에 순종해야 하는지를 알려 줍니다.

첫째, 예수님께서는 하나님의 명령을 영생으로 알고 지키셨습니다.

요한복음 12:50에서 "나는 그의 명령이 영생인 줄 아노라 그러므로 나의 이르는 것은 내 아버지께서 내게 말씀하신 그대로 이르노라"라고 말씀하고 있습니다. 아버지의 말씀이 곧 영생입니다. 그러므로 말씀에 순종하는 자에게는 영생이 보장되지만, 말씀에 순종하지 않는 자에게는 영생이 보장되지 않습니다.

둘째, 예수님께서는 하나님의 계명을 온전히 지키셨습니다.

예수님께서는 아버지의 계명을 지킴으로 아버지의 사랑 안에 거하셨습니다. 요한복음 15:10에서 "내가 아버지의 계명을 지켜 그의 사랑 안에 거하는 것같이 너희도 내 계명을 지키면 내 사랑 안에 거하리라"라고 말씀하고 있으며, 요한복음 8:55에서도 "그의 말씀을 지키노라"라고 말씀하고 있습니다. 빌립보서 2:8에서는 "죽기까지 복종하셨으니 곧 십자가에 죽으심이라"라고 말씀하고 있습니다.

예수님께서 아버지 하나님의 계명에 순종하신 것처럼, 성도는 예수님께서 무슨 명령을 하시든지 그대로 순종해야 합니다. 가나 혼인 잔치에서 물이 포도주로 바뀌는 기적도 예수님께서 말씀하신 그대로 순종했기 때문에 일어난 것입니다(요 2:7-9). 그때 마리아는 하인들에게 "너희에게 무슨 말씀을 하시든지 그대로 하라"라고 하였습니다(요 2:5). 예수님의 계명을 지키지 않는 자는 예수님을 사랑하는 자가 아니며(요 14:15, 21, 23-24), 거짓말하는 자요 진리가 그 속에 없는 자입니다(요일 2:4). 세상 마지막 때도 하나님의 계명을 지키는 자들만이 환난 가운데 인내하면서 승리하는 자가 될 것입니다(계 12:17, 14:12).

8. 데레크(דֶּרֶךְ) = 주의 도(道), 주의 길 / Thy ways

(1) 성경 구절

시 119:3, 14, 27, 30, 32, 33, 37 ➡ 7회

(2) 어원과 뜻

'데레크'는 '밟다, 길을 가다'라는 뜻의 동사 '다라크'(דָּרַךְ)에서 유래하였으며, '길, 방법, 관습' 등을 뜻하는데, 인생의 여정을 가리키는 것으로 가장 많이 사용되었습니다. 한 사람의 인생길, 그 여정의 근원과 방향은 모두 언약의 하나님과 올바른 관계를 맺을 때 찾을 수 있는 것입니다.

(3) 용례

모든 인생은 예외 없이 길 가는 나그네입니다. 야곱은 애굽의 왕 바로 앞에서, 자기가 살아온 130년 나그네 세월이 험악한 세월이었다고 정확하게 고백하였습니다(창 47:9, 참고-레 25:23, 시 39:12, 벧전 2:11). 다윗도 "우리가 우리 열조와 다름이 없이 나그네와 우거한 자"(대상 29:15)라고 고백하였습니다. 나그네는 미지의 낯선 길에서 겪는 고생이 큽니다. 그래서 나그네에게 정확한 길 안내자, 친절한 길 안내자는 사막에서 만난 오아시스와 같습니다.

(4) 교훈

시편 119편 저자는 '데레크'(דֶּרֶךְ)를 "주의 증거의 도"(14절), "주의 법도의 길"(27절), "성실한 길"(30절), "주의 계명의 길"(32절), "주의 율례의 도"(33절)라고 노래하였습니다. 하나님께서는 모든 인생을 마땅히 행할 길로 인도하시는 분입니다. 이사야 48:17에 "나는 네게

유익하도록 가르치고 너를 마땅히 행할 길로 인도하는 너희 하나님 여호와라"라고 기록하고 있습니다. 그러므로 그 하나님의 말씀 자체가 모든 인생에게 참길이 됩니다. 출애굽기 18:20에서 "그들에게 율례와 법도를 가르쳐서 마땅히 갈 길(데레크)과 할 일을 그들에게 보이고"라고 말씀하고 있습니다. 또한 예수 그리스도만이 길 가는 나그네들의 친절한 동행자요, 천국으로 직행하는 모든 인생들의 참길이십니다(요 14:6). 이 길을 버리고 세상 길로 향하면 죄를 짓게 되고, 반드시 평강을 잃어버리고 곤고하게 되며, 흉악한 원수를 만나 생명과 축복을 모조리 빼앗기게 됩니다(시 7:3-5, 렘 6:16-19).

(5) 모범적인 태도

시편 119:37에서 "내 눈을 돌이켜 허탄한 것을 보지 말게 하시고 주의 도에 나를 소성케 하소서"라고 말씀하고 있습니다. 여기 "허탄한 것"은 히브리어 '샤베'(שָׁוְא)로, '공허, 텅 빔, 헛됨, 무가치'라는 뜻입니다. 시편 기자는 세상의 우상뿐만 아니라 부귀 영화, 쾌락과 탐욕이 다 헛된 것임을 절실히 깨닫고, 자신의 눈이 허탄한 것에 주목하지 않게 해 달라고 간절히 기도하고 있습니다. 바로 앞 구절인 시편 119:36에서 "내 마음을 주의 증거로 향하게 하시고 탐욕으로 향치 말게 하소서"라고 기도하였습니다. 예수님께서는 마태복음 18:9에서 "만일 네 눈이 너를 범죄케 하거든 빼어 내버리라 한 눈으로 영생에 들어가는 것이 두 눈을 가지고 지옥 불에 던지우는 것보다 나으니라"라고 말씀하심으로, 눈으로 무엇을 보는가가 얼마나 중요한지를 함축적으로 가르쳐 주셨습니다.

우리의 눈은 허무한 것에 주목하지 말고 오직 하나님의 말씀에 주목하는 눈이 되어야 합니다(욥 31:1, 시 119:18, 82, 123, 147-148, 잠

23:5). 우리의 눈이 하나님의 길(데레크)에 주목할 때 생명을 얻게 됩니다. 시편 119:37을 바른성경에서는 "내 눈을 돌이켜 헛된 것을 보지 않게 하시고, 내가 주님의 길을 걸어 생명을 얻게 하소서"라고 번역하고 있습니다.

(6) 구속사적 의미

세상의 많은 길 가운데에는 목적지까지 빠르고 정확하게 안내하는 길이 있는가 하면, 목적지에 오랫동안 걸려서 인도하는 길이 있고, 심지어는 목적지와 전혀 상관없는 곳으로 인도하는 길이 있습니다. 예수님만이 참된 길(데레크)이십니다.

첫째, 예수님은 아버지께로 인도하시는 참된 길이십니다.

요한복음 14:6에서 "예수께서 가라사대 내가 곧 길이요 진리요 생명이니 나로 말미암지 않고는 아버지께로 올 자가 없느니라"라고 말씀하고 있습니다. 여기 "길"은 헬라어 '헤 호도스'(ἡ ὁδὸς)로, '그 길'이라는 뜻입니다. 이것은 예수님께서 세상에 있는 여러 길 가운데 하나의 길이 아니라, 세상에는 없는 유일무이한 길임을 나타냅니다. "...이요"라는 단어도 헬라어 '에이미'(εἰμί)의 현재형으로 쓰여서, 예수님께서 아버지께로 가는 유일무이한 길이라는 사실이 계속적으로 변함없는 진리임을 확실히 해 줍니다.

둘째, 예수님은 영원한 생명으로 인도하는 참된 길이십니다.

예수님께서는 마태복음 7:13-14에서 두 가지 종류의 길을 설명하시면서 "좁은 문으로 들어가라 멸망으로 인도하는 문은 크고 그 길이 넓어 그리로 들어가는 자가 많고 [14]생명으로 인도하는 문은 좁고 길이 협착하여 찾는 이가 적음이니라"라고 말씀하고 있습니다. 영원한 생명의 길은 예수님 안에서 발견되는 길이며, 이 길로 들어가는 것을 가능케 하시는 분도 예수님이십니다. 예수님께서는 십자가의 도(道)를 통하여 우리를 이 영원한 생명 앞으로 인도하셨습니다. 그러므로 "십자가의 도가 멸망하는 자들에게는 미련한 것이요 구원을 얻는 우리에게는 하나님의 능력"입니다(고전 1:18).

예수님의 발자취를 좇는 우리도 자기 십자가를 지고 그 길을 따라가야 합니다(마 16:24, 막 8:34, 눅 9:23, 벧전 2:21). 그러나 그 길은 결코 탄탄대로의 평탄한 길이 아닙니다. 고난의 길, 고독의 길, 심지어는 죽음의 길이 될 수도 있습니다. 그러나 그 길이 바로 영원한 생명으로 인도하는 길입니다.

9. 이므라(אִמְרָה) = 주의 말씀(약속) / Thy Word (promise)

(1) 성경 구절

시 119:11, 38, 41, 50, 58, 67, 76, 82, 103, 116, 123, 133, 140, 148, 154, 158, 162, 170, 172 ➡ 19회

(2) 어원과 뜻

'이므라'는 '말'(word, speech)이라는 뜻으로 구약성경에서 37회 사용되었습니다. 시편 119편에서만 19회 나오며 나머지 시편에서 7회(시 12:62회, 17:6, 18:30, 105:19, 138:2, 147:15) 나옵니다. '이므라'는 동사 '아마르'(אָמַר)에서 유래하였습니다. '아마르'는 구약성경에서

약 5,300회 이상 사용되었으며, 보통 영어의 'say'와 같이 '말하다'라는 일반적인 의미입니다. 여기에서 '이야기하다, 생각하다, 명령하다, 약속하다'라는 의미로 확장되었습니다.

(3) 용례

신명기 33:9에는 "주의 말씀"을 준행하는 것이 "주의 언약"을 지키는 것과 같은 것으로 말씀하고 있습니다. 시편 147:15에는 하나님께서 "명"(命, 이므라)하신 말씀으로 기록하고 있습니다. 한편, 영어 성경 RSV에서는 '이므라'를 대부분 '약속'(promise)으로 번역하였고(시 119:38, 41, 50, 58, 76, 82, 116, 123, 133, 140, 148, 154), 나머지 여섯 번은 '말씀'(word), 한 번은 '계명'(commands. 158절)으로 번역하였습니다.

'이므라'의 동사형인 '아마르'는 하나님과 관련하여 사용될 때 주로 하나님의 창조와 명령, 약속을 의미합니다.

첫째, 하나님의 창조 사역에 사용되었습니다.

창세기 1장의 창조 사역에 11회 나타납니다(창 1:3, 6, 9, 11, 14, 20, 22, 24, 26, 28, 29). 시편 33:9에서 "저가 말씀하시매 이루었으며"라고 말씀하고 있는데, 여기 "말씀하시매"에서 '아마르'가 사용되었습니다.

둘째, 하나님의 명령에 사용되었습니다.

창세기 2:16-17에 "여호와 하나님이 그 사람에게 명하여 가라사대 동산 각종 나무의 실과는 네가 임의로 먹되 [17]선악을 알게 하는 나무의 실과는 먹지 말라 ..."라고 아담에게 경고하실 때, '아마르'("가라사대")가 사용되었으며, 창세기 12:1에 "여호와께서 아브람에게 이르시되 너는 너의 본토 친척 아비 집을 떠나 내가 네게 지시할 땅으로 가라"라고 명령하실 때에도 '아마르'("이르시되")가 사용되었습니다.

셋째, **하나님의 약속에 사용되었습니다.**

하나님께서 다윗과 그 자손에게 항상 등불을 주겠다고 약속하실 때 '아마르'("허하셨음이더라")가 사용되었으며(왕하 8:19), 또한 가나안 땅을 차지하라고 약속하실 때도 '아마르'('명하다')가 사용되었습니다(느 9:15, 23).

(4) 교훈

시편 119편 저자의 말씀 체험에는 구구절절 생동감이 넘칩니다. 말씀(이므라)을 마음에 두었으므로 그 말씀이 죄를 짓지 않도록 도와주시는 체험을 하였습니다(11절). 주의 말씀으로 곤란 중에 위로를 얻었고(50절), 주의 말씀에서 꿀보다 더 단 맛을 보았습니다(103절). 그러므로 주의 말씀을 사모하다가 피곤할 정도였습니다(82, 123절). 주의 말씀(이므라)을 깨닫는 즐거움이 컸던 시인은, 그것이 전쟁에서 승리한 후에 많은 탈취물을 얻는 것과 같다고 고백하였습니다(162절).

시편 119편에 쓰인 '이므라'와 관련하여 함께 쓰인 동사가 주로 히필(사역능동)형입니다. 시편 119:38에서 "주를 경외케 하는 주의 말씀을 주의 종에게 세우소서(קוּם[쿰]의 히필형)", 시편 119:133에서 "나의 행보를 주의 말씀에 굳게 세우시고(כּוּן[쿤]의 히필형)", 시편 119:170에서 "... 주의 말씀대로 나를 건지소서(נָצַל[나찰]의 히필형)"라고 말씀하고 있습니다. 이것은 말씀의 사역이 내 힘으로 되는 것이 아니라 오직 하나님의 주권적이고 강권적인 역사하심으로 된다는 사실을 교훈하고 있습니다.

(5) 모범적인 태도

시편 119:148에서 "주의 말씀(이므라)을 묵상하려고 내 눈이 야경이 깊기 전에 깨었나이다"라고 말씀하고 있습니다. 시편 저자는 자신의 눈을 허탄한 것에서 돌이킬 뿐만 아니라, 더 나아가 자신의 눈이 주의 말씀(이므라)을 향하도록 하였습니다. 여기 "야경이 깊기"라는 표현은 히브리어 '아쉬무라'(אַשְׁמֻרָה)로, '파수, 야간 경계'라는 뜻입니다. 바로 앞절인 시편 119:147에는 "새벽 전"이라는 표현을 사용하고 있습니다. 여기서 "새벽"은 히브리어 '네쉐프'(נֶשֶׁף)로, '여명, 날이 새다'라는 뜻입니다. 그러므로 시편 저자는 날이 새기 전의 가장 캄캄하고 추운 시간에 일어나, 마치 파수꾼이 경계하듯이 하나님의 말씀을 묵상하였던 것입니다. 시인은 "내 눈이 주의 구원과 주의 의로운 말씀(이므라)을 사모하기에 피곤하니이다"(시 119:123)라고 고백할 정도로, 시간이 흘러가는 줄도 모르고 말씀을 묵상하는 데에 집중하였습니다.

(6) 구속사적 의미

'이므라'는 하나님의 말씀이 선포될 때 사용되는 가장 일반적인 용어입니다. 예수님께서는 "태초의 말씀"이시며(요 1:1), 예수님의 모든 사역은 말씀에 기초하고 있습니다. '이므라'와 관계된 예수님의 사역을 살펴보면 다음과 같습니다.

첫째, 예수님께서는 창조의 수행자이십니다.

고린도전서 8:6에서 "... 또한 한 주 예수 그리스도께서 계시니 만물이 그로 말미암고 우리도 그로 말미암았느니라"라고 말씀하고 있습니다(요 1:3, 10). 이것은 만물이 성자 하나님을 통하여 창조되었음을 의미합니다. 이 창조는 '이므라'의 말씀으로 이루어졌습니다. '이므라'의 어원은 '아마르'(אָמַר)로, 한글 개역성경에서 "가라사대"라고 번역되는 단어입니다. 창세기 1장의 창조 사역에서 '아마르'가 11회 사용되었는데, "가라사대"로 10회(창 1:3, 6, 9, 11, 14, 20, 22, 24, 26, 29), 1회는 "이르시되"로 번역되었습니다(창 1:28). 세상의 창조는 말씀으로 된 것입니다(히 11:3).

둘째, 예수님께서는 '이므라'의 말씀을 선포하셨습니다.

구약성경에서 '그리고 하나님이 가라사대'(וַיֹּאמֶר אֱלֹהִים)라는 말씀처럼(창 6:13, 9:8, 12, 17, 17:9, 15, 19), 신약성경에서는 '예수께서 가라사대'(Ἰησους λέγει)라는 말씀이 여러 곳에 등장하고 있습니다(마 8:22, 21:16, 막 2:17, 10:23, 27, 42, 11:22, 33).

예수님의 사역의 대부분은 말씀 선포 사역으로 이루어졌습니다. 예수님께서는 하늘로부터 오신 말씀의 참선생(혹은 랍비)입니다(요 3:2). 예수님께서는 나면서부터 말씀의 선생이셨고, 자랄 때에도 그 부모에게와 예루살렘 성전에서 만난 선생들에게도 말씀의 선생이셨으며(눅 2:46-51), 가버나움 회당과 산상과 해변에서 말씀의 선생이셨습니다(마 4:23, 5:1-2, 막 1:21, 눅 4:31, 요 6:59). 또 예수님께서는 예루살렘 성전에서도 말씀의 선생이셨으며(마 21:12-13), 봉사자 즉 섬기는 자로서 선생이셨습니다(요 13:13-15). 이에 예수님의 가르치심을 듣고 '뭇 사람이 그의 교훈에 놀랐다'(마 7:28, 막 1:22), '그 가르치시는 것이 권세 있는 자와 같고 서기관들과 같지 아니하다'(마 7:29, 막 1:22)라고 말씀하고 있습니다.

예수님께서 십자가에서 대속 사역을 완성하시고 부활하시고 승천하신 다음에, 초대교회는 예수님의 가르침을 글로 기록하기 시작하였습니다. 그것이 사복음서로 완성이 되었으며 나아가 신약 성경이 되었습니다. 사도 요한은 성경을 기록한 목적을 밝히면서 "오직 이것을 기록함은 너희로 예수께서 하나님의 아들 그리스도이심을 믿게 하려 함이요 또 너희로 믿고 그 이름을 힘입어 생명을 얻게 하려 함이니라"라고 말씀하였습니다(요 20:31).

예수님께서 선포하시고 성경에 기록된 말씀은 우리에게 소망을 갖게 합니다(롬 15:4). 우리에게는 말씀(이므라)이라는 약속의 소망이 있습니다. 그리고 이 영광스러운 소망의 실체는 바로 예수 그리스도이십니다(골 1:27).

10. 에메트(אֱמֶת), 에무나(אֱמוּנָה) = 진리(성실) / truth (faithful)

(1) 성경 구절

시 119:30, 43, 75, 86, 90, 138, 142, 151, 160 ➡ 9회

(2) 어원과 뜻

에메트는 '세우다, 신뢰하다, 확실하다'라는 뜻의 히브리어 동사 '아만'(אָמַן)에서 유래하였으며, 우리가 예배 시간에 많이 고백하는 '아멘'은 '아만'에서 파생된 것입니다. 아멘은 예배 시에 기도 응답의 표현으로(느 8:6, 시 106:48, 계 5:14, 7:12), 주로 상대방이 말을 한

후에 동의한다는 의미로 하는 말입니다(갈 6:18, 엡 3:21, 빌 4:20, 딤전 6:16, 딤후 4:18, 히 13:21, 벧전 4:11). 그런데 예수님께서는 중요한 말씀을 시작하기 전에 '진실로'(아멘)라고 먼저 말씀하셨습니다. 마태복음에 28회, 마가복음에 13회, 누가복음에 6회 쓰였습니다.[25] 요한복음에는 '진실로 진실로'를 거듭 강조하여 25회 쓰였습니다.[26] 이는 그 말씀이 영원 불변한 하나님의 말씀이요, 하나님께서 동의하신 말씀이라는 권위를 나타낸 것입니다(고후 1:20).

(3) 용례

이사야 39:8에서 '에메트'를 "견고함", 시편 71:22에서 "성실", 창세기 47:29에서 "성심", 시편 19:9에서 "확실"로 번역하였습니다. 시편 119편에서는 "주의 법"(142절), "주의 모든 계명"(151절), "주의 말씀의 강령"(160절)이 '진리로소이다'(에메트)라고 말씀하고 있습니다. 참고로, 시편 119:90에서 "주의 성실하심"이 히브리어로 '에무나'(אֱמוּנָה)인데, 이는 '에메트'와 같은 어원에서 파생되었습니다.

다윗은 죽기 전에 그의 아들 솔로몬에게 "네 하나님 여호와의 명을 지켜 그 길로 행하여 그 법률과 계명과 율례와 증거를 모세의 율법에 기록된 대로 지키라 그리하면 네가 무릇 무엇을 하든지 어디로 가든지 형통할지라"(왕상 2:3)라고 말한 후에, 이것들을 종합하여 "진실히"(에메트) 하나님 앞에서 행하라고 유언하였습니다(왕상 2:4). '법률', '계명', '율례', '증거', '모세의 율법'은 모두 '에메트'와 동의어로 사용된 것입니다.

(4) 교훈

시인은 시편 119:160에서 "주의 말씀의 강령은 진리(에메트)오니..."라고, 151절에서 "여호와여 주께서 가까이 계시오니 주의 모든 계명은 진리(에메트)니이다"라고 고백하였습니다. 그리고 90절에서 "주의 성실(에무나)하심은 대대에 이르나이다", 138절에서는 "주의 명하신 증거는 의롭고 지극히 성실(에무나)하도소이다"라고 말씀하셨습니다. 하나님의 말씀은 '진리'와 '성실'의 최고봉임을 찬미한 것입니다. 시편 119편에서 율법과 말씀을 '에메트'라고 찬송하는 것은 '하나님의 말씀이 거짓이 아니고 진리'라는 의미를 넘어서서, 여호와의 율법과 말씀은 믿을 만하고 확실하며 사람들이 전 생애를 걸고 의지하고 살아도 될 만큼 견고하다는 것을 의미합니다.

하나님의 성실하심을 대변하는 표현은 바로 '신실하심'입니다. 하나님께서는 신실하신 분이십니다. 신실의 뜻은 '믿음성이 있고 꾸밈이 없고, 거짓이 없음'입니다(신 7:9, 시 119:86). 히브리어로는 '아만'(אָמַן)으로, '신뢰하다, 충실하다'라는 뜻입니다. 고린도후서 1:19에 "예수 그리스도는 예 하고 아니라 함이 되지 아니하였으니 저에게는 예만 되었느니라"라고 말씀하심과 같이, 하나님께는 모호하거나 일구이언하는 모습이 전혀 없습니다.

하나님께서는 변함이 없으시고 회전하는 그림자도 없습니다(약 1:17). 사람은 변하지만 하나님께서는 변치 않으십니다(말 3:6). 어제나 오늘이나 영원하며 여전하십니다(히 1:12, 13:8). 하나님의 신실하심은 궁극적으로 구속사에서 언약을 성취해 나가는 위대한 동력입니다.

(5) 모범적인 태도

시편 119:43에서 "진리(에메트)의 말씀이 내 입에서 조금도 떠나지 말게 하소서 내가 주의 규례를 바랐음이니이다"라고 말씀하고 있습니다. 시편 저자는 바로 앞절인 42절에서 주의 말씀대로 인자와 구원을 베푸시면 자기를 훼방하는 자에게 "대답할 말"이 있을 것이라 하였습니다. 그러므로 시편 119:43은, 앞절과 연결하여 생각하면, 계속해서 하나님의 말씀을 전할 수 있도록 입에 진리의 말씀을 채워 달라는 간절한 기도입니다. 하나님의 말씀이 채워지지 않은 자는 아무것도 전할 수 없습니다. 하나님의 말씀이 심령 속 깊은 곳에 채워지기까지 하나님의 말씀을 간절히 사모해야 합니다. 시편 119:43 하반절에서 "내가 주의 규례를 바랐음이니이다"라고 고백하고 있습니다. 여기 "바랐음이니이다"는 '기다리다, 신뢰하다, 희망하다'를 뜻하는 히브리어 '야할'(יָחַל)의 피엘형으로, 하나님의 말씀을 아주 간절하게 바라보는 것입니다. 하나님의 말씀을 간절히 바라보는 자는 그 말씀이 심령 깊은 곳까지 채워지며, 그 말씀을 어디서나 두려움 없이 외칠 수 있는 것입니다.

(6) 구속사적 의미

예수님께서는 참된 진리(에메트)이십니다. 요한복음 14:6에서 "내가 곧 길이요 진리요 생명이니 나로 말미암지 않고는 아버지께로 올 자가 없느니라"라고 말씀하고 있습니다. 여기 '진리'는 헬라어 '헤 알레데이아'(ἡ ἀλήθεια)로, '그 진리'입니다. 곧 세상에는 없는 유일무이한 진리를 가리킵니다.

첫째, **예수님께서는 '아멘'이십니다.**

히브리어 '에메트'와 '아멘'은 같은 어원을 가진 단어입니다. 성경에서는 예수님을 '아멘'으로 소개하고 있습니다. 요한계시록 3:14에서 예수님을 가리켜 "아멘이시요"라고 말씀하고 있습니다.

예수님께서는 성경에 있는 모든 예언을 완성하시는 분으로, 모든 말씀에 종지부를 찍는 '아멘'이십니다. 그분은 율법이나 선지자나 폐하러 오신 것이 아니라 완전케 하러 오셨는데, 그것이 바로 '아멘'의 사명입니다(마 5:17). "모세의 율법과 선지자의 글과 시편"이 모두 예수님을 가리켜 기록되었는데(눅 24:44), 그 모든 기록을 이루시고 응하게 하시려고 오셨고, 또 이 땅에 오셔서 그 모두를 이루심으로 예수님 자신이 '아멘'이 되셨습니다.

둘째, 예수님께서는 '참'이십니다.

예수님께는 거짓이라고는 조금도 찾아볼 수 없습니다(참고-히 6:18, 딛 1:2). 에메트는 진리요 참입니다. 이사야 선지자는 마지막 때 "땅에서 자기를 위하여 복을 구하는 자는 진리의 하나님을 향하여 복을 구할 것이요"라고 말씀하였습니다(사 65:16). "진리의 하나님"은 참되신 하나님이십니다. 예수님을 가리켜서, "충성되고 참된 증인"(계 3:14), "충신과 진실"(계 19:11)이라고 말씀하고 있습니다.

우리는 이러한 말씀들을 통해서, 예수님께서 행하시는 모든 것은 우리가 믿을 수 있는 것이며, 더 나아가 그 뜻에 우리의 목숨과 온 생애를 의심 없이 맡겨도 된다는 것을 알 수 있습니다. 예수님만이 우리의 아멘이시고 참이시며 우리의 모든 삶을 온전히 책임지실 수 있습니다. 그러므로 우리도 사도 요한과 같이 그분이 속히 오시기를 갈망해야 합니다. 사도 요한과 함께 고백합시다.

"아멘 주 예수여 오시옵소서."(계 22:20)

III
'열 말씀'의 소(小)결론
THE MINOR CONCLUSION OF THE "TEN WORDS"

십계명은 모든 율법의 핵심이며, 이스라엘 백성이 하나님의 선민으로 살아가는 데 있어서 가장 핵심적인 규범입니다. 규범(規範)은 '마땅히 따르고 지켜야 할 본보기나 법'을 의미합니다. 십계명은 언약 백성으로서 마땅히 지켜야 할 근본적인 본보기입니다. 그러나 이것은 단순히 이스라엘 백성만을 위한 것이 아니라, 세계 만민을 위해 선포하신 삶의 근본 규범이었습니다. 십계명만큼 인류 역사상 큰 영향을 준 것은 없을 것입니다. 종교 개혁의 기수 마틴 루터(Martin Luther)는 1529년 소요리문답서 300문을 발표하면서 '전도자는 십계명(주 기도문과 사도 신경을 포함하여)의 본문을 변경하지 말라 ... 언제나 동일한 성구와 언어를 사용하여 암송하고 기억하게 하라'라고 유언적 당부를 남겼던 것입니다. 십계명은 종교 개혁의 근간이요 계속적인 개혁의 원동력이었습니다.

인간 사회의 도덕은 국가와 민족 그리고 사회에 따라 그 양식이 조금씩 다르더라도 그 근본 규범은 하나입니다. 그것이 바로 하나님께서 직접 음성으로 들려주시고 친수로 기록해 주신 '십계명'입니다(신 6-7장, 12-26장). 십계명은 고대 법전 중에 가장 으뜸가는 것으로, 인류의 종교·도덕·윤리, 모든 삶에 위대한 감화를 끼친 점에서 십계명보다 더한 것은 없었습니다.

십계명은 일시적 방편으로 주신 말씀이 아니라, 전 인류에게 영원한 말씀으로 주신 만대의 법입니다. 즉, 십계명은 인류 도덕의 최고 근원입니다. 만일 땅바닥에 떨어진 도덕법을 다시금 세우려 한다면, 또 도덕법의 재무장 운동을 펼치기를 원한다면, 가장 먼저 본래 그것이 발원한 십계명 곧 하나님의 말씀으로 돌아가야 할 것입니다.

이와 같이 십계명과 모든 율법은 하나님의 명령이요, 하나님의 판단이요, 하나님의 교훈이요, 하나님의 증거요, 하나님의 율례요, 하나님의 말씀이요, 하나님의 약속이요, 하나님의 법도요, 하나님의 계명이요, 하나님의 길이요, 하나님의 진리입니다. 이 십계명과 모든 율법 속에서 그의 백성은 이 땅을 살아가면서 하나님의 뜻을 어떻게 순종할 것인가 하는 진리의 규칙을 배우게 되고, 하나님께서 원하시는 삶의 질서 및 법칙을 익히게 됩니다.

시편 119편에 나오는 말씀의 열 가지 본질들은, 십계명을 은혜로 지킬 수 있게 해 주는 원동력이요 생명력이요 본질이요 지침입니다. 시편 119편에서 배웠듯이, 열 가지 말씀의 본질들이 성도의 정수리부터 발 끝까지 빈틈없이 채워져야 합니다. 우리의 모든 삶이 오직 하나님의 말씀으로 체화(體化)될 때, 우리는 자발적이고 능동적으로 십계명을 지킬 수 있을 것입니다. 시편 119편의 '열 말씀'이 모든 성도의 심령과 생활의 구석구석마다 넘치도록 풍성하게 채워지기를 소망합니다.

제 4 장

만대의 언약 십계명, 그 특징과 원리

The Characteristics and Principles of the Ten Commandments, the Covenant for All Generations

만대의 언약 십계명, 그 특징과 원리

THE CHARACTERISTICS AND PRINCIPLES OF THE TEN COMMANDMENTS, THE COVENANT FOR ALL GENERATIONS

성경은 하나님의 특별한 선택을 받아 언약을 맺은 이스라엘을 가리켜 '세계의 중심'이라고 말씀하고 있습니다(겔 38:12, 참고-겔 5:5, 7, 14-15). 그 이스라엘의 중심은 예루살렘입니다(시 48:2, 125:2, 사 2:2-3, 렘 51:50). 그 예루살렘의 중심에는 성전이 있고, 그 성전의 중심은 바로 지성소요, 지성소의 중심은 법궤입니다(출 25:21-22, 26:33). 이스라엘은 요단을 건너 가나안에 입성할 때나(수 3:1-17, 4:1-18), 여리고 성을 점령할 때(수 6:1-27)와 같이 민족적 난관을 만날 때마다 법궤를 앞세우고 나아갔습니다. 이 법궤의 중심은 두 돌판이었으며(출 25:16), 거기에는 바로 하나님이 친수로 기록하신 십계명(十誡命)이 새겨져 있었습니다(출 24:12, 31: 18, 32:15-16, 34:28, 신 4:13, 9:9-11, 10:2-4). 그러므로 십계명은 성소의 중심이요, 이스라엘의 중심이며, 곧 세계의 중심이며, 더 나아가 우리 각자의 삶의 중심이 되어야 합니다.

십계명은 이스라엘 백성과 맺은 시내산 언약의 핵심 내용으로, 출애굽기 20:3-17과 신명기 5:7-21, 두 군데에 기록되어 있습니다. 출애굽기 20장에 기록된 십계명은 하나님께서 출애굽 한 광야 1세대에게 직접 말씀하셨고, 신명기 5장에 기록된 십계명은 가나안 입성을 앞둔 광야 2세대에게 모세가 다시 선포한 것입니다.

I

십계명의 명칭, 완전한 '열 말씀들'

THE NAMES OF THE TEN COMMANDMENTS: THE PERFECT "TEN WORDS"

출애굽 원년 제3월 6일(주전 1446년, 출애굽 한 지 50일), 모세가 제 4차로 산에 오르기 직전에 하나님께서 모세와 이스라엘 백성에게 직접 큰 음성으로 선포하신 말씀(명령)이 곧 십계명입니다(신 5:22). 십계명이라는 표현은 세 군데 기록되어 있는데(출 34:28, 신 4:13, 10:4), 정확한 히브리어 표현은 '아세레트 하데바림'(עֲשֶׂרֶת הַדְּבָרִים), 곧 '열 말씀들'(the ten words)이라는 뜻입니다. 출애굽기 34:28 하반절에 "여호와께서는 언약의 말씀 곧 십계를 그 판들에 기록하셨더라"라고 기록하고 있는데, 여기 "언약의 말씀 곧 십계"는 히브리어로 '디브레 하베리트 아세레트 하데바림'(דִּבְרֵי הַבְּרִית עֲשֶׂרֶת הַדְּבָרִים) 입니다. 직역하면 '그 언약의 말씀들, 그 열 말씀들'입니다. 여기서 "말씀"을 뜻하는 '다바르'(דָּבָר)가 두 번 사용되었습니다.

한편, 구약성경을 헬라어로 번역한 70인경에서는 이것을 '데카 로구스'(δέκα λόγους)로 번역하였습니다. '로구스'는 '말씀'을 뜻하는 '로고스'(λόγος)의 복수형입니다(참고-요 1:1). 그래서 영어로는 'Ten Commandments'라고도 하며, 전문적 표현으로 'Decalogue'라고도 하는데, 이것은 헬라어 '데카'(δέκα)와 '로구스'(λόγους)가 합성된 단어입니다.

'10(열)'이라는 숫자는 만수(滿數)로서 '부족함이 없이 꼭 필요한 만큼, 가득 찬 상태'를 뜻하며, 기본수의 종결(終結)을 상징하는 수이고 '되돌아가는 수(數)'이기도 합니다.

이스라엘이 출애굽 할 때 애굽 땅에는 열 가지 재앙이 내렸습니다(출 7:14-12:36). 솔로몬 성전에서 언약궤 위에 두 그룹을 감람목으로 만들었는데 그 높이가 각각 십 규빗이었으며, 한 그룹의 이 날개는 다섯 규빗이요 저 날개도 다섯 규빗이니 이 날개 끝으로부터 저 날개 끝까지가 십 규빗이었습니다(왕상 6:23-27). 소득의 십일조를 하나님께 드림은 '나의 모든 것을 완전히 하나님께 바친다'라는 신앙 고백입니다. 다니엘은 그 지혜와 총명이 온 나라 박수와 술객보다 십 배나 나았으니(단 1:20), 그 지혜와 총명이 뛰어나고 완전했음을 가리킵니다(참고-단 6:3-4). 환난 중에 욥은 자기를 괴롭히는 친구들에게 "너희가 열 번이나 나를 꾸짖고 나를 학대하고도 부끄러워 아니하는구나"(욥 19:3)라고 말했습니다. 요한계시록 2:10에서 "... 너희가 십 일 동안 환난을 받으리라 네가 죽도록 충성하라"라고 말씀하고 있습니다. 숫자 '10'은 성도들이 이겨 내야 할 환난 기간의 상징이기도 합니다(단 1:12-16, 참고-단 7:20, 24, 계 12:3, 13:1, 17:3, 7, 12, 16).

이처럼 십계명의 조항 수(數)가 열 개라는 사실만 살펴보더라도, 십계명은 순서(順序)와 그 내용이 부족함이 없이 하나님의 뜻을 모두 담고 있는, 절대 우위의 법이라는 것을 알 수 있습니다.

II
십계명의 특징
THE CHARACTERISTICS OF THE TEN COMMANDMENTS

십계명의 서문은 "하나님이 이 모든 말씀으로 일러 가라사대 나는 너를 애굽 땅, 종 되었던 집에서 인도하여 낸 너의 하나님 여호와로라"라고 기록되어 있습니다(출 20:1-2). 모든 법의 서문은 굉장히 중요합니다. 이 서문에는 가장 먼저 "하나님이 이 모든 말씀으로 일러 가라사대"(출 20:1)라고 선포함으로, 하나님 자신이 이 십계명("이 모든 말씀")의 출처요 입법자(立法者)이심을 밝혔습니다.

십계명은 하나님의 은혜와 사랑으로 시작되었고, 그 주신 과정이 신성하고 영광스러울 뿐 아니라 하나님의 권위로 강력하게 공포되고 수행되었으며, 십계명이 기록된 돌판은 지성소에 있는 법궤 속에 특별히 보관되었습니다(출 25:16, 21-22, 40:20, 신 10:1-5, 왕상 8:9, 히 9:4). 이로 볼 때, 십계명은 다른 모든 법보다 우월합니다.[27)]

그러므로 십계명은 만고불변(萬古不變)의 명령이요, 영원한 효력을 지니는 법입니다. 또한 이스라엘 백성뿐만 아니라 전 세계 만민을 위하여 선포하신 삶의 근본적 명령으로서, 영원히 폐하여질 수 없는 만대의 명령입니다(마 5:17-19). 십계명이 다른 법보다 우월한 특징을 구체적으로 살펴보면 다음과 같습니다.

1. 자유와 사랑과 은혜의 복음으로 선포하셨습니다.
They were proclaimed as the gospel of freedom, love, and grace.

하나님께서는 십계명 서문을 통해 "나는 너를 애굽 땅, 종 되었던 집에서 인도하여 낸 너의 하나님 여호와로라"(출 20:2)라고 하시어, 이 십계명이 하나님의 뜨거운 사랑을 함축하고 있음을 강력하게 외치고 계십니다. 첫째, 애굽 땅에서의 해방이요, 둘째, 종 되었던 집에서의 해방입니다. '애굽 땅'은 우상 숭배하는 죄악의 땅(출 12:12, 민 33:4, 계 11:8)을 상징합니다. 거기서 우상 숭배에 빠져 살던 이스라엘 백성을 건져내신 것은, 하나님의 크신 자비와 긍휼입니다(레 17:7, 수 24:14, 겔 20:5-9).

'종 되었던 집'은 애굽 땅의 폭군 바로 밑에서 받은 환난과 박해 등 비참한 생활을 상징합니다. 하나님께서는 '종 되었던 집'에서 이스라엘 백성을 해방하여 참자유를 주셨습니다. 이는 하나님의 주권적인 힘이요, 절대적 은혜의 결과였습니다. 열 가지 재앙과 그 중에서 마지막인 애굽의 장자를 모조리 죽이는 재앙으로 출애굽 한 일(출 12장)은, 구약뿐 아니라 신약에도 큰 사건으로 자주 말씀하고 있습니다(행 7:36, 13:17, 히 3:16, 8:9, 11:28-29).

하나님께서는 이스라엘 백성을 출애굽 시키신 후에, 에담에서부터는 구름기둥과 불기둥으로 인도해 주셨고(출 13:20-22), 홍해를 가르시고 마른 땅이 되게 하여 건너게 해 주셨으며(출 14:15-25), 엘림에서는 열두 샘과 칠십 종려나무의 시원한 그늘로 인도해 주셨고(출 15:27), 양식이 떨어진 신 광야에서부터는 하늘에서 만나를 내려 주셨으며(출 16장), 르비딤에서는 반석에서 강같이 흘러나오는 생수를 맛보게 해 주셨고(출 17:1-7, 참고-시 78:16, 105:41), 원수 아말렉을 이기는 승전의 쾌거를 안겨 주셨습니다(출 17:8-16).

따라서 지금 선포되는 십계명은 본래 무섭고 두려운 계명이 아니라, 자유 없는 노예들에게 진정한 자유를 선물해 주신 하나님의 사랑과 은혜의 복음임을 기억해야 합니다. 한편, 모세는 이스라엘 자손이 시내산 아래에서 십계명을 받는 장엄한 광경을 시적(詩的)으로 표현하기를, "여호와께서 백성을 사랑하시나니 모든 성도가 그 수중에 있으며 주의 발 아래에 앉아서 주의 말씀을 받는도다"라고 노래하였습니다(신 33:3).

예수님께서는, 세상에서 하나님을 멀리하고 세상 신(임금)을 섬기며(요 12:31, 14:30, 16:11, 고후 4:4) 흉악한 사단 마귀의 압박을 받고 종 노릇 하면서 비참하게 살던 우리를, 십자가의 피로 구속해 주셨습니다(롬 3:24, 고전 1:30, 엡 1:7, 골 1:13-14, 벧전 1:18-19). 죄로부터 해방되어 맛보는 자유가 진정한 자유입니다(롬 8:21). 갈라디아서 5:1에서 "그리스도께서 우리로 자유케 하려고 자유를 주셨으니 그러므로 굳세게 서서 다시는 종의 멍에를 메지 말라"라고 말씀하고 있으며, 누가복음 4:18에서 "포로 된 자에게 자유를" 주신다고 말씀하고 있습니다. 고린도후서 3:17에서 "주는 영이시니 주의 영이 계신 곳에는 자유함이 있느니라"라고 말씀하고 있으며, 요한복음 8:32에서도 "진리를 알지니 진리가 너희를 자유케 하리라"라고 말씀하고 있습니다. 그러므로 우리는 참진리이신 예수님(요 14:6) 안에서만 진정한 해방과 구원을 맛볼 수 있습니다.

2. 거룩함과 영광스러움 속에서 주셨습니다.

They were given in holiness and glory.

하나님께서 자기 백성에게 십계명을 전달하는 광경은 그 준비부터 너무나 신성하고 장엄하며 영광스러웠습니다.

첫째, 백성은 십계명을 받기 전에 하나님의 명령대로 옷을 빨아 성결케 하고 3일 동안 여인을 가까이하지 않았습니다(출 19:10-11, 14-15).

둘째, 하나님께서는 백성을 위하여 산 사면으로 지경을 정하시고 "삼가 산에 오르거나 그 지경을 범하지 말지니 산을 범하는 자는 정녕 죽임을 당할 것이라"라고 철저히 경계하셨습니다(출 19:12-13). 그리고 또다시 모세에게 "내려가서 백성을 신칙(申飭)하라 백성이 돌파하고 나 여호와께로 와서 보려고 하다가 많이 죽을까 하노라"라고 경계를 엄히 명하셨습니다(출 19:21-25).

셋째, 십계명을 주실 때에 이스라엘 백성은 우레와 번개와 빽빽한 구름이 산 위에 있는 광경과 심히 큰 나팔 소리로 인하여 다 떨었습니다. 여호와께서 불 가운데서 강림하시므로 시내산은 연기가 자욱했고, 그 연기가 옹기점 연기같이 떠오르며 온 산이 크게 진동하였습니다(출 19:16-18, 20:18). 이스라엘 백성은 불 가운데서 말씀하시는 하나님의 음성을 듣고(신 4:33, 5:24-26) 너무나 두려워, 이 놀라운 광경 앞에서 눈과 귀와 마음을 하나님의 말씀에 집중하였고, 하나님을 온전히 경외할 수 있었습니다(출 20:18-21, 신 5:23-27).

넷째, 이스라엘 백성은 천군 천사들이 호위하는 가운데 여호와의 오른손에 있는 불같은 율법을 모세를 통해 전달 받았습니다(신 33:2, 참고-행 7:53, 갈 3:19).

다섯째, 하나님께서 친히 손가락으로 그 십계명을 모두 기록해 주셨습니다(출 31:18, 32:15-16, 34:1, 28, 신 4:13, 5:22, 9:10, 10:2-4).

여섯째, 십계명이 기록된 두 돌판을 특별히 명하신 재료와 규격

대로 만든 나무궤 속에 넣어 보관하도록 하셨습니다(신 10:1-5).

3. 하나님께서 직접 말씀으로 주셨습니다.

They were spoken by God Himself.

시내산에서 전 이스라엘 백성에게 직접 들려주신, 곧 이스라엘에게 주신 첫 말씀은 바로 십계명입니다. 430년 동안 주권을 잃고 지내다가 출애굽 한 지 두 달도 채 되지 않은 상황에서(출 19:1-2, 민 33:3), 독립된 나라를 건설하고 거룩한 백성이 된 일은 유사 이래 그런 예를 찾아볼 수 없습니다(신 4:32-33). 이 놀라운 역사는 하나님께서 십계명을 직접 음성으로 들려주셨기 때문에 가능했습니다(출 20:1-17, 신 5:22). 이 후 성경 어디에도 하나님께서 십계명을 말씀하실 때와 같이 전 백성을 대상으로 친히 말씀하신 적이 없습니다. 칼리쉬(Kalisch)는 이스라엘이 시내산에서 십계명을 받은 사건에 대해 "이 사건은 인류 역사의 결정적인 시대를 이루었다. 그리고 아마도 이 사건은 창조부터 그 당시까지 인류의 가장 위대하고 중요한 사건이다"라고 말했습니다.[28)]

'십계명'은 단순히 과거에 지나가 버린 말씀이 아니라 지금도 살아서 운동하는 하나님의 말씀입니다(히 4:12). 십계명을 주시기에 앞서, 서문에는 이러한 사실이 밝혀져 있습니다(출 20:1-2). 서문 중의 서언은 "하나님이 이 모든 말씀으로 일러 가라사대"(출 20:1)입니다. "이 모든 말씀"(כָּל־הַדְּבָרִים הָאֵלֶּה, 콜 하데바림 하엘레)은 이제 선포하실 열 말씀들 곧 십계명을 가리킵니다.

또한 이 모든 말씀은 "하나님"(אֱלֹהִים,엘로힘) 자신이 제정하셨다고 말씀하고 있습니다. 하늘과 땅을 창조하시고 섭리하시는 영원하신 하나님(창 1:1)께서 친히 명하신 계명이므로, 반드시 지켜야 된다는 것입니다. 하나님의 말씀이 있는 곳에 능력이 역사합니다(행 6:7, 19:20, 히 4:12). 온 신경을 집중하여 하나님의 말씀을 기억하고 생각하며 묵상하고 믿는 자는 이 계명을 지킬 수 있는 능력을 전능하신 하나님께로부터 받게 될 것입니다(살전 2:13).

4. 하나님의 영원한 언약으로 선포하셨습니다.

They were proclaimed as God's eternal covenant.

하나님께서는 십계명을 주시기 전에 '말씀하시는 분(나)'과 '그 말씀을 받는 사람(너)'을 구분하시어, 십계명이 '나와 너 사이의 언약 관계'임을 분명히 선포하셨습니다. 출애굽기 20:2에서 "나는 너를 애굽 땅, 종 되었던 집에서 인도하여 낸 너의 하나님 여호와로라"라고 말씀하고 있습니다. 여기 "나는"(אָנֹכִי, 아노키)은 언약의 주(主) 곧 "여호와"이시며, "너"는 언약의 대상으로, '애굽 땅, 종 되었던 집에서 430년 동안 거주하면서 천한 노예 신분에 불과했던 자들'입니다(출 12:40-41). 그런데 한글 개역성경에는 십계명마다 '너'라는 말이 기록되어 있지 않지만, 히브리어 성경에는 계명마다 '너'라는 2인칭 단수가 쓰여, 이스라엘 개개인과 그 공동체가 언약의 대상자임을 반복하여 분명히 하고 있습니다. 이스라엘을 종 되었던 애굽에서 인도하여 내신 하나님께서 이제부터는 "너의 하나님"(אֱלֹהֶיךָ, 엘로헤카)이 되신다는 사실! 그래서 "너의 하나님 여호와"(יְהוָה אֱלֹהֶיךָ, 예호바[아도나이] 엘로헤카)라고 반복하시며(출 20:2, 5, 7, 10, 12, 신 5:6, 9, 11-12, 14-15 2회, 16 2회), 하나님과 이스라엘 백성은 끊을 수 없는 언약 관계임을 강조하셨습니다.

십계명은 '언약'(בְּרִית, 베리트)으로 주신 것입니다(출 34:27). 신명기 4:13에서 "여호와께서 그 언약(בְּרִית)을 너희에게 반포하시고 너희로 지키라 명하셨으니 곧 십계명이며 두 돌판에 친히 쓰신 것이라"라고 말씀하고 있습니다. 하나님께서 모세를 통해 두 번째로 십계명 두 돌판을 주실 때에도(출 34:1-7, 신 10:1-5), "보라 내가 언약을 세우나니"라고 다시 말씀하시면서 언약을 새롭게 하셨습니다(출 34:10). 출애굽기 34:28에서 "여호와께서는 언약(בְּרִית, 베리트)의 말씀 곧 십계를 그 판들에 기록하셨더라"라고 말씀하였고, 신명기 29:9에서도 십계명을 포함하여 "이 언약(בְּרִית, 베리트)의 말씀을 지켜 행하라..."라고 말씀하였습니다. 또한 십계명을 기록한 두 돌판을 가리켜 "언약의 돌판들"(신 9:9), "언약의 두 돌판"(신 9:11, 15), "언약의 비석들"(히 9:4)이라고 말씀하였습니다.

하나님의 언약이 영원한 언약이라면(창 17:7, 대상 16:17, 시 105:10) 십계명도 영원한 만대의 언약인 것입니다. 그러므로 십계명은 3,500년 전의 이스라엘 백성에게뿐 아니라 오늘날 하나님의 백성인 성도 개개인에게 경건한 삶의 절대 기준으로 계속 적용됩니다. 그래서 십계명은, 구속사의 점진적 전개에 따라, 신약 시대에 이르러 예수 그리스도를 통해 그 계시가 성취되었을 뿐 아니라, 성도의 바른 삶의 기준이 되었고, 끝까지 회개하지 않는 자들에 대한 심판의 기준이 되었습니다. 참으로 십계명은 영구히 폐지될 수 없는 영원한 언약인 것입니다.

5. 하나님께서 친수로 두 돌판에 쓰셨습니다.

They were written by the finger of God on two tablets of stone.

모든 성경은 "하나님의 감동으로 된 것"(딤후 3:16)으로, 성경의 예언은 "언제든지 사람의 뜻으로 낸 것이 아니요 오직 성령의 감동하심을 입은 사람들이 하나님께 받아 말한 것"(벧후 1:21)입니다. 그 가운데 십계명은 신구약 성경에서 유일하게 하나님께서 친히 모든 이스라엘 백성에게 음성으로 들려주셨고(신 5:4, 22-24), 하나님께서 친수로 쓰셔서 주신 말씀입니다. 신명기 9:10에서 "여호와께서 두 돌판을 내게 주셨나니 그 판의 글은 하나님이 친수로 기록하신 것이요"라고 말씀하고 있습니다. 여기 "친수로 기록하신 것이요"는 히브리어로 '케투빔 베에츠바'(כְּתֻבִים בְּאֶצְבַּע)이며, 직역하면 '하나님의 손가락으로 쓰인'(written with the finger of God: KJV)이 됩니다. 신명기 4:13에서는 "... 곧 십계명이며 두 돌판에 친히 쓰신 것이라"라고 말씀하고 있습니다.

십계명은 하나님께서 친수로 기록해 주셨으며, 기록하실 때 종이나 나무가 아닌 돌판에 쓰셨습니다. 돌은 종이나 나무처럼 쉽게 변하지 않고, 새겨진 그대로 영구 보존할 수 있는 것입니다. 이 두 돌판의 양면, 이편과 저편에 글자를 새겼다는 것 외에(출 32:15), 각 돌판의 앞뒤로 각 조항들이 어떻게 나뉘어 기록되었는지는 정확히 알 수 없습니다. 십계명 전체의 히브리어 자음 수(數)는 출애굽기 20장 기준으로 모두 579자이며, 신명기 5장 기준으로는 출애굽기 20장보다 88자 더 많은 667자입니다. 각 계명마다 기록된 분량은 균일하지 않고 큰 차이가 있으며, 제4계명이 월등히 많고(십계명 전체 3분의 1 이상), 제2계명(십계명 전체 4분의 1 이상), 제5·10계명, 제3계명, 제1계명, 제9계명, 제6·7·8계명 순입니다. 이렇듯 십계명은 하나님께서 그 언약 백성을 위하여 직접 한 자(字) 한 자 성심껏 기록하여 주신 귀중한 말씀입니다.

모세가 시내산에 마지막 8차로 입산하여 또 한 번 40주야를 여호와 앞에 엎드려서 떡도 먹지 않고 물도 마시지 않으면서 기도하였을 때(출 34:28, 신 9:18), 하나님께서 모세에게 명하여 준비케 하신 두 돌판에 처음과 같은 내용의 십계명을 쓰셔서 모세에게 주셨습니다(출 34:1, 28, 신 10:1-5). 두 돌판에 기록된 십계명은 하나님께서 직접 쓰신 말씀들이며 영원한 효력을 지닙니다.

6. 하나님께서 주신 '주의 증거'입니다.

They are the "testimonies of the Lord" from God.

성경은 십계명이 기록된 돌판을 '증거의 판'이라고 표현하고 있습니다. 출애굽기 16:34, 25:16, 21, 31:18, 40:20에서는 "증거판"이라고, 출애굽기 32:15에서는 "증거의 두 판"이라고 말씀하고 있습니다. 그러므로 십계명은 곧 하나님의 '증거'입니다. 이 '증거'를 뜻하는 히브리어 '에두트'(עֵדוּת)는 '증인, 목격자'를 뜻하는 '에드'(עֵד)에서 유래하였습니다. 그러므로 십계명의 말씀들이 바로 우리에게 하나님의 산 증인이 되고 또 우리를 하나님의 목격자가 되게 합니다.

시편 119편에서는 십계명뿐만 아니라 하나님의 말씀 전체를 '증거'(에두트 혹은 에다)라고 말씀하고 있으며, 이 증거는 "주의 증거"입니다(시 119:2, 14, 22, 24, 31, 36, 46, 59, 79, 88, 95, 99, 111, 119, 125, 129, 138, 144, 146, 152, 157, 167-168).

그러므로 우리는 십계명을 등지거나 하나님의 말씀에서 떠나는 삶을 살아서는 안 됩니다. 날마다 '주의 증거'를 묵상하고(시 119:

99), 마음을 '주의 증거'로 향하며(시 119:36), '주의 증거'에 밀접히 하여(시 119:31), '주의 증거'를 깨닫고(시 119:144), '주의 증거'를 지키며(시 119:88, 129), '주의 증거'를 즐거워하며(시 119:14), '주의 증거'를 말하며(시 119:46) 살아야 합니다. 구약의 율법과 선지자들의 모든 증거는 예수 그리스도를 위한 것입니다(롬 3:21).

십계명의 말씀들이 우리 속에 온전히 체화(體化)되어 심비(心碑)에 기록될 때, 언약 백성인 우리 자신이 하나님의 증인이 되고 예수 그리스도의 편지가 됩니다. 그리하여 영원한 하나님의 무궁한 사랑을 온 세상에 선포할 수 있는 것입니다(마 5:16, 고후 3:2-3).

7. 신구약 성경 모든 계시의 압축입니다.

They summarize the entire revelation of the Old and New Testaments.

예수님께서 간결하게 요약하신 두 계명은 마태복음 22:37과 39에 각각 기록되어 있습니다. 첫째 되는 계명은 "너는 마음을 다하고 성품을 다하고 힘을 다하여 네 하나님 여호와를 사랑하라"(신 6:5), 둘째 되는 계명은 "이웃 사랑하기를 네 몸과 같이 하라"(레 19:18)라는 말씀입니다. 예수님께서는 마태복음 22:40에서 "이 두 계명이 온 율법과 선지자의 강령이니라"라고 말씀하셨습니다.

여기 "강령"은 헬라어 '크레만뉘미'(κρεμάννυμι)이며, '매달다, 매달리다'라는 뜻입니다. 이것은 두 계명으로 압축되는 십계명에, 모든 율법과 말씀들이 매달려 있다는 뜻입니다. 실로, 십계명은 모든 말씀의 머리요 압축입니다. '열 말씀'으로 이루어진 십계명은, 이스라엘뿐만 아니라 온 인류를 향한 하나님의 뜻이 완전하게 요약된 계시이고 신구약 성경 66권 모든 계시의 압축입니다.[29)]

사실상 '열 말씀'은 문장이 짧고 단순하여, 제6·7·8계명은 원어상으로 각각 두 단어로 되어 있습니다. 그러나 전달 내용이 분명하며, 각 계명은 매우 심오한 뜻을 담고 있습니다. 심장이 펌프질하여 온몸에 피를 돌려 생명을 공급해 주듯이, 죽은 생명을 살리는 하나님의 모든 말씀의 원천이 바로 십계명입니다. 십계명에서 솟구치는 생명의 물줄기를 따라 신구약 성경이 기록되었습니다. 이 '열 말씀'들을 근간으로 모든 율법의 세부 조항이 세워졌으며, 특히 출애굽기 20:22-23:33, 신명기 6-26장은 십계명을 중심으로 혹은 그 순서를 따라 기록되어 있습니다. 호세아 선지자는 율법을 '만 가지'로 기록하였다고 하였습니다(호 8:12). 또한 정통 유대교인들은 모세 오경에 613개의 계명이 나열되어 있다고 말하고 있습니다.[30]

신구약 성경 전체의 강령인 십계명을 알지 못하면, 기독교 복음의 진수를 깨달을 수 없습니다. 더 나아가 십계명을 이해하지 않고서는 영생의 본질이요, 하나님 나라의 비밀이신 예수 그리스도(골 1:27, 2:2)를 온전히 알 수 없습니다.

십계명을 통한 생명수의 역사는 오늘날 전 기독교인의 귓가에 메아리치며, 살리는 역사를 쉬지 않고 있습니다. 그러므로 모두가 십계명을 하나님의 구속사적 경륜 속에서 상고함으로써, 예수 그리스도를 밝히 깨달아 영생의 선물을 빠짐없이 다 받으시기를 소원합니다.

III
십계명(十誡命) 이해의 중심 원리
THE CENTRAL PRINCIPLES FOR UNDERSTANDING THE TEN COMMANDMENTS

1. 십계명의 큰 두 줄기
- 대신(對神) 계명과 대인(對人) 계명

Two major branches of the Ten Commandments - the commandments dealing with man's relationship with God and man's relationship with man

인간은 보이지 않는 하나님과의 관계 속에서 살고 있고, 또 많은 사람들과 관계를 맺으며 살아가고 있는데, 하나님께 죄를 짓고 사람들에게도 죄를 지을 때가 있습니다. 마태복음 22:40에는 십계명의 큰 두 줄기를 말씀하고 있는데, 십계명의 첫 네 말씀은 '하나님을 사랑하라'라는 명령이고(신 6:5), 나머지 여섯 말씀은 '이웃을 사랑하라'라는 명령입니다(레 19:18). 이웃을 향한 모든 시기, 질투, 미움, 욕심으로부터 자기 마음을 자기 힘으로 지킨다는 것은 불가능합니다. 그래서 십계명은 사랑 없이는 지켜질 수 없으며, 또 사랑으로만 십계명에 대한 완전한 해석이 가능합니다.

모든 죄는 한결같이 사랑의 원칙과 반대됩니다. 하나님을 사랑하는 자는 결단코 다른 신을 섬기거나 우상을 만들거나 하나님의 이름을 망령되이 일컫지 않습니다. 이웃을 사랑하는 자는 죽이거나, 훔치거나, 속이거나, 비난하지 않으며, 이웃의 소유를 탐하지도 않습니다. 이웃을 사랑한다면 결코 악을 행치 않습니다(롬 13:10, 고전 13:5). 이렇듯 하나님을 사랑하는 것과 이웃을 사랑하는 것이 율법을 지킬 수 있는 근본적인 힘인 것입니다.

십계명 가운데 제1-4계명은 이스라엘 백성과 하나님과의 관계에 대한 대신 계명(對神誡命)이요, 제5-10계명은 언약 백성 이스라엘 상호 간의 관계에 대한 대인 계명(對人誡命)입니다. 제1-4계명에는 '여호와 너희 하나님'이라는 표현이 반복적으로 나오고 있는데, 이렇게 하나님과의 관계가 사람과의 관계보다 먼저인 것은, 하나님과의 관계가 온전하지 않고서는 인간 관계가 온전할 수 없기 때문입니다. 요한일서 4:21에 "우리가 이 계명을 주께 받았나니 하나님을 사랑하는 자는 또한 그 형제를 사랑할지니라"라고 말씀하고 있습니다.

또한 제1계명부터 제4계명은 하나님께 드리는 '예배'를 중심으로 설명할 수 있습니다. 제1계명은 예배의 대상이 누구인지, 제2계명은 예배의 방법은 무엇인지, 제3계명은 예배드리는 정신이 무엇인지, 제4계명은 예배의 시간은 언제인지를 알려 주고 있습니다.

제5계명부터 제10계명까지는 '존엄함'을 중심으로 설명할 수 있습니다. 존엄함이란 '인물이나 지위 따위가 감히 범할 수 없을 정도로 높고 엄숙함'이라는 뜻입니다. 제5계명은 부모 공경과 권위의 존엄함을, 제6계명은 생명의 존엄함을, 제7계명은 가정과 순결의 존엄함을, 제8계명은 타인 소유의 존엄함을, 제9계명은 진실의 존엄함을, 제10계명은 자족(自足)과 지족(知足)의 존엄함을 가르쳐 주고 있습니다.

2. 십계명에서 확장된 세부 율법들

Specific laws derived from the Ten Commandments

(1) 출애굽기 21-23장

출애굽기 20:1-17에서는 십계명을 말씀하셨고, 이어서 출애굽기 21-23장에서는 세부 율법에 대하여 기록하고 있습니다. 십계명과 세부 율법은 별개로 주신 말씀이 아니고, 십계명을 통해 언약의 최소 원칙을 나열하고, 세부 율법을 통해 그 언약을 확대하여, 일상생활에서 어떻게 적용할 것인가를 상세하게 설명한 것입니다.[31] 즉 세부 율법은 앞서 기록한 십계명의 연장선상에서 십계명을 해석한 것입니다.

출애굽기의 세부 율법은 십계명의 순서대로 배열된 것은 아니지만, 각각의 계명에 따라 대체로 다음과 같이 구분됩니다.

제 1 계명에 대한 설명: 다른 신들 금지(출 22:18, 20, 29-31, 23:13-19, 24-33)

제 2 계명에 대한 설명: 우상의 금지(출 20:22-26)

제 3 계명에 대한 설명: 하나님의 이름(출 20:24, 23:20-23)

제 4 계명에 대한 설명: 안식일(출 21:1-11, 23:10-12)

제 5 계명에 대한 설명: 부모의 권위(출 21:15, 17, 22:28)

제 6 계명에 대한 설명: 살인(출 21:12-27, 23:4-5)

제 7 계명에 대한 설명: 간음(출 22:16-17, 19)

제 8 계명에 대한 설명: 도적질(출 21:16, 22:1-15)

제 9 계명에 대한 설명: 거짓 증거(출 22:21-27, 23:1-3, 6-9)

제 10 계명에 대한 설명: 이웃의 아내와 소유에 대한 탐욕(출 22:7-15)

(2) 신명기 6-26장(신 6-7장, 12-26장)

시내산 언약에서 명령하신 십계명(출 20:1-17)은 모압 평지에서 광야 제2세대에게 거의 그대로 선포되었습니다(신 5:7-21). 시내산 언약에서도 십계명 후에 세부법(출 21-23장)이 주어졌듯이, 신명기에도 십계명 후에 신명기 6-26장에서 십계명에 대한 세부법이 길게 다루어져 있습니다. 처음 두 계명에 대한 세부 율법(신 6-7장)과 모세의 권면 설교(신 8-11장), 그리고 각 십계명에 대한 세부 율법입니다(신 12-26장).

신명기는 모세가 선포한 세 편의 설교(신 1:1-4:43 / 신 4:44-26:19 / 신 27:1-30:20)로 구성되어 있고, 마지막 31-34장은 오경 전체의 마무리입니다. 이 가운데 두 번째 설교에 해당하는 신명기 4:44-26:19은 신명기의 심장부입니다. 곧 '율법(규례와 법도)의 재강론'인데, 그 내용이 십계명을 중심으로 하고 있습니다.

① **신명기 4:44-5:6** 언약 선포(규례와 법도에 대한 서론)
② **신명기 5:7-21** 십계명
③ **신명기 5:22-33** 십계명 선포 후 모세의 중재 요구
④ **신명기 6-11장** 처음 두 계명에 대한 세부 율법과 권면 설교
⑤ **신명기 12-26장** 십계명 각각에 대한 세부 율법

이처럼 신명기 전체는 십계명이 그 핵심 구성 요소이며,[32] 신명기 12-26장에 나타난 세부 율법은 대체로 십계명(신 5:7-21)의 순서를 따라 배열되어 있습니다.[33] 즉 십계명을 중심으로 전체 세부 율법이 체계적으로 구성되어 있는 것입니다.

전체 계명의 세부 내용(신 6:10-7:26, 12-26장)은 사실상 서로 연관

되지 않은 것이 없으므로, 십계명의 열 말씀으로 마디마디 분명한 선을 긋기는 쉽지 않지만, 십계명 순서에 따라 다음과 같이 구분해 볼 수 있습니다.

제 1 계명에 대한 설명: 다른 신들 금지(신 6:14-15, 12:2-13:18, 17:1-7, 18:9-14)

제 2 계명에 대한 설명: 우상의 금지(신 6:10-7:26, 16:21-22)

제 3 계명에 대한 설명: 하나님의 이름(신 14:1-22)

제 4 계명에 대한 설명: 안식일(신 15:1-16:17)

제 5 계명에 대한 설명: 부모의 권위(신 16:18-18:1-8, 15-22, 21:18-21)

제 6 계명에 대한 설명: 살인(신 19:1-22:8)

제 7 계명에 대한 설명: 간음(신 22:9-23:18)

제 8 계명에 대한 설명: 도적질(신 23:19-24:7)

제 9 계명에 대한 설명: 거짓 증거(신 24:8-25:4)

제 10 계명에 대한 설명: 이웃의 아내와 소유에 대한 탐욕(신 25:5-26:15)

하나님께서 십계명 후에 주신 세부 율법은 십계명을 구체적으로 확장한 것입니다. 이는 십계명을 우리 삶 속에 구체적으로 적용하고 실천할 수 있는 중요한 원리를 제공해 줍니다.

그런데 세부 율법을 읽어 내려가다 보면 얼핏 많은 제약들만 늘어놓은 것 같아서 회의를 품게도 되고, 또 지루하게 느껴져서 무심코 넘기기가 쉽습니다. 그러나 그 속에는 진주보다 아름답고 찬란하게 빛나는 영적 보석들이 가득합니다. 이스라엘에게 하나님의 율례를 주신 목적은 결코 인간을 옭아매기 위한 것이 아닙니다. 오히려 생명을 보호하고 생활 속에서 공평과 정의와 질서를 세우기 위한 것입니다(참고-신 4:40, 6:24-25, 10:13-15). 만일 하나님의 법이 없는 상태에서 자신만 생각하고 행동하는 사람들이 많다면, 그 사회는 아마도 이웃 간에 혼란과 다툼이 하루도 그칠 날이 없을 것입니다. 이로써 우리는 각각의 세부 율법에서 인류를 사랑하시는 하나님의 자비를 가슴 뜨겁게 느낄 수 있습니다.

3. 마음의 영역까지 확장 적용하는 복음적 원리

The evangelical principle of expanding the application to the realm of the heart

십계명은 각 계명에서 명(命)하거나 금(禁)하고 있는 표면적 행동에 적용될 뿐만 아니라, 심령적으로도 적용됩니다. 예를 들면, '살인하지 말라'라는 계명을 그 살인이 움트는 뿌리까지 곧 분노, 미움, 시기, 질투도 다 포함하여 이해하는 것입니다(참고-골 3:5, 요일 3:15). 이것이 바로 예수님께서 십계명과 율법을 재해석해 주신 원리이기도 합니다(참고-마 5:17-48). 예수님께서는 마태복음 15:19에서 마음에서 나오는 7종류의 죄(악한 생각, 살인, 간음, 음란, 도적질, 거짓 증거, 훼방)와 마가복음 7:21-23에서는 13종류의 죄(악한 생각, 음란, 도적질, 살인, 간음, 탐욕, 악독, 속임, 음탕, 흘기는 눈, 훼방, 교만, 광패)를 말씀하셨습니다. 여기 마음에서 나오는 13종류의 죄는 하나같이 십계명과 직결되는 죄목들입니다.

이처럼 십계명에서 금하는 모든 죄악은 그 근원에서는 모두 하나로 연결됩니다. 야고보서 2:10에서 "누구든지 온 율법을 지키다가 그 하나에 거치면 모두 범한 자가 되나니"라고 말씀하고 있습니다. 예를 들어, 디모데전서 6:10의 '돈을 사랑하는 것이 일만 악의 뿌리가 된다'라는 말씀은 돈에 대한 탐욕에서부터 모든 악이 발생한다는 것을 밝혀 주고 있습니다. 또한 마음속의 '육신의 생각'은 만 가지 죄악이 시작되는 원천이며(롬 8:6-8), 마음에 욕심을 품으면 죄를 낳게 됩니다(약 1:15).

잠시 번개처럼 스친 생각을 사람 앞에서는 숨길 수 있어도, 사람의 심장과 폐부를 살피시는 하나님 앞에서는 숨길 수도 없고 속일 수도 없습니다(삼상 16:7, 왕상 8:39, 시 7:9, 11:5, 139:1-4, 잠 16:2, 21:2, 렘 11:20, 17:10, 20:12). 우리의 일평생은 불꽃 같은 하나님의 일곱 눈 앞에서(슥 3:9, 4:10, 계 1:14, 2:18, 5:6, 19:12, 참고-겔 1:18, 단 10:6) 벌거벗은 것같이 다 드러나게 됩니다(요 2:24-25, 히 4:13). 우리의 마음과 행동을 그대로 달아 보시는 하나님의 저울은 한 눈금도 더함이나 덜함이 없이 아주 정확하며(삼상 2:3, 잠 24:12, 단 5:27), 하나님께서는 우리의 믿음의 무게 그대로 정확하게 갚아 주십니다(시 62:12, 전 12:14, 마 16:27, 롬 2:6, 고후 5:10).

4. 각 계명을 범한 자의 처벌법(범죄자의 최후)

Various penalties for the violation of each of the commandments (the fate of the transgressors)

십계명은 그 세부 율법과 신구약 성경 전체를 통해 살펴볼 때, 각 계명마다 그 범한 양상에 따라 다양한 처벌법이 있습니다.

(1) 제1계명을 범한 자의 처벌법

① 용서 없는 사형(돌로 쳐 죽임)

"여호와 외에 다른 신에게 희생을 드리는 자는 **멸할지니라**"(출 22:20)

"다른 신들 ... [7]우리가 가서 섬기자 할지라도 ... [9]너는 용서 없이 그를 **죽이되** ... [10]너는 **돌로 쳐 죽이라**"(신 13:6-11)

(다른 신들을 섬기자고 유혹할 때)

② 돌로 쳐 죽이거나 칼날로 죽임

"[15]그 성읍 거민을 **칼날로 죽이고** ... 그 생축을 **칼날로 진멸하고**"(신 13:12-16)

"다른 신들을 섬겨 그것에게 절하며 내가 명하지 아니한 일월 성신에게 절한다 하자 ... [5]너는 그 악을 행한 남자나 여자를 네 성문으로 끌어내고 돌로 그 남자나 여자를 쳐 **죽이되** [6]**죽일 자**를 두 사람이나 세 사람의 증거로 **죽일** 것이요 한 사람의 증거로는 죽이지 말 것이며"(신 17:3-6)

③ 거짓 선지자나 무당을 반드시 죽임

"그 선지자나 꿈꾸는 자는 **죽이라**"(신 13:5)

"너는 무당을 **살려 두지 말지니라**"(출 22:18, [참고-]레 20:6, 27)

[참고] 신 6:14-15, 7:4, 8:19, 11:16-17, 28, 30:17-18

(2) 제2계명을 범한 자의 처벌법

① 전멸

" ... 무슨 형상의 우상이든지 조각하여 네 하나님 여호와 앞에 악을 행함으로 그의 노를 격발하면 [26]내가 오늘날 천지를 불러 증거를 삼노니 너희가 요단을 건너가서 얻는 땅에서 **속히 망할 것이라** 너

희가 거기서 **너희 날이 길지 못하고 전멸될 것이니라**"(신 4:25-26)

② 진멸

"너는 그들의 **조각한 신상들을 불사르고** ... [26]너는 가증한 것을 네 집에 들이지 말라 너도 **그와 같이 진멸당할 것이 될까 하노라** 너는 그것을 극히 꺼리며 심히 미워하라 그것은 **진멸당할 것임**이니라"(신 7:25-26)

③ 저주

"장색의 손으로 조각하였거나 부어 만든 우상은 여호와께 가증하니 그것을 만들어 은밀히 세우는 자는 **저주를 받을 것이라** 할 것이요 모든 백성은 응답하여 아멘 할지니라"(신 27:15)

[참고] 왕하 11:18, 시 115:4-8, 135:15-18, 사 44:9-11

(3) 제3계명을 범한 자의 처벌법

① 반드시 사형(돌로 쳐 죽임)

"그 이스라엘 여인의 아들이 여호와의 이름을 훼방하며 저주하므로 무리가 끌고 모세에게로 가니라 ... [14]저주한 사람을 진 밖에 끌어내어 그 말을 들은 모든 자로 그 머리에 안수하게 하고 **온 회중이 돌로 그를 칠지니라** [15]너는 이스라엘 자손에게 고하여 이르라 누구든지 자기 하나님을 저주하면 죄를 당할 것이요 [16]여호와의 이름을 훼방하면 **그를 반드시 죽일지니** 온 회중이 돌로 그를 칠 것이라 외국인이든지 본토인이든지 여호와의 이름을 훼방하면 **그를 죽일지니라**"(레 24:11-16)

② 사형(다른 신들의 이름으로 말한 선지자)

"무릇 그가 내 이름으로 고하는 내 말을 듣지 아니하는 자는 내게 **벌을 받을 것이요** [20]내가 고하라고 명하지 아니한 말을 어떤 선지자가 만일 방자히 내 이름으로 고하든지 다른 신들의 이름으로 말하면 그 선지자는 **죽임을 당하리라** 하셨느니라"(신 18:19-20)

[참고] 신 28:58-61, 렘 14:14-16, 슥 13:3

(4) 제4계명을 범한 자의 처벌법 - 반드시 사형

"너희는 나의 안식일을 지키라 ... [14]무릇 그날을 더럽히는 자는 **죽일지며** 무릇 그날에 일하는 자는 **그 백성 중에서 그 생명이 끊쳐지리라 ... [15]무릇 안식일에 일하는 자를 반드시 죽일지니라**"(출 31:13-15)

"엿새 동안은 일하고 제 칠일은 너희에게 성일이니 여호와께 특별한 안식일이라 무릇 이날에 일하는 자를 **죽일지니**"(출 35:2)

[참고] 민 15:32-36, 느 13:17-18, 겔 20:12-13

(5) 제5계명(부모 공경)을 범한 자의 처벌법 - 반드시 사형

"자기 아비나 어미를 치는 자는 **반드시 죽일지니라**"(출 21:15, 17)

"사람에게 완악하고 패역한 아들이 있어 그 아비의 말이나 그 어미의 말을 순종치 아니하고 부모가 징책하여도 듣지 아니하거든 ... [21]그 성읍의 모든 사람들이 그를 **돌로 쳐 죽일지니**"(신 21:18-21)

[참고] 잠 30:17, 마 15:4, 막 7:10, 롬 1:30-32

(6) 제6계명을 범한 자(살인)의 처벌법

① 반드시 사형

"사람을 쳐 죽인 자는 **반드시 죽일 것이나** [13]만일 사람이 계획함이 아니라 나 하나님이 사람을 그 손에 붙임이면 내가 위하여 한 곳을 정하리니 그 사람이 그리로 도망할 것이며 [14]사람이 그 이웃을 짐짓 모살하였으면 너는 그를 내 단에서라도 잡아내려 **죽일지니라**"(출 21:12-14)

② 손해 배상

"사람이 서로 싸우다가 하나가 돌이나 주먹으로 그 적수를 쳤으나 그가 죽지 않고 자리에 누웠다가 [19]지팡이를 짚고 기동하면 그를 친 자가 형벌은 면하되 **기간 손해를 배상하고 그로 전치되게 할지니라**"(출 21:18-19)

③ 형벌

"사람이 매로 그 남종이나 여종을 쳐서 당장에 죽으면 **반드시 형벌을 받으려니와** [21]그가 일 일이나 이 일을 연명하면 형벌을 면하리니 그는 상전의 금전임이니라"(출 21:20-21)

[참고] 출 21:22-36, 시 55:23

(7) 제7계명을 범한 자(간음)의 처벌법

① 반드시 사형(돌로 쳐 죽임)

"누구든지 남의 아내와 간음하는 자 곧 그 이웃의 아내와 간음하는 자는 그 간부와 음부를 **반드시 죽일지니라**"(레 20:10)

(골육지친, 동성, 짐승과 교합) "**반드시 죽일지니**"(레 20:11-21, 출 22:19)

"남자가 유부녀와 통간함을 보거든 **그 통간한 남자와 그 여자를 둘 다 죽여** 이스라엘 중에 악을 제할지니라"(신 22:22)

"처녀인 여자가 남자와 약혼한 후에 어떤 남자가 그를 성읍 중에서 만나 통간하면 [24]너희는 **그들을 둘 다 성읍 문으로 끌어내고 그들을 돌로 쳐 죽일 것이니** ..." (신 22:23-24)

② 화형(火刑)

"누구든지 아내와 그 장모를 아울러 취하면 악행인즉 **그와 그들을 함께 불사를지니** ..." (레 20:14)

"아무 제사장의 딸이든지 행음하여 스스로 더럽히면 그 아비를 욕되게 함이니 **그를 불사를지니라**" (레 21:9)

③ 빙폐 지불과 아내 삼음

"... 처녀를 꾀어 동침하였으면 **빙폐를 드려 아내로 삼을 것이요** [17]만일 그 아비가 그로 그에게 주기를 거절하면 그는 처녀에게 **빙폐하는 일례로 돈을 낼지니라**" (출 22:16-17, 신 22:28-29)

[참고] 레 18:6-30, 히 13:4

(8) 제8계명을 범한 자(도적질)의 처벌법

① 반드시 사형(사람을 유괴한 자)

"사람을 후린(유괴한) 자가 그 사람을 팔았든지 자기 수하에 두었든지 그를 **반드시 죽일지니라**" (출 21:16, 신 24:7)

② 반드시 배상하고 속건제를 드림

"사람이 소나 양을 도적질하여 잡거나 팔면 그는 소 하나에 소 다섯으로 갚고 양 하나에 양 넷으로 **갚을지니라** [2]도적이 뚫고 들어옴을 보고 그를 쳐 죽이면 피 흘린 죄가 없으나 [3]해 돋은 후이면 피 흘린 죄가 있으리라 도적은 **반드시 배상할 것이나** 배상할 것이 없으면 그 몸을 팔아 **그 도적질한 것을 배상할 것이요** [4]도적질한 것이 살아 그 손에 있으면 소나 나귀나 양을 무론하고 갑절을 **배상할지니라**"(출 22:1-15)

"누구든지 여호와께 신실치 못하여 범죄하되 곧 남의 물건을 맡거나 **전당** 잡거나 **강도질**하거나 **늑봉**하고도 사실을 부인하거나 [3]남의 잃은 물건을 얻고도 사실을 부인하여 거짓 맹세하는 등 사람이 이 모든 일 중에 하나라도 행하여 범죄하면 [4]이는 죄를 범하였고 죄가 있는 자니 그 빼앗은 것이나 늑봉한 것이나 맡은 것이나 얻은 유실물이나 [5]무릇 그 거짓 맹세한 물건을 돌려보내되 곧 그 본물에 오분 일을 더하여 돌려보낼 것이니 그 죄가 드러나는 날에 그 임자에게 줄 것이요 [6]그는 또 그 **속건제**를 여호와께 가져올지니 곧 너의 지정한 가치대로 떼 중 흠 없는 숫양을 **속건 제물**을 위하여 제사장에게로 끌어올 것이요"(레 6:2-6)

(9) 제9계명을 범한 자(거짓말)의 처벌법

① 동해보복(同害報復), 배상과 속건제

"... [16]만일 위증하는 자가 있어 아무 사람이 악을 행하였다 말함이 있으면 ... [18]재판장은 자세히 사실하여 그 증인이 위증인이라 그 형제를 거짓으로 무함한 것이 판명되거든 [19]그가 그 형제에게 **행하려고 꾀한 대로 그에게 행하여** 너희 중에서 악을 제하라 [20]그리하면 그 남은 자들이 듣고 두려워하여 이 후는 이런 악을 너희 중에서 다시 행하지 아니하리라 [21]네 눈이 긍휼히 보지 말라 **생명은 생명으로, 눈은 눈으로, 이는 이로, 손은 손으로, 발은 발로**니라"(신 19:15-21)

② 배상과 속건제를 드림

"누구든지 여호와께 신실치 못하여 범죄하되 곧 남의 물건을 맡거나 전당 잡거나 강도질하거나 늑봉하고도 사실을 부인하거나 [3]남의 잃은 물건을 얻고도 사실을 부인하여 거짓 맹세하는 등 사람이 이 모든 일 중에 하나라도 행하여 범죄하면 [4]이는 죄를 범하였고 죄가 있는 자니 그 빼앗은 것이나 늑봉한 것이나 맡은 것이나 얻은 유실물이나 [5]무릇 그 거짓 맹세한 물건을 **돌려보내되 곧 그 본물에 오분 일을 더하여 돌려보낼 것이니 그 죄가 드러나는 날에 그 임자에게 줄 것**이요 [6]**그는 또 그 속건제를 여호와께 가져올지니** 곧 너의 지**정한 가치대로 떼 중 흠 없는 숫양을 속건 제물을 위하여 제사장에게로 끌어올 것이요**"(레 6:2-6)

[참고] 시 12:2-3, 59:12, 잠 18:21, 19:5, 9, 21:28, 렘 6:12-13, 호 7:16

(10) 제10계명을 범한 자(탐심)의 처벌법

① 사형(간접)

"이스라엘 중에 섞여 사는 무리가 탐욕을 품으매 ... [34]그 곳 이름을 기브롯 핫다아와라 칭하였으니 **탐욕을 낸 백성을 거기 장사함이었더라**"(민 11:4-34)

"내가 노략(擄掠)한 물건 중에 시날 산의 아름다운 외투 한 벌과 은 이백 세겔과 오십 세겔중의 금덩이 하나를 보고 **탐내어 취하였나이다** ... [25]여호수아가 가로되 네가 어찌하여 우리를 괴롭게 하였느뇨 여호와께서 오늘날 너를 괴롭게 하시리라 하니 온 이스라엘이 **그를 돌로 치고 그것들도 돌로 치고 불사르고** [26]그 위에 돌 무더기를 크게 쌓았더니 오늘날까지 있더라 여호와께서 그 극렬한 분노를

그치시니 그러므로 그곳 이름을 오늘날까지 아골 골짜기라 부르더라"(수 7:21-26)

② 수명 단축

"무릇 이를 탐하는 자의 길은 다 이러하여 **자기의 생명을 잃게 하느니라**"(잠 1:19)

"무지한 치리자는 포학을 크게 행하거니와 **탐욕을 미워하는 자는 장수하리라**"(잠 28:16)

③ 하나님의 진노

"그러므로 땅에 있는 지체를 죽이라 곧 음란과 부정과 사욕과 악한 정욕과 **탐심**이니 **탐심**은 우상 숭배니라 [6]이것들을 인하여 **하나님의 진노**가 임하느니라"(골 3:5-6)

[참고] 눅 12:15, 엡 5:5

각 계명을 범한 자에 대한 처벌법은 공통적으로 '사형'입니다. 이것은 계명의 준수가 생명과 직결된다는 뜻입니다. 하나님께서 이스라엘 백성과 시내산 언약을 맺으시면서 직접적으로 십계명을, 그리고 모세를 통해 세부 율법을 주신 후, 수많은 사람들이 이 신앙의 기초 원리를 무시하고 불순종하여 범죄하므로 엄중한 심판을 받았습니다. 십계명은 하나님과 이스라엘 사이에 맺어진 언약 관계를 지속할 수 있는 법적인 근거입니다. 그러므로 하나님께서는 그 언약을 깨뜨린 자에게 매우 강력하게 보응 혹은 징계하셨습니다. 역사적으로 십계명을 범한 자들은 하나같이 그 최후가 매우 비참했습니다. 지면의 한계로 신구약 성경의 수많은 사건들을 일일이 거론

할 수는 없지만, 몇 가지 실례들만 보아도 하나님의 말씀 곧 십계명의 절대적 권위를 실증해 줍니다. 십계명의 열 말씀은 시대를 초월하여 지금도 살아 있는, 하나님의 절대적 권위로 선포되는 말씀입니다. 십계명을 범한 저들의 비참한 최후는 말세를 만난 성도들에게 선명한 거울과 뼈아픈 경계가 될 것입니다(고전 10:11).

5. 예수님의 십계명 인용

Jesus' reference to the Ten Commandments

십계명은 신구약을 관통하는 참으로 신비로운 말씀입니다. 아담과 하와는 '선악과를 따먹지 말라' 하신 하나님의 말씀에 불순종하여, 손을 내밀어 선악과를 따먹고 죄를 범하여 에덴동산에서 쫓겨나고 말았습니다. 하나님의 계명은 각 계명이 서로 긴밀하게 연결되어 있으므로, 하나를 범하면 전체를 범한 것이 됩니다(참고-막 10:21-22, 약 2:10-11). 아담과 하와가 선악과를 따먹는 순간 십계명을 모두 통째로 범한 것이나 다름없습니다.[34)]

한마디로, 하나님께서는 십계명을 통하여 아담이 범한 죄를 열 가지로 풀어 낱낱이 기록하신 것입니다. 십계명 속에는 타락 세계를 본래 세계로 회복시키려 하시는, 하나님의 중대한 구속 계획과 목적이 담겨 있습니다.

타락한 세계를 회복하시러 오신 예수님께서는 십계명을 재해석하여 더 크고 깊은 의미로 확장해 주셨습니다. 예수님께서는 율법을 폐하러 오신 것이 아니라 완전케 하기 위해서 오셨습니다(마 5:17). "진실로 너희에게 이르노니 천지가 없어지기 전에는 율법의 일점 일획이라도 반드시 없어지지 아니하고 다 이루리라"라고 말씀하셨습니다(마 5:18). 그리고 그 율법 가운데 지극히 작은 것 하나라도 버리면 천국에서 지극히 작다 일컬음 받고, 누구든지 이를 행하며 가르치는 자는 천국에서 크다 일컬음을 받게 된다고 말씀하셨습니다(마 5:19). 이는 율법의 작은 것 하나도 손상될 수 없을 뿐만 아니라, 가장 사소하고 덜 중요해 보이는 것까지도 순종하느냐, 제쳐 놓느냐에 따라 장차 천국에서의 상급이 결정된다는 것입니다. 이에 더하여 예수님께서는 서기관과 바리새인보다 더 나은 의가 없이는 결단코 천국에 들어갈 수 없다고 말씀하셨습니다(마 5:20).

예수님께서는 하나님의 구속사적 경륜 속에 율법이 구약으로부터 신약까지, 그리고 천국이 도래하는 종말까지 예수님 안에서 완성되고 있음을 분명히 밝히셨습니다. 그 모든 율법이 죄인에게 요구하는 공의를 궁극적으로 만족시키신 분은 역사상 유일무이(唯一無二)하게 예수 그리스도뿐입니다(요 19:30, 롬 8:3-4, 갈 3:13). 예수 그리스도께서는 모든 믿는 자에게 의를 이루기 위하여 율법의 마침이 되셨습니다(롬 10:4). 그러므로 우리는 예수님께서 주신 완전한 의를 믿음으로 받아(롬 3:28), 서기관과 바리새인보다 더 나은 의(롬 3:21-24)를 가져야 천국에 입성하게 되는 것입니다.

예수님께서는 율법의 뜻을 근본부터 밝히 해석하여 주심으로써, 율법을 완전한 도덕법으로 승화시키셨습니다. 예수님께서 직접 십계명을 인용하셨던 대표적인 성구들은 다음과 같습니다.

(1) 마태복음 5:21-48 (눅 6:27-36)

십계명의 진정한 의미와 구속사적 해석을 위한 열쇠 가운데 하나는 예수님께서 남기신 산상수훈입니다. 예수님께서는 산상수훈을 통해, “살인하지 말라”라는 제6계명(마 5:21-26)과 “간음하지 말라"라는 제7계명을 재해석해 주셨습니다(마 5:27-32). '살인하면 심판을 받게 된다'라고 옛사람에게 한 말을 들었으나, "형제에게 노하는 자마다 심판을 받게 되고 형제를 대하여 라가(히브리인의 욕설)라 하는 자는 공회에 잡히게 되고 미련한 놈이라 하는 자는 지옥 불에 들어가게 되리라"라고 말씀하셨습니다(마 5:21-22). 또한 "여자를 보고 음욕을 품는 자마다 마음에 이미 간음"한 것이라고 가르쳐 주셨습니다(마 5:28). 그리고 '네 이웃을 사랑하라'(레 19:18)라는 십계명의 대강령을 "너희 원수를 사랑하며 너희를 핍박하는 자를 위하여 기도하라"(마 5:38-48), "너희를 미워하는 자를 선대하며 ... 원수를 사랑하고 선대하며 아무것도 바라지 말고 ..."(눅 6:27-36)라고 재해석해 주셨습니다.

(2) 마태복음 15:1-20 (막 7:1-23)

바리새인과 서기관들이, 예수님의 제자들이 떡 먹을 때에 손을 씻지 않는 것을 보고 트집을 잡자, 예수님께서 장로들의 유전(遺傳)을 가지고 계명을 범하는 바리새인과 서기관들을 책망하시면서, "네 부모를 공경하라"라는 제5계명을 언급하셨습니다(마 15:1-6, 막 7:1-13). 여기 유전(遺傳)은 '물려 내려온 가르침, 조상으로부터 자손에게 어떤 모양이나 개성이 전하여지는 현상'을 뜻합니다(마 15:2-3). 개역개정, 표준새번역, 공동번역은 '전통'(傳統, tradition)이라고 번역하였습니다. 신약성경에는 지키고 물려주어야 할 긍정적 의미의 유전(전통)과, 결코 물려주어서는 안 되는 부정적 의미의 유전(인습)이 기록되어 있습니다.

첫째, 사도들이 편지로 쓴 가르침과 교훈, 혹은 복음을 가리키는 복스러운 유전이 있습니다. 초대교회 당시 사도들은 서신을 통해 하나님의 말씀을 교훈하고, 교회 문제를 상담하며 성도들의 생활을 지도해 주었는데, 그것을 가리켜 "말로나 우리 편지로 가르침을 받은 유전"(살후 2:15)이라고 하였습니다(고전 11:23). 사도 바울은 "우리에게 받은 유전대로 행하지 아니하는 모든 형제에게서 떠나라"라고 권면하였습니다(살후 3:6).

둘째, 유대 장로(지도자)들이 하나님으로부터 받은 율법을 상황에 따라 해석하여 전해 준 악한 구전 율법(oral law)이 있습니다. 신약성경에는 "장로들의 유전"(마 15:2, 막 7:3, 5, 8), "내 조상의 유전"(갈 1:14), "사람의 유전"(막 7:8, 골 2:8)이라고 기록하고 있습니다. 당시 유대인들에게는 이 규범이 하나님의 말씀보다 더 우선시되었으므로, 예수님께서는 "너희가 하나님의 계명은 버리고 사람의 유전을 지키느니라"라고 질책하셨습니다(막 7:8, 참고-갈 1:14). 그러므로 사도 베드로는 불신앙적 유전을 가리켜 "조상의 유전한 망령된 행실"이라고 자극적으로 표현했습니다(벧전 1:18). "망령된"(μάταιος, 마타이오스)은 '빈, 헛된, 쓸모없는, 결과가 없는'이라는 뜻으로, 조상의 이런 유전을 좇으면 영원한 절망과 죽음에 이르고 맙니다. 성도는 불신앙의 유전을 버리고, 오직 흠 없고 점 없는 어린 양 같은 그리스도의 보배로운 피로 구속 받은 것을 감사하며 하나님의 말씀만을 좇아갈 때 영생의 열매를 맺게 됩니다(벧전 1:18-19).

이렇게 예수님께서는 외식적인 신앙에 찌들어 타락한 종교 지도자들에게, '사람의 계명으로 교훈을 삼아 가르치고 헛되이 경배하며 하나님의 말씀을 폐하는 점'을 날카롭게 지적하셨습니다(마 15:5-9, 막 7:6-9). 그리고 사람을 더럽게 하는 것은 씻지 않은 손이 아니라, "마음에서 나오는 것은 악한 생각"인데, 곧 "음란과 도적질과 살인과 간음과 탐욕과 악독과 속임과 음탕과 흘기는 눈과 훼방과 교만과 광패(狂悖: 미친 사람처럼 도의에 어긋나는 언행)니"("살인과 간음과 음란과 도적질과 거짓 증거와 훼방")라고 답하시어, 십계명을 범하는 경우를 낱낱이 예로 들어 말씀해 주셨습니다(마 15:17-20, 막 7:18-23).

(3) 마태복음 19:1-12 (막 10:1-12, 눅 16:18)

예수님께서 갈릴리에서 떠나 요단강 건너 유대 지경에 이르렀을 때, 율법에 능통한 바리새인들이 나아와 시험하여 묻기를, "사람이 아무 연고를 물론하고 그 아내를 내어 버리는 것이 옳으니이까"(마 19:3)라고 물었습니다. 무엇이든지 이유가 닿기만 하면 남편이 아내를 버려도 괜찮은가를 물은 것입니다. 그때 예수님께서는 창조 시의 본래(本來) 원리를 가지고 "사람을 지으신 이가 본래 저희를 남자와 여자로 만드시고 ... 하나님이 짝지어 주신 것을 사람이 나누지 못할지니라"(마 19:4-6)라고 답변해 주셨습니다. 이에 저들은 신명기 24:1-3을 가지고 "어찌하여 모세는 이혼 증서를 주어서 내어 버리라 명하였나이까"라고 트집을 잡았으나, 예수님께서는 사람의 마음의 완악함 때문이라고 지적하시면서, "... 본래는 그렇지 아니하니라"라고 대답하셨습니다(마 19:7-8). 4절과 8절에 각각 언급된 "본래"의 헬라어는 '아프 아르케스'(ἀπ᾽ ἀρχῆς)이며, '처음부터, 근본부터, 태초부터'라는 뜻입니다. 동일한 본문 마가복음 10:6에는 "창조 시로부터"라고 번역하고 있습니다. 태초의 세계는 이혼 자체가 없는 것입니다. 그래서 예수님께서는 마태복음 19:9에서 "내가 너희에게 말하노니 누구든지 음행한 연고 외에 아내를 내어 버리고 다른 데 장가드는 자는 간음함이니라"라고 말씀하셨습니다.

바리새인들은 예수님께서 늘 말씀해 오신 '본래'의 세계에 무지했기 때문에, '본래'는 그렇지 않았던 것도 바꾸어서 '본래'가 그런 것같이 주님께 시비를 걸었습니다. 이에 예수님께서는 바리새인들 속에서 왜곡되어 있는 제7계명을 본래대로 바로잡아 주셨던 것입니다. 예수님께서는 십계명을 밝히 해석해 주실 때, 없던 것을 새로 만들어 가르치시거나 아니면 내용을 수정하여 가르치신 것이 아니라, 처음 말씀을 주셨던 그 본래의 뜻을 분명히 밝히셨던 것입니다.

(4) 마태복음 19:16-30 (막 10:17-31, 눅 18:18-30)

부자 청년이 예수님 앞에 꿇어앉아 "내가 무슨 선한 일을 하여야 영생을 얻으리이까"라고 물었을 때, 예수님께서는 "네가 생명에 들어가려면 계명들을 지키라"라고 말씀하셨습니다. 이에 부자 청년이 "어느 계명이오니이까"라고 되묻자, 예수님께서는 십계명으로 답변해 주셨습니다. 이때 예수님께서는 제1-4계명(대신 계명)은 언급도 안 하시고, 제5-10계명(대인 계명)을 가지고 "살인하지 말라, 간음하지 말라, 도적질하지 말라, 거짓 증거하지 말라, 네 부모를 공경하라, 네 이웃을 네 몸과 같이 사랑하라"(마 19:16-19, 막 10:17-19, 눅 18:18-20)라고 말씀하셨습니다. 부자 청년은 '이것은 내가 어려서부터 다 지키었나이다 아직도 무엇이 부족하니이까'라고 자부하였습니다. 이때, 예수님께서는 "네게 오히려 한 가지 부족한 것이 있으니 가서 네 있는 것을 다 팔아 가난한 자들을 주라 그리하면 하늘에서 보화가 네게 있으리라 그리고 와서 나를 좇으라"라고 다시 말씀해 주셨습니다(마 19:20-21, 막 10:20-21, 눅 18:21-22). 그러나 그 청년은 이 말씀을 듣고, 재물이 많았던 고로 슬픈 기색을 띠고 심히 근심하며 돌아 갔습니다(마 19:22, 막 10:22, 눅 18:23). 그 청년이 돌아간 뒤에 예수님께서는 제자들에게 '재물 있는 자'가 하나님 나라에 들어가기가 심히 어려우며, 차라리 '약대가 바늘귀로 들어가는 것이 더 쉽다'라고 탐심을 경계하셨습니다(마 19:23-24, 막 10:23-25, 눅 18:24-25).

부자 청년은 십계명을 어려서부터 '다' 지켰다고 자부했으나(마 19:20, 막 10:20, 눅 18:21), 예수님께서 그에게 "오히려 한 가지 부족한 것"이 있다고 지적하신 대로(막 10:21, 눅 18:22), 그는 대인 계명(제5-10계명)의 핵심인 '이웃 사랑'에 실패한 자입니다. 그래서 사람의 중심을 다 보시는 예수님께서는, 부자 청년에게 '하나님 사랑'을 말씀하는 대신(對神) 계명(제1-4계명)에 대해서는 언급도 하지 않으셨던 것입니다. 결국 그는 영생의 주를 만났는데도, 재물이 많으므로 슬픈 기색을 띠고 근심하며 돌아간 뒤 다시 오지 않았습니다(마 19:22, 막 10:22, 눅 18:23).

(5) 마태복음 22:34-40 (막 12:28-34)

예수님께서는 '율법 중 가장 큰 계명은 무엇인가'를 묻는 한 율법사의 질문에 십계명을 두 가지의 큰 줄기로 답해 주셨습니다. 크고 첫째 되는 계명으로 "네 마음을 다하고 목숨을 다하고 뜻을 다하여 주 너의 하나님을 사랑하라"라고, 둘째 되는 계명으로 "네 이웃을 네 몸과 같이 사랑하라"라고 말씀하셨습니다(마 22:36-39, 막 12:28-31). 그리고 "이 두 계명이 온 율법과 선지자의 강령이니라"라고 선포하셨습니다(마 22:40).

(6) 누가복음 10:25-37

예수님께서는 부자 청년과 똑같이 영생에 관한 질문을 던진 한 율법사에게 “율법에 무엇이라 기록되었으며 네가 어떻게 읽느냐” 라고 되물으셨습니다(눅 10:25-26). 그가 “네 마음을 다하며 목숨을 다하며 힘을 다하며 뜻을 다하여 주 너의 하나님을 사랑하고 또한 네 이웃을 네 몸과 같이 사랑하라 하였나이다”(눅 10:27)라고 답하자, 예수님께서는 “네 대답이 옳도다 이를 행하라 그러면 살리라” 라고 말씀하셨습니다(눅 10:28). 그리고 “그러면 내 이웃이 누구오니이까”라고 까다로이 되묻는 그에게 ‘자비를 베푼 사마리아인’의 비유를 베풀어, 참이웃에 대하여 감동적으로 대답해 주셨습니다(눅 10:29-37).

(7) 누가복음 12:13-21

예수님께서는 재산 상속을 탐하는 한 사람에게 제10계명으로 답변하셨습니다(눅 12:13-15). 누가복음 12:15에 “삼가 모든 탐심을 물리치라 사람의 생명이 그 소유의 넉넉한 데 있지 아니하니라”라고 말씀하셨습니다. 또한 어리석은 부자의 비유를 통해, 탐심의 실상과 그 허무한 결과를 가르쳐 주셨습니다(눅 12:16-21).

말씀이 육신이 되어 이 땅에 오신 예수님께서 십계명을 자주 언급하신 일은 의미심장합니다. 그것은 신약성경에 가장 많이 인용된 구약성경이, 십계명을 중심으로 기록된 ‘신명기’(申命記)라는 사실을 통해서도 입증됩니다(80회 이상).

그러므로 예수 그리스도께서 재해석하신 십계명을 통해 그 구속사적 교훈을 살펴볼 때, 십계명을 가장 깊고 가장 완전하며 가장 정확하게 깨닫게 됩니다.

하나님께서 예로부터 여러 선지자들에게 여러 모양으로 말씀하시고 기록하신 그대로(눅 1:70, 요 1:45, 롬 3:21), 때가 차매 그 아들을 보내사 "이 모든 날 마지막에" 우리에게 말씀하셨습니다(갈 4:4).

히브리서 1:1-2 "옛적에 선지자들로 여러 부분과 여러 모양으로 우리 조상들에게 말씀하신 하나님이 [2]이 모든 날 마지막에 아들로 우리에게 말씀하셨으니 이 아들을 만유의 후사로 세우시고 또 저로 말미암아 모든 세계를 지으셨느니라"

성경은, 태초의 말씀이 육신이 되어 이 땅에 오신 예수 그리스도를 통하여 우리에게 십계명의 본질을 말씀하고 있습니다. 오랜 세월 인간에 의해 왜곡되고 변질되어 버린 십계명은 예수 그리스도의 십계명 해석을 통해 그 본래의 뜻이 되살아나고, 살아 계신 하나님의 말씀으로 더욱 강화되고 분명해졌습니다. 참으로 십계명은 예수 그리스도로 말미암아 만대까지 영원한 언약임이 완벽하게 입증되었습니다.

이제 다음 장에서는 십계명의 각 계명을 구체적으로 연구하면서 그 구속사적 교훈도 함께 살펴보겠습니다.

제 5 장

만대의 언약 십계명(열 말씀들)

The Covenant for All Generations:
the Ten Commandments (the Ten Words)

만대의 언약 십계명(열 말씀들)

THE COVENANT FOR ALL GENERATIONS: THE TEN COMMANDMENTS (THE TEN WORDS)

십계명 곧 열 말씀은 구약성경에서 출애굽기 20:3-17과 신명기 5:7-21, 두 군데에 거의 같은 내용으로 기록되어 있습니다. 십계명은 양적(量的)으로는 너무나 짧고 열 말씀에 불과하지만, 그 내용의 광대함과 오묘함, 깊이와 무게는 감히 필설로 다 표현하기 어렵습니다.

오직 성경에서 제시해 주는 십계명 해석의 원리를 따라 상고해 나갈 때, 신구약 성경을 관통하는 십계명의 무게와 깊이를 조금씩 헤아려 볼 수 있을 것입니다. 이로써 우둔한 자도 반드시 하나님의 말씀을 밝히 깨닫는 영적 지혜가 열릴 것이고(시 119:130), 송이꿀보다 더 달고 깊은 말씀의 진수를 맛보게 될 것입니다(시 19:9-10, 119:103, 잠 16:24, 24:13-14).

먼저 각 계명을 히브리어 원문을 중심으로 해석하고 각 계명에 대한 세부 율법을 살펴보겠습니다. 이어 각 계명의 교훈과 계명을 어긴 자의 최후에 대하여 살펴보고, 계명에 담겨 있는 놀라운 구속사적 교훈을 살펴보겠습니다. 각 계명을 연구할 때, 우리 모두에게는 각 계명의 본질적 의미를 깨닫게 해 달라는 간절한 기도가 있어야 합니다.

제 1 계명
THE FIRST COMMANMDENT

"너는 나 외에는 다른 신들을 네게 있게 말지니라"
You shall have no other gods before Me.
לֹא יִהְיֶה־לְךָ אֱלֹהִים אֲחֵרִים עַל־פָּנָיַ
(출 20:3, 신 5:7)

출애굽기 20:3에서 "너는 나 외에는 다른 신들을 네게 있게 말지니라"라고 말씀하고 있습니다. 신명기 5:7에서는 "나 외에는 위하는 신들을 네게 있게 말지니라"라고 말씀하고 있습니다. 히브리어 원문으로는 출애굽기 20:3과 정확하게 일치합니다. 제1계명은, 우리가 경배해야 할 신앙의 대상이 오직 '유일하신 하나님' 한 분뿐임을 강력하게 말씀하고 있습니다.

1. 제1계명의 해석

Exegesis of the first commandment

(1) "너는" / לְךָ / You

출애굽기 20:3에서 히브리어 '레카'(לְךָ)는 '네게'로 번역됩니다. 신명기 5:7에서도 "네게"로 올바르게 번역하고 있습니다. 여기 "너"는 '애굽 땅, 종 되었던 집에서 인도함을 받은 자'입니다. 하나님께서는 이스라엘 백성을 애굽의 압제에서 해방시켜 주셨습니다(출 20:2, 신 5:6). 애굽에서 건짐을 받은 '너', 오늘날 애굽 같은 죄악된 세상에서 건짐을 받은 '너'입니다. '너'는 2인칭 단수로, 하나님께서 언약을 맺고 하나님께서 주신 계명을 지켜야 하는 대상이 국가나 사회나 가정이 아니고, 구원을 받은 각자 개개인(個個人)임을 강조하고 있습니다.

(2) "나 외에는" / עַל־פָּנָי / before Me

이것은 히브리어 '알파나야'(עַל־פָּנָי)로, '위에'를 뜻하는 '알'(עַל)과 '얼굴'을 뜻하는 '파님'(פָּנִים)이 합성된 단어로, '내 앞에, 내 면전에'라는 뜻입니다.

이 세상에는 종교가 수없이 많지만, 참하나님은 오직 한 분이십니다.

고린도전서 8:5-6 "비록 하늘에나 땅에나 신이라 칭하는 자가 있어 많은 신과 많은 주가 있으나 [6]그러나 우리에게는 한 하나님 곧 아버지가 계시니 만물이 그에게서 났고 우리도 그를 위하며 또한 한 주 예수 그리스도께서 계시니 만물이 그로 말미암고 우리도 그로 말미암았느니라"

성경은 처음부터 끝까지 삼위일체 하나님만이 유일하신 분이심을 힘차게 증거합니다(출 20:3, 신 4:35, 39, 6:4, 왕상 8:60, 사 44:6, 8下, 요 5:44, 고전 8:4, 6, 딤전 2:5, 약 2:19, 참고-약 4:12). "유일"(μόνος, 모노스)은 '홀로, 하나만, 오직'이란 뜻입니다. 유일하신 하나님은 상천하지(上天下地)에 오직 하나뿐인 하나님을 가리킵니다(신 4:39, 수 2:11, 왕상 8:23).

삼위일체 하나님께서는 유일한 창조주요, 유일한 생명의 원천이시며, 유일한 인도자이시며(시 23:1-6), 유일한 만왕의 왕이시고(딤전

6:15, 참고-시 95:3), 유일한 만세의 왕이시며(딤전 1:17), 유일한 보호자요(시 121:1-8), 유일한 아버지이시며(마 23:9), 유일한 기도 응답자이시고(눅 18:7), 유일한 새 계명의 입법자요(요 13:34-35), 유일한 구원자이시며(롬 3:23-24), 유일한 대속자요(롬 6:10-11), 하나님과 사람 사이에 유일한 새 언약의 중보자이시며(히 9:15), 유일한 심판주요(히 9:27), 유일한 믿음의 주요(히 12:2), 홀로 큰 기사를 행하시는 하나님이십니다(시 136:4).

그러므로 우리에게는 한 아버지, 한 주님, 한 성령, 한 복음, 한 세례, 한 믿음, 구원의 한 계획이 있을 뿐입니다(엡 4:3-6).

그렇다면 유일하신 하나님만 경배하라는 것은 무슨 뜻일까요?

① 다른 존재와는 비교조차 할 수 없는 하나님만을 사랑하라는 뜻입니다.

하나님께서는 모든 존재 위에 뛰어난 전능하신 분입니다(사 46:5). 그러므로 사람이 하나님 몰래 은밀히 행할 수 있는 것은 아무것도 없습니다(시 139:1-4, 7-8, 15-16, 23-24, 렘 23:24, 참고-삼하 12:12, 욥 26:6, 암 9:2-3). 마치 남녀가 사랑으로 하나가 되면 그 사이에 다른 어떤 존재도 끼어들 수 없듯이, 하나님께서는 우리에게 독점적인 사랑, 빈틈없는 사랑을 요구하고 계십니다. 마음의 주인이 둘이면 그 사랑은 이미 가짜입니다. 혹 이를 미워하고 저를 사랑하거나 혹 이를 중히 여기고 저를 경히 여기기 때문입니다(마 6:24, 눅 16:13).

"나 외에는"이라고 함은, '하나님께서 유일하신 주'(막 12:28-30)이심을 선포하신 것입니다(참고-롬 3:30, 고전 8:4, 약 2:19). 하나님 한 분만으로 만족하라는 것입니다. 하나님께서는 만유보다 크신 분이십니다(요 10:29). 유일하신 하나님만을 믿는 삶은, 그 크신 하나님(시 95:3, 단 2:45, 딛 2:13)만을 온전히 믿고 모든 것을 맡기며, 다른 어떤 것도 결코 마음에 두지 않는 것입니다.

② 오직 한 분 하나님만 영원히 믿고 섬기라는 뜻입니다.

유일신 하나님 이외에 다른 신은 존재하지 않습니다. 그러므로 사신(邪神: 간사할 사, 귀신 신. 신 32:17, 시 106:37, 고전 10:19-21) 우상들을 비롯한 이방 신들은 신이 아닌 것들, 헛된 것들, 아무것도 아닌 것들, 가치 없는 우상들입니다(신 32:21, 시 96:5, 사 41:29, 44:9-20, 렘 2:5, 11, 10:14-15, 16:19-20, 51:17-18, 단 5:23, 합 2:18-19 등). 하나님이 아닌 다른 것 곧 우상을 숭배하는 것은 악한 죄입니다(고전 10:20). 하나님만이 처음이요 나중이시며(계 1:8, 17, 2:8, 21:6, 22:13), 영원 자존하시는 분으로, 우리의 유일한 믿음의 대상이 되십니다.

이사야 44:6-11 "이스라엘의 왕인 여호와, 이스라엘의 구속자인 만군의 여호와가 말하노라 나는 처음이요 나는 마지막이라 나 외에 다른 신이 없느니라 [7]내가 옛날 백성을 세운 이후로 나처럼 외치며 고하며 진술할 자가 누구뇨 있거든 될 일과 장차 올 일을 고할지어다 [8]너희는 두려워 말며 겁내지 말라 내가 예로부터 너희에게 들리지 아니하였느냐 고하지 아니하였느냐 너희는 나의 증인이라 나 외에 신이 있겠느냐 과연 반석이 없나니 다른 신이 있음을 알지 못하노라 [9]우상을 만드는 자는 다 허망하도다 그들의 기뻐하는 우상은 무익한 것이어늘 그것의 증인들은 보지도 못하며 알지도 못하니 그러므로 수치를 당하리라 [10]신상을 만들며 무익한 우상을 부어 만든 자가 누구뇨 [11]보라 그 동류가 다 수치를 당할 것이라 그 장색들은 사람이라 그들이 다 모여 서서 두려워하며 함께 수치를 당할 것이니라"

태초부터 마지막까지, 하나님만이 홀로 존재하십니다. 하나님께서 창조하실 때 함께한 존재가 없으며 오직 하나님께서 홀로 온 우주 만물을 창조하셨습니다(사 44:24). 또한 하나님께서는 그 속에 다른 존재가 섞여 있거나, 스스로 나누어질 수 있는 분이 아닙니다. 영원부터 영원까지 스스로 계시고, 절대 홀로 한 분이십니다(시 90:1-2). 그 속성이 단순하시고 유일무이하셔서, 하나님만이 영원 자존하시고, 영원불변하십니다.

③ 하나님만이 영광 받으실 첫째가 되시는 분이라는 뜻입니다.

영원 자존하시는 절대주권자가 둘 또는 둘 이상이라면, 그 둘은 이미 절대적인 존재 곧 참신이 아닙니다. 우리가 하나님의 유일성을 정확하게 깨닫고 믿을 때, 모든 존재가 그에게서 나왔으며, 그에게로 돌아갈 수 있음을 굳게 확신할 수 있습니다(롬 11:36). 그때 비로소 사람의 영광을 구하지 아니하고 오직 하나님께만 진정으로 영광 돌리는 삶을 살 수 있는 것입니다. 고린도전서 10:31에서 "그런즉 너희가 먹든지 마시든지 무엇을 하든지 다 하나님의 영광을 위하여 하라"라고 말씀하고 있습니다.

요한복음 5:44 "너희가 서로 영광을 취하고 유일하신 하나님께로부터 오는 영광은 구하지 아니하니 어찌 나를 믿을 수 있느냐"

④ 하나님이 보내신 자 예수 그리스도를 통한 구원의 유일성을 믿으라는 뜻입니다.

유일신이 두 분이 있다는 것은 불가능합니다. 사람으로 오신 예수님께서는 성자 하나님으로, 성부 하나님과 하나가 되시는 분입니다(요 10:30, 14:9). 예수님으로 말미암지 않고는 아버지께로 올 자가 없습니다(요 14:6). 영생은 곧 유일하신 참하나님과 그의 보내신 자 예수 그리스도를 아는 것입니다(요 17:3). 그래서 베드로는 성령이 충만하여 "다른 이로서는 구원을 얻을 수 없나니 천하 인간에 구원을 얻을 만한 다른 이름을 우리에게 주신 일이 없음이니라"(행 4:12)라고 고백하였습니다.

고린도전서 8:6 "그러나 우리에게는 한 하나님 곧 아버지가 계시니 만물이 그에게서 났고 우리도 그를 위하며 또한 한 주 예수 그리스도께서 계시니 만물이 그로 말미암고 우리도 그로 말미암았느니라"

유대인의 생각에 어느 누가 하나님이 된다든지, 어느 정도까지 하나님처럼 될 수 있다는 생각은 절대 불가했습니다. 예수께서 중풍병자를 고치실 때, "소자야 안심하라 네 죄 사함을 받았느니라"라고 말씀하셨는데, 이때 어떤 서기관들이 속으로 "이 사람이 참람하도다"라고 말했습니다(마 9:1-5).

예수님께서는 실제로 자기 자신이 하나님과 본질적으로 동등하다는 의미에서 "나와 아버지는 하나"라고 주장하셨습니다(요 10:30). 그러자 종교 지도자들은 사람이 되어 자칭 하나님이라 한다는 생각에 "참람하도다"라고 하면서 예수님을 돌로 쳐서 죽이려고 했습니다(요 10:31-33). "참람"이란 단어는, 한글 개역성경 신약에서 11회 나오며, 헬라어로는 '비판, 모독, 중상'이라는 뜻의 '블라스페미아'(βλασφημία)입니다(마 12:31[2회], 15:19, 26:65, 막 2:7, 3:28, 7:22, 14:64, 눅 5:21, 요 10:33, 엡 4:31, 골 3:8, 딤전 6:4, 유 1:9, 계 2:9, 13:1, 5, 6, 17:3, 총 19회 사용). "참람"은 한자로 '참람할 참(僭), 넘칠 람(濫)'이며, '분수에 넘치게 함부로 함, 방자스러움'이라는 뜻입니다. 이는 '입에 담지 못할 악담, 하나님의 영광을 가리거나 욕되게 하는 불경건한 일과 말'을 가리킵니다. 주님 당시 종교 지도자들은, 사람으로 오신 예수님이 자기를 하나님과 동등하게 여기시는 것을 보고, 돌로 쳐 죽여야 할 만큼 참람된 일로 여겼던 것입니다. 결국 종교 지도자들은 사람으로 오신 예수님께서 유일하신 성자 하나님이심을 끝까지 깨닫지 못했습니다. 하나님께서는 오직 한 분 하나님이시고, 삼위일체의 하나님이시며, 구원은 오직 독생하신 하나님(요 1:18)이신 성자 예수 그리스도를 통해서만 가능합니다(요 14:6, 행 4:12).

> "... 여호와는 하나님이시요 그 외에는 다른 신이 없음을 네게 알게 하려 하심이니라"(신 4:35)
> "... 여호와는 하나님이시요 다른 신이 없는 줄을 알아 명심하고"(신 4:39)
> "... 우리 하나님 여호와는 오직 하나인 여호와시니"(신 6:4)
> "... 주는 광대하시니 이는 우리 귀로 들은 대로는 주와 같은 이가 없고 주 외에는 참신이 없음이니이다"(삼하 7:22)
> "... 여호와께서만 하나님이시고 그 외에는 없는 줄을 알게 하시기를 원하노라"(왕상 8:60)
> "... 주는 천하 만국에 홀로 하나님이시라 주께서 천지를 조성하셨나이다"(왕하 19:15)
> "... 주는 천하 만국의 유일하신 하나님이시라 주께서 천지를 조성하셨나이다"(사 37:16)
> "... 나는 처음이요 나는 마지막이라 나 외에 다른 신이 없느니라"(사 44:6)
> "... 나 외에 신이 있겠느냐 ... 다른 신이 있음을 알지 못하노라"(사 44:8)
> "나는 여호와라 나 외에 다른 이가 없나니 나밖에 신이 없느니라 ...

[6]해 뜨는 곳에서든지 지는 곳에서든지 나밖에 다른 이가 없는 줄을 무리로 알게 하리라 나는 여호와라 다른 이가 없느니라"(사 45:5-6)
"여호와께서 천하의 왕이 되시리니 그날에는 여호와께서 홀로 하나이실 것이요 그 이름이 홀로 하나이실 것이며"(슥 14:9)
"예수께서 대답하시되 첫째는 이것이니 이스라엘아 들으라 주 곧 우리 하나님은 유일한 주시라"(막 12:29)
"입법자와 재판자는 오직 하나이시니 능히 구원하기도 하시며 멸하기도 하시느니라 너는 누구관대 이웃을 판단하느냐"(약 4:12)
"곧 우리 구주 홀로 하나이신 하나님께 우리 주 예수 그리스도로 말미암아 영광과 위엄과 권력과 권세가 만고 전부터 이제와 세세에 있을지어다 아멘"(유 1:25)

(3) "다른 신들 / אֱלֹהִים אֲחֵרִים / other gods

이스라엘 백성은 애굽에 거하면서 하나님을 잊어버리고 패역하였습니다. 애굽의 우상들로 자기를 더럽혔고, 우상을 숭배하는 일에 빠져 살았습니다.

레위기 17:7 "그들은 전에 음란히 섬기던 숫염소에게 다시 제사하지 말 것이니라 이는 그들이 대대로 지킬 영원한 규례니라"

여호수아 24:14 "그러므로 이제는 여호와를 경외하며 성실과 진정으로 그를 섬길 것이라 너희의 열조가 강 저편과 애굽에서 섬기던 신들을 제하여 버리고 여호와만 섬기라"

에스겔 20:7-9 "또 그들에게 이르기를 너희는 눈을 드는바 가증한 것을 각기 버리고 애굽의 우상들로 스스로 더럽히지 말라 ... [8]그들이 내게 패역하여 내 말을 즐겨 듣지 아니하고 그 눈을 드는바 가증한 것을 각기 버리지 아니하며 애굽의 우상들을 떠나지 아니하므로 내가 말하기를 내가 애굽 땅에서 나의 분을 그들의 위에 쏟으며 노를 그들에게 이루리라 하였었노라 [9]그러나 내가 그들의 거하는 이방인의 목전에서 그들에게 나타나서 그들을 애굽 땅에서 인도하여 내었었나니 이는 내 이름을 위함이라 ..."

실로 430년 동안의 애굽 생활은, 이스라엘 백성이 하나님의 언약을 잊어버리고 우상을 숭배하던 시대였습니다. 애굽에 내린 열 가지 재앙은 그들이 의지하던 애굽 신들에 대한 심판이었습니다(출 12:12, 민 33:4).[35] 출애굽은 이스라엘 백성을 우상 숭배에서 건져내신 하나님의 큰 축복이었습니다. 그러므로 이제 다시는 "다른 신들을 네게 있게 말지니라"(출 20:3)라고 명령하셨습니다.

"다른 신들"은 히브리어 '엘로힘 아헤림'(אֱלֹהִים אֲחֵרִים)입니다. 본래 '엘로힘'(אֱלֹהִים)은 하나님을 가리키는 명칭으로, 성경에서 최초로 계시된 하나님의 이름입니다(창 1:1). 엘로힘은 구약성경에서 약 2,570회 정도 사용되었는데, 그 중에 2,310회는 참되신 하나님께 사용되었습니다.[36] 때로 히브리어 복수 형태인 '엘로힘'은 '재판장'(출 21:6, 22:8), '신성한 존재(천사)'(시 8:5), '이방의 신들'(출 18:11, 22:20, 왕상 14:9, 시 97:7)을 가리킵니다. 이 경우에는 여러 명의 재판장이나 천사들, 또는 이방의 수많은 다신(多神)을 지칭합니다. 특별히 '엘로힘'이 '다른'이라는 뜻을 갖는 히브리어 '아헤르'의 복수형인 '아헤림'과 함께 사용되면, '거짓 신들'이나 '이방 신들'을 가리키는 말이 됩니다(출 23:13, 신 6:14, 8:19).

그러므로 십계명의 첫 계명에서 하나님께서는 '나 외에 다른 엘로힘'은 없으며, 오직 하나님 자신만이 '참엘로힘'이심을 가르치셨습니다. 이는 신명기 10:17에서 말씀하신 것처럼 하나님은 "신의 신이시며(אֱלֹהֵי הָאֱלֹהִים, 엘로헤 하엘로힘) 주의 주(אֲדֹנֵי הָאֲדֹנִים, 아도네 하아도님)"이시기 때문입니다. 하나님께서는 '수많은 이방의 신들'과는 비교될 수 없는 분이시며, 유일하신 참하나님이십니다(사 37:16, 막 12:29, 요 5:44, 17:3).

초대교회 당시에도 사람들 사이에 수많은 신들이 알려져 있었지만, 그것들은 참신이 아닙니다(고전 8:5-6). 오직 여호와 하나님만이 참신이요 창조주요 구원자이기 때문에, 그분 외에 그 어떤 다른 신들을 섬기거나 경배하지 말라는 것입니다(사 45:14). 여호와 하나님께서는 인격적이고 살아 계신 하나님이십니다(행 14:15, 딤전 3:15). 그러나 인간이 만든 다른 신들은 거짓되고 허무한 존재들입니다(신 32:21, 대하 13:9, 렘 10:14, 18:15).

더 나아가 손으로 만든 우상뿐만이 아니라, 하나님의 자리를 대신 차지하는 모든 것이 우상입니다. 마태복음 6:24에 "한 사람이 두 주인을 섬기지 못할 것이니 혹 이를 미워하며 저를 사랑하거나 혹 이를 중히 여기며 저를 경히 여김이라 너희가 하나님과 재물을 겸하여 섬기지 못하느니라"라는 말씀만 보아도, 사람들은 재물을 하나님처럼 섬길 가능성이 크다는 것을 보여 주고 있습니다(딤전 6:10, 17, 딤후 3:2).

예수님께서 부자 청년에게 "네 소유를 팔아 가난한 자들을 주라 ... 그리고 와서 나를 좇으라"라고 말씀하셨으나, 그 청년은 심히 근심하며 가더니 다시 돌아오지 않았습니다(마 19:21-22, 막 10:21-22, 눅 18:22-23). 부자 청년이 예수님을 좇지 못한 이유는 단 한 가지, "재물이 많은 고로(큰 부자인 고로)"라고 말씀하고 있습니다(마 19:22, 막 10:22, 눅 18:23). 그는 영생 얻기를 구하였으면서도, '물질 우상' 그리고 '자기 우상'을 버리지 못해 스스로 버림받고 말았습니다(딤전 6:10, 17).

그 밖에 권력(렘 5:31), 명예(요 12:43), 쾌락(딤후 3:4), 사람(사 2:22, 렘 17:5), 성공 등이 하나님보다 더 소중한 자리를 차지하고 있다면, 그 모든 것들은 분명 '다른 신들'입니다. 탐심 역시 우상 숭배입니다(골 3:5, 참고-엡 5:5). 탐심이 가득하면 마음에 하나님 두기를 싫어합니다(롬 1:28, 참고-롬 1:24, 26).

또 자기 자신을 사랑하며 신처럼 섬기는 자가 많습니다(요 12:25, 딤후 3:2). 이들은 오로지 '내 몸' 하나만 생각하면서, 모든 물질을 가지고 자기를 위한 계획에만 몰두합니다(눅 12:13-21). 이들 역시 제1계명을 범하고 다른 신을 섬기는 자들입니다.

(4)"있게 말지니라" / לֹא יִהְיֶה / shall have no

"말지니라"에 해당하는 히브리어는 '로'(לֹא)입니다. 이것은 절대 금지를 나타내는 단어로, 히브리어 문장의 제일 앞쪽에 위치함으로 부정의 의미를 더욱 강조하고 있습니다. 이것은 '절대로 그렇게 해서는 안 된다'라는 엄중한 경고인데, 십계명 가운데 제4·5계명을 제외한 8개의 계명이 '로'(לֹא)로 시작되고 있습니다(출 20:3-4, 7, 13, 14, 15, 16, 17, 신 5:7-8, 11, 17-21).

"있게"는 '있다, 존재하다'라는 뜻을 가진 히브리어 '하야'(הָיָה)의 미완료형입니다. 그러므로 제1계명 "너는 나 외에는 다른 신들을 네게 있게 말지니라"(출 20:3)를 원문에 가깝게 번역하면 '내 면전에 다른 신은 네게 절대 없게 하여라'입니다. 이처럼 '로'(לֹא)와 '하야'(הָיָה)가 같이 나오는 표현은 주로 하나님과 이스라엘 사이의 공식적 계약에 쓰이는 것으로(창 9:11, 15), 제1계명을 어기는 것이 바로 하나님과의 계약 위반임을 나타냅니다.

이스라엘 백성의 제일(第一) 되는 목적은 하나님의 영광을 나타내는 것이므로(사 42:8, 43:7), 이스라엘 백성에게 다른 신들이 있어서는 절대 안 됩니다(사 43:10-12, 44:6, 8, 45:14, 18, 21-22, 46:9). 이스라엘 백성에게 다른 신들이 존재한다는 것은, 이스라엘 백성의 존재 목적이 사라지는 것을 의미합니다.

2. 제1계명의 세부 율법

Specific laws derived from the first commandment

'여호와 한 분만을 사랑하고 다른 신들을 좇지 말라' 하시는 제1계명은 십계명 중에 가장 으뜸가는 계명입니다. 제1계명에 대해서는 출애굽기 22:18, 20, 29-31, 23:13-19, 24-33, 신명기 6:14-15, 12:2-13:18, 17:1-7, 18:9-14에서, 하나님을 어떻게 섬겨야 하는가를 세부적으로 말씀해 주고 있습니다.

(1) 하나님을 섬기는 올바른 방법과 축복(출 22:29-31, 23:13-19, 24-33)

① 첫 아들, 첫 새끼를 하나님께 바치라(출 22:29-30)

"너의 처음 난 아들들을 내게 줄지며"(출 22:29)라고 명하셨습니다. 첫 것을 드리는 것(출 23:19上, 34:26上)은 여호와를 공경하는 표이기 때문입니다(신 26:2, 10, 잠 3:9). 소와 양의 첫 새끼는 칠 일 동안 어미와 함께 있게 하다가 "팔 일 만에 내게 줄지니라"(출 22:30)라고 말씀하셨습니다.

② 들에서 짐승에게 찢긴 것의 고기를 먹지 말고 개에게 던지라(출 22:31)

하나님께서는 부정한 고기를 금하여 하나님의 백성이 스스로 자기를 거룩하게 하도록 성별시켰습니다. 들에서 짐승에게 찢긴 고기는 생명이 되는 피가 그대로 살에 엉겨 있으므로 심히 부정한 것으로 간주되어, 하나님의 백성이 먹는 것을 엄히 금하였습니다. '개'(כֶּלֶב, 켈레브)는 부정한 짐승으로(참고-레 11:27), '악인, 탐욕이 심한 자, 부정한 사람'을 뜻하였습니다(삼하 9:8, 사 56:11). 그래서 예수님께서도 "거룩한 것을 개에게 주지 말며"라고 말씀하셨으며(마 7:6), 거룩하지 못한 것은 부정한 짐승인 개에게 던지라고 말씀하셨습니다(출 22:31). 하나님의 사람은 언제나 자신을 부정에서 지키는 거룩한 자가 되어야 합니다.

③ 약속의 땅에서 하나님을 섬기는 법(출 23:13-19)

하나님께서는 "다른 신들의 이름은 부르지도 말며 네 입에서 들리게도 말지니라"(출 23:13)라고 명령하셨습니다. 그리고 3대 절기(무교절, 맥추절, 수장절)를 정하시고, 이스라엘 모든 남자는 해마다 반드시 세 번씩 주 여호와께 얼굴을 보이라고 말씀하셨습니다(출 23:14-17). 절기를 지킬 때에 결코 빈손으로 와서는 안 됩니다(출 23:15下). 처음 익은 열매의 첫 것을 가져다가 하나님의 전에 바쳐야 합니다(출 23:19).

④ 가나안 정복 약속과 계명을 지키는 자의 축복(출 23:24-33)

모세의 언약서(출 20:22-23:33, 참고-출 24:4-7)는 우상 숭배에 대한 엄중한 경고로 끝을 맺었습니다(출 23:24, 32-33). 이스라엘 백성에게 명하기를 "너는 그들의 신을 숭배하지 말며 섬기지 말며 그들의 소위를 본받지 말고 그것들을 다 훼파하며 그 주상을 타파하고"(출 23:24)라고 말씀하셨습니다.

제1계명을 잘 순종하는 자에게, 하나님의 복스러운 통치는 아주 세세한 데까지 미치게 됩니다. 우리 삶의 여정 속에 찾아오셔서 일용할 양식과 물에 복을 내려 병을 제하시고(건강), 출산을 잘 하게 하시고(후손), 생명의 날수를 채우시며(장수), 모든 원수를 조금씩 쫓아내실 것이며(보호와 세력 확장), 하나님께서 정하신 땅의 경계를 허락하신다(큰 보상)고 약속하셨습니다(출 23:25-31).

첫째, 오직 여호와를 섬기면, 그 땅에서 양식과 물에 복을 내리시고 너희 중에 병을 제하여 주셔서 "네 나라에 낙태하는 자가 없고 잉태치 못하는 자가 없을 것이라"라고 약속하셨습니다(출 23:25-26).

'낙태하다'의 히브리어 '샤콜'(שָׁכֹל)은 '아이를 잃다'라는 뜻으로, 태 안에서 아이를 잃는 경우와 낳은 후에 아이를 잃어버리는 경우(창 43:14, 삼상 15:33)에 모두 쓰이고 있습니다. 생명의 주관자이신 하나님께서 잉태를 가능하게 하시며 낙태의 위험으로부터 보호하시고(사 66:9), 더 나아가 태어난 후에도 그 아이가 생명을 잃지 않도록 보호해 주신다는 의미입니다. 그리고 생명의 한계를 주관하시어 장수케 해 주십니다(출 23:26下). "날 수를 채우리라"(출 23:26)를 공동번역은 "명대로 오래 살게 해 주리라"라고 번역하였습니다. 장수는 경건한 신앙과 관련된 특별한 복입니다(출 20:12, 신 4:40, 5:16, 6:2, 11:9, 12:25, 28, 22:7, 30:20, 왕상 3:14, 시 21:4, 55:23, 91:16, 잠 3:1-2, 7-8, 16, 4:10, 20-23, 9:11, 16:31, 전 7:17, 8:13, 엡 6:1-3).

둘째, 하나님께서 "내 위엄"을 네 앞서 보내실 것이라고 말씀하셨습니다(출 23:27).

"내 위엄"(אֵימָתִי, 에마티)은 '무서움, 두려움'이란 뜻의 '에마' (אֵמָה)

에 1인칭 소유격 접미어가 결합된 형태로, '나의 두려움, 나의 공포'라는 뜻입니다. 이는 하나님께서 우상을 섬기는 이방 민족에게 역사하실 극심한 공포와 두려움을 나타내는 말입니다. 하나님께서 이스라엘 백성을 위하여 베푸신 기사와 이적의 소문을 듣고, 이방 민족이 크게 두려워 떨게 될 것을 의미합니다. 이 일은 실제 모압(민 22:3)과 여리고 거민의 증언(수 2:9, 11)에서 잘 나타나고 있습니다. 그렇게 이스라엘이 만날 모든 적들을 혼란에 빠뜨리고, 모든 원수가 돌아서서 달아나게 하시겠다는 약속입니다.

셋째, "왕벌"을 보내어 가나안 족속을 쫓아내시겠다고 약속하셨습니다(출 23:28, 참고-신 7:20, 수 24:12).

왕벌은 보통 벌보다 크고 강해서 그것에 한 방만 쏘여도 치명상을 입을 수 있는 공포의 벌입니다. 왕벌 약속은 실제 가나안 정복 역사에서 성취되었는데, 여호수아 24:12에 "내가 왕벌을 너희 앞에 보내어 그 아모리 사람의 두 왕을 너희 앞에서 쫓아내게 하였나니 너희 칼로나 너희 활로나 이같이 한 것이 아니며"라고 말씀하였습니다. 왕벌은 적들 중에 남은 자와 숨은 자까지 모두 멸할 정도로 위력적이었습니다(신 7:20). 말하자면, 적들 중에 먼젓번 공격 때에 문을 잠그고 숨어서 남은 자까지, 왕벌이 쫓아 들어가서 한 사람도 빠짐없이 모조리 죽였던 것입니다. 저들은 왕벌 때문에 무서워서 허둥대다 필경은 한 사람도 남김없이 다 멸망했습니다(신 7:20-24). 왕벌이 아니면 아모리 사람의 두 왕을 쫓아낼 수 없었습니다. 가나안 정복은 칼과 활로 된 것이 아니요, 하나님께서 앞서 보내 주신 위엄(공포)과 왕벌로써 결정적으로 승리하게 하신 것입니다.

넷째, 가나안 족속을 한꺼번에 쫓아내지 않고 조금씩 쫓아내시겠다고 약속하셨습니다(출 23:29-30).

가나안 족속을 한꺼번에 쫓아내면 그 땅이 황폐하여 들짐승이 번성하게 되므로, 1년 안에 다 쫓아내지 않고 조금씩 쫓아내도록 한 것입니다. 이는 땅을 경작하지 않을 경우 많은 들짐승들이 번성하여 사람을 해치는 것을 막기 위해서입니다(신 7:22, 참고-레 26:22, 겔 14:15, 21). 가나안 땅을 점령한 이스라엘 백성이 "번성하여"(출 23:30) 그 땅을 완전히 기업으로 차지할 때까지 기다려 주시겠다는 말씀입니다. 참으로 하나님께서는 사람이 미처 생각지 못한 방법으로, 택한 백성의 생명과 윤택한 삶을 위하여 세밀한 부분까지 섭리하시면서 구원 역사를 이루어 오셨습니다.

다섯째, "홍해에서 블레셋 바다까지, 광야에서부터 하수까지" 지경을 정하시고 그 땅의 거민을 쫓아내겠다고 약속하셨습니다(출 23:31).

출애굽기 23:31 하반절에서 "그 땅의 거민을 네 손에 붙이리니 네가 그들을 네 앞에서 쫓아낼지라"라고 말씀하셨는데, 여기 "네 앞에서 쫓아낼지라"(וְגֵרַשְׁתָּמוֹ מִפָּנֶיךָ, 베게라쉬타모 미파네카)는 직역하면 '네 얼굴 앞에서 보이지 않게 확실히 몰아내라'라는 뜻입니다. 이스라엘이 그 거민들의 눈에 띄어 자주 접촉하게 되면 경계심이 사라지고 친근감이 생겨 유혹을 받아 범죄할 수 있기 때문에, 완전히 제거하라고 강력하게 명령하셨습니다(신 7:23-26).

이 모든 약속을 명령하신 후, 하나님께서는 마지막으로 우상 숭배에 대하여 다시 한 번 엄중하게 경고하셨습니다. 출애굽기 23:32-

33에서 “너는 그들과 그들의 신과 언약하지 말라 그들이 네 땅에 머무르지 못할 것은 그들이 너로 내게 범죄케 할까 두려움이라 네가 그 신을 섬기면 그것이 너의 올무가 되리라”라고 말씀하셨습니다. 당시 가나안 지역에서는 일반적으로 조약을 할 때, 양쪽 나라의 신들을 인정하는 동시에 그 신들에게 그들의 제사 방법에 따라 경배하는 의식이 포함되어 있었습니다(출 34:15).

(2) 우상 숭배의 금지와 처벌 규정 (출 22:18, 20, 신 6:14-15, 12:2-13:18, 18:9-14)

신명기에서도 제1계명 준수에 관한 세부 율법은 국가적인 문제로 취급되어 매우 엄격했습니다.

① 무당을 살려 두지 말지니라(출 22:18, 신 18:9-14)

무당은 ‘귀신을 섬겨 길흉을 점치고 굿을 하는 자’를 말합니다. 신명기 18:9-14에는 복술자, 길흉을 말하는 자, 요술하는 자, 진언자, 신접자, 박수, 초혼자 등으로 호칭되는 다양한 무당들이 기록되어 있습니다. ‘신접자, 박수’는 자주 함께 사용되었습니다(레 19:31, 20:6, 27, 삼상 28:3, 9, 왕하 21:6, 23:24, 대하 33:6, 사 8:19, 19:3). 성경에 기록된 무당의 다양한 명칭을 히브리어에 따라 분류하면 다음과 같습니다.

무당 sorcerer 메카셰프 מְכַשֵּׁף	이는 ‘카샤프’(כָּשַׁף: 마술 또는 술법을 쓰다)에서 유래하여 ‘마법사’를 뜻한다. 이러한 사람들은 이적을 행하는 일에 능숙하고(출 7:11. 박수), 악령을 쫓아내고(사 47:9, 12. 사술), 사람들을 미혹한다(말 3:5 - 술수). 여성형 ‘메카세파’(מְכַשֵּׁפָה, sorceress)로 쓰이기도 한다(출 22:18. 무당).

복술자 diviner 코셈 케사밈 קֹסֵם קְסָמִים	이는 '카삼'(קָסַם: 점을 치다)에서 유래하였으며, 벨로맨시(belomancy) 즉 화살통의 살을 흔들어서 점치는 행위(겔 21:21), 네크로맨시(necromancy) 즉 죽은 영혼과 대화하는 주술법과 거짓 예언, 이 모두를 행하는 자를 가리킨다(겔 21:29).
길흉을 말하는 자 one who practices witchcraft 메오넨 / מְעוֹנֵן	이는 '아난'(עָנַן: 구름)에서 유래하여, 점쟁이 혹은 마법을 쓰는 사람으로(신 18:10, 14), 구름의 형태와 움직임을 통하여 징조를 예측하는 일을 했다고 전해진다.
요술하는 자 one who interprets omens 메나헤쉬 / מְנַחֵשׁ	이는 '나하쉬'(נָחַשׁ: 징조를 구하다, 점을 치다)에서 유래하여, '징조를 읽는 사람'이라는 뜻이다(신 18:10). 액체(물과 기름)를 섞어서 그것을 보고 점치는 자이다(참고- 창 44:5).
진언자 one who casts a spell 호베르 하베르 חֹבֵר חָבֶר	이는 '마력 또는 주문을 거는 자'라는 뜻이며, '헤베르'(חֶבֶר)는 '주문'을 뜻한다(사 47:9 - 진언). 시편 58:5에서 독사를 이용하여 이 방술(方術)을 쓴 것을 볼 수 있다.
신접자 medium 쇼엘 오브 שֹׁאֵל אוֹב	혼령과 대화하는 사람이다(신 18:11, 참고-사 29:4). 히브리어 '쇼엘'의 원형은 '샤알'(שָׁאַל: 묻다)이며, '오브'는 '영매' 또는 '죽은 자의 혼'을 뜻한다. '오브'의 원뜻은 '땅 구멍'을 의미하며, '쇼엘 오브'의 문자적 의미는 '구멍에게 묻는 사람'이다.
박수 spiritist 이데오니 יִדְּעֹנִי	이는 '죽은 자의 영혼'을 부르는 자, 또는 '매복자(점쟁이)'를 의미한다. 사무엘상 28:9 공동번역에 "혼백을 불러내는 무당과 박수(이데오니)"라고 말씀하고 있다. 사울 왕 때에 "엔돌에 신접한 여인"이 등장하여, 땅 속에서 죽은 사무엘의 영혼을 불러왔다(삼상 28:7-25).
초혼자 one who calls up the dead 도레쉬 엘 하메팀 דֹרֵשׁ אֶל־הַמֵּתִים	이는 '죽은 자들을 부르다, 죽은 자들에게 묻다'라는 뜻이다. '신접자와 박수' 외에, 다른 방법으로 죽은 영혼과 대화를 하는 사람을 의미한다(삼상 28:8-14).

율법에는 남자나 여자가 신접하거나 박수가 되거든 돌로 쳐서 반드시 죽이라고 명령하였습니다(레 20:27). 박수를 추종하는 자도 하나님의 진노를 받아 백성 중에서 끊어짐을 당합니다(레 20:6). 하나님께서는 신접한 자나 박수가 어떤 말을 할지라도 믿지 말며 그들을 추종하여 스스로 더럽히지 말라고 말씀하셨습니다(레 19:31). 신명기 18:20에는 '다른 신들의 이름으로 말하는 거짓 선지자를 죽이라'라고 말씀하셨습니다. 한편, 요한계시록 21:8에는 둘째 사망인 불과 유황으로 타는 못에 들어갈 자들이 언급되고 있는데, 그 중에 "흉악한 자들"(βδελύσσω, 브델륏소: 혐오스러울 정도로 가증한 자, 우상 숭배자), "술객들"(Φάρμακος, 파르마코스: 마술 또는 점술을 행하여 사람들을 미혹하는 자들), "우상 숭배자들"(εἰδωλολάτρης, 에이돌롤라트레스: 거짓 신을 숭배하는 자, 탐욕스러운 자)이 있습니다.

심령술이나 점술은 고대뿐만 아니라 오늘날에도 크게 성행하고 있기 때문에, 성경은 성도들에게 그러한 우상 숭배에 대하여 특별히 경계하고 있습니다. 다 떨어진 거적때기에 먼지를 뒤집어쓰고 앉아서 점치는 자가 "곧 부자 되겠소. 앞으로 크게 될 것이요!"라고 건성으로 한 마디 던지면 "별일 다 보겠네"하고 지나가면서도, 속으로는 그 말을 달콤하게 삼키고 누군가에게 그것을 들려주기까지 하는 것이 사람의 심리입니다.

명심해야 할 것은, 하나님의 말씀을 외면하고 무당에게 찾아가는 것은 하나님께서 엄히 금하신 우상 숭배입니다. 하나님께서는 주권적인 방법으로 자신의 뜻과 계획을 알려 주시는데, '말씀'을 통해 역사하십니다. 하나님께서 세우신 선지자(예언자)들은, 오직 하나님께 받은 '말씀'만을 전하는 사람들이었습니다(출 7:2, 신 18:18, 삼상 9:9, 사 51:16, 59:21, 렘 1:9, 5:14, 27:18, 29:19). 하나님께서 말씀으로 주신 응답은 모호함이 전혀 없고 확실하며, 영원까지 이르고 반드시 그대로 이루어집니다(시 19:7-9, 93:5, 111:7-8, 잠 22:21, 사 55:11, 벧후 1:19). 혹시 하나님의 말씀을 들을 때, 허황된 거짓 예언을 들려주는 점쟁이의 말보다도 못하게 여긴 적은 없는지, 성도로서 제1계명을 범하지 않았는지, 신앙 양심에 비추어 보고 자신을 점검해야 합니다.

② 다른 신에게 희생을 드리는 자는 멸할지니라(출 22:20)

다른 신에게 희생을 드린다는 것은 우상에게 자신의 마음과 시간과 물질을 바치는 것입니다. 이와 같이 하나님을 섬기지 않고 배반하는 자를 율법에서는 "멸할지니라"라고 말씀하고 있습니다(출 22:20). "멸할지니라"는 '닫아 버리다'라는 뜻을 가진 히브리어 '하람'(חָרַם)의 사역수동형(호팔) 미완료 동사로서, 그냥 죽이라는 뜻보다 강력하여 '살해당하게 시키다'라는 뜻이 됩니다(참고-레 27:28-29). 여호수아가 가나안 족속의 땅을 정복할 때도 '하람'이란 말을 사용하였습니다(수 6:21, 8:26, 10:28, 11:11). 그래서 신명기 7:1-2에서는 '이스라엘보다 많고 힘이 있는 가나안 일곱 족속을 쫓아내실 때에 하나님께서 그들을 이스라엘에게 붙여 치게 하시리니, 반드시 그들을 진멸하고, 그들과 무슨 언약도 맺지 말고 불쌍히 여기지도 말라'라고 말씀하셨습니다(신 7:16, 20:16-18).

③ 우상 숭배 장소, 우상의 이름, 성읍, 우상 숭배자와 그 자녀와 생축을 진멸하라(신 12:2-3, 13:12-18)

가나안 땅에 들어가서 그 땅을 취할 때 '다른 신들 곧 사면에 있는 백성의 신들을 좇지 말라'라고 말씀하셨습니다(신 6:14). 그리고 우상과 우상의 이름, 그 숭배 장소와 성읍을 파멸하고, 우상 숭배자와 그 성읍의 모든 것을 송두리째 불살라서 진멸하라고 말씀하셨습니다(신 12:2-3, 13:12-18). 가나안 땅의 모든 성읍에서 '호흡 있는 자를 하나도 살리지 말고 불쌍히 여기지도 말라'라고 명하셨습니다(신 7:2, 16, 20:16-18). 신명기 7:3-4에서는 '가나안 땅 거민과 혼인함으로 여호와를 떠나 다른 신들을 섬기면, 여호와께서 진노하사 이스라엘을 멸하실 것이라'라고 간곡하게 경계하셨습니다(참고-출 34:16).

④ 우상 숭배는 탐구하지도 말고 흉내도 내지 말라

하나님께서 꺼리시며 가증히 여기시는 우상 숭배에 대해서는, 결코 탐구하지도 말고 그들의 자취를 밟지도 말라고 말씀하셨습니다(신 12:29-31). '탐구하다'는 히브리어로 '다라쉬'(דָּרַשׁ)인데 '밟다, 자주 가다, 따르다, 예배하다'라는 뜻으로, 우상을 찾고 따르거나, 그것들에게 관심을 기울이거나 섬기는 것을 말합니다.

⑤ 우상 숭배를 하도록 유혹하는 자들은 돌로 쳐서 죽이라 (신 13:1-11, 17:1-7)

신명기 17:3-5 "가서 다른 신들을 섬겨 그것에게 절하며 내가 명하지 아니한 일월성신에게 절한다 하자 [4]혹이 그 일을 네게 고하므로 네가 듣거든 자세히 사실하여 볼지니 만일 그 일과 말이 확실하여 이스라엘 중에 이런 가증한 일을 행함이 있으면 [5]너는 그 악을 행한 남자나 여자를 네 성문으로 끌어내고 돌로 그 남자나 여자를 쳐 죽이되"

거짓 선지자나 꿈꾸는 자가 이적과 기사를 행하며 다른 신을 따르자고 유혹할 때, 넘어가지 말고 반드시 이들을 죽이라고 말씀하셨습니다(신 13:1-5). 가족과 친지, 친구가 우상 숭배를 하자고 유혹하더라도 좇지 말고 듣지 말며, 백성을 꾀어 여호와를 떠나게 하려 한 자를 용서하지 말고 돌로 쳐서 죽이라고 말씀하셨습니다(신 13:6-11). 거짓 선지자나 꿈꾸는 자들의 궁극적인 목표는, 하나님의 자녀를 미혹하여 하나님의 길에서 떠나게 하여, 악한 영의 수하에 들어가 그 영의 노예를 만들어 비참한 삶을 살게 하는 것입니다. 따라서 성도는 성경에 기록된 하나님의 말씀만 따라가야 하며, 그 말씀을 기준으로 모든 것을 판단해야 합니다. 때로는 가장 가까운 위치에서 생사 고락을 같이 하는 가족, 친지, 친구가 유혹자가 되어 우상 숭배의 올무에 걸리게 하기도 합니다. 이처럼 하나님께 나아가는 일을 방해하는 가장 강한 힘을 가진 상대가 가족일 수 있으므로, 예수님께서는 "사람의 원수가 자기 집안 식구리라"라는 말씀을 하셨습니다(마 10:36).

오늘날도 성경에 위반되는 예언이 그대로 이루어지거나 꿈꾸는 자들의 꿈이 그대로 이루어져도, 그것을 절대로 믿지 말아야 합니다. 거짓 선지자의 말이나 꿈이 그대로 이루어져도 그것을 믿지 말고, 오직 성경에 기록된 말씀만 믿어야 합니다. 예수님께서는 "너희가 사람의 미혹을 받지 않도록 주의하라"(마 24:4)라고 하셨고, "거짓 그리스도들과 거짓 선지자들이 일어나 큰 표적과 기사를 보여 할 수만 있으면 택하신 자들도 미혹하게 하리라"(마 24:24)라고 미리 말씀하셨습니다.

⑥ 식용 짐승에 대한 규례와 피의 식용 금지

하나님께서는 제물용이 아닌 경우, 식용 짐승은 각자의 처소에서 잡아먹을 수 있도록 하셨습니다(신 12:15-16, 20-25). 그러므로 가나안 땅에 들어갔을 때, 혹시 하나님의 이름을 두시려고 택하신 중앙 성소와 멀리 떨어져 있으면, 각 성에서 마음에 좋아하는 대로 짐승을 잡아먹을 수 있게 하셨습니다. 우양(牛羊)을 식용으로 먹을 때는 정한 자나 부정한 자를 구분치 않고 노루나 사슴을 먹음같이 먹을 수 있습니다(신 12:21-22). 그러나 피는 먹지 말고 물같이 땅에 쏟으라고 말씀하고 있습니다(신 12:16, 23-25). 중요한 것은, 피의 식용을 철저하게 금하고 계신 것입니다. "오직 크게 삼가서 그 피는 먹지 말라"(신 12:23), "너는 그것을 먹지 말고"(신 12:24), "너는 피를 먹지 말라"(신 12:25)라는 단호한 명령이 반복적으로 나타나고 있습니다. 23절에 "오직 크게 삼가서"("어떤 일이 있어도"- 바른성경)라는 말씀은, '의지를 강하게 하고, 확고하게 결단을 하여', 피를 절대로 먹어서는 안 된다는 것을 강조한 것입니다. 24절에서 "너는 그것을 먹지 말고 물같이 땅에 쏟으라"라고 말씀하신 것은, '오직 생명의 주인이신 여호와께 그 동물의 생명을 온전히 쏟아 내라'라는 명령이 포함되어 있는 것입니다.

그러나 제물용 고기는, 하나님께서 지정하신 장소에서 먹도록 규정하셨습니다(신 12:17-18, 26). 레위기 17:3-6을 볼 때, 광야 생활 중에는 모든 짐승을 회막문으로 끌어다가 여호와의 장막 앞에서 제사장에게 주어 화목제로 여호와께 드리고, 그 피를 여호와의 단에 뿌리고 기름을 불살라 여호와께 향기로운 냄새가 되게 하라고 말씀하고 있습니다.

한편, 번제를 드릴 때는 고기와 피를 모두 여호와의 단에 드리고,

그 외에 다른 종류의 희생 제사를 드릴 때에는 피를 여호와의 단 위에 붓고 그 고기는 먹으라고 말씀하셨습니다(신 12:27).

이렇게 특별히 금하신 말씀을 어기고 그 피를 먹는 자는, 하나님께서 진노하시므로 이스라엘 백성 중에서 끊쳐지는 극형에 처하도록 규정하고 있습니다(레 7:27, 17:10, 14). 피와 관련된 법은 이스라엘 집 사람이나 그들 중에 우거하는 타국인에게도 동일하게 적용됩니다(레 17:10, 12下-13). 피를 먹지 않는 것은 여호와께서 "의롭게 여기시는 일"이라고 말씀하셨고, 그것을 지켜 행하면 "너와 네 후손이 복을 누리리라"(신 12:25)라고 말씀하셨습니다. 이어서 28절에는 "내가 네게 명하는 이 모든 말을 너는 듣고 지키라 네 하나님 여호와의 목전에 선과 의를 행하면 너와 네 후손에게 영영히 복이 있으리라"라고 말씀하고 있습니다.

그렇다면, 하나님께서 피의 식용을 이처럼 철저히 금하신 이유는 무엇입니까?

첫째, 피는 곧 육체의 생명 그 자체와 동일합니다(레 17:11). 그러므로 피를 먹는 행위는 사실상 생명을 삼키는 것과 같기 때문입니다(참고-창 9:4-5).

둘째, 피로 상징된 생명은 그 창조주이신 하나님의 것이요(참고-민 27:16, 신 12:23, 27, 삼상 25:29, 시 42:8, 50:10-12) 하나님의 주권 영역에 속한 것이므로, 피를 먹는 행위는 하나님의 주권을 범하는 것이 되기 때문입니다.

셋째, 피를 마시는 행위는 이방의 우상 숭배자들이 즐겨 행한, 그들의 극악한 제사 의식이었기 때문입니다. 많은 이방 나라들은 제사로 드린 짐승의 피를 마시는 풍습이 있었는데, 그들은 희생 제물들의 피를 마심으로써 어떤 영적 능력과 신의 생명을 받을 수 있다고 믿고 마셨습니다. 때로는 사람을 제사로 드려서 그 피를 마셨습니다. 그러므로 이스라엘에게 피를 먹지 말라는 명령은, 모든 생명을 무시하는 잔인하고 가증스러운 이방인들의 부정한 풍습으로부터 하나님의 백성을 완전히 분리하기 위함이었습니다.[37]

넷째, 피는 속죄의 유일한 수단으로서(레 17:11, 히 9:22), 장차 인류의 죄를 대속할 예수 그리스도의 보혈(寶血)을 예표합니다. 예수 그리스도의 피는, 인간의 죄를 단번에 속하여 주신(히 9:12, 21-22, 28, 벧전 1:18-19, 요일 1:7, 계 7:14) 보배로운 피요, 우리는 그 피로 말미암아 구속 곧 죄 사함을 받았습니다(엡 1:7, 골 1:14, 계 1:5).

(3) 주후 49년, 예루살렘 공의회에서 결정된 '요긴한 일' (우상, 음행, 목매어 죽인 것, 피를 멀리함)

사도행전 15장에는 주후 49년, 예루살렘 공의회에서 율법을 전체적으로 폐하지 않고 그 중에서 꼭 지켜야 할 '요긴한 것'을 결정하여 발표한 내용이 나옵니다. 여기 "요긴한 것들"(행 15:28)은, 헬라어로 '에파낭케스'(ἐπάναγκες)이며 '필연적으로, 반드시'라는 뜻입니다. 즉 이스라엘 백성이 엄격히 지켜 오던 규례 중 몇 가지를, 이방인에게도 요긴한 것이니 지키라고 권면했던 것입니다. 요긴한 것들에 해당하는 내용은, '우상의 더러운 것과 음행(淫行)과 목매어 죽인 것과 피를 멀리하라'라는 것이었습니다(행 15:20, 29, 21:25). 여기 '멀리하라'는, 헬라어로 '아페케스다이'(ἀπέχεσθαι)이며, 이는 '멀리하다, 억제하다'라는 뜻의 '아페코'(ἀπέχω)의 부정사 현재형으로서 '늘 억제하라'라는 의미입니다.

사도행전 15:20 "다만 우상의 더러운 것과 음행과 목매어 죽인 것과 피를 멀리하라고 편지하는 것이 가하니"

사도행전 15:29 "우상의 제물과 피와 목매어 죽인 것과 음행을 멀리 할지니라 이에 스스로 삼가면 잘되리라 평안함을 원하노라 하였더라"
사도행전 21:25 "주를 믿는 이방인에게는 우리가 우상의 제물과 피와 목매어 죽인 것과 음행을 피할 것을 결의하고 편지하였느니라 하니"

① 우상의 더러운 것(우상의 제물)과 음행을 멀리할 것

사도 바울은 철저하게 우상 숭배를 금하여 "저희 중에 어떤 이들과 같이 너희는 우상 숭배하는 자가 되지 말라 ..."(고전 10:7)라고 하였으며, 이어 14절에서는 "그런즉 내 사랑하는 자들아 우상 숭배하는 일을 피하라"라고 말씀하고 있습니다. 골로새서 3:5에서는 우상 숭배의 범위를 넓혀 "그러므로 땅에 있는 지체를 죽이라 곧 음란과 부정과 사욕과 악한 정욕과 탐심이니 탐심은 우상 숭배니라"라고 말씀하고 있습니다. 실제로 사도 바울은 아덴에서 우상이 가득한 것을 보고 격분하였으며(행 17:16), 에베소에서는 사도 바울이 은으로 만든 아데미 신전 모형을 섬기지 못하게 한 것 때문에, 큰 소동이 일어난 적도 있습니다(행 19:23-41).

"더러운 것"(행 15:20)의 헬라어 '알리스게마'(ἀλίσγημα)는, 이교의 우상에게 바치는 데 사용되었던 고기와 같은 제물을 뜻합니다. 그래서 사도행전 15:29과 21:25에서는 더 구체적으로 "우상의 제물"이라고 밝혔습니다. 우상에게 바쳐진 제물을 먹는 것은 우상과 접촉하므로 그 우상을 숭배하게 되거나, 마음이 우상에게로 기울어질 수도 있으므로 금지되었습니다(계 2:14, 20).

또한 사도 바울은 에베소서 5:3에서 "음행과 온갖 더러운 것과 탐욕은 너희 중에서 그 이름이라도 부르지 말라 이는 성도의 마땅한 바니라"라고 명령하였습니다. 음행의 결국은 사망의 방으로 내려가게 됩니다(잠 7:25-27). 주의 재림이 가까울수록 음행의 유혹을 받아 음행의 죄를 짓지 말고, 우리의 영과 혼과 몸이 주 앞에 흠과 티가 없도록 깨끗하게 보전되기를 힘써야 할 것입니다(엡 5:27, 살전 3:13, 5:23, 벧후 3:14).

② 목매어 죽인 것과 피를 멀리할 것

목매어 죽인 것의 식용을 금지한 이유는 그 속에 있는 피 때문인데, 성경에서는 피를 직접 먹는 것을 매우 엄격하게 금하고 있습니다(창 9:4, 레 17:10-14, 신 12:23-25).

"목매어 죽인 것"에 해당하는 헬라어 '프니크토스'(πνικτός)는 '교살당하여 피를 흘리지 않고 질식해서 죽은 것'을 가리킵니다. 따라서 목매어 죽인 것을 멀리하라는 것은, 피가 빠지지 않은 고기를 그 피째 먹지 말라는 의미입니다. 들에서 짐승에게 찢긴 것의 고기나 스스로 죽은 것을 먹지 말라고 말씀하신 것도(출 22:31, 레 17:15, 22:8, 신 14:21), 피를 제대로 제거하지 않은 것이므로 그것의 식용을 금하신 것입니다. 이스라엘 백성이 블레셋과의 전투 후에 심히 피곤하여, 탈취한 물건에 달려가서 양과 소와 송아지를 취하고 그것을 땅에서 잡아 피 있는 채 먹으므로 여호와께 범죄한 적이 있었습니다(삼상 14:31-34).

신약 시대에도 이러한 율법은 굳게 지켜져서, 예루살렘 공의회에서 동일한 원칙으로 가결되었습니다(행 15:20, 29, 21:25). 또한 예루살렘 공의회를 통해, '율법을 지키는 일은 은혜 받은 성도의 마땅한 생활 규범일 뿐 구원의 조건이 아니며, 구원은 오직 예수 그리스도를 믿는 믿음으로 성취된다'(행 16:31)라는 구원론이 확정되었습니다. 하나님의 섭리 속에 진행된 예루살렘 공의회의 결과, 십계명 준수를 위한 세부 율법을 온전히 세움으로써 교회의 확고한 기틀을 다지고, 복음이 세계로 힘차게 뻗어 가는 초석을 다지게 되었습니다.

3. 예배의 대상에 대한 교훈

Teachings on the object of worship

제1계명은 '예배의 대상'이 누구인지를 가르쳐 주고 있습니다. 예배의 절대적 대상은 오직 유일하신 하나님밖에 없습니다. 그 어떤 신(神)도, 부모나 자식도, 그 누구도, 어떤 피조물도 예배의 대상이 될 수 없습니다. 열왕기하 17:35에서도 "... 너희는 다른 신을 경외하지 말며 그를 숭배하지 말며 그를 섬기지 말며 그에게 제사하지 말고"라고 말씀하고 있습니다(렘 25:6, 35:15).

제1계명은 하나님의 유일성을 말씀하고 있습니다. 하나님 외에 다른 신은 다 거짓 신입니다.

(1) '추모 예배'와 '추도 예배'는 심각한 우상 숭배입니다.

한국 교회 일부에서는 명절 혹은 기일에 가정에서 드리는 '예배 규범'을 만들어 '추모 예배'나 '추도 예배'를 권장하고 있는데, 이것은 아주 잘못된 일입니다. 그것은 천주교의 추도식과 우리나라 제사 풍습을 기독교적으로 변형시킨 것으로, 비성경적입니다. 성경에서는 이러한 내용을 단 한 군데서도 찾아볼 수 없습니다.

① '추모 예배'와 '추도 예배'는, 그 동기와 목적이 천주교의 제례의식[38]과도 같고 제사 풍습과도 사실상 동일합니다.

가톨릭은 장례 후에도 죽은 이를 잊지 않고 그들이 하나님 앞에서 영원한 행복을 누리도록 위령기도를 드리도록 하고 있습니다. 뿐만 아니라 제사의 근본 정신은 선조에게 효를 실천하고, 생명의 존엄성과 뿌리 의식을 깊이 인식하며 선조의 유지에 따라 진실된 삶을 살아가고 가족 공동체의 화목과 유대를 이루게 하는 데 있다고 주장하면서, 신자들에게 제례를 지낼 수 있도록 허락하고 있습니다.

심지어 일부 개신교에서도 제사 때 절하는 것을 허용하고 있으며, 또 고인(故人)과 영적 교통을 나눈다는 정신을 수용하기도 하는데, 그것은 참으로 심각한 우상 숭배입니다.[39] 제사는 '신령 또는 죽은 사람의 넋에게 음식을 바치면서 기원을 하거나 죽은 이를 추모하는 일'이라는 뜻입니다. 고린도전서 10:20에서는 "대저 이방인의 제사하는 것은 귀신에게 하는 것이요 하나님께 제사하는 것이 아니니 나는 너희가 귀신과 교제하는 자 되기를 원치 아니하노라"라고 말씀하고 있습니다(고후 6:15-16上).

② 하나님께 예배드린다고 하면서 실상은 죽은 조상을 더욱 생각하면서 애도하는 것입니다.

추도(追悼)는 죽은 사람을 '그리워하거나 생각하면서 슬퍼하는 것'이요, 추모(追慕)는 죽은 사람을 '애틋하게 그리워하는 것'입니다. 추모 예배는 직계 조상을 그리워하고 생각하는 예배이며, 매년 추석에 장남의 집에서 드려집니다. 추도 예배는 2대조까지의 죽은 사람을 그리워하고 생각하는 예배로, 매년 사망한 날에 드립니다.

그러나 성경에는 그 어디에도 '죽은 자를 위하여 추도 예배 혹은 추모 예배를 드리라'라고 말씀하지 않았습니다. 성경에서 말씀하시는 예배의 대상은 오직 유일하신 하나님뿐입니다(출 20:3, 신 5:7). 죽은 사람은 절대로 예배의 대상이 될 수 없습니다. 예배란 하나님께만 적용되는 것입니다. 하나님 외에 다른 신이나 죽은 사람에게 예배하는 것은 무서운 우상 숭배의 죄가 됩니다.

(2) 죽은 자는 하나님의 영역과 권세 아래 있습니다.

성경에서는 사람이 죽는 것을 가리켜 '나를 본 자의 눈이 다시는 나를 보지 못한다'(욥 7:8-10)라고 하였고, '돌아오지 못할 땅으로 간다'(욥 10:21)라고 말씀하였습니다. 다윗왕도 자기 아들을 잃었을 때, "... 내가 다시 돌아오게 할 수 있느냐 나는 저에게로 가려니와 저는 내게로 돌아오지 아니하리라"(삼하 12:23)라고 하였습니다. 예수께서 부자와 나사로의 비유에서 죽은 자는 현세와 관계할 수 없다는 사실을 "너희와 우리 사이에 큰 구렁이 끼어 있어"라고 명백하게 가르치셨습니다(눅 16:19-31, 특히 26절). 그러므로 하나님께서는 죽은 자와 산 자를 연결시켜 준다고 하는 초혼술사, 점쟁이, 무당, 박수, 그들을 추종하는 자들을 '용납하지 말고 살려 두지 말고 죽이라'라고 명령하셨습니다(출 22:18, 레 20:6, 신 18:9-14, 사 3:1-3, 8:19-22).

사도 바울은 성도가 죽는 것을 가리켜 "몸을 떠나 주와 함께 거하는 그것이라"(고후 5:8)라고 하였습니다. 그러므로 죽은 사람에게 집착하는 것은 하나님께 큰 죄가 됩니다. 하늘 아래 어떤 권세자도 죽은 사람을 관리할 수는 없습니다. 죽은 자의 심판과 상급까지 모두 하나님의 영역 아래 놓여 있습니다. 그러므로 사도 바울은 데살로니가전서 4:13에서 "형제들아 자는 자들에 관하여는 너희가 알지 못함을 우리가 원치 아니하노니 이는 소망 없는 다른 이와 같이 슬퍼하지 않게 하려 함이라"라고 말씀하고 있습니다.

고대에는 죽은 자를 그리워하고 명복을 빌며, 그 영혼을 위로하기 위해 자기 살을 베거나 몸에 무늬를 놓거나 눈썹 사이 이마 위의 털을 미는 자가 있었습니다. 이는 자기도 그 죽은 자에게 속했다는 미신의 풍습으로, 확실한 우상 숭배입니다(왕상 18:28, 참고-사 15:2, 렘 16:6, 22:10, 47:5, 48:37). 하나님께서는 이것을 율법으로 엄격히 금하셨습니다. 레위기 19:28에 "죽은 자를 위하여 너희는 살을 베지 말며 몸에 무늬를 놓지 말라 나는 여호와니라"라고 말씀하셨으며, 신명기 14:1에 "너희는 너희 하나님 여호와의 자녀니 죽은 자를 위하여 자기 몸을 베지 말며 눈썹 사이 이마 위의 털을 밀지 말라"라고 말씀하고 있습니다. 이처럼 죽은 자를 마음에 두거나 기념해서는 안 됩니다.

그러므로 우리는 죽은 자가 하나님의 품속에 있음을 믿고 맡길 뿐, 거기에 과도하게 집착해서는 안 되는 것입니다(참고-신 26:14, 시 31:12, 렘 16:5-7, 눅 16:22-23). 우리의 마음과 정성을 하나님이 아닌 다른 대상에게 쏟는 것에 대하여, 마태복음 10:37에서 "아비나 어미를 나보다 더 사랑하는 자는 내게 합당치 아니하고 아들이나 딸을 나보다 더 사랑하는 자도 내게 합당치 아니하고"라고 말씀하였습니다.

하나님께서는 '죽은 자에게 제사'하는 것이 '바알브올을 섬기는 우상 숭배'와 같은 죄라고 말씀하셨습니다(시 106:28-29). 이스라엘 백성은 싯딤에서 음행을 하며 모압의 바알브올 우상에게 절하며 우상의 제물을 먹은 일로 하나님의 진노를 받아 염병으로 24,000명이 죽었습니다(민 25:1-9). 출애굽기 22:20에서 "여호와 외에 다른 신에게 희생을 드리는 자는 멸할지니라"라고 말씀하고 있습니다

(신 13:1-18).

그러므로 우리는 인간들이 만든 명령과 가르침과 자의적 숭배와 조상으로부터 유전된 망령된 행실을 좇는 옛사람과 그 행위를 벗어 버려야 합니다(엡 4:22-24, 골 2:20-23, 3:5-10, 벧전 1:18).

(3) '해맞이'는 심각한 우상 숭배입니다.

새해가 되면 사람들은 '해맞이' 행사를 합니다. 많은 사람들이 유명한 산이나 바다를 찾아가 1월 1일에 떠오르는 해를 맞이하기 위하여 엄청난 돈을 아낌없이 뿌립니다. '해맞이'는 심각한 우상 숭배입니다. 그 이유는 다음과 같습니다.

첫째, 해에게 소원을 빌기 때문입니다.

사람들은 1월 1일 떠오르는 해에게 소원을 빌면 그것이 이루어진다고 착각을 합니다. 우리가 명심해야 할 것은, 소원을 들어주는 분은 해를 만드신 하나님이시지, 해가 아닙니다. 시편 37:4에서 "또 여호와를 기뻐하라 저가 네 마음의 소원을 이루어 주시리로다"라고 말씀하고 있습니다(시 145:19).

둘째, 해에게 마음을 빼앗기기 때문입니다.

사람들은 1월 1일에 떠오르는 해를 보며 감탄사를 연발하면서 그것에 온통 마음을 빼앗기고 맙니다. 그러나 해에 마음을 빼앗기는 것은 재판장이신 하나님께 벌 받을 죄악이요, 하나님을 배신하는 행위입니다. 욥기 31:26-28에서 "언제 태양의 빛남과 달의 명랑하게 운행되는 것을 보고 [27]내 마음이 가만히 유혹되어 손에 입맞추었던가 [28]이 역시 재판장에게 벌 받을 죄악이니 내가 그리하였으면 위에 계신 하나님을 배반한 것이니라"라고 말씀하고 있습니다.

셋째, 해를 섬기기 때문입니다.

해맞이를 하는 사람들은 해를 신으로 생각합니다. 해가 마치 모든 것을 해결하여 주는 것처럼 착각합니다. 그러나 해는 하나님께서 만드신 피조물 중 하나에 불과합니다. 그러므로 '해맞이'를 하는 것은 십계명을 어기는 것입니다. 출애굽기 20:3에서 "너는 나 외에는 다른 신들을 네게 있게 말지니라"라고 말씀하고 있습니다.

하나님께서는, 몰록(몰렉)이라는 태양신을 숭배하면서 어린아이들을 불태워 죽이는 제사를 금하셨습니다(레 18:21, 20:2-5, 신 12:31). 그러나 이 가증한 행위가 북 이스라엘(왕하 17:17)과 남 유다(왕하 16:3, 21:6, 렘 7:31, 32:35)에서 행하여졌습니다. 북 이스라엘이 멸망한 원인 중 하나는 "하늘의 일월성신을 숭배"한 죄였습니다(왕하 17:16). 남 유다 제14대 왕 므낫세(주전 696-642년)는 일월성신을 숭배하며 섬겼습니다(왕하 21:3, 5, 대하 33:3, 5). 므낫세와 아몬의 57년간 오랜 악정 아래에서 종교적·도덕적으로 극심하게 타락했던 당시 유다와 예루살렘 백성은 자기 집의 지붕 위에 올라가서 별들을 숭배할 정도였습니다(습 1:5). 스바냐 선지자(주전 640-609년 활동)는 그렇게 일월성신을 비롯한 우상 숭배하는 제사장을 가리켜 '그마림'(참고-왕하 23:5, 호 10:5)으로 기록하였습니다(습 1:4). '그마림'은 '갈망하다'라는 뜻의 '카마르'(כָּמַר)에서 유래하였습니다. 그러나 제16대 왕 요시야(주전 640-609[b]년)는 종교 개혁을 단행하면서 해와 달과 열두 궁성과 하늘의 모든 별에게 분향하는 자들을 폐하였습니다(왕하 23:5, 11, 대하 34:4, 7). 에스겔 선지자도 성전을 등지고 동방 태양에 경배하는 행위는 크게 가증한 일이요 하나님의 분노를 받는 일이라고 말씀하였습니다(겔 8:15-18). 우리나라에서도 전통적으로 각 지방마다 정월 보름에 자기 소원을 종이에 써서 불을 붙인 다음에 그것을 달에게 날리는 사람이나, 별을 보고 소원을 비는 사람도 있습니다. 이러한 행위 역시 달이나 별에게 소원을 비는 우상 숭배와 다름이 없습니다(신 4:19).

하나님께서는 "홀로" 온 세상을 창조하셨습니다(사 44:24). 해는 하나님께서 넷째 날에 만드신(창 1:14-19) 피조물에 불과합니다(신 4:19, 시 19:4, 74:16, 136:7-9). 피조물은 결코 창조주가 될 수 없고, 인격적인 존재도 될 수 없으며, 언젠가는 없어지게 될 것입니다. 해도 언젠가는 그 빛을 잃게 될 것입니다. 요한계시록에서, 여섯째 인을 떼실 때 해가 총담같이 검어지고(계 6:12), 넷째 나팔을 불 때 해 삼분의 일과 달 삼분의 일과 별들의 삼분의 일이 침을 받아 그 삼분의 일이 어두워지고 낮 삼분의 일은 비춤이 없고 밤도 그렇게 된다(계 8:12)고 말씀합니다. 시편 84:11에서 "여호와 하나님은 해요", 말라기 4:2에서 "의로운 해"라고 말씀하고 있으며, 누가복음 1:78에서 예수 그리스도를 가리켜 "돋는 해"라고 말씀하고 있습니다. 다윗은 하나님을 "나의 빛"이라고 고백하였습니다(시 27:1). 이사야 선지자는 하나님 나라는 '달빛이 햇빛 같겠고 햇빛은 7배나 되어 일곱 날의 빛과 같으리라'라고 말씀했습니다(사 30:26). 그 결과로 "다시는 낮에 해가 네 빛이 되지 아니하며 달도 네게 빛을 비취지 않을 것이요 오직 여호와가 네게 영영한 빛이 되며 네 하나님이 네 영광이 되리니 [20]다시는 네 해가 지지 아니하며 네 달이 물러가지 아니할 것은 여호와가 네 영영한 빛이 되고 네 슬픔의 날이 마칠 것임이니라"(사 60:19-20)라고 예언하였습니다(참고-계 21:23).

우리는 피조물인 해를 섬기는 자가 아니라, 해의 주인 되시고 해를 만드신 하나님만을 섬기는 자가 되어야 합니다(말 4:2). 하나님에 의해 창조된 일월성신을 신적 경배 대상으로 삼는 것은 범죄와 타락으로 말미암아 영적 무지에 빠진 인간들의 어리석음을 드러내는 소행에 불과합니다. 이에 예레미야 선지자는 "천지를 짓지 아니한 신들은 땅 위에서, 이 하늘 아래서 망하리라 하라"(렘 10:11)라고 선포하였습니다. 일월성신에게 절하는 자는 돌로 쳐서 죽이라고 하였습니다(신 17:3-7). 신명기 17:3에서 "가서 다른 신들을 섬겨 그것에게 절하며 내가 명하지 아니한 일월성신에게 절한다 하자"라고 하면서, 신명기 17:5에서 "너는 그 악을 행한 남자나 여자를 네 성문으로 끌어내고 돌로 그 남자나 여자를 쳐 죽이되"라고 말씀하고 있습니다.

해와 달과 별은 특정인을 위해서 만든 것이 아니라, 하나님의 형상대로 지음 받은 모든 인생들의 유익을 위해서 만들어진 것입니다. 신명기 4:19에서 '해와 달과 별들, 하늘 위의 모든 천체 곧 너희의 하나님 여호와께서 천하 만민을 위하여 배정하신 것'이라고 말씀하고 있습니다. 현대인의 성경에서는 신명기 4:19을 "그리고 하늘의 해나 달이나 별을 보고 매혹되어 경배하지 마십시오. 그런 것들은 여러분의 하나님 여호와께서 온 세상 사람들의 유익을 위해 주신 것입니다"라고 번역하고 있습니다. 해와 달과 별은 하나님의 장막에 거하지 못하지만 성도는 하나님의 장막에 거하는 자입니다(시 84:10).

하나님의 형상대로 지음 받은 인격적 존재인 사람이, 피조물인 해를 섬기며 맞이하는 것은 심각한 우상 숭배입니다. 해와 달과 별이 아무리 크다고 할지라도 '만유보다 크신 하나님'께서(스 5:8, 느 4:14, 시 95:3, 단 2:45, 요 10:29, 딛 2:13) 창조하신 한낱 피조물일 뿐입니다. 하나님께서는 별들의 수효를 다 세시고 그 이름까지 부르시는 분입니다(시 147:4, 사 40:26). 일월성신에게 경배하는 자들은 반드시 멸절을 당합니다(습 1:5-6). 그러므로 일월성신에게 경배하지 말고 오직 살아 계신 하나님께 경배하시기를 바랍니다.

4. 제1계명을 범한 자의 최후

The fate of those who violated the first commandment

(1) 완고(頑固)하여 사신 우상에게 절한 '사울왕'

하나님께서는 사무엘 선지자를 통하여 사울왕에게 "지금 가서 아말렉을 쳐서 그들의 모든 소유를 남기지 말고 진멸하되 남녀와 소아와 젖 먹는 아이와 우양과 약대와 나귀를 죽이라"라고 명령하셨습니다(삼상 15:1-3). 그러나 사울왕은 이것을 불순종하여 아말렉 왕 아각을 살려 주고, 그 양과 소의 가장 좋은 것 또는 기름진 것과 어린 양과 모든 좋은 것을 남기고 진멸키를 즐겨 아니하고, 가치 없고 낮은 것만 진멸하였습니다(삼상 15:8-9). 이때 사무엘 선지자는 사울에게 "여호와께서 번제와 다른 제사를 그 목소리 순종하는 것을 좋아하심같이 좋아하시겠나이까 순종이 제사보다 낫고 듣는 것이 숫양의 기름보다 나으니 [23]이는 거역하는 것은 사술의 죄와 같고 완고한 것은 사신 우상에게 절하는 죄와 같음이라 왕이 여호와의 말씀을 버렸으므로 여호와께서도 왕을 버려 왕이 되지 못하게 하셨나이다"(삼상 15:22-23)라고 책망하였습니다.

성경은 눈에 보이는 우상 외에, 하나님의 말씀을 불순종하여 완고한 것도 분명히 '사신 우상에게 절하는 것'이라고 말씀하고 있습니다(삼상 15:23). 완고(頑固: 완고할 완, 굳셀 고)는 '성질이 융통성이 없고 고집이 세다'라는 뜻입니다. '완고함'은 하나님께 의도적으로 불순종하는 사악한 행위입니다. 이것은 하나님의 자리를 차지하는 것과 같아서, 하나님의 편에서 볼 때는 우상 숭배나 다름없는 큰 범죄입니다.

여기 "우상"은 히브리어 '테라핌'(תְּרָפִים)으로, 가족을 지키는 우상을 뜻하며, 메소포타미아인들이 여행할 때 항상 가지고 다녔던 가족 우상을 가리킵니다. 성경에는 라헬이 훔친 라반의 "드라빔"(창 31:19, 34-35)과, 미갈이 다윗을 도피시킨 후 침상에 꾸며 놓았던 "우상"(תְּרָפִים, 테라핌)으로 기록되어 있습니다(삼상 19:12-16).

완고한 자는 충고를 거절하며(왕상 12:12-15), 마음에 하나님 두기를 싫어하고 하나님의 말씀을 듣지 않고 깨닫지도 못하며(렘 22:21, 롬 1:28, 고후 3:14-15), 불의를 계속하다가 결국은 하나님께 버림을 당합니다(요 12:40, 계 22:11). 하나님 앞에 고집을 부리는 사람은 '교만'한 자입니다. 교만은 멸망과 패망의 선봉이요, 수치와 멸시를 당하게 합니다(잠 16:18, 18:12, 29:23).

민족의 아버지 사무엘 선지자가 죽었을 때 온 이스라엘은 애곡하며 장사를 지냈고, 그 후에 사울은 백성의 환심을 사기 위해 신접한 자와 박수를 그 땅에서 쫓아내었습니다(삼상 28:3).

그런데 같은 시기에 블레셋 사람이 군대를 모으고 수넴에 진을 쳤습니다(삼상 28:4). 블레셋 대군을 보고 사울은 전과 같이 용맹을 발하지 못하고(삼상 11:6-7), "두려워서 그 마음이 크게" 떨렸습니다(삼상 28:5). 이것은 하나님이 함께하시지 않은 결과요(삼상 15:23,

16:14), 가르침을 줄 사무엘 선지자가 죽고 없었기 때문입니다(삼상 15:35, 25:1, 28:3). 불안함이 극에 달한 사울은 여호와께 물었으나 꿈으로도, 우림으로도, 선지자로도 응답이 없었습니다(삼상 28:6). 하나님의 응답이 없자, 사울은 가증스럽게도 신하들에게 얼마 전에 그 땅에서 쫓아낸 "신접한 여인을 찾으라"(삼상 28:7)라고 명령을 내렸습니다. 강신택 박사의 히브리어 한글대역은 "죽은 혼들과 교섭하는 여자를 찾아오라"라고 번역하였습니다. 하나님께서는 "신접한 자와 박수를 믿지 말며 그들을 추종하여 스스로 더럽히지 말라"라고 명령하셨습니다(레 19:31). 율법에서는 그러한 자들을 추종할 경우에 백성 중에서 끊쳐지며(레 20:6), 남자나 여자가 신접하거나 박수가 되거든 반드시 돌로 쳐서 죽이도록 규정하였습니다(레 20:27, 신 18:11-12).

당시에 이스라엘은 날마다 다윗을 추격하는 사울 때문에 불필요한 국력 소모가 많았고, 사울왕의 불신앙과 극도의 두려움 때문에 이스라엘 군대는 사기가 저하되어, 싸우기도 전에 이미 패배한 전쟁이나 다름없었습니다. 블레셋 사람이 이스라엘을 삼킬 듯이 덤벼들어 치자, 이스라엘 백성은 아무 힘도 없이 그들 앞에서 도망하여 길보아 산에서 엎드러져 죽었고, 또 사울의 세 아들(요나단, 아비나답, 말기수아)도 죽었습니다(삼상 31:1-2). 사울은 중상을 당하여 군급(窘急)해지자, 자기 칼에 스스로 엎드러져 비참하게 죽었습니다(삼상 31:3-5, 대상 10:1-5). 사무엘상 31:6에서 "사울과 그 세 아들과 병기 든 자와 그의 모든 사람이 다 그날에 함께 죽었더라"라고 말씀하고 있습니다(대상 10:6). 블레셋 사람은 여기서 그치지 않고, 사울의 시신을 모독하기 위해 사울의 머리를 베고, 머리가 없는 시체를 벧산 성벽에 못 박았습니다(삼상 31:7-10). 길르앗 야베스 사람들이 이 소식을 듣고 머리 없는 시체를 벧산 성벽에서 취하여다가 불사르고, 그 뼈를 가져다가 야베스 에셀나무 아래 장사하고 7일간 금식하였습니다(삼상 31:11-13, 대상 10:11-12). 참으로 성경에서 이보다 더 비참한 최후는 보기 드물 것입니다.

이러한 사울왕의 비참한 패망은, 하나님의 말씀을 불순종한 '완악함'이라는 사신 우상 숭배의 죄 때문이요, '신접한 여인'을 찾아가 하나님 외에 다른 신을 믿고 추종하고 하나님께 묻지 아니한 죄 때문이었습니다(대상 10:13-14). 사울의 집에는 실제로도 우상(תְּרָפִים, 테라핌)이 있었습니다(삼상 19:12-16). 사울은 죽기 직전까지도 무할례자 이방인의 손에 죽는 것을 불명예스럽게 생각하였음에도 불구하고(삼상 31:4, 대상 10:4), 그 자신은 마음에 할례를 받지 못하였고, 그 마음이 가증스러운 우상 숭배로 가득하여 비참한 최후를 맞을 수밖에 없었던 것입니다.

(2) 왕정 시대의 대표적인 우상 숭배자 '여로보암왕'

하나님께서 여로보암을 북 이스라엘의 첫 왕으로 세우고자 하실 때에, 그에게 "네가 만일 내가 명한 모든 일에 순종하고 내 길로 행하며 내 눈에 합당한 일을 하며 내 종 다윗의 행함같이 내 율례와 명령을 지키면 내가 너와 함께 있어 내가 다윗을 위하여 세운 것 같이 너를 위하여 견고한 집을 세우고 이스라엘을 네게 주리라"(왕상 11:37-38)라고 약속하셨습니다. 그러나 여로보암은 하나님을 배반하여, 이스라엘 백성이 제사를 드리기 위하여 예루살렘으로 가는 것을 막으려고 벧엘과 단에 두 금송아지를 만들었습니다(왕상 12:26-30). 뿐만 아니라 산당들을 짓고, 레위 자손을 내쫓고 레위 자손이 아닌 보통 백성으로 제사장을 삼았습니다(왕상 12:31, 13:33, 대하 13:9). 그리고 7월 15일에 지키던 장막절을 자기 마음대로 8월 15일로 옮겨 절기를 삼았습니다(왕상 12:32-33).

하나님께서는 여로보암에게 여러 모양으로 경고하셨으나, 여로보암은 그 악한 길에서 더 완악하여 끝까지 우상 숭배하는 죄에서 떠나지 않았습니다(왕상 13:1-33). 열왕기상 14:10-11에서 "내가 여로보암의 집에 재앙을 내려 여로보암에게 속한 사내는 이스라엘 가운데 매인 자나 놓인 자나 다 끊어 버리되 거름을 쓸어 버림같이 여로보암의 집을 말갛게 쓸어 버릴지라 [11]여로보암에게 속한 자가 성에서 죽은즉 개가 먹고 들에서 죽은즉 공중의 새가 먹으리니 이는 여호와가 말하였음이니라"라고 예언한 대로, 여로보암의 온 집은 생명 있는 자가 하나도 남지 않고 다 멸망하였습니다(왕상 13:34, 15:29).

또한 여로보암의 아들이 병에 들자, 여로보암이 아내에게 변장을 하고 실로에 가서 아히야 선지자에게 이 아이가 어떻게 될 것을 묻게 했습니다(왕상 14:1-3). 아히야 선지자는 전에 여로보암이 왕 될 것을 예언한 선지자였습니다(왕상 11:29-31). 아히야 선지자는 "너의 이전 사람들보다도 악을 행하고 가서 너를 위하여 다른 신을 만들며 우상을 부어 만들어 나의 노를 격발하고 나를 네 등뒤에 버렸도다"라고 하여, 여로보암의 집이 멸망한 이유가 우상 숭배에 있다는 사실을 분명히 전하였습니다(왕상 14:9). 이 후에 "여로보암의 길"은 '우상 숭배를 주도하여 하나님의 노를 격발케 하고 온 이스라엘로 범죄케 하는 삶'을 나타내는 관용어가 되었습니다(왕상 13:33, 15:26, 34, 16:2, 19, 26, 22:52, 왕하 3:3, 15:9, 18, 24, 28, 17:22).

5. 제1계명의 구속사적 교훈

The redemptive-historical lesson in the first commandment

아담은 에덴동산에서 제1계명을 범하였습니다. 여호와 하나님께서는 아담을 지으신 분입니다. 그러나 아담은 여자를 통해 뱀을 자신의 새로운 신으로 받아들였습니다. 그리하여 "선악을 알게 하는 나무의 실과는 먹지 말라 네가 먹는 날에는 정녕 죽으리라" 하신 하나님의 말씀(창 2:17)을 믿지 않고, 결국에는 "선악을 알게 하는 나무의 실과를 먹어도 너희가 결코 죽지 아니하리라" 하는 뱀의 말(창 3:4)을 듣고 순종하였습니다. 아담은 하나님의 말씀을 송두리째 잊어버리고 온 마음이 뱀의 말에만 쏠렸던 것입니다.

하나님의 말씀 외에 다른 것을 간절히 사모하는 생각이나 사상은 모두 우상 숭배입니다. 골로새서 3:5에서는 우상 숭배의 범위를 넓혀 "그러므로 땅에 있는 지체를 죽이라 곧 음란과 부정과 사욕과 악한 정욕과 탐심이니 탐심은 우상 숭배니라"라고 말씀하고 있습니다(참고-엡 5:5). 탐심이 시작되면 마음속에 근심과 염려가 가득하게 됩니다. 가룟 유다가 예수님을 잡아서 넘겨줄 때까지 쉬지 못하고 항상 불안해 하며 탐심에 이끌려 다니다가 마침내 스스로 목매달아 죽은 것처럼, 탐심을 버리지 못한 사람은 방향 없이 이리저리 끌려 다니다가 마지막에는 망(亡)합니다. 그래서 요한일서 5:21에서 "자녀들아 너희 자신을 지켜 우상(εἴδωλον, 에이돌론: 형상, 거짓 신, 허무한 것)에서 멀리하라"라고 말씀하고 있는 것입니다.

예수님의 시대에도 마찬가지입니다. 말씀이 육신이 되어 하나님께서 사람으로 이 땅에 오셨으나, 이스라엘 백성은 메시아로 오신 예수님을 배척하며 이상히 여기고 믿으려 하지 않았습니다(요 6:41-

42, 7:25-27, 8:56-59). 하늘에서 이 땅에 오신 참 하나님 예수 그리스도를 믿지 못하고 배척하는 불신은 가장 심각한 우상 숭배입니다. 예수님께서는 유대인들에게 '하나님은 너희 아버지가 아니며, 너희 아비는 마귀'라는 사실을 말씀하심으로, 하나님이 아니라 마귀를 섬기는 그들의 우상 숭배를 노골적으로 지적하셨습니다(요 8:42-44).

예수님께서는 자신과 성부 하나님이 하나이심을 여러 차례 선언하셨으나, 마귀에게 사로잡힌 유대인들은 도무지 그 말씀을 믿으려 하지 않았습니다.

첫째, 예수님께서 안식일에 베데스다의 38년 된 병자를 고치셨을 때(요 5:1-9), 예수님이 안식일을 범한 일과 하나님을 자기의 친아버지라고 하여 "자기를 하나님과 동등"으로 삼은 일로, 유대인들은 예수님을 핍박할 뿐 아니라 죽이려고까지 했습니다(요 5:10-18). 이에 예수님께서는 "내가 진실로 진실로 너희에게 이르노니 아들이 아버지의 하시는 일을 보지 않고는 아무것도 스스로 할 수 없나니 아버지께서 행하시는 그것을 아들도 그와 같이 행하느니라"라고 말씀하시면서(요 5:19), '아버지를 공경하는 것같이 아들을 공경해야 하며 아들을 공경치 않는 것은 그를 보내신 아버지를 공경치 않는 것과 같다'라고 말씀하셨습니다(요 5:23).

둘째, 유대인들이 "너는 너를 누구라 하느냐"라고 다그쳐 묻자(요 8:53), 예수님께서는 "내가 내게 영광을 돌리면 내 영광이 아무것도 아니어니와 내게 영광을 돌리시는 이는 내 아버지"라고 말씀하셨습니다(요 8:54). 원문은 '실제로 내 아버지가 나를 영화롭게 하는 분이시다'라고 선언하신 것입니다. 이어 "너희는 그를 알지 못하되 나는 아노니 만일 내가 알지 못한다 하면 나도 너희같이 거짓말쟁이가 되리라 나는 그를 알고 또 그의 말씀을 지키노라"(요 8:55)라고 말씀하시면서, 자신만이 아버지를 아는 존재라고 선언하셨습니다. 더 나아가 "아브라함이 나기 전부터 내가 있느니라"라고 선언하셨습니다(요 8:58). 아브라함은 예수님보다 약 2천 년 전에 태어났습니다. 그 아브라함이 나기 전부터 예수님께서 존재하셨다는 것은 예수님의 선재성(先在性)과 신성을 나타내신 것입니다. 여기 "내가 있느니라"라는 표현은 헬라어 '에고 에이미'(ἐγὼ εἰμί)로, 이것의 구약적 표현은 "나는 스스로 있는 자"(출 3:14)입니다. 이렇게 예수님께서는 자신이 스스로 계신 하나님과 하나이심을 증거하셨지만, 유대인들은 깨닫지 못하고 예수님을 돌로 쳐서 죽이려고 하였습니다(요 8:59).

셋째, 예수님께서는 "나와 아버지는 하나이니라"라고 선포하셨습니다(요 10:30). 이에 유대인들은 살기등등하여 다시 돌을 들어 예수님을 치려고 하였으며(요 10:31), 예수님께 "네가 사람이 되어서 자칭 하나님이라 함이로라"라고 공격하였습니다(요 10:33[下]). 이에 예수님께서는 "아버지께서 거룩하게 하사 세상에 보내신 자가 나는 하나님 아들이라 하는 것으로 너희가 어찌 참람하다 하느냐 [37]만일 내가 내 아버지의 일을 행치 아니하거든 나를 믿지 말려니와 [38]내가 행하거든 나를 믿지 아니할지라도 그 일은 믿으라 그러면 너희가 아버지께서 내 안에 계시고 내가 아버지 안에 있음을 깨달아 알리라"라고 말씀하셨습니다(요 10:36-38). 특히 예수님께서는 "아버지께서 내 안에 계시고 내가 아버지 안에 있음을 깨달아 알리라"(요 10:38下)라고 말씀하심으로써 자신이 아버지와 하나이심을 다시 강조하셨던 것입니다. 그러나 유대인들은 예수님의 신성을 믿지 못하고 오히려 예수님을 잡고자 했으나, 예수님께서는 그들의 손에서 벗어나 몸을 피하셨습니다(요 10:39).

넷째, 주의 제자 빌립이 "주여 아버지를 우리에게 보여 주옵소서"라고 요청했을 때, 예수님께서는 "빌립아 내가 이렇게 오래 너희와 함께 있으되 네가 나를 알지 못하느냐 나를 본 자는 아버지를 보았거늘 어찌하여 아버지를 보이라 하느냐"라고 대답하심으로, 예수님 자신이 아버지와 본질상 하나이심을 분명히 밝히셨습니다(요 14:8-9).

'태초부터 계셨던 말씀'(요 1:1)이시요, "근본 하나님의 본체"이신 분이 사람의 모양으로 이 땅에 오셨으나(빌 2:6-8), 유대인들은 성자 하나님을 공경하기는커녕 영접하지도 않았습니다(요 1:11). 예수님께서는 가는 곳마다 온갖 모욕과 멸시를 당하셨으며, 심지어 나사렛 회당에서 말씀을 증거하셨을 때는 회당에 있는 자들이 다 분이 가득하여 일어나, 예수님을 동네 밖으로 쫓아내어 그 동네가 건설된 산 낭떠러지까지 끌고 가서 밀쳐 내리치고자 했습니다(눅 4:16-30). 자기 땅에 오신 예수님을 배척하고 믿지 못한 유대인들은 '처음부터 살인한 자요, 거짓말쟁이요, 거짓의 아비'인 마귀를 아버지로 믿는 가장 무서운 우상 숭배자들이었습니다(요 8:44).

오늘날 우리는 하나님 외에 다른 신을 두는 '다신주의, 혼합주의, 유물주의'를 모두 배격해야 합니다. 하나님의 은혜로 구원을 받은 자는 하나님 앞에 다른 신이 있게 해서는 절대 안 되며, 오직 유일하신 참하나님, 삼위일체이신 하나님만 섬겨야 합니다.

제 2 계명
THE SECOND COMMANDMENT

"너를 위하여 새긴 우상을 만들지 말고 또 위로 하늘에 있는 것이나 아래로 땅에 있는 것이나 땅 아래 물 속에 있는 것의 아무 형상이든지 만들지 말며 그것들에게 절하지 말며 그것들을 섬기지 말라"

You shall not make for yourself an idol, or any likeness of what is in heaven above or on the earth beneath or in the water under the earth. You shall not worship them or serve them.

לֹא תַעֲשֶׂה־לְךָ פֶסֶל וְכָל־תְּמוּנָה אֲשֶׁר בַּשָּׁמַיִם מִמַּעַל וַאֲשֶׁר
בָּאָרֶץ מִתָּחַת וַאֲשֶׁר בַּמַּיִם מִתַּחַת לָאָרֶץ
לֹא־תִשְׁתַּחְוֶה לָהֶם וְלֹא תָעָבְדֵם
(출 20:4-5上, 신 5:8-9上)

출애굽기 20:4-6은 신명기 5:8-10의 원문과 일치합니다. 제1계명은 유일하신 참하나님만을 섬길 것을 명하셨고, 제2계명은 그 하나님을 올바르게 경배하는 방법을 말씀하고 계십니다.

1. 제2계명의 해석

Exegesis of the second commandment

(1) "새긴 우상"과 "형상" / תְּמוּנָה, פֶּסֶל / "an idol" or "likeness"

하나님께서 제2계명을 통해 금하신 것은 '우상'과 '형상'입니다. '우상'은 거짓 신들(false gods)을 나타내는 형상이나 모양입니다. 출애굽기 20:4과 신명기 5:8의 "새긴 우상"은 히브리어 '페셀'(פֶּסֶל)로,

'새기다, 조각하다, 찍어 형상을 만들다'라는 뜻을 가진 '파살'(פָּסַל) 에서 유래하였습니다. 새긴 우상은 돌이나 금속이나 나무를 조각하거나 잘라서 만든 우상이나, 흙으로 빚어 만든 우상을 가리킵니다. 또한 출애굽기 20:4과 신명기 5:8의 "형상"은 히브리어 '테무나'(תְּמוּנָה)로, '(피조물의 모양을 본따서 만든) 닮은 물건'을 가리킵니다. 사람들이 우상을 숭배하게 되는 이유는, 범죄와 타락으로 말미암아 지정의(知情意)가 전적으로 부패했기 때문입니다(사 44:18-20, 렘 10:14, 51:17, 롬 1:21-23).

이스라엘 백성이 잡신들을 섬긴 원인으로, 칼슨(E.L. Carlson)은 일곱 가지를 들었습니다.

> 첫째, 우상은 육안으로 볼 수 있고 감각에 호소하니 믿기 쉽다. 둘째, 화려한 의상에 미적 가치가 있다. 셋째, 우상에는 남신보다 주로 여신인 모신(母神)이 많은데, 이는 가족적 분위기를 조성해 준다. 넷째, 성욕과 음탕으로 정욕에 만족을 준다. 다섯째, 최상신(最上神)의 속성과 기능을 신격화해서 그의 초월성이 없어지고 유한화된다. 여섯째, 비밀 의식을 이용해서 신비에 호소한다. 일곱째, 수확, 우양, 기후, 자녀 등이 잘된다는 것 등이다.[40)]

이러한 생각은 모두 그들의 타락성에서 나온 것입니다.

① 보이지 않는 여호와를 형상화한 우상을 만들지 말라!

하나님께서는 영이시므로(요 4:24) 어떤 형상으로도 나타낼 수 없는 무형의 실체이십니다. 그래서 마음이 청결한 자라야 하나님을 볼 수 있습니다(마 5:8).

출애굽기 20:23에서 "너희는 나를 비겨서 은으로 신상이나 금으로 신상을 너희를 위하여 만들지 말고"라고 말씀하고 있습니다(참고-

사 40:18). 그 이유는 신명기 4:15에 "여호와께서 호렙산 화염 중에서 너희에게 말씀하시던 날에 너희가 아무 형상도 보지 못하였은즉 너희는 깊이 삼가라"라고 말씀하셨기 때문입니다.

하나님께서 좌정하신 곳은 증거궤 위의 "두 그룹 사이"였습니다. 그래서 "그룹 사이에 계신(좌정하신) 만군의 여호와"(삼상 4:4, 삼하 6:2, 시 99:1, 사 37:16)라고 하였으며, "여호와께서 두 그룹 사이에 계시므로 그 이름으로 일컫는 궤라"(대상 13:6)라고 말씀하고 있습니다. 또 하나님께서는 "두 그룹 사이"에서 말씀하셨습니다(출 25:22, 민 7:89). "두 그룹 사이"는 아무것도 없는 빈 공간입니다. 아무것도 안 보이는 그곳이 하나님께서 임재하는 특별한 자리라는 것입니다. 즉 살아 계신 하나님께서 두 그룹 사이에 계시겠다고 말씀하심으로, 과연 하나님께서는 아무 형상도 없으신 분이라는 것을 증명해 주신 것입니다.[41] 이방 나라들은 자기 신들의 형상을 만들어 그것을 섬기지만, 이스라엘 백성은 오직 믿음으로 하나님의 영적 형상을 바라봐야 했던 것입니다.[42]

하나님께서는 사람의 형상을 만들지 말고(남자의 형상, 여자의 형상), 또 짐승의 형상, 새의 형상, 곤충의 형상, 어족의 형상을 만들지 말라고 구체적으로 명령하셨습니다(신 4:16-18). 또한 일월성신을 경배하거나 섬기지 말라고 말씀하셨습니다(신 4:19). 여기 언급된 모든 것들은 피조물입니다. 이러한 것들로 하나님을 형상화하는 것은 하나님을 피조물화하는 큰 범죄입니다.

그러나 이스라엘 백성은 모세가 시내산에 올라가 내려옴이 더딤을 보고 모여, 아론에게 "우리를 인도할 신을 우리를 위하여 만들라"라고 요청하여, 제2계명을 범하였습니다(출 32:1). 아론을 중심으로 금송아지 형상을 만들고, "이는 너희를 애굽 땅에서 인도하여 낸 너희 신(하나님)이로다"라고 외쳤습니다(출 32:4, 8, 느 9:18).

이스라엘 백성이 마음에 두고 간직하고 지켜야 할 것은, 하나님의 외형적 모양이 아니라 오로지 하나님의 언약의 말씀뿐이었습니다. 그 이유는, 언약의 말씀이 하나님과 이스라엘을 인격적으로 연결시켜 주기 때문입니다. 불 가운데서 하나님의 살아 계심을 보여 주신 것도 자기 형상을 보여 주시려는 목적에서가 아니라, 하나님의 말씀(음성)을 통해서 언약을 맺고자 하심이었습니다(출 19:16-19, 20:18-20, 신 4:32-36, 5:22-27).

② 섬길 대상으로 우상의 형상을 만들지 말라!

하늘의 해와 달과 별이든, 소나 고양이나 개구리 같은 동물이든, 사람이 만든 수공물이든, 무엇이든지 간에 그것을 신으로 숭배하면 우상이 됩니다. 사람들은 돌이나 나무나 금속으로 상을 부어 만들어 경배하곤 하였습니다(레 26:1, 대하 33:7, 사 44:15, 17, 나 1:14, 합 2:18, 계 9:20). 신명기 4:23에서 "... 네 하나님 여호와께서 금하신 아무 형상의 우상이든지 조각하지 말라"라고 말씀하고 있으며, 25절에서도 "... 만일 스스로 부패하여 무슨 형상의 우상이든지 조각하여 네 하나님 여호와 앞에 악을 행함으로 그의 노를 격발하면"이라고 말씀하고 있습니다.

어떤 신의 형상이든 모든 우상은 인간에게 아무 소용이 없는 무가치한 것으로, "헛것"(레 19:4), "허무한 것"(시 97:7), "허탄한 것" (렘 14:14)이라고 말씀하고 있습니다. 이는 히브리어로 '엘릴'(אֱלִיל)이며, '아무것도 아닌, 허무하고 무가치한, 보잘것없는'이라는 뜻입니다. 역대상 16:26에서 "만방의 모든 신은 헛것이요"라고 말씀하고 있으며, 고린도전서 8:4에서는 "우상은 세상에 아무것도 아니며 또한 하나님은 한 분밖에 없는 줄 아노라"라고 말씀하고 있습니다(사 41:21-24).

우상은 말을 하지 못합니다(합 2:18-19, 고전 12:2). 우상은 보지도 못하며, 먹지도 못하며, 듣지도 못하며, 냄새를 맡지도 못하며, 만지지도 못하며, 걷지도 못하며, 목구멍으로 소리를 내지도 못하며, 숨도 쉬지 못합니다(신 4:28, 시 115:4-7, 135:15-17). 심지어 제 몸에 붙은 먼지도 스스로 제거할 수 없습니다. 이러한 우상을 만드는 자와 그것을 의지하는 자는 모두 그 우상과 같이 우매한 자들입니다(시 115:8, 135:18, 사 44:9-20). 예레미야 50:2에서는 "우상들은 부스러진다"라고 말씀하고 있습니다. 여기 "우상"은 히브리어 '길룰'(גִּלּוּל)이며, '굴러 떨어지다, 구르다'를 뜻하는 히브리어 '갈랄'(גָּלַל)에서 유래하였으며, 이것은 우상이 결국에는 굴러 떨어져 사라질 존재라는 것을 암시합니다. 에스겔 30:13에서 "나 주 여호와가 말하노라 내가 그 우상들을 멸하며"라고 말씀하고 있습니다. 마찬가지로 그 우상을 만든 자도 수치를 당하게 됩니다(사 44:9-11).

이와 같이 우상 숭배하는 자는, 사사 시대 요담의 '나무 비유'에서 보듯이, 마치 쓸 만한 나무(감람나무, 무화과나무, 포도나무)는 다 버리고 아무짝에도 쓸모없어 땔감으로 아궁이에 들어갈 가시나무를 왕으로 삼는 것과 같은, 매우 어리석은 자입니다(삿 9:7-16). 가시나무가 그렇게 쓸모없는 줄 알면서도 모든 나무들이 굳이 찾아가서 '나의 왕이 되어 달라'라고 요청한 것과 같이(삿 9:14), 우상을 만들고 우상에게 절하고 우상을 섬기는 행위는 스스로 파멸을 자초하는 우매하고 무모한 행위입니다.

(2) "만들지 말고", "절하지 말며", "섬기지 말라"
/ לֹא־תַעֲשֶׂה, לֹא־תִשְׁתַּחֲוֶה, לֹא־תָעָבְדֵם
/ you shall not make, shall not worship, shall not serve

하나님께서는 제2계명을 주시면서, '자기를 위하여 새긴 우상을 만들지 말라, 절하지 말라, 섬기지 말라'라고 명령하셨습니다(출 20:4-5, 신 5:8-9). 이 세 가지 동사는 '우상 숭배하지 말라'라는 말씀을 점층적으로 강렬하게 전달하고 있습니다.

① 만들지 말라

"만들지"는 히브리어 '아사'(עָשָׂה)의 칼(기본)형입니다. 우상을 만드는 일은 힘과 물질과 기술과 시간과 노력이 드는 일입니다(시 115:8, 135:18, 사 40:19-20, 41:7, 44:12-17, 46:6, 렘 10:3-4, 9). 하나님께서는 두 번째로 돌판을 주실 때, 이스라엘 백성과 깨어진 언약을 회복하시기 위해서 재차 당부하시기를 "너는 신상들을 부어 만들지 말지니라"(출 34:17)라고 말씀하셨습니다.

② 절하지 말라

"절하지"는 히브리어 '샤하'(שָׁחָה)의 히트파엘(재귀)형이며, 완전히 복종하는 자세로 허리를 굽혀 땅에 엎드려 경배하는 행위입니다(출 34:8, 대하 29:30, 욥 1:20). 즉 우상에게 마음을 빼앗겨 스스로 적극적으로 우상에게 절하는 것입니다.

③ 섬기지 말라

"섬기지"는 히브리어 '경배하다, 숭배하다'라는 뜻을 가진 '아바드'(עָבַר)의 호팔(사역수동)형입니다(사 19:21, 렘 44:3). 이는 자신의 자유 의지를 상실하고 완전히 우상의 노예가 되어서, 지속적으로 섬기도록 시킴을 받는 상태를 가리킵니다. 외적으로는 경의를 표하거나 향을 피우는 것 등 종교적 경배, 제사, 입을 맞추는 것, 물건을 봉헌하는 것, 순복하는 것 등 모두 우상을 섬기는 행위입니다.

(3) "나 여호와 너의 하나님은 질투하는 하나님인즉"
/ כִּי אָנֹכִי יְהוָה אֱלֹהֶיךָ אֵל קַנָּא
/ for I, the LORD your God, am a jealous God

새긴 우상과 형상을 금지한 이유는, 하나님은 질투하는 하나님이시기 때문입니다. 출애굽기 20:5의 "질투하는"은 히브리어 '카나'(קַנָּא)로, '질투심이 많은, 불타오르는'이라는 뜻입니다. 신명기 4:24에서는 "네 하나님 여호와는 소멸하는 불이시요 질투하는 하나님이시니라"라고 말씀하고 있습니다(출 34:14, 신 6:15, 29:20, 수 24:19). 하나님의 질투는 곧 하나님의 사랑입니다(사 9:7, 슥 8:2).

① 긍정적 의미로 질투는 사랑의 집중(集中)입니다.

하나님께서 자기 백성을 너무도 뜨겁게 사랑하시기 때문에, 하나님의 기쁨은 오로지 그들(헵시바)에게 있습니다(사 62:4). 그들의 죄는 물론이거니와 잠시 한눈을 팔거나 다른 것에 관심을 갖는 것까지도 용납하지 않는 불 같은 사랑입니다(호 3:1-3). 그래서 자기 백성이 원수에게 당하는 것을 곧 하나님 자신이 당하는 것처럼 여기셔서, 그것을 갚아 주십니다. 이사야 42:13에서 "여호와께서 용사같이 나가시며 전사같이 분발하여 외쳐 크게 부르시며 그 대적을 크게 치시리로다", 또한 스가랴 2:8 하반절에서 "... 무릇 너희를 범하는 자는 그의 눈동자를 범하는 것이라"라고 말씀하고 있습니다(왕하 19:22, 습 3:19).

② 부정적 의미로 질투는 모욕 당한 사랑에 대한 분노입니다.

하나님의 백성 이스라엘이 우상 숭배하거나 하나님을 잘못 섬길까 하여 생기는 위대한 사랑의 질투입니다. 아가 8:6에서 "너는 나를 인같이 마음에 품고 도장같이 팔에 두라 사랑은 죽음같이 강하고 투기는 음부같이 잔혹하며 불같이 일어나니 그 기세가 여호와의 불과 같으니라"라고 말씀하고 있습니다. "사랑은 죽음같이 강하고 투기는 음부같이 잔혹하며"라고 하여, 그 사랑의 강도가 얼마나 강한지, 하나님의 사랑을 곧 투기라고 표현할 정도입니다.

하나님과 자기 백성은 마치 혼인한 부부 관계와 같으므로(렘 3:14, 31:32, 호 2:19-20), 하나님을 멀리하고 우상 숭배하는 일은 영적 간음에 해당합니다(렘 3:8-10). 그러므로 하나님께서는 사랑하는 언약 백성이 다른 신을 섬기면 분을 발하시어 일어나십니다(참고-잠 6:34). 남편이 아내를 사랑하여 지극히 아끼고 지키듯이, 하나님께서 자기 백성을 아끼는 사랑은 더할 나위 없이 맹렬하고 강력한 것입니다.

(4) "나를 미워하는 자의 죄를 갚되 아비로부터 아들에게로 삼사 대까지 이르게 하거니와"

/ פֹּקֵד עֲוֹן אָבֹת עַל־בָּנִים עַל־שִׁלֵּשִׁים וְעַל־רִבֵּעִים לְשֹׂנְאָי

/ visiting the iniquity of the fathers on the children, on the third and the fourth generations of those who hate Me

하나님께서는 하나님을 미워하는 자의 죄를 갚되 아비로부터 아들에게로 삼사 대까지 이르게 하십니다(출 20:5). 이는 우상 숭배의 죄가 얼마나 심각한가를 잘 보여 줍니다. 하나님께서는 노하기를 더디 하시고 인자가 많으시어 죄악을 용서해 주시나, 형벌 받을 자는 결단코 용서하지 않고 아비의 죄악을 자식에게 갚아 삼사 대까지 이르게 하십니다(민 14:18). 보통 삼사 대는 같은 세대에 살기 때문에, 부모가 가지는 불신앙의 악한 영향은 강력하게 그 자손들에게까지 반드시 미치게 되는 것입니다. 이 말씀은 부모의 죄 때문에 그 자손까지 숙명적으로 저주를 받아야 된다는 것을 지지하는 것은 결코 아닙니다(참고-신 24:16, 렘 31:29-30, 겔 18:1-4).

여기 출애굽기 20:5의 "미워하는 자"는 히브리어 '사네'(שָׂנֵא)로, '증오하다, 혐오하다, 싫어하다'라는 뜻입니다. 하나님께서는 자기 백성이 다른 신에게 절하고 마음을 빼앗기는 것을 하나님께 대한 증오와 혐오로 간주하신다는 것입니다. "죄를 갚되"에서 "갚되"라는 단어는 '방문하다'라는 뜻을 가진 히브리어 '파카드'(פָּקַד)로, 하나님께서 우상 숭배하는 자들을 반드시 찾아가셔서 심판하신다는 것을 의미합니다.

여호수아 24:20에서는 "만일 너희가 여호와를 버리고 이방 신들을 섬기면 너희에게 복을 내리신 후에라도 돌이켜 너희에게 화를 내리시고 너희를 멸하시리라"라고 말씀하고 있습니다. 하나님의 심판은 절대 공정하여, 의인에게는 상을 주시나 악인은 반드시 벌하십니다(시 58:11, 75:10). 하나님께서 가장 미워하시는 우상 숭배자들은 결코 형통할 수 없습니다(신 4:25-26, 27:15, 사 42:17, 44:9-11).

(5) "나를 사랑하고 내 계명을 지키는 자에게는 천대까지 은혜를 베푸느니라"

/ וְעֹשֶׂה חֶסֶד לַאֲלָפִים לְאֹהֲבַי וּלְשֹׁמְרֵי מִצְוֹתָי

/ but showing lovingkindness to thousands, to those who love Me and keep My commandments

출애굽기 20:6에서 "나를 사랑하고 내 계명을 지키는 자에게는 천대까지 은혜를 베푸느니라"라고 말씀하고 있습니다(신 4:40, 5:10, 7:9). "천대까지"는 산술적인 천(千) 대가 아니라 '영원까지'를 나타내는 성경문학적 표현이며, "은혜"는 히브리어 '헤세드'(חֶסֶד)로, '하나님의 변함없으신 언약적 사랑과 끊임없는 자비'를 의미합니다. 하나님의 노여우심은 잠깐이지만 그의 은총은 평생입니다(시 30:5). 하나님의 은혜가 그 진노를 훨씬 능가하는 것입니다(롬 5:20).

그렇다면 누구에게 이러한 은혜를 베풀어 주십니까? 히브리 원문을 볼 때, '나를 사랑하는 자에게'(לְאֹהֲבַי, 레오하바이)와 '내 계명을 지키는 자에게'(לְשֹׁמְרֵי, 레숌레)입니다. 하나님을 사랑하는 자는 하나님의 계명을 지키는 자이고, 하나님의 계명을 지키는 자는 하나님을 사랑하는 자입니다(요 14:15). 이 둘은 서로 분리될 수 없는 밀접한 관계를 가지고 있습니다. 요한일서 5:3에서는 "하나님을 사랑하는 것은 이것이니 우리가 그의 계명들을 지키는 것이라 그의 계명들은 무거운 것이 아니로다"라고 말씀하고 있으며, 요한복음 14:21에서는 "나의 계명을 가지고 지키는 자라야 나를 사랑하는 자니 나를 사랑하는 자는 내 아버지께 사랑을 받을 것이요 나도 그를 사랑하여 그에게 나를 나타내리라"라고 말씀하고 있습니다.

십계명의 첫 번째 계명과 두 번째 계명은 서로 연결되어 있습니다. 하나님 외에 다른 신들을 섬기는 자들은, 그것을 보이는 형상이나 우상으로 만들어서 밖으로 나타내기 때문입니다. 두 번째 계명은, 보이는 우상이나 형상을 만들거나 섬기거나 거기에 절하는 자는 하나님과 원수가 되어 심판을 받지만, 하나님을 사랑하고 계명을 지키는 자는 영원히 변함없는 사랑과 끊임없는 자비를 받는다고 말씀하고 있습니다(출 34:6-7, 신 7:12-15).

2. 제2계명의 세부 율법

Specific laws derived from the second commandment

모세는 이스라엘 백성이 앞으로 가나안 땅에 들어가서 제2계명을 범치 않도록 세부 율법을 더더욱 엄격하게 선포하였습니다. 제1계명과 제2계명은 그 성격상 내용이 함께 언급되는 경우가 많으므로, 제1계명에서 상고한 부분은 생략하도록 하겠습니다.

(1) 제단과 관련된 규정(출 20:22-26)

하나님께서는 "내가 하늘에서부터 너희에게 말하는 것을 너희가 친히 보았으므로 너희는 나를 비겨서 은으로 신상이나 금으로 신상을 너희를 위하여 만들지 말고"라고 말씀하셨습니다(출 20:22-23).

그리고 제단을 만드는 특별한 규정을 두었습니다(출 20:24-26).

① "토단(土壇)을 쌓고"(출 20:24)

신상을 금지하신 하나님께서는 오직 하나님께 제사 드릴 토단을 쌓으라고 명령하셨습니다. 죄인이 하나님께 예배드리는 올바른 방법은, 하나님의 신상을 만들어 그것을 섬기는 것이 아니라 오직 제물을 드림으로 죄 사함을 받아 복을 받는 것입니다(출 20:23-24).

토단은 흙으로 된 제단으로, 석재(石材)와 달리 쉽게 쌓고 또 쉽게 허물 수 있는 제단입니다. 이것은 하나님을 위하여 쌓은 단은 단지 보조적이고 임시적인 기능만 한다는 것을 의미합니다. 그러므로 오직 홀로 영원하신 하나님 한 분만을 섬겨야 하며, 사람의 손으로 만든 어떠한 구조물도 신성시해서는 안 된다는 것을 가르쳐 줍니다.

② "다듬은 돌로 쌓지 말라"(출 20:25)

이는 장식된 제단을 만들어 그것을 신성화하는 것을 금하는 것으로, 오직 하나님만 유일한 예배의 대상임을 강조한 규례입니다.

여호수아가 이스라엘의 하나님 여호와를 위하여 에발산에 한 단을 쌓았는데, 그 단은 "모세의 율법책에 기록된 대로 철 연장으로 다듬지 아니한 새 돌로 만든 단이라"라고 기록하고 있습니다(수 8:30-31). 엘리야 선지자도 이스라엘 열두 지파를 따라 열두 돌을 취하여, '여호와의 이름을 의지하여 그 돌로 단을 쌓았다'라고 기록하고 있습니다(왕상 18:30-32).

③ "층계로 내 단에 오르지 말라"(출 20:26)

당시에는 제사장이 속옷을 별도로 입지 않았으므로 높은 층계로 다리를 들어 올릴 경우 자연히 하체가 드러나, 거룩한 하나님께 제사 드리는 단 위에 보이게 됩니다. 그래서 하나님께서는 아예 오르내릴 수 있는 층계를 만들지 말라고 명령하신 것입니다. 요세푸스는 제단의 계단을 금하였으므로 경사면을 만들어 오르내리도록 하였다고 기록하고 있습니다(*Ant.* 4.200). 후에 제사장은 하체가 드러나는 것을 방지하기 위해 특별히 허리에서부터 넓적다리까지 가리는 고의(속바지)를 입도록 하였습니다(출 28:42).

(2) 하나님께서 가증히 여기시는 우상(신 6:10-7:26, 16:21-22)

신명기 16:21-22에서는 "네 하나님 여호와를 위하여 쌓은 단 곁에 아무 나무로든지 아세라 상을 세우지 말며 [22]자기를 위하여 주상을 세우지 말라 네 하나님 여호와께서 미워하시느니라"라고 말씀합니다. 그래서 하나님께서는 조각한 우상들을 불사르고 가증한 것을 집에 들이지 말며 "... 극히 꺼리며 심히 미워하라"(신 7:25-26)라고 말씀하셨습니다. 공동번역에서는 '하나님께서 역겨워하시는 것을 너희 집에 끌어들이지 말라. 그러다가는 너희도 그들과 같은 운명에 처하리라. 너희는 그런 것들을 더럽게 여기고 역겹게 여겨라. 그런 것들은 모두 없애 버릴 것이다'라고 번역하였습니다. 이스라엘이 극히 꺼리며 미워해야 할 대상은 하나님께서 가증히 여기시는 우상을 가리킵니다. 곧 가나안인들이 만들어 놓고 섬겼던 각종 금, 은 우상들과 조각한 신상들을 말합니다. 하나님께서는 이 가증한 것들을 남겨 두면 이스라엘이 그것을 본받아 하나님께 범죄케 하는 올무와 덫이 되며, 옆구리에 채찍이 되며, 눈에 가시가 되어 필경은 아름다운 땅 가나안에서 멸절하게 될 것이라고 누차 경고하셨습니다(출 23:33, 34:12, 신 7:16, 25, 20:18, 수 23:13, 삿 2:3).

3. 예배에 대한 교훈

Teachings on worship

제2계명은 어떻게 예배를 드릴 것인가 하는 '예배 방법'에 대하여 가르쳐 주고 있습니다. 예배의 대상이 올바를지라도 그 방법이 잘못되면 참된 예배가 될 수 없고, 잘못된 방법을 통해 오히려 타락하게 됩니다. 출애굽기 20:5에서 우상들에게 "절하지 말며 그것들을 섬기지 말라"라고 말씀하고 있습니다(출 23:24, 수 23:7). 여기 "절하지"는 히브리어 '샤하'(שָׁחָה)로, '(납작하게) 엎드리다, 예배하다'라는 뜻입니다. 그러므로 우리는 하나님께만 예배드리되, 하나님 앞에 완전히 엎드려 하나님의 자비와 은혜와 긍휼을 구하여야 합니다.

또한 제2계명은 하나님의 신령성을 강조합니다. 하나님은 영이십니다. 그러므로 우리는 신령과 진정으로 예배를 드려야 합니다. 요한복음 4:24에서 "하나님은 영이시니 예배하는 자가 신령과 진정으로 예배할지니라"라고 말씀하고 있습니다. 여기 "신령"은 '영 안에서'(in spirit)라는 뜻이며, '진정으로'는 '진리 안에서'(in truth)라는 뜻입니다. 하나님의 말씀은 진리입니다(요 17:17). 그러므로 성령과 말씀 안에서 드리는 예배가 진정한 예배입니다.

4. 제2계명을 범한 자의 최후

The fate of those who violated the second commandment

제2계명을 범한 자의 최후를 보여 주는 대표적인 인물은, 금 신상을 만들어 절하게 한 '느부갓네살왕'입니다.

바벨론이 많은 열방을 손에 넣고 근동의 패권을 차지하자(합 1:10), 느부갓네살왕은 하나님을 무시한 채 군사력 자체를 신격화하여 온갖 잔악한 행위를 일삼았습니다. 하박국 1:11에 "그들은 그 힘으로 자기 신을 삼는 자라 이에 바람같이 급히 몰아 지나치게 행하여 득죄하리라"라고 말씀하고 있습니다. 극도로 교만해진 느부갓네살왕은 신의 모습을 형상화한 거대한 금 신상을 세우고 모든 사람으로 하여금 그 앞에 절하게 했습니다. 나팔, 피리, 수금, 삼현금, 양금, 생황 등 각 나라에서 쓰는 모든 악기를 동원하였습니다(단 3:5, 7, 10, 15). 두라 평지에 그 엄청난 소리가 울려 퍼지기 시작할 때 그 위세에 눌려 금 신상 경배를 거부할 자가 없었습니다. 다니엘 3:6을 볼 때 "누구든지 엎드리어 절하지 아니하는 자는 즉시 극렬히 타는 풀무에 던져 넣으리라"라고 하였습니다. 다니엘의 세 친구(사드락, 메삭, 아벳느고)는 느부갓네살이 만든 금 신상 앞에 절하지 않은 죄로 느부갓네살 왕 앞에 끌려 왔습니다. 그러나 전혀 떨지 않고, "느부갓네살이여 우리가 이 일에 대하여 왕에게 대답할 필요가 없나이다 [17]만일 그럴 것이면 왕이여 우리가 섬기는 우리 하나님이 우리를 극렬히 타는 풀무 가운데서 능히 건져내시겠고 왕의 손에서도 건져내시리이다"(단 3:16-17)라고 담대히 외쳤습니다. 그리고 끝까지 금 신상에게 절하지 않았습니다. 다니엘의 세 친구는 "그리 아니하실지라도 왕이여 우리가 왕의 신들을 섬기지도 아니하고 왕의 세우신 금 신상에게 절하지도 아니할 줄을 아옵소서"라고 담대히 말하였습니다(단 3:18).

이에 느부갓네살은 분이 가득하여 세 사람을 결박하여 극렬히 타는 풀무불 가운데 던지게 했습니다. 세 사람을 붙든 자들이 타 죽을 정도로 평소보다 7배나 뜨거운 풀무불이었습니다(단 3:19-23). 그런데 결박되지 않은 네 사람이 풀무불 가운데로 다니는데, 그 넷째의 모양이 신들의 아들과 같았습니다(단 3:24-25). 느부갓네살왕이 놀라 세 친구를 풀무에서 나오라고 하여 보니, 불이 능히 그 몸을 해하지 못하였고, 머리털도 그슬리지 아니하였으며, 고의 빛도 변하지 아니하였고 불탄 냄새도 없었습니다(단 3:26-27). 너무도 놀란 느부갓네살은 사드락과 메삭과 아벳느고의 하나님을 찬송하면서, 왕명을 거역하면서도 우상 숭배를 단호히 거부한 그들을 높이고, 그같이 구원할 다른 신이 없다고 고백하였습니다(단 3:28-30).

이때 느부갓네살은 일시적으로 하나님을 두려워하였으나(단 4:1-3), 후에 다시 교만해졌습니다. 그가 그의 집에서 편히 쉬며 그의 궁에서 번영을 누릴 때, 땅의 중앙에 있는 한 나무의 꿈을 꾸었으며, 다니엘은 이를 해석하여 주었습니다(단 4:4-27). 이때 다니엘은 "왕이 사람에게서 쫓겨나서 들짐승과 함께 거하며 소처럼 풀을 먹으며 하늘 이슬에 젖을 것이요 이와 같이 일곱 때를 지낼 것이라 그때에 지극히 높으신 자가 인간 나라를 다스리시며 자기의 뜻대로 그것을 누구에게든지 주시는 줄을 아시리이다"라고 경고를 하였습니다(단 4:25).

그러나 느부갓네살은 교만하여 다니엘의 경고를 무시하였습니다. 열두 달 후에 느부갓네살왕이 바벨론 궁 지붕을 거닐면서 "이 큰 바벨론은 내가 능력과 권세로 건설하여 나의 도성을 삼고 이것으로 내 위엄의 영광을 나타낸 것이 아니냐"라고 하면서 자신의 업적을 드러내었습니다(단 4:29-30). 이 말이 아직 느부갓네살의 입에 있을 때에 느부갓네살은 왕위에서 쫓겨나 7년간 광인이 되어 짐승과 같이 사는 저주를 받았습니다(단 4:31-33). 결국 주전 605년 느부갓네살이 세운 바벨론은, 주전 539년 메대의 다리오왕과 바사의 고레스 2세의 연합 작전에 의해 건국 66년 만에 패망하고 말았습니다. 실로, 우상을 만들어 절하고 섬기는 자의 최후가 얼마나 비참한지를 단적으로 보여 주었습니다.

5. 제2계명의 구속사적 교훈

The redemptive-historical lesson in the second commandment

아담은 에덴동산에서 제2계명을 범하였습니다. 여자가 뱀의 말을 듣고 선악을 알게 하는 나무를 본즉 "먹음직도 하고 보암직도 하고 지혜롭게 할 만큼 탐스럽기도 한 나무"였습니다(창 3:6). 그 결과로, 선악을 알게 하는 나무는 여자에게 큰 우상이 되고 말았습니다. 그리고 여자가 먼저 그 실과를 따먹고 아담에게 주매, 아담도 그 실과를 먹고 말았습니다.

이스라엘 백성이 금송아지 우상을 만들어 범죄하였을 때(출 32장), 하나님께서 "나는 너희와 함께 올라가지 아니하리니 너희는 목이 곧은 백성인즉 내가 중로에서 너희를 진멸할까 염려함이니라"(출 33:3)라고 말씀하셨습니다. 이때, 이스라엘 백성은 통곡하며 회개하였고, 한 사람도 그 몸을 단장하지 않았습니다(출 33:4). 이스라엘 백성은 출애굽 후에도 몸에 단장품을 지니고 다녔습니다(출 33:5-6). 단장품(丹粧品: 붉을 단, 단장할 장, 물건 품)은 곱고 아름답게 꾸미는 데 쓰이는 물품으로(렘 4:30, 겔 23:42), 거기에는 각종 형태의 신의 모습이 아로새겨져 있어 우상 숭배를 위한 일종의 신상이 되었습니다. 하나님께서는 이스라엘을 진멸하시겠다고 연거푸 말씀하시면서, "너희는 단장품을 제하라(떼어 버리라)"라고 명령하셨습니다(출 33:5). 그 후 이스라엘 백성은 호렙산에서부터 그 단장품을 제하였습니다(출 33:6). "악은 모든 모양이라도 버리라"(살전 5:22)라는 말씀대로, 우상이 연상될 수 있는 것까지 모두 제하도록 조치하신 것입니다.

야곱이 옛 생활을 청산하고 벧엘로 올라갈 때, 그와 함께한 사람들이 모두 귀걸이 같은 장신구를 이방 신상과 함께 땅에 묻은 까닭도, 자기 주변에 있는 죄의 원인을 과감히 제거하기를 원했기 때문입니다(창 35:1-4). 이스라엘 백성은 애굽의 신들이 아로새겨진 단장품을 몸에 부착함으로써 알게 모르게 우상 숭배의 가능성을 가지고 있게 되었고, 이는 '금송아지 사건'에 간접적인 영향을 미쳤을 것입니다. 하나님께서는 이러한 이스라엘 백성의 부패한 속성을 미리 아시고, 이것을 일체 제거하도록 명하셨던 것입니다.

하나님께서는 보이지 않는 영이시며(요 4:24), 무소부재하시고 영원하신 분이십니다(시 102:12, 렘 23:24). 그러므로 '본래 하나님을 본 사람이 없다'라고 분명하게 말씀하셨습니다(요 1:18). 보이지 않는 하나님께서 사람들의 눈에 보이도록 확실한 형상으로 드러나신 분이 바로 '예수 그리스도'이십니다(고후 4:4, 히 1:2-3). 골로새서 1:15에서 예수님께서는 "보이지 아니하시는 하나님의 형상이요"라고 말씀하고 있습니다. 따라서 예수님을 본 자는 아버지를 본 것입니다(요 8:19, 14:9). 물론 성육신 하신 예수님 속에 있는 하나님의 형상을 보는 것도 육안으로는 불가능하며, 오직 청결한 마음과 거짓 없는 믿음의 눈, 밝은 영안으로만 하나님을 볼 수 있는 것입니다(마 5:8, 눅 24:31, 엡 1:17-18, 딤전 1:5).

인간은 본래 하나님의 형상대로 창조된 존귀한 피조물이었으나(창 1:26-27), 비참하게 타락하여 하나님의 형상을 잃어버렸습니다(롬 1:23). 이제 그 잃어버린 형상을 되찾아 새사람으로 만들어 주시기 위해 하나님의 참형상이신 예수 그리스도께서(고후 4:4, 골 1:15, 히 1:3) 성육신 하셨습니다(요 1:14). 그러므로 우리는 예수님 안에서 옛사람과 그 행위를 벗어 버리고 새사람을 입어서, "자기를 창조하신 자의 형상을 좇아 지식에까지 새롭게 하심을 받는 자"가 되어야 합니다(골 3:9-10). 우리는 예수님을 믿고 그분의 영광만을 바라보아야 합니다. 고린도후서 3:18에서 "우리가 다 수건을 벗은 얼굴로 거울을 보는 것같이 주의 영광을 보매 저와 같은 형상으로 화하여 영광으로 영광에 이르니 곧 주의 영으로 말미암음이니라"라고 말씀하고 있습니다. 이제 장차 예수님께서 재림하시면 우리도 예수님 안에서 하나님의 형상을 회복하게 될 것입니다. 요한일서 3:2에서 "사랑하는 자들아 우리가 지금은 하나님의 자녀라 장래에 어떻게 될 것은 아직 나타나지 아니하였으나 그가 나타내심이 되면 우리가 그와 같을 줄을 아는 것은 그의 계신 그대로 볼 것을 인함이니"라고 말씀하고 있습니다.

오늘날 물질적 탐욕에 빠져서, 육신의 정욕과 안목의 정욕과 이생의 자랑으로 가득 찬 기독교인들도 많이 있습니다. 이들은 세상을 사랑하고 우상을 섬기며 절하는 자들로, 하나님의 뜻과는 아무 상관이 없는 자들입니다(골 3:5, 요일 2:15-17). 이런 자들을 향하여 사도 바울은 "하나님을 알되 하나님으로 영화롭게도 아니하며 감사치도 아니하고 오히려 그 생각이 허망하여지며 미련한 마음이 어두워졌나니 스스로 지혜 있다 하나 우준하게 되어 썩어지지 아니하는 하나님의 영광을 썩어질 사람과 금수와 버러지 형상의 우상으로 바꾸었느니라"라고 책망하였습니다(롬 1:21-23). 이러한 우상 숭배자들은 하나님의 나라를 유업으로 받지 못하고(고전 6:9-10, 갈 5:19-21, 엡 5:5), 하나님의 진노 아래 있게 되며(골 3:5-6), 불과 유황으로 타는 못에 들어가고(계 21:8), 거룩한 성에 들어가지 못하고 버려져서 성 밖에 있게 될 것입니다(계 22:15).

제 3 계명
THE THIRD COMMANDMENT

"너는 너의 하나님 여호와의 이름을 망령되이 일컫지 말라"

You shall not take the name of the LORD your God in vain.

לֹא תִשָּׂא אֶת־שֵׁם־יְהוָה אֱלֹהֶיךָ לַשָּׁוְא

(출 20:7, 신 5:11)

출애굽기 20:7에서 "너는 너의 하나님 여호와의 이름을 망령되이 일컫지 말라 나 여호와는 나의 이름을 망령되이 일컫는 자를 죄 없다 하지 아니하리라"라고 말씀하고 있습니다. 이 구절은, 동일한 제3계명을 기록한 신명기 5:11의 히브리어 원문과 정확하게 일치합니다.

1. 제3계명의 해석
Exegesis of the third commandment

(1) "이름" / שֵׁם / the name

"이름"은 그 이름을 소유한 자(혹은 사물)의 존재를 나타냅니다. 존재했던 사람(사물)이나 존재하고 있는 사람(사물)은 모두 이름이 있습니다. 마찬가지로, 하나님께 이름이 있다는 사실은 하나님께서 살아 존재하시는 분임을 나타냅니다. 또한 이름은 저마다 뜻을 가지고 있어, 그 이름을 소유한 사람(사물)의 본질과 성품 등을 내포하고 있습니다. 하나님의 이름에도 하나님 자신의 신적 성품과 영원

자존하심이 담겨 있습니다. 시편 102:12에 "여호와여 주는 영원히 계시고 주의 기념 명칭은 대대에 이르리이다", 시편 135:13에도 "여호와여 주의 이름이 영원하시니이다 여호와여 주의 기념이 대대에 이르리이다"라고 말씀하고 있습니다.

이름을 통해 그것을 소유한 자의 명예(名譽)가 올라가기도 하고 내려가기도 합니다. 명예란 '세상 사람들로부터 받는 높은 평가나 가치 그리고 이에 따르는 영광'을 의미합니다(잠 22:1). 하나님의 이름에는 최고의 명예와 권위와 존귀가 있습니다. 그분의 입에서 나가는 말씀은 하나도 헛되이 돌아오지 않으며, 반드시 그 뜻을 이루며, 말씀하신 일에 형통합니다(사 55:11). "이것이 여호와의 명예가 되며 영영한 표징이 되어 끊어지지" 않는 최고의 명예입니다(사 55:13).

(2) "여호와" / יְהוָה / the LORD

"여호와"는 '나는 나다'(I am I), "나는 스스로 있는 자니라"(I am who I am)라는 뜻으로(출 3:14), 영원부터 영원까지 존재하시는 하나님의 자존성과 지존하심을 나타냅니다(창 21:33, 시 92:8, 사 33:5, 참고-시 102:26-27, 사 9:6, 57:15). "여호와"라는 이름은 이방 신들과 구별하여 이스라엘 백성의 하나님께만 독점적으로 사용되었습니다. "여호와"는 구약에서 가장 많이 사용된 하나님의 명칭으로, 약 6,823번 이상 기록되었습니다.[43)]

"여호와"는 하나님의 네 가지 모습을 강조하고 있습니다.

첫째, 하나님께서는 한 분이시며 유일하신 분이라는 뜻입니다.

하나님께서 스스로 존재한다고 하실 때 그것은 원인 없이 존재하시며, 독립된 존재로서 그 무엇에도 제약되지 않는 완전한 자유를 가지시며, 그리고 아무것도 의존하지 않으시는 절대자이심을 뜻합니다(신 6:4). 창조와 구원 역사 그리고 모든 불가능한 일도 능히 이루어 내시는, 천상천하에 독보적인 분이라는 것입니다(신 4:32-35, 39, 수 2:11, 왕상 8:23, 60, 사 37:16). 이사야 45:5에 "나는 여호와라 나 외에 다른 이가 없나니 나밖에 신이 없느니라"라고 말씀하십니다(사 42:8, 43:11, 45:6, 18, 21-22, 46:9). 이 세상에 진정으로 '나는 나다'라고 선언하실 수 있는 분은 하나님밖에 없습니다.

둘째, **하나님께서 영원한 자존자이심을 뜻합니다.**

하나님께서는 과거와 현재, 미래까지 영원한 존재, 항상 살아 계신 분입니다(신 33:27, 시 90:2, 사 26:4, 41:4, 렘 10:10, 단 12:7). 그러므로 '스스로 있는 자'란, '나는 언제든지 그 모습 그대로 변함없이 있게 될 것이다'라는 뜻입니다. 사람은 안개와 같이 유한한 생애를 살면서도 수없이 자리를 이탈하고 정함 없이 요동하며 흔들립니다. 그러나 여호와 하나님께서는 조금도 요동치 않는 큰 반석이시요, 한결같이 그 자리에 계시는 견고한 산성이십니다(신 32:4, 시 18:2, 31, 19:14, 31:3-4, 59:9, 16, 62:2, 6-7, 71:3, 73:26, 94:22, 144:1-2).

셋째, **하나님의 언약적 신실하심을 나타냅니다.**

"여호와"는 약속을 성취하시는 하나님이심을 나타내는 특징적인 이름입니다. 언약의 조상 아브라함이 단을 쌓는 곳마다 거기서 여호와의 이름을 불렀습니다(창 12:8, 13:4, 21:33). 여호와는 완전하신 구속 경륜 속에서 언약을 기억하시고, 언약 속에서 행동하시고, 언약을 성취하여 가시는 분입니다(창 2:15-17, 3:14-15, 15:18, 출 24:8, 34:10,

신 4:31). 신명기 7:9에 "그런즉 너는 알라 오직 네 하나님 여호와는 하나님이시요 신실하신 하나님이시라 그를 사랑하고 그 계명을 지키는 자에게는 천대까지 그 언약을 이행하시며 인애를 베푸시되"라고 말씀하고 있습니다. 하나님께서 모세에게 출애굽이라는 큰 사명을 맡기려고 나타나셨을 때 그 이름을 '여호와'로 계시하신 것도(출 3:13-15, 6:2-3, 8), 과거에 조상들과 언약을 맺으신 하나님께서 이제 그 언약대로 자기 백성을 구원하시겠다는 강력한 뜻이었습니다.

넷째, **하나님의 자비와 인자하심을 나타냅니다.**

하나님은 인격적인 분으로, 자기 백성을 가까이하시고, 언제든지 역사 속에 개입해 주시는 자비롭고 인자하신 분입니다. 그래서 구약성경에는 '너희 하나님 여호와, 여호와 너희 하나님'(출 6:7, 15:26, 레 19:25, 25:38, 55, 26:13, 민 15:41, 신 4:4, 34, 5:6)이라는 말씀이 자주 기록되고 있습니다. '여호와'는 이스라엘 백성이 탄식하며 부르짖을 때 그 고통 소리를 들으시고 찾아와서 권념해 주시고 마침내 구출하신, 인자와 자비가 한없으신 분입니다(출 2:23-25, 3:7-10). 그러므로 '여호와'는 이스라엘 백성에게 언약을 기억나게 하여 하나님만을 굳게 붙들게 하는 소망과 위로의 성호입니다. 신명기 4:31에 "네 하나님 여호와는 자비하신 하나님이심이라 그가 너를 버리지 아니하시며 너를 멸하지 아니하시며 네 열조에게 맹세하신 언약을 잊지 아니하시리라"라고 말씀하였습니다. 이와 같이 여호와를 알고 깨닫고 체험한 자는 마땅히 그 이름을 기억하고, 행하신 일을 날마다 찬송해야 합니다.

신명기 10:20-21 "네 하나님 여호와를 경외하여 그를 섬기며 그에게 친근히 하고 그 이름으로 맹세하라 [21]그는 네 찬송이시요 네 하나님이시라 네가 목도한바 이같이 크고 두려운 일을 너를 위하여 행하셨느니라"

여호와의 이름을 모독하거나 망령되이 일컫는 것은 이러한 하나님의 존재와 하나님의 성품을 무시하고 모독하는 큰 죄입니다.

(3) "너의 하나님" / אֱלֹהֶיךָ / your God

"너의 하나님"이란 표현은, 하나님께서 이스라엘 백성 한 사람 한 사람과 관계를 가지신 하나님 곧 '각자 바로 너의 하나님'이라는 뜻을 담고 있습니다. 이때 사용된 단어는 히브리어 '엘로힘'(אֱלֹהִים)입니다. '엘로힘'은 다음과 같은 의미를 가지고 있습니다.

첫째, 전능하신 하나님을 나타냅니다.

엘로힘의 '엘'이라는 단어는 '강하다'라는 뜻을 가진 '울'(אול)에서 유래되었습니다. 전능하신 하나님의 능력을 나타낼 때 '엘로힘'이 사용되었습니다(창 1:1, 35:11, 사 45:8).

둘째, 경외(敬畏)의 하나님을 나타냅니다.

엘로힘의 '엘'이라는 단어는 '강하다'라는 뜻 외에도 '두려워하다'라는 뜻을 가지고 있습니다. 이 경우는 히브리어 '야레'(יָרֵא)에서 유래되었으며, '엘로힘'은 '경외의 하나님, 두렵고 떨림으로 섬김을 받아야 할 하나님'이란 뜻입니다(창 22:12, 31:42, 31:53, 42:18, 출 1:21, 20:20, 레 19:14, 32, 25:17, 36, 43 등).

셋째, 삼위일체의 유일하신 하나님을 나타냅니다.

엘로힘은 복수인데 그것을 받는 동사는 단수형을 사용하고 있습니다. 이것은 하나님께서 삼위일체의 하나님으로서 유일하신 분이심을 나타냅니다(창 1:26-27, 신 4:35, 6:4).

이러한 엘로힘과 관련된 복합적인 명칭들이 몇 가지 있습니다. '엘 샤다이'(אֵל שַׁדַּי)는 '능하신 하나님'(창 17:1, 28:3, 35:11, 43:14), '엘 엘욘'(אֵל עֶלְיוֹן)은 '지극히 높으신 하나님'(창 14:18-22, 시 78:35), '엘 올람'(אֵל עוֹלָם)은 '영생(영원)하시는 하나님'(창 21:33, 사 40:28), '엘 로이'(אֵל רֳאִי)는 '감찰하시는 하나님'(창 16:13)입니다.

(4) "망령되이" / לַשָּׁוְא / in vain

"망령되이"는 히브리어 '라샤베'(לַשָּׁוְא)로, '무익한, 헛된, 거짓된, 가벼운, 경솔한'이라는 뜻입니다. 이것은 하나님의 이름을 함부로, 가볍게, 거짓되게 부르는 것입니다. 그래서 현대인의 성경에는 출애굽기 20:7을 "너희는 너희 하나님 나 여호와의 이름을 함부로 사용하지 말아라. 나 여호와는 내 이름을 함부로 사용하는 자를 그냥 두지 않을 것이다"라고 번역하였습니다.

웨스트민스터 신앙고백서의 「대요리문답」 제113문에는 "여호와의 이름을 망령"되게 하는 경우들을 상세히 설명하였습니다. 그 내용은 모두 정확하게 성경의 기록에 근거한 것으로, 각 구절을 뒷받침하면 다음과 같습니다.

① 하나님의 이름을 적절하게 사용하지 않는 것, 기도드리면서 믿지 않는 것(참고-요 14:13-14, 15:6-7)

"만군의 여호와가 이르노라 너희가 만일 듣지 아니하며 마음에 두지 아니하여 내 이름을 영화롭게 하지 아니하면 내가 너희에게 저주를 내려 너희의 복을 저주하리라 내가 이미 저주하였나니 이는

너희가 그것을 마음에 두지 아니하였음이니라”(말 2:2)

“나더러 주여 주여 하는 자마다 천국에 다 들어갈 것이 아니요 다만 하늘에 계신 내 아버지의 뜻대로 행하는 자라야 들어가리라 [22]그날에 많은 사람이 나더러 이르되 주여 주여 우리가 주의 이름으로 선지자 노릇 하며 주의 이름으로 귀신을 쫓아내며 주의 이름으로 많은 권능을 행치 아니하였나이까 하리니 [23]그때에 내가 저희에게 밝히 말하되 내가 너희를 도무지 알지 못하니 불법을 행하는 자들아 내게서 떠나가라 하리라 [24]그러므로 누구든지 나의 이 말을 듣고 행하는 자는 그 집을 반석 위에 지은 지혜로운 사람 같으리니”(마 7:21-24)

② 무지하고 헛되고 불경건하고 속되고 미신적이며 사악하게 언급하여 하나님의 이름을 남용하거나, 모독적이고 가증스럽게 하나님의 호칭과 속성과 규례와 하시는 일을 입에 담는 것

“너희는 이것이 여호와의 전이라, 여호와의 전이라, 여호와의 전이라 하는 거짓말을 믿지 말라”(렘 7:4)

“내 이름으로 거짓을 예언하는 선지자들의 말에 내가 몽사를 얻었다 몽사를 얻었다 함을 내가 들었노라”(렘 23:25)

“다시는 여호와의 엄중한 말씀이라 말하지 말라 각 사람의 말이 자기에게 중벌이 되리니 이는 너희가 사시는 하나님, 만군의 여호와 우리 하나님의 말씀을 망령되이 씀이니라”(렘 23:36)

“내 이름을 멸시하는 제사장들아 ... 너희는 이르기를 우리가 어떻게 주의 이름을 멸시하였나이까 하는도다 [7]너희가 더러운 떡을 나의 단에 드리고도 말하기를 우리가 어떻게 주를 더럽게 하였나이까 하는도다 이는 너희가 주의 상은 경멸히 여길 것이라 말함을 인함이니라 ... [12]그러나 너희는 말하기를 여호와의 상은 더러웠고 그 위에 있는 실과 곧 식물은 경멸히 여길 것이라 하여 내 이름을 더럽히는도다"(말 1:6-7, 12)

③ 모든 죄악된 저주, 맹세, 서원하는 것

"그 이스라엘 여인의 아들이 여호와의 이름을 훼방하며 저주하므로 무리가 끌고 모세에게로 가니라 그 어미의 이름은 슬로밋이요 단 지파 디브리의 딸이었더라"(레 24:11)

"사 년 만에 압살롬이 왕께 고하되 내가 여호와께 서원한 것이 있사오니 청컨대 나로 헤브론에 가서 그 서원을 이루게 하소서 [8]종이 아람 그술에 있을 때에 서원하기를 만일 여호와께서 나를 예루살렘으로 돌아가게 하시면 내가 여호와를 섬기리이다 하였나이다 ...[10]이에 압살롬이 정탐을 이스라엘 모든 지파 가운데 두루 보내어 이르기를 너희는 나팔 소리를 듣거든 곧 부르기를 압살롬이 헤브론에서 왕이 되었다 하라 하니라"(삼하 15:7-10)

"만군의 여호와께서 가라사대 내가 이것을 발하였나니 도적의 집에도 들어가며 내 이름을 가리켜 망령되이 맹세하는 자의 집에도 들어가서 그 집에 머무르며 그 집을 그 나무와 그 돌을 아울러 사르리라 하셨느니라"(슥 5:4, [참고-]사 48:1-2, 마 5:33-35)

"베드로가 모든 사람 앞에서 부인하여 가로되 나는 네 말하는 것이 무엇인지 알지 못하겠노라 하며 ... [72]베드로가 맹세하고 또 부인하여 가로되 내가 그 사람을 알지 못하노라 하더라 ... [74]저가 저주하며 맹세하여 가로되 내가 그 사람을 알지 못하노라 하니"(마 26:70, 72, 74)

④ 제비 뽑기와 적법한 맹세와 서원을 범하는 것

"내 아들아 악한 자가 너를 꾈지라도 좇지 말라 [11]그들이 네게 말하기를 ... [14]너는 우리와 함께 제비를 뽑고 우리가 함께 전대 하나만 두자 할지라도 [15]내 아들아 그들과 함께 길에 다니지 말라 네 발을 금하여 그 길을 밟지 말라"(잠 1:10-11, 14-15)

"너희는 내 이름으로 거짓 맹세함으로 네 하나님의 이름을 욕되게 하지 말라 나는 여호와니라"(레 19:12)

"네 하나님 여호와께 서원하거든 갚기를 더디 하지 말라 네 하나님 여호와께서 반드시 그것을 네게 요구하시리니 더디면 네게 죄라"(신 23:21, [참고-]전 5:4)

⑤ 불법인 줄 알면서 맹세와 서원을 지키는 것

"저희가 헛된 말을 내며 거짓 맹세를 발하여 언약을 세우니 그 재판이 밭이랑에 돋는 독한 인진 같으리로다"(호 10:4)

"왕이 심히 근심하나 자기의 맹세한 것과 그 앉은 자들을 인하여 저를 거절할 수 없는지라"(막 6:26)

"당신은 저희 청함을 좇지 마옵소서 저희 중에서 바울을 죽이기 전에는 먹지도 않고 마시지도 않기로 맹세한 자 사십여 명이 그를 죽이려고 숨어서 지금 다 준비하고 당신의 허락만 기다리나이다"(행 23:21)

⑥ 하나님의 작정과 섭리에 대해서 불평하거나 불만을 터뜨리거나 의심하거나 악용하는 것([참고-]출 32:1-6, 민 14:1-4, 26-35)

"어찌하여 여호와가 우리를 그 땅으로 인도하여 칼에 망하게 하려 하는고 우리 처자가 사로잡히리니 애굽으로 돌아가는 것이 낫지

아니하랴"(민 14:3)

"여호와께서 우리를 미워하시는 고로 아모리 족속의 손에 붙여 멸하시려고 우리를 애굽 땅에서 인도하여 내셨도다"(신 1:27, 참고-시 106:25)

⑦ 하나님의 말씀을 잘못 해석하거나, 오용하거나 왜곡하여, 세속적으로 농담거리를 만들거나, 쓸데없이 문제를 삼거나, 헛되게 말다툼하며, 거짓된 교리를 주장하는 것

"... 무식한 자들과 굳세지 못한 자들이 다른 성경과 같이 그것도 억지로 풀다가 스스로 멸망에 이르느니라"(벧후 3:16)

"누추함과 어리석은 말이나 희롱의 말이 마땅치 아니하니 돌이켜 감사하는 말을 하라"(엡 5:4)

"저는 교만하여 아무것도 알지 못하고 변론과 언쟁을 좋아하는 자니 이로써 투기와 분쟁과 훼방과 악한 생각이 나며 [5]마음이 부패하여지고 진리를 잃어버려 경건을 이익의 재료로 생각하는 자들의 다툼이 일어나느니라"(딤전 6:4-5)

"너는 저희로 이 일을 기억하게 하여 말다툼을 하지 말라고 하나님 앞에서 엄히 명하라 이는 유익이 하나도 없고 도리어 듣는 자들을 망하게 함이니라"(딤후 2:14)

"저희 말은 독한 창질(瘡疾)의 썩어져 감과 같은데 그 중에 후메내오와 빌레도가 있느니라"(딤후 2:17)

⑧ 하나님의 이름 아래 포함되어 있는 피조물이나 어떤 것을 악용하여 부적을 만들거나 정욕과 죄악된 행위에 이용하는 것

"그 아들이나 딸을 불 가운데로 지나게 하는 자나 복술자나 길흉을 말하는 자나 요술하는 자나 무당이나 [11]진언자나 신접자나 박수나 초혼자를 너의 중에 용납하지 말라"(신 18:10-11)

"... 호신부(護身符)와 ... [23]손거울과 세마포 옷과 머리 수건과 너울을 제하시리니"(사 3:20, 23)

⑨ 하나님의 진리와 은혜의 방법들을 훼방하고 경멸하며 욕하거나 반대하는 것

"나는 내 아버지의 이름으로 왔으매 너희가 영접지 아니하나 만일 다른 사람이 자기 이름으로 오면 영접하리라"(요 5:43, 참고-요 3:18)

"내가 내 아버지의 이름으로 행하는 일들이 나를 증거하는 것이어늘 [26]너희가 내 양이 아니므로 믿지 아니하는도다"(요 10:25-26)

"그들을 불러 경계하여 도무지 예수의 이름으로 말하지도 말고 가르치지도 말라 하니"(행 4:18)

"저희가 옳게 여겨 사도들을 불러들여 채찍질하며 예수의 이름으로 말하는 것을 금하고 놓으니"(행 5:40)

"나도 나사렛 예수의 이름을 대적하여 범사를 행하여야 될 줄 스스로 생각하고"(행 26:9, 참고-행 9:14)

⑩ 외식과 악독한 목적을 위해서 신앙을 고백하는 것(참고-사 1:15, 29:13, 마 23:27-31, 눅 18:9-14)

"또 너희가 기도할 때에 외식하는 자와 같이 되지 말라 저희는 사람에게 보이려고 회당과 큰 거리 어귀에 서서 기도하기를 좋아하느니라 내가 진실로 너희에게 이르노니 저희는 자기 상을 이미 받았느니라"(마 6:5)

⑪ 하나님의 이름을 부끄러워하거나 또는 믿음에 어긋나고 무지하며 무익하고 적대적으로 행하거나 그 이름을 배반함으로 그 이름에 욕을 돌리는 것

"누구든지 이 음란하고 죄 많은 세대에서 나와 내 말을 부끄러워하면 인자도 아버지의 영광으로 거룩한 천사들과 함께 올 때에 그 사람을 부끄러워하리라"(막 8:38)

"... 마술하는 어떤 유대인들이 시험적으로 악귀 들린 자들에게 대하여 주 예수의 이름을 불러 말하되 내가 바울의 전파하는 예수를 빙자(憑藉)하여 너희를 명하노라"(행 19:13)

"율법을 자랑하는 네가 율법을 범함으로 하나님을 욕되게 하느냐 [24]기록된 바와 같이 하나님의 이름이 너희로 인하여 이방인 중에서 모독을 받는도다"(롬 2:23-24)

"만일 그리스도인으로 고난을 받은즉 부끄러워 말고 도리어 그 이름으로 하나님께 영광을 돌리라"(벧전 4:16)

(5) "일컫지 말라" / לֹא תִשָּׂא / You shall not take

"일컫지"는 '들어올리다, 취하다'라는 뜻을 가진 히브리어 '나사'(נָשָׂא)의 미완료형을 사용하고 있습니다. 이것은 어떤 사적인 목적을 위해 '여호와'의 이름을 추어올리면서 계속 악용하는 것입니다. 강신택 박사의 히브리어 한글대역성경에서는 이러한 점을 잘 부각시켜, 출애굽기 20:7을 "너는 너의 하나님 여호와의 이름을 헛된 것을 위해서 치켜 올리지 말라! 왜냐하면 그의 이름을 헛된 것을 위해서 치켜 올리는 자를 여호와께서는 죄 없다고 하시지 않기 때문이다"라고 번역하였습니다.

고대에는 어떤 이름 자체에 신비한 마력이 있다고 생각했기 때

문에 이름을 주술적인 목적으로 사용했습니다. 초대교회 때에도 마술하는 어떤 유대인들이 예수의 이름을 빙자하여 악한 귀신에게 명하기도 하였습니다(행 19:13). 오늘날 배교와 불신앙으로 타락한 미국의 자유주의 교회들의 연합 단체인 미국 교회협의회(N.C.C.C. in USA) 가운데는, 하나님의 이름을 '아버지와 어머니'로, 하나님의 독생자 예수 그리스도를 '하나님 아이'로 부르는 교회들도 있으나, 이것은 명백하게 하나님의 이름을 망령되이 일컫는 것입니다.

(6) "죄 없다 하지 아니하리라"
/ לֹא יְנַקֶּה / will not leave him unpunished

사람도 자신의 명예가 훼손을 당했을 때 상대를 고소하여 법정까지 가서 그 죄를 따져 물으며, 훼손된 명예에 대한 적절한 배상을 요구합니다. 하물며 우주 만물의 창조주이신 하나님, 이스라엘을 애굽에서 인도하여 내신 하나님께서 자신의 명예가 훼손될 때 가만히 계시겠습니까? 그러므로 "죄 없다 하지 아니하리라"(출 20:7)라는 말씀은 '반드시 심판하시겠다'라는 선언입니다. "죄 없다"는 '무죄하다, 형벌이 없다'를 뜻하는 히브리어 '나카'(נָקָה)의 강조(피엘)형입니다. 거기에 절대 부정을 나타내는 '로'(לֹא)와, 이유를 나타내는 접속사 '키'(כִּי)가 연결되어 있습니다. 그러므로 "죄 없다 하지 아니하리라"라는 말씀은 '결단코 형벌을 면제받고 무사하게 되지는 않는다, 반드시 강력한 형벌을 받는다'라는 의미입니다.

2. 제3계명의 세부 율법

Specific laws derived from the third commandment

"너는 너의 하나님 여호와의 이름을 망령되이 일컫지 말라"(출 20:7, 신 5:11)라는 제3계명의 세부 율법은 출애굽기 20:24, 23:20-23, 신명기 14:1-21에 기록되어 있으며, 각 율법에서는 '하나님의 이름'의 의미를 확장하여 설명해 주고 있습니다. 하나님의 이름은 하나님 자신입니다. "주의 이름이 가까움이라"(시 75:1)라는 고백은 하나님께서 가까이 계시다는 뜻입니다. 하나님께서 이스라엘을 포로되게 하셨다가 회복시키시는 이유에 대해 "내 거룩한 이름을 내가 아꼈노라"(겔 36:21)라고 말씀하고 있습니다. 그들의 의로움 때문이 아니라, 여러 나라에서 더럽혀진 "나의 큰 이름"을 하나님 스스로 거룩하게 지키시기 위해서, 이스라엘을 구원하시겠다고 강력한 의지를 밝히신 것입니다(겔 36:20-23). 왜냐하면 하나님의 이름은 하나님 자신과 그분의 모든 것을 의미하기 때문입니다. 만일 이스라엘이 여호와의 영화롭고 두려운 이름을 경외하지 않으면, '여호와께서 재앙을 극렬하게 내리고 질병이 중하고 오래 가도록 하며, 두려워하던 모든 질병을 들어부으실 터인데, 그들이 멸망하기까지 할 것이라'라고 말씀하셨습니다(신 28:58-61).

(1) 하나님의 이름을 두신 곳

① 여호와의 이름을 기념하게 하신 성소(출 20:24)

성막은 하나님의 이름을 두시려고 택하신 곳입니다. 출애굽기 20:24 하반절에서 "내가 무릇 내 이름을 기념하게 하는 곳에서 네게 강림하여 복을 주리라"라고 말씀하셨습니다. 모세는 장차 가나안 땅에 들어가면 "여호와께서 자기 이름을 두시려고 택하신 곳"

에 모여 예배해야 한다고 여러 차례 명령하였습니다(신 12:5-7, 11-14, 21, 14:23-26, 16:2, 6, 11, 26:2). 성막과 마찬가지로 성전을 가리킬 때도 "내 이름을 둘 만한 집"(왕상 8:16), "하나님 여호와의 이름을" 위한 전(왕상 8:17-20), "내 이름이 거기 있으리라 하신 곳 이 전을 향하여 주의 눈이 주야로 보옵시며"(왕상 8:29), "나의 이름을 영영히 그곳에 두며"(왕상 9:3), "내 이름으로 여기 영영히 있게 하였음이라 내 눈과 내 마음이 항상 여기 있으리라"(대하 7:16)라고 말씀하였습니다(대하 6:5-10, 20, 12:13, 33:4, 스 6:12, 느 1:9, 시 74:7, 렘 7:10-12, 14). 예레미야 7:30에서도 "내 이름으로 일컬음을 받는 집"이라고 말씀하고 있습니다.

주의 이름을 두신 하나님의 성전을 공경하고, 또 성전을 사모하며 기도드릴 때 반드시 응답이 있습니다. 다니엘 6:10에서 "다니엘이 이 조서에 어인이 찍힌 것을 알고도 자기 집에 돌아가서는 그 방의 예루살렘으로 향하여 열린 창에서 전에 행하던 대로 하루 세번씩 무릎을 꿇고 기도하며 그 하나님께 감사하였더라"라고 기록하고 있습니다. 다니엘은 성전을 향해 기도함으로 자신이 사자굴에서 구원 받았을 뿐 아니라, 포로 된 민족이 하나님의 언약대로 해방될 수 있었습니다(참고-단 9:1-19). 이 다니엘의 기도는 솔로몬 성전을 봉헌할 때 솔로몬의 간구와 일치합니다. 열왕기상 8:48-49에서 "자기를 사로잡아 간 적국의 땅에서 온 마음과 온 뜻으로 주께 돌아와서 주께서 그 열조에게 주신 땅 곧 주의 빼신 성과 내가 주의 이름을 위하여 건축한 전 있는 편을 향하여 주께 기도하거든 [49]주는 계신 곳 하늘에서 저희 기도와 간구를 들으시고 저희의 일을 돌아보옵시며"라고 기도하였습니다(대하 6:37-39).

이름은 어떤 대상을 지칭하는 기호가 아니라 존재 자체를 나타냅니다. 그러므로 여호와의 이름을 성전에 둔다는 것은 하나님께서 성전에 계신다는 확증이요, 하나님께서 그 성전의 주인이라는 뜻입니다.

그러므로 하나님께서는 마치 윗사람을 공경하듯 성소를 "공경하라"라고 명령하셨습니다. 레위기 19:30에서 "내 성소를 공경하라 나는 여호와니라", 레위기 26:2에서 "나의 성소를 공경하라 나는 여호와니라"라고 말씀하고 있습니다. 여기 "공경하라"는 히브리어로 '야레'(יָרֵא)이며, 본래 '두려워하다'라는 뜻입니다. 이는 단순히 외형적 건물을 숭배하라는 말씀이 아닙니다. 하나님께서 택하셔서 그 이름을 두신 곳이므로, 교회의 외형적 건물(벽돌, 철근, 유리, 콘크리트, 악기, 책상, 의자, 마당 등)도 하나님을 대하듯 공손한 마음으로 존중하며, 깨끗하게 정돈하고 잘 보존해야 한다는 말씀입니다.

그러므로 하나님의 이름을 두신 성전(교회)을 더럽히는 것은 하나님의 이름을 망령되이 일컫는 죄와 같습니다. 하나님의 이름을 두신 성전(교회)을 말이나 행동으로 더럽히고, 함부로 비방하는 일, 더 나아가 성전 안에서 합당치 못한 짓을 행하는 것도 하나님의 이름을 망령되이 일컫는 것과 같은 것으로, 제3계명을 범하는 큰 죄입니다.

② 여호와의 이름을 두신 여호와의 사자(출 23:20-23)

하나님께서는 장차 가나안 정복이 확실히 이루어질 것을 약속하시면서, 하나님의 "사자"를 앞서 보내어 길에서 이스라엘을 보호하시며, 이스라엘에게 예비하신 가나안에 이르게 하시고(출 23:20), 가나안 7족속을 멸해("끊으리니") 주신다고 약속하셨습니다(출 23:23). 광야 길은 급격한 기후 변화, 강도와 짐승들의 위협 때문에 항상 위험이 따르게 됩니다. 하나님께서 세우시고 보내신 그의 종들을 통한 인도가 없었다면, 이스라엘은 결단코 가나안 땅으로 갈 수가 없었을 것입니다. 그러므로 하나님께서는 앞서 행하시는 그 사자의 목소리를 잘 청종하고 노엽게 하지 말라고 당부하셨는데, 그 이유는 하나님의 "이름"이 그 사자에게 있기 때문이라고 말씀하셨습니다(출 23:21). 여호와의 '이름'(שֵׁם, 쉠: name)이 사자에게 있다는 것은 그 사자가 하나님과 동일한 권위를 가지고 있다는 말입니다. 그래서 출애굽기 23:21을 강신택 박사의 히브리어 한글대역성경은 "너는 그 앞에서 조심하고 그의 음성을 들어라! 그를 반대하지 말라! 왜냐하면 그가 너희들의 법을 어긴 죄를 용서하지 않기 때문이다. 왜냐하면 나의 이름이 그 안에 있기 때문이다"라고 번역하였습니다. 역대하 20:20에서 "너희는 너희 하나님 여호와를 신뢰하라 그리하면 견고히 서리라 그 선지자를 신뢰하라 그리하면 형통하리라"라고 말씀하고 있습니다.

이와 같이 하나님께서는 시대마다 섭리하시되 그 이름을 두신 여호와의 사자를 통하여 역사하셨습니다(창 16:7-12, 왕하 19:35, 시 35:5-6, 91:11-12). "사자"에 해당하는 히브리어는 '말아크'(מַלְאָךְ)로서 사람과 관련하여서는 '메신저'(messenger)를 가리키며, 하나님과 관련하여서는 '제사장과 선지자' 등 하나님의 사역자, 혹은 '천사'를 뜻하는 단어입니다. 이들은 하나님께서 자신의 섭리를 이루시려고 그 권세와 지혜를 위임하시어 보내신 자들입니다(사 37:36, 렘 15:16, 학 1:13, 슥 3:1, 말 2:7).

그러나 이스라엘 백성은 하나님의 말씀을 잊어버리고, 광야를 지나는 동안 하나님께서 보내신 사자 모세와 아론을 끝없이 원망했습니다. 그것은 곧 여호와를 향한 원망이었습니다(출 16:7-9). 그들은 자기 뜻에 맞지 않으면 금새 돌아서 버리고, 장막 중에서 원망하는가 하면, 일제히 소리를 높여 "한 장관을 세우고 애굽으로 돌아가자"라고 밤새도록 울부짖었습니다(민 11:4-6, 10, 14:1-4, 27, 16:11, 41, 신 1:27-28, 시 106:24-25, 고전 10:10).

한편, 구약성경에 기록되어 있는 "여호와의 사자"는 성육신 하기 전의 예수 그리스도를 가리키기도 하였는데, 천사 또는 사람의 모습으로 나타나 하나님 백성의 환난에 동참하시고, 구원하시며, 사랑과 긍휼로 구속 역사를 이루셨습니다(수 5:13-15, 삿 13:21-22, 사 63:8-9, 단 3:28 등). 예수님께서는, "여호와의 이름"(시 118:26), "아버지의 이름"(요 5:43, 17:6, 11-12, 26), "주의 이름"(마 21:9, 눅 19:38)으로 오신 하나님의 전권대사이며, 가장 큰 하나님의 사자였습니다. 그 사자의 메시지는 곧 하나님의 절대 영원한 메시지이며, 그 메시지를 청종치 않는 자들에게는 천국의 영생 복락이 허락되지 않습니다.

성도들이 주께서 예비하신 신령한 가나안 천국(요 14:3)에 이르기까지 구원 섭리의 수종자 역할을 하는 사자가 바로 오늘날 교회의 목회자들과 직분자들입니다. 하나님의 양 무리를 이끄는 지도자들은 언제나 하나님의 사자라는 사명 의식으로, 맡겨진 하나님의 구원 사역에 초지일관 충성해야 합니다. 이와 같이 하나님께서 그 이름을 두신 사자를 멸시하거나 그들이 전한 하나님의 말씀의 권위를 무시한다면, 제3계명을 범한 때처럼 "죄 없다 하지 아니하리라"(출 20:7)라는 결정적인 심판을 면치 못할 것입니다(참고-신 28:58-61).

(2) 하나님의 이름으로 일컫는 백성, 여호와의 성민(신 14:1-21)

하나님께서는 죽은 자를 위하여 몸을 베지 말고 눈썹 사이 이마 위의 털을 밀지 말라고 지시하신 후(신 14:1-2), 그 먹는 음식에 있어서 성별하는 규정을 말씀하셨습니다(신 14:3-20). 모든 규정을 다 말씀하신 후 "너희는 너희 하나님 여호와의 성민이라"라고 다시 강조하셨습니다(신 14:21). 하나님의 자녀요, 여호와의 성민이라 함은 유일하신 참하나님께 전적으로 헌신하기 위해 거룩하게 구별된 백성을 뜻합니다(신 14:2). 지상 만민 중에서 특별히 택하여 하나님의 이름으로 일컫는 백성이 이방인들처럼 부정하고 정결한 음식을 분별치 못한다면, 하나님의 이름을 망령되이 일컫는 것과 같은 죄가 된다는 것입니다.

'하나님의 이름으로 일컫는 내 백성'(신 28:10, 대하 7:14)이라 부르신 것은, 하나님께서 그들과 함께하신다는 확증이요, 하나님의 영광과 명예와 능력과 권위와 성품을 두고 그들 위에 하나님의 보호가 항상 함께하여 끝까지 책임지신다는, 너무나 크고 놀라운 축복입니다(참고-사 4:1).

그러므로 하나님의 백성은 여호와의 이름을 빛나게 해야 할 의무가 있습니다. 신명기 28:10에서는 "너를 여호와의 이름으로 일컬음을 세계 만민이 보고 너를 두려워하리라"라고 말씀하고 있습니다. 만약 여호와의 이름을 함부로 거짓되이 사용하여 그 명예를 더럽히고 실추시킨다면, 반드시 계약적인 저주와 형벌을 받게 될 것입니다(레 18:21, 19:12, 20:3, 21:6, 24:16, 신 28:58-68).[44)]

하나님의 백성에게 여호와의 이름은 참으로 대단한 특권이자 권위를 가지는 반면에, 함부로 불러서는 안 되는 경외의 대상입니다. 그러므로 하나님의 이름은 "크고 두려운 이름"(시 99:3)이요, "크신 이름"(삼상 12:22)이요, 가장 안전한 "견고한 망대"(잠 18:10)입니다.

하나님은 우리의 찬송이십니다(신 10:21, 시 18:1-3, 109:1). 하나님의 이름은 우리의 찬송 제목이며, 우리에게 절대 힘과 능력이 됩니다. 하나님의 이름을 높이고 찬송하는 자에게 기쁨과 힘이 솟구칩니다. 이사야 25:1에서 "여호와여 주는 나의 하나님이시라 내가 주를 높이고 주의 이름을 찬송하오리니 주는 기사를 옛적의 정하신 뜻대로 성실함과 진실함으로 행하셨음이라"라고 노래하였습니다. 출애굽기 15:2-3에서도 "여호와는 나의 힘이요 노래시며 나의 구원이시로다 그는 나의 하나님이시니 내가 그를 찬송할 것이요 내 아비의 하나님이시니 내가 그를 높이리로다 [3]여호와는 용사시니 여호와는 그의 이름이시로다"라고 노래하고 있습니다. 다윗은 모든 원수와 사울의 손에서 건짐을 받은 날에 여호와의 이름을 드높여 찬송하였습니다. 시편 18:1-3에서 "나의 힘이 되신 여호와여 내가 주를 사랑하나이다 [2]여호와는 나의 반석이시요 나의 요새시요 나를 건지시는 자시요 나의 하나님이시요 나의 피할 바위시요 나의 방패시요 나의 구원의 뿔이시요 나의 산성이시로다 [3]내가 찬송 받으실 여호와께 아뢰리니 내 원수들에게서 구원을 얻으리로다"라고 고백하였습니다.

하나님의 이름을 가진 존귀한 성민으로 살아갈 때 하나님의 강력한 도움과 구원의 손길이 끊이지 않습니다. 예레미야 15:16에 "만군의 하나님 여호와시여 나는 주의 이름으로 일컬음을 받는 자라 내가 주의 말씀을 얻어 먹었사오니 주의 말씀은 내게 기쁨과 내 마음의 즐거움이오나"라고 말씀하였습니다. 하나님의 이름으로 선택받아 그 이름으로 일컬음을 받은 자는 하나님의 말씀을 얻어 먹는 축복이 있습니다. 하나님의 말씀을 두루마리로 통째로 먹은 에스겔 선지자는 "그것이 내 입에서 달기가 꿀 같더라"라고 고백했습니다

(겔 3:1-3). 말씀을 먹은 자에게는 샘솟는 기쁨과 마음의 즐거움이 가득합니다.

(3) 거짓 맹세에 대한 주의(레 19:12)

"여호와의 이름을 망령되이 일컫지 말라"는 것은 하나님의 성호를 각별히 주의하여 사용해야 한다는 의미입니다. 만일 여호와의 이름을 훼방하면 반드시 돌로 쳐서 죽여야 했습니다(레 24:10-16, 23). 여호와의 이름으로 고하는 말씀은 반드시 순종해야 되고(신 18:19), 여호와의 이름을 방자히(주제넘게, 건방지게) 고하면 죽임을 당했습니다(신 18:20). 그러므로 거짓을 정당화하기 위해 하나님의 이름으로 맹세를 하는 것은 매우 큰 죄입니다. 레위기 19:12에 "너희는 내 이름으로 거짓 맹세함으로 네 하나님의 이름을 욕되게 하지 말라 나는 여호와니라"라고 말씀하고 있습니다.

① 맹세의 의미

성경에서 '맹세'를 가리키는 히브리어는 두 가지입니다.

첫째, '셰부아'(שְׁבוּעָה)입니다.

'셰부아'는 '일곱 번 말하다', '맹세하다'라는 뜻의 히브리어 동사 '샤바'(שָׁבַע)에서 파생된 수동태 분사 여성형 명사입니다. 이들 단어는 공통적으로 '7'을 뜻하는 히브리어 '쉐바'(שֶׁבַע)에서 유래한 것입니다. 히브리인들은 '7'이라는 숫자를, 천지 창조 기간을 나타내는 성수(聖數), 더하거나 뺄 수 없는 완전수(完全數)로 여겼습니다. 맹세는 통상 숫자 '7'과 관련된 의식에 의하여 확증됩니다. 아브라함은 아비멜렉과 언약을 체결할 때 그 언약을 확증하기 위하여 "일곱"

암양 새끼를 따로 구분하였습니다(창 21:28-30). 그리하여 맹세로 굳게 맺은 언약을 "맹약(盟約)"이라고 불렀습니다(수 9:20, 사 45:23, 겔 21:23).

둘째, '알라'(אָלָה)입니다.

'알라'는 '저주하다, 맹세하다'라는 뜻의 두 가지 어근에서 유래한 단어입니다. 따라서 이 단어는 단독으로 쓰여 '맹세'의 뜻을 나타내거나(창 26:28, 신 29:13, 왕상 8:31, 겔 17:16-19), '저주'의 뜻을 나타내기도 하며(사 24:6, 렘 23:10, 29:18, 슥 5:3), '맹약'을 가리키는 '셰부아'와 함께 쓰여 '저주의 맹세'라는 뜻으로 사용되었습니다(민 5:21, 느 10:29, 단 9:11).

고대 근동의 관습에서 '맹세'를 어길 경우에 '저주'가 뒤따르기 때문에 '맹세'라는 단어에는 기본적으로 '저주'의 의미가 포함되어 있습니다. '셰부아'의 경우도 '저주'의 뜻으로 사용되기도 하였으나(사 65:15. '저줏거리'), '알라'라는 단어가 '저주'의 의미를 훨씬 더 강조하고 있습니다. 마태복음 26:69-75에서 가야바의 뜰에서 한 비자가 예수님의 수제자 베드로에게 "너도 갈릴리 사람 예수와 함께 있었도다"라고 말하자(마 26:69), 베드로는 처음에 단순히 모른다고 부인하다가(70절), 두 번째는 맹세하고 또 부인하였으며(72절), 세 번째는 저주하며 맹세하여 부인하였습니다(74절).

② 맹세의 형태

맹세는 어떤 불변하는 진리나 권세를 걸고 행하여졌습니다. 히브리서 6:16에서 "사람들은 자기보다 더 큰 자를 가리켜 맹세하나니 맹세는 저희 모든 다투는 일에 최후 확정이니라"라고 말씀하고 있습니다. 구약 시대에 맹세로 언약을 체결할 때는, 일반적으로 자기보다 더 큰 권위를 힘입어 맹세를 하였으며(창 31:53, 삼하 21:7), 하늘을 향하여 손을 들고 하거나(창 14:22, 신 32:40, 단 12:7), 상대방의 환도뼈 밑에 손을 넣거나(창 24:2, 9, 47:29), 쪼갠 고기 사이로 계약 당사자들이 함께 지나가는 관습이 있었습니다(렘 34:18, 참고-창 15:17).

하나님께서는 여호와의 이름으로 맹세하도록 규정하셨습니다(출 22:11, 신 6:13). 이는 하나님만이 우주 통치의 최고 주권자이심을 인정하는 것입니다. 신명기 10:20에서 "네 하나님 여호와를 경외하여 그를 섬기며 그에게 친근히 하고 그 이름으로 맹세하라"라고 말씀하셨습니다.

③ 외식적 맹세와 올바른 맹세

예수님 당시 종교 지도자들에게는, 거짓을 정당화하려는 맹세를 하거나, 함부로 맹세하고 저버리거나, 교묘한 궤변으로 헛맹세를 변호하는 악습이 있었습니다. 모든 맹세는 하나님의 이름과 그 권위를 빌어서 하는 것입니다. 그래서 예수님께서는 "헛맹세를 하지 말고 ... 도무지 맹세하지 말지니"라고 말씀하셨는데(마 5:33-36, 참고-약 5:12), 여기 "도무지 맹세하지 말지니"의 헬라어 '메 오모사이 홀로스'(μή ὀμόσαι ὅλως)는 어떤 예외도 인정하지 않는 절대적인, 맹세 금지 명령을 뜻합니다. 이 금지 속에는 '어떠한 맹세도 필요 없을 만큼 그 말과 행위 자체가 진실하라'라는 의미도 담겨 있습니다.

예수님께서는 맹세에 관한 율법을 올바로 해석하여 주셨습니다. 마태복음 5:37에 "오직 너희 말은 옳다 옳다, 아니라 아니라 하라 이에서 지나는 것은 악으로 좇아 나느니라"라고 말씀하셨습니다.

여기 상반절을 헬라어로 보면, 'ἔστω δέ ὁ λόγος ὑμῶν ναὶ ναί οὖ οὔ· τό δέ'(에스토 데 호 로고스 휘몬 나이 나이 우 우 토 데)입니다. '나이 나이'(옳다, 옳다)라고 말하든지 '우 우'(아니다, 아니다)라고 말하든지 하라는 것입니다. 원문에 정확히 두 번씩 사용한 것은, 진실 그대로 직접적으로 솔직하고 명쾌하게 답변하라는 것을 강조한 것입니다. 이 말씀은 진실성이 얼마나 중요한가를 보여 줍니다. 음흉한 거짓을 진실처럼 보이기 위해 분명한 답변을 회피하고 맹세하는 것은, 분명 악으로부터 생겨난 허위요 위선입니다(마 5:37下).

그러나 하나님의 말씀(진리)의 진실됨을 입증해야 할 때나, 하나님의 사람의 진실성을 변호할 때에 살아 계신 하나님의 이름으로 엄숙히 맹세하는 것은 정당한 맹세입니다(참고-마 26:63-64, 롬 1:9, 고후 1:23, 11:31, 갈 1:20, 빌 1:8, 살전 2:5, 10).

3. 예배에 대한 교훈

Teachings on worship

제3계명은 '예배를 드리는 정신'에 대하여 가르쳐 주고 있습니다. 하나님께 예배드리는 자는 행동, 언어, 태도뿐만 아니라 그 정신도 올바르게 드려야 합니다. 예배를 드리는 정신은 하나님의 이름을 높이는 데 있으며, 예배를 드리는 성전(교회)은 하나님의 이름을 두시려고 택하신 곳입니다(신 14:23-24, 16:2, 6, 11, 왕상 5:5, 8:20, 대상 22:7, 29:16, 대하 2:4, 6:7-10, 참고-왕상 3:2, 8:17-20, 44, 48, 대상 22:8, 대하 2:1, 6:34). 그러므로 우리가 하나님의 말씀을 듣고 기도하고 찬송하며 참예배를 드릴 때, 하나님의 이름이 높임을 받으시는 것입니다. 시편 69:30에서는 "내가 노래로 하나님의 이름을 찬송하며 감사함으로 하나님을 광대하시다 하리니"라고 말씀하고 있습니다. 우리는 하나님의 이름이 이방인 가운데 모독을 받지 않고 오히려 영광을 받으시도록 해야 할 사명이 있습니다(대상 17:23-24, 롬 2:24, 벧전 2:12, 4:11).

하나님의 이름으로 말미암아 명예를 나타낸 왕이 바로 솔로몬입니다. 역대하 9:1에서는 단순히 "솔로몬의 명예"라고 나오지만, 열왕기상 10:1에서는 특별히 "여호와의 이름으로 말미암은 솔로몬의 명예"라는 설명을 덧붙였습니다. 솔로몬의 지혜는 하나님 자신의 높으심과 탁월하심과 하나님의 명예를 위한 것이었습니다. 솔로몬의 지혜는 당시 동양 모든 사람의 지혜와 애굽 모든 지혜보다, 천하 열왕의 지혜보다도 뛰어났습니다(왕상 4:29-30, 10:23-24). 또한 당시 지혜에 있어서 대단한 명성을 떨치던 예스라 사람 에단과 마홀의 아들 헤만과 갈골과 다르다보다 더 뛰어났습니다(왕상 4:31, 참고-대상 2:6). 스바 여왕은 솔로몬의 뛰어난 지혜를 보고 정신이 현황(眩怳)할 정도로 감동을 하였으나, 솔로몬에게 그 지혜를 주신 하나님을 송축하며 하나님께 영광을 돌렸습니다(왕상 10:1-10). 우리가 가진 것 중에 하나님의 명예를 위하여 사용되는 것은, 금세와 내세에 가장 크고 값진 명예로 영원히 남게 됩니다.

예수님께서는 주(主) 기도문을 통하여 예배의 대상과 그 이름의 중요성을 올바로 가르쳐 주셨는데, "하늘에 계신 우리 아버지여 이름이 거룩히 여김을 받으시오며"(마 6:9)라는 간구입니다. 우리가 가진 모든 것이 하늘에 계신 아버지의 이름을 높이는 데에 전적으로 헌신되기를 간절히 소원합니다.

4. 제3계명을 범한 자의 최후

The fate of those who violated the third commandment

다윗왕 말년에 원인 모를 흉년이 3년간이나 지속되었을 때, 다윗왕은 하나님의 징벌임을 직감하고 하나님께 기도하였습니다(삼하 21:1上). 건조한 팔레스틴 땅에서 3년 연속 기근이 계속된 것은 분명 하나님의 심판이었습니다(왕상 17:1-7, 느 5:3). 다윗에게 주신 하나님의 응답은, 사울과 그 집이 이스라엘과 화친 조약을 맺었던 기브온 사람(수 9:3-27)을 무참히 죽였기 때문입니다(삼하 21:1下). 이 사건은 아무도 기억하지 못하는 오래 전 일입니다. 기브온 사람들은 본래 가나안 7족속 중 히위 사람의 일부였는데(수 11:19), 먼 나라에서 온 것처럼 변장하고 여호수아를 속여 화친 조약을 맺었고, 여호수아는 그들을 죽이지 않겠다고 여호와의 이름으로 맹세하였습니다(수 9:15, 18-21).

사울왕이 기브온 사람들을 죽인 죄는 율법상으로도 변명할 여지 없는 살인죄였으나(민 35:31, 참고-창 9:6), 그보다 하나님의 이름을 모욕하고 망령되이 일컬은 죄가 더욱 컸습니다. 여호와의 이름으로 기브온 거민과 맺은 약조를 무시하고, 하나님의 언약 속에 들어와 거하던 기브온 사람들을 이유 없이 죽인 행위는 하나님의 성호를 망령되이 일컬어, 하나님의 영광을 실추시킨 죄가 되었습니다(출 20:7, 신 5:11). 맹세에 여호와의 이름이 사용되었다는 것은 중대한 일입니다(수 9:9-15). 그러므로 하나님의 이름을 걸고 언약하거나 작정, 서원한 것은 반드시 지켜야 합니다(민 30:2, 신 23:21, 시 15:4, 76:11). 전도서 5:4-5에서 "네가 하나님께 서원하였거든 갚기를 더디게 말라 하나님은 우매자를 기뻐하지 아니하시나니 서원한 것을 갚으라 [5]서원하고 갚지 아니하는 것보다 서원하지 아니하는 것이 나으니"라고 말씀하고 있습니다. 암몬과의 전쟁에서 사사 입다가 서원한 일도 마찬가지입니다(삿 11:30-31). 그 일이 자기 외동딸에게 해당할지라도, 이것을 어길 경우에는 하나님의 이름을 망령되이 부른 죄가 되는 것입니다. 입다 자신도 "내가 여호와를 향하여 입을 열었으니 능히 돌이키지 못하리로다"(삿 11:35下)라고 고백하였습니다.

기브온 족속이 여호수아와 화친을 맺은 사건은 얼핏 보기에 인간적인 잔꾀를 부린 것처럼 보이나 그것은 믿음의 행위였습니다. 그들은 당시 이미 명성이 자자했던 여호수아의 소문을 익히 들었기 때문에(수 6:27, 9:9-10), 하나님을 믿는 신앙의 대열에 동참하려고 치밀하고도 지혜롭게 행동했던 것입니다. 이는 라합처럼(수 2:8-11), 자기 민족이 언젠가는 하나님의 역사로 진멸될 것을 미리 알고 하나님 편에 선 것과 같은 경우입니다(수 9:24-25). 그 결과로 기브온 사람들은 본래 진멸의 대상이었으나(신 7:1-5), 이스라엘과 화친 조약을 맺음(수 11:19)으로 성전에서 나무를 패며 물 긷는 일들을 맡아 생명을 부지할 수 있었습니다(수 9:21, 23, 27).

그 후 기브온 족속은 오랫동안 이스라엘 백성 사이에 거주하면서 서서히 하나님의 백성과 동화되어 갔고, 하나님 앞에서 하나님의 백성과 조금도 차이가 없었습니다. 여호수아와 언약한 이래로 그들은 바벨론 유수에서 귀환할 때까지도 성전에서 궂은 일, 천한 일 하는 것을 소중하게 여기고 오랫동안 감당하였습니다(스 2:43-54, 58). 기브온 족속은 구약에서 '느디님 사람'이라고 볼 수 있습니다. 그것은 여호수아 9:27에서 기록하고 있듯이, 기브온 족속이 맡은 일은 여호와의 제단을 위하여 나무를 패며 물 긷는 일이었는데, 느디님 사람은 전쟁 포로 가운데 성전에서 일하던 자들의 후손이라고 볼 수 있기 때문입니다. 또한 공동번역에서는 '막일꾼'이라 번역하였습니다. 에스라 8:20에서는 "레위 사람에게 수종 들게 한 그 느디님 사람"이라고 말씀하고 있습니다. 이들은 제사장과 레위인을 도와 일하는 '성전 수종자'로도 불렸습니다(스 8:17). 여호수아가 기브온 사람들을 해하지 않고 살려 주겠다고 하나님의 이름으로 언약한 이후(수 9:15), 하나님께서는 기브온 사람들을 이방인처럼 대하지 않고, 언약 백성인 이스라엘과 똑같이 대하였습니다(참고-수 18:25, 21:17). 그들은 이스라엘과 함께 신앙과 역사를 같이했던 것입니다.

그러나 기브온 족속은 순수한 이스라엘 족속이 아니라는 이유로 숱한 시련과 박해를 당했습니다. 그 대표적인 사건이 바로 사울왕과 그의 가족에 의한 기브온 족속 학살과 학대 사건입니다. 사무엘하 21:2에 "기브온 사람은 이스라엘 족속이 아니요 아모리 사람 중에서 남은 자라 이스라엘 족속들이 전에 저희에게 맹세하였거늘 사울이 이스라엘과 유다 족속을 위하여 열심이 있으므로 저희 죽이기를 꾀하였더라 ..."라고 말씀하고 있습니다. 사울이 그들을 죽이려고 꾀한 것은 이스라엘과 유다 사람을 위해 "열심"이 있었기 때문이라고 하였으나, 이는 자기 공명심과 명예를 위한 '빗나간 열심'이었습니다(참고-롬 10:2-3).

다윗왕이 기브온 족속에게 속죄할 방법을 물었을 때, 그들은 사울 왕가의 자손 7명의 생명을 요구했습니다(삼하 21:3-6). 그 7명은 사울의 첩 리스바에게서 낳은 두 아들(알모니, 므비보셋)과 사울의 큰 딸 메랍에게서 낳은 다섯 아들이었습니다(삼하 21:8-9). 사울왕이 세 아들(요나단, 아비나답, 말기수아)과 함께 벧산 성벽에 목이 잘린 채 매달린 것처럼(삼상 31:2, 6-13), 7명은 산 위에서 '여호와 앞에' 목매이어 달려 한꺼번에 죽었습니다(삼하 21:9). 기브온 사람들은 사울의 고향인 기브아(삼상 10:26)를 처형 장소로 선택하였습니다(삼하 21:6). 사울 왕가의 참으로 비참한 최후였습니다.

사람들은 다윗왕의 명을 받아 7명의 시신을 사울왕과 요나단의 뼈와 함께 메어다가 베냐민 땅 셀라에서 기스의 묘에 장사하였습니다. 그 후에야 하나님께서 그 땅을 위한 기도를 들으셨고, 기근도 면해 주셨습니다(삼하 21:12-14). 오늘날도 마찬가지로 우리가 마음에 품고 있는 죄악까지 철저히 회개할 때, 비로소 기도에 대한 명쾌한 응답을 받을 수 있습니다(시 66:18, 사 59:2, 요일 3:21-22).

5. 제3계명의 구속사적 교훈

The redemptive-historical lesson in the third commandment

아담은 에덴동산에서 제3계명을 범하는 것과 같은 죄를 범하였습니다. 여자는 뱀과 대화를 하였습니다. 뱀이 "하나님이 참으로 너희더러 동산 모든 나무의 실과를 먹지 말라 하시더냐"라고 물었을 때(창 3:1), 여자는 하나님의 이름을 내세우고 말했습니다. 창세기 3:3에서 "... 하나님의 말씀에 너희는 먹지도 말고 만지지도 말라 너희가 죽을까 하노라 하셨느니라"라고 대답하였습니다. 여자는 하나님의 말씀이라고 하면서, 마음대로 말씀을 추가하고, 말씀을 약화시켰습니다. "하나님"을 부르면서도, 하나님께 대한 두려움과 경외심은 이미 사라져 버린 것입니다.

제3계명 역시 제1, 2계명과 연결되어 있습니다. 하나님을 영원부터 영원까지 자존하시는 유일하신 절대 주권자로 믿는다면, 그 사람은 하나님의 이름을 망령되이 일컫지 않을 것입니다. 그러나 그러한 믿음이 없는 자들은 자신도 모르게 하나님의 이름을 망령되이 일컫게 됩니다. 애굽의 다신관의 영향을 받은 이스라엘 백성이 앞으로 하나님의 이름을 망령되이 일컬을 것을 아신 하나님께서는, 제3계명을 통해 그것을 강력하게 금하셨습니다. 그러나 이스라엘 백성은 십계명을 받은 지 얼마 되지 않아, '여호와가 우리를 그 땅으로 인도하여 칼에 망하게 하려 한다'(민 14:3), '여호와가 우리를 미워하신다'(신 1:27)라고 하면서 하나님의 이름을 망령되이 말했습니다.

유대인들은 하나님의 이름을 망령되이 일컫는 것이 두려워서, 성경을 필사할 때 '여호와'라는 성호가 나오면 그것을 발음하지 않고 '아도나이'(אֲדֹנָי, 주)라고 발음하였습니다. 그러나 그들은 그렇게 "여호와"의 이름을 높이면서도, 그 마음은 점점 하나님으로부터 멀어져 갔습니다. 이에 예수님께서는 "이 백성이 입술로는 나를 존경하되 마음은 내게서 멀도다 사람의 계명으로 교훈을 삼아 가르치니 나를 헛되이 경배하는도다"라고 말씀하셨습니다(마 15:7-9, 막 7:6-8, 참고-사 29:13).

예수 그리스도께서는 근본 하나님의 본체요(빌 2:6), 만물을 지으신 창조주이십니다(골 1:16). 그분의 이름은 모든 이름 위에 뛰어난 이름입니다. 빌립보서 2:9-10에서 "하나님이 그를 지극히 높여 모든 이름 위에 뛰어난 이름을 주사 [10]하늘에 있는 자들과 땅에 있는 자들과 땅 아래 있는 자들로 모든 무릎을 예수의 이름에 꿇게 하시고"라고 말씀하고 있습니다(엡 1:20-22). "지극히 높여"는 '더 이상 높일 곳이 없을 만큼 최상으로 높이다, 최상의 주권과 권세를 주다'라는 뜻입니다. 그러므로 예수님의 이름이 최고의 권세입니다.

예수님 이름의 권세로 우리는 죄에서 구원을 받았습니다(마 1:21, 행 4:12). 예수님의 이름 앞에 귀신도 벌벌 떱니다(막 16:17, 눅 10:17, 행 16:18). 성경을 읽을 때 예수님을 믿고 그 이름을 힘입어 생명을 얻게 되며(요 20:31), 예수님의 이름으로 기도할 때 응답 받아 기쁨이 충만케 됩니다(요 14:13-14, 16:24). 두세 사람이 예수님의 이름으로 모인 곳에 하나님께서 함께하시고, 예수님의 이름으로 합심하여 구하면 무엇이든지 이루어 주십니다(마 18:19-20). 또한 예수님의 이름을 인하여 집, 형제, 자매, 부모, 자식, 전토(田土)를 버린 자마다 여러 배를 받고 영생을 상속 받게 됩니다(마 19:29).

끝날에 성도들이 의지할 것은 주의 이름뿐입니다. 스가랴 10:12에서 "내가 그들로 나 여호와를 의지하여 견고케 하리니 그들이 내 이름을 받들어 왕래하리라 나 여호와의 말이니라"라고 말씀하고 있습니다. 여기 "내 이름을 받들어 왕래하리라"(בִשְׁמוֹ יִתְהַלָּכוּ, 비쉬모 이트할라쿠)를 표준새번역에서는 "내 이름을 앞세우고, 늠름하게 나아갈 것이다"라고 번역하였습니다. 같은 의미로 미가 4:5에서는 "만민이 각각 자기의 신의 이름을 빙자하여 행하되 오직 우리는 우리 하나님 여호와의 이름을 빙자하여 영원히 행하리로다"라고 말씀하고 있습니다.

제3계명을 지키는 자에게 큰 축복이 약속되어 있습니다. "내 이름을 경외하는 너희에게는 의로운 해가 떠올라서 치료하는 광선을 발하리니 너희가 나가서 외양간에서 나온 송아지같이 뛰리라"(말 4:2)라고 말씀하고 있습니다. 그러므로 우리의 남은 생애가 목숨을 다해 오직 하나님의 이름을 높이는 삶이 되도록 힘써야 하겠습니다.

제 4계명
THE FOURTH COMMANDMENT

"안식일을 기억하여 거룩히 지키라"

Remember the sabbath day, to keep it holy.

זָכוֹר אֶת־יוֹם הַשַּׁבָּת לְקַדְּשׁוֹ

(출 20:8-11, 신 5:12-15)

출애굽기 20:8에서 "안식일을 기억하여 거룩히 지키라"라고 말씀하고 있습니다. 신명기 5:12에서는 "여호와 너의 하나님이 네게 명한 대로 안식일을 지켜 거룩하게 하라"라고 말씀하고 있습니다. 하나님께서는 네 번째 안식일 계명을 십계명 중에 가장 길게 말씀하셨습니다. 글자 수로 전체 십계명의 3분의 1 이상 되는 분량입니다. 히브리어 자음 수(數)로는 신명기의 제4계명(254자)이 출애굽기의 제4계명(193자)보다 61자 더 많습니다. 기록된 분량만 보더라도 장차 가나안에 들어가서 지켜야 할 십계명 중에 안식일 계명이 차지하는 중요성을 가늠하게 합니다. 제4계명은 다른 계명을 잘 지킬 수 있게 하는 신앙 생활의 기초 원리요 중심입니다. 십계명에 있어서 출애굽기와 신명기의 가장 두드러진 차이는 제4계명에서 나타납니다(출 20:8-11, 신 5:12-15, 참고-신 15:1-18). 출애굽기에서는 안식일을 지켜야 하는 이유를 '하나님의 창조 사역'과 관련하여 설명하였고, 신명기에서는 '출애굽 역사'와 관련하여 설명하고 있습니다.

1. 제4계명의 해석
Exegesis of the fourth commandment

안식일 계명은 하나님께서 시내산에서 모세를 통해 율법을 주실 때 처음 제정된 것이 아닙니다. 창세기 2:3에 "하나님이 일곱째 날을 복 주사 거룩하게 하셨으니 이는 하나님이 그 창조하시며 만드시던 모든 일을 마치시고 이날에 안식하셨음이더라"라고 말씀하고 있습니다. 여기 "일곱째 날"은 성경에 기록된 첫 안식일이며, 이때에 이미 안식일이 제정된 것입니다. 또한 창조 후에 일곱째 날을 지킨 흔적이 자주 나타납니다. 노아가 방주를 완성하여 놓고 대홍수를 7일간 기다렸으며(창 7:4, 10), 방주 안에서 나오기 전에 비둘기를 7일 주기로 내보냈습니다(창 8:10, 12). 야곱은 하란에 가서 외삼촌 라반의 집에 있을 때에 레아를 얻은 후 7일을 채우고 라헬을 얻었으며, 그 후 라헬을 위하여 7년을 일했습니다(창 29:27-28). 야곱의 장례를 위해 가나안으로 향하던 일행이 요단강 건너편 아닷 타작 마당에서 7일 동안 애곡하였습니다(창 50:10). 시내산에서 십계명을 받기 전, 출애굽 후 첫 무교절 예식을 7일 동안 지켰습니다(출 12:15-20, 13:3-10). 이스라엘 백성이 십계명을 받기 전에, 신 광야에서부터 7일을 주기로 만나가 내렸으며, 제7일 안식일을 위하여 여섯째 날에는 두 배가 내렸습니다(출 16:4-5, 22-30).

한편, 창조 이후 하나님의 섭리 가운데 세계의 달력들에서 7일 단위의 생활 주기가, 전 인류 공통의 일반적인 사회적 규칙으로 지켜지고 있는 것은 안식일 규례의 흔적이기도 합니다.

(1) "기억하여 거룩히 지키라"

/ לְקַדְּשׁוֹ, זָכוֹר / Remember ... to keep it holy

출애굽기 20:8의 "안식일을 기억하여 거룩히 지키라"를 히브리어 원문으로 보면, "기억하여"는 '자카르'(זָכַר)의 부정사 절대형 '자코르'(זָכוֹר)이며 명령형입니다. '자카르'는 '기억하다, 생각하다, 마음에 품다'라는 뜻이며, 명령형 '자코르'는 '반드시 기억하라, 언제나 유념해 두라'라는 뜻으로, '깊이 뚫으라, 마음 깊은 곳에 되새기라'라는 뜻이기도 합니다. 안식일은 항상 성도의 마음 한가운데에 깊은 감동으로 기억되어야 하는 명령입니다.

안식일을 '기억하라'라고 명령하신 것은, 모세 이전에 이미 안식일이 있었다는 성경적 증거입니다. 안식일을 기억하는 이유에 대하여 웨스트민스터 신앙고백서의 「대요리문답」 제121문에는, 「**첫째, 그날을 기억함으로써 큰 이익이 있기 때문입니다. 둘째, 그날을 지켜서 다른 계명들을 더 잘 지킬 수 있고**(겔 20:12, 20), **창조와 구속의 진리를 감사하여 계속 기억할 수 있기 때문입니다**(창 2:2-3, 히 4:9-11). **셋째, 그날을 잘 잊어버리기 때문입니다**(민 15:37-40).」라고 기록하고 있습니다.

6일간 세속적인 일을 지속하다 보면 마음을 세상에 빼앗겨 안식의 영광을 생각하지 못하게 되고, 사단이 여러 수단을 써서 그날을 기억조차 못하게 하므로 결국 불신앙과 불경건에 쉽게 빠지게 되기 때문입니다.

또한 "거룩히 지키라"에 쓰인 명령형 동사는 '거룩하다, 구별하여 드리다'라는 뜻을 가진 '카다쉬'(קָדַשׁ)의 피엘(강조) 부정사 연계형으로, '...을 위하여'라는 전치사가 결합하여 '그것을 거룩하게 하기 위하여'라는 뜻입니다. 그러므로 안식일은 다른 부정한 것과 구별되어 하나님께 드리기에 합당한 날, 성별된 날이라는 뜻입니다(창 2:3). 안식일은 특별한 목적으로 다른 날과 구별하시어 따로 떼어 놓으신 날입니다. 여러 날 중에서도 으뜸가는 날이요, 귀중한 날이요, 영광의 날입니다. 그러므로 원문에 가깝게 직역하면 '안식일을 거룩하게 하기 위하여, 다른 날과 구별하기 위하여, 안식일을 기억하라' 입니다. 즉, 안식일을 기억하는 자가 안식일을 거룩하게 지킬 수 있다는 뜻입니다.

출애굽기 20:8과 병행구절인 신명기 5:12의 "안식일을 지켜 거룩하게 하라"의 히브리어 원문을 보면, "지켜"라는 단어 '샤마르'(שָׁמַר)가 명령을 뜻하는 '부정사 절대형'으로 쓰였습니다. 여기 '샤마르'(שָׁמַר)는 '지키다, 울타리를 치다, 보호하다'라는 뜻으로(창 2:15), 안식일과 연관해서 해석할 때 '안식일에 모든 것으로부터 손을 떼라'라는 명령이 됩니다. 그러므로 신명기 5:12 역시 '너는 안식일을 그의 거룩한 날로 지켜라'라는 뜻입니다.

(2) "엿새 동안은 힘써 네 모든 일을 행할 것이나"

/ שֵׁשֶׁת יָמִים תַּעֲבֹד וְעָשִׂיתָ כָּל־מְלַאכְתֶּךָ

/ Six days you shall labor and do all your work

출애굽기 20:9에서 "엿새 동안은 힘써 네 모든 일을 행할 것이나"라고 말씀하고 있습니다(신 5:13). 제7일을 안식일로 지키기 위해서는, 엿새 동안 힘써 모든 일을 해야 합니다. "모든"(כֹּל, 콜)이란 표현은, 힘써 행하여야 할 일에서 '제외되는 것은 없다'라는 뜻으로, '어떤 일이든지' 힘써 행하여야 함을 나타냅니다.

히브리어 원문을 자세히 보면, 동사가 두 개 기록되어 있습니다. "행할 것이나"는 '일하다, 생산하다'라는 뜻의 '아사'(עָשָׂה)이며, "힘써"는 '섬기다, 경작하다, 봉사하다'라는 뜻인 '아바드'(עָבַד)의 미완료형이 쓰였습니다. 여기 '아바드'는 하나님께 예배드리는 것을 가리킬 때도 사용되는 단어입니다. 그러므로 엿새 동안 열심히 일을 하되, 하나님께 예배를 드리는 마음가짐으로 해야 한다는 것입니다. 이는 하나님께서 첫사람 아담과 그 후손들에게 명하신 인간 본연의 사명입니다(창 2:15, "다스리며"). 사도 바울도 일하기 싫은 자는 먹지도 말라고 하였습니다(살후 3:10).

엿새 동안 하나님께서 주신 신성한 노동과 사명 감당의 의무를 성실히 수행한 자만이 안식일의 축복에 참여할 수 있습니다. 엿새 동안 주어진 시간을 헛되이 보냈거나 게으르고 나태한 사람은 안식일을 거룩히 지킬 수 없으며, 그 축복에 참여할 수 없는 것입니다. 하나님께서는 제7일에 안식하시기 전에, 6일 동안 창조 사역에 전념하여 "만드시던 모든 일"을 마치셨습니다(창 2:1-3). 마찬가지로, 우리도 주일을 앞두고 6일 동안 하나님께서 주신 각자의 사명에 전념해야 합니다(출 23:12, 31:15, 34:21, 35:2, 레 23:3). 이렇게 사명을 감당하는 자들이 진정으로 주일을 지키는 자들입니다.

(3) "제 칠일은 너의 하나님 여호와의 안식일인즉"

/ וְיוֹם הַשְּׁבִיעִי שַׁבָּת לַיהוָה אֱלֹהֶיךָ

/ but the seventh day is a sabbath of the LORD your God

출애굽기 20:10에서 "제 칠일은 너의 하나님 여호와의 안식일인즉"이라고 말씀하고 있습니다. 여기 "여호와의"는, '여호와' 앞에 전치사 '레'(לְ)가 나오는데 이것을 어떻게 보느냐에 따라서 뜻이 달라집니다. 전치사 '레'를 '소유'의 의미로 해석할 때 '여호와의 안식일'이라는 의미가 됩니다. 제 칠일은 전적으로 하나님께 속한 날로, 하나님께 구별해서 바친다는 뜻을 갖고 있습니다. 첫째 날부터 여섯째 날까지는 보통 날이지만 제 칠일 안식일은 으뜸가는 날, 귀중한 날, 영광의 날, 머리가 되는 날입니다. 그래서 '여호와의 안식일'이라고 기록된 것입니다. 성경에서 "나의(내) 안식일"이라고 기록된 것을 자주 볼 수 있습니다(출 31:13, 레 19:3, 30, 26:2, 사 56:4, 겔 20:12-13, 16, 20-21, 24, 22:8, 26, 23:38, 44:24).

그러나 전치사 '레'를 '방향'의 의미로 해석한다면 '여호와를 향한 안식일'이라는 의미로, 제 칠일은 하나님만을 바라보는 날임을 가르쳐 줍니다. 그러므로 안식일은 하나님께 속한 날이요, 하나님만을 위해 존재하는 날이요, 하나님만을 향하여 바라보아야 하는 날인 것입니다.

(4) "너나 네 아들이나 네 딸이나 네 남종이나 네 여종이나 네 육축이나 네 문안에 유하는 객이라도"

/ אַתָּה וּבִנְךָ־וּבִתֶּךָ עַבְדְּךָ וַאֲמָתְךָ וּבְהֶמְתֶּךָ וְגֵרְךָ אֲשֶׁר בִּשְׁעָרֶיךָ

/ you or your son or your daughter, your male or your female servant or your cattle or your sojourner who stays with you

출애굽기 20:10에서 "제 칠일은 너의 하나님 여호와의 안식일인즉 너나 네 아들이나 네 딸이나 네 남종이나 네 여종이나 네 육축이나 네 문안에 유하는 객이라도 아무 일도 하지 말라"라고 말씀하고 있습니다. 신명기 5:14에서는 "네 소나 네 나귀나 네 모든 육축"과 "네 남종이나 네 여종으로 너같이 안식하게 할지니라"라고 하신 말씀이 추가되어 있습니다.

여기에 안식일을 지키도록 명령한 대상은 일곱 부류로서, ① 너, ② 네 아들, ③ 네 딸, ④ 네 남종, ⑤ 네 여종, ⑥ 네 육축, ⑦ 네 문

안에 유하는 객입니다. 본인과 자녀와 종들은 물론, 심지어 부리는 짐승들과 문 안에 머무는 이방 나그네까지도 안식일을 반드시 지켜야 한다는 것입니다. 출애굽기 23:12에서는 "너는 육 일 동안 네 일을 하고 제 칠일에는 쉬라 네 소와 나귀가 쉴 것이며 네 계집종의 자식과 나그네가 숨을 돌리리라"라고 말씀하고 있습니다. 이와 같이 종들과 육축과 이방인들에게까지 안식일을 지키게 하신 것은, 하나님께서 주시는 안식일의 축복이 모든 피조 세계 전체에 미치게 될 것을 보여 주고 있습니다(롬 8:19-23).

(5) "아무 일도 하지 말라"

/ לֹא־תַעֲשֶׂה כָל־מְלָאכָה / You shall not do any work

구약성경에는 안식일의 별칭이 기록되어 있는데, 한글 개역성경은 이를 "특별한 안식일"(출 35:2), "쉴 안식일"(레 23:3, 32), "큰 안식일"(출 31:15, 레 16:31) 등으로 번역하고 있습니다. 이 별칭들은 히브리어로는 동일하게 기록되어 있는데, '안식'(שַׁבָּת)이 두 번 강조되어 '샤바트 샤바톤'(שַׁבַּת שַׁבָּתוֹן)입니다. 이는 '반드시 안식하라'라는 의미의 강조 어법으로, 공동번역에는 '철저하게 쉬어야 하는(푹 쉬는) 안식일', 표준새번역에는 '주께 바친 완전히 쉬는 안식일'로 표현되어 있습니다. 영어성경 KJV와 NIV에는 '휴식의 안식일'(a sabbath of rest), RSV에는 '철저하게 쉬는 안식일'(a sabbath of solemn rest), NASB에는 '완벽한 휴식의 안식일'(a sabbath of complete rest) 등으로 번역하여, 안식일이 '반드시, 그리고 온전히 쉬는 날'이라는 의미를 부각시키고 있습니다. 이처럼 안식일에는 철저하게 안식해야 할 것과 안식하지 않으면 안 되는 필연적 이유가 있음을 선포합니다. 안식일에는 반드시 쉬어야 하므로 "아무 일도 하지 말라"(출

20:10, 레 23:3, 신 5:14)라고 명령하셨고, 특히 광야 40년 동안은 "제 칠일에는 아무도 그 처소에서 나오지 말지니라"(출 16:29下)라고 말씀하셨습니다.

2. 제4계명의 세부 율법

Specific laws derived from the fourth commandment

제4계명에 대한 세부 율법이 기록된 곳은 출애굽기 21:1-11, 23:10-12, 신명기 15:1-16:17입니다. 출애굽기의 세부 율법은, 안식일의 규례를 확장하여 안식년 규례를 제시하고 있습니다. 제7년째인 안식년에는 종을 놓아 자유하게 할 것이며(출 21:1-2, 참고-신 15:12-18), 땅을 갈지 말고 묵혀 두어야 합니다(출 23:10-11, 레 25:1-7). 신명기의 세부 율법은, 빚을 갚으라고 독촉하지 않도록 하고, 또 종에게 자유를 주는 제 칠년의 규례(신 15:1-18)와 유월절 절기(신 16:1-8), 칠칠절 절기(신 16:9-12), 초막절 절기(신 16:13-17)의 규례를 자세히 제시하고 있습니다.

(1) 안식일 규례

성경을 자세히 살펴보면, 안식일을 지키는 조건이 다른 계명에 비하여 무척 까다롭다는 사실을 발견하게 됩니다.

첫째, **육신에 관한 일은 아무것도 하지 말아야 합니다(출 20:10).**

① 저녁부터 이튿날 저녁까지 안식일을 지켜야 합니다(레 23:32, 참고-느 13:19).

② 엿새 동안 힘써 모든 일을 행해야 합니다(출 20:9, 신 5:13).
③ 어떤 상황에도 나무를 하러 가서는 안 됩니다(민 15:32-36).
④ 모든 처소에서 불을 피워서는 안 됩니다(출 35:3).
⑤ 무역하지 못합니다(느 13:15-21).
⑥ 사고 팔지 못합니다(느 10:31, 암 8:5-6).
⑦ 술틀을 밟는 것과 물건 운반을 금합니다(느 13:15, 렘 17:21-22).
⑧ 밭을 갈 때나 거둘 때에도 쉬어야 합니다(출 34:21).
⑨ 발을 금하여 오락을 행하지 말아야 합니다(사 58:13).
⑩ 일정 거리 이상 움직이면 안 됩니다(행 1:12).
⑪ 안식일에 바칠 제물은 하나님께서 지정하신 대로 별도로 준비해야 합니다(민 28:9-10).

그렇다면 이렇게 안식일을 지켜야 하는 이유가 무엇입니까? 출애굽기 20:11에서 "이는 엿새 동안에 나 여호와가 하늘과 땅과 바다와 그 가운데 모든 것을 만들고 제 칠일에 쉬었음이라 그러므로 나 여호와가 안식일을 복되게 하여 그날을 거룩하게 하였느니라"라고 말씀하고 있습니다.

이 구절은 "이는"으로 시작되고 있습니다. 히브리어로는, '이유'를 나타내는 접속사 '키'(כִּי)인데, 안식일에 아무 일도 하지 말아야 되는 이유를 설명하기 위하여 사용한 단어입니다. 하나님께서 엿새 동안의 창조 사역을 마치신 후 일곱째 날에 쉬셨다는 것은, 지치고 피곤하여 쉬었다거나 가만히 계시는 정지 상태를 뜻하는 것이 아닙니다. 창조 사역의 결과를 보시고 "내가 보기에 심히 좋았더라"(창 1:31)라고 말씀하신 대로, 흡족한 마음으로 만족하여 기뻐하고 즐거워하시는 상태를 말합니다.

출애굽기 20:11의 "그러므로 나 여호와가 안식일을 복되게 하여 그날을 거룩하게 하였느니라"에서 "복되게"는, '무릎을 꿇다, 축복하다, 찬송하다'라는 뜻의 히브리어 '바라크'(בָּרַךְ)의 피엘(강조)형입니다. 따라서 하나님께서 안식일을 복되게 하셨다는 것은 '하나님께서 안식일을 엄청나게 축복하셨다'는 뜻입니다. 그러므로 안식일을 기억하여, 철두철미하게 빈손 들고 하나님 앞에 나와 겸손하게 엎드려 감사하며 하나님을 섬김으로써 안식일을 지키는 자는, 반드시 복을 받고 번창하게 되는 것입니다. 또 하나님께서는 안식일을 지키는 자를, 하나님이 계신 성소를 공경하는 자로 인정하십니다(레 19:30, 26:2).

신명기 5:15에서는 "너는 기억하라 네가 애굽 땅에서 종이 되었더니 너의 하나님 여호와가 강한 손과 편 팔로 너를 거기서 인도하여 내었나니 그러므로 너의 하나님 여호와가 너를 명하여 안식일을 지키라 하느니라"라고 말씀하고 있습니다. 430년간 애굽의 종이 되었던 이스라엘 백성을 이끌어내어 큰 구원을 허락해 주신 하나님을 기억하고, 그 승리를 기념하기 위해서 안식일을 지키라고 말씀하신 것입니다(출 12:40-42). 이스라엘 백성이 안식일을 거룩히 지키면, 자손 만대에 다시는 절대로 종이 되지 않고, 하나님께서 주시는 거룩한 땅에서 주인이 되며, 세계의 머리가 되는 복을 받게 되는 것입니다(신 28:1-14).

둘째, 안식일에 일이 허용된 경우가 있습니다.

안식일 준수와 관련하여 율법에서 노동을 강력하게 금지하고 있지만, 구약성경 역사를 자세히 살펴보면 안식일에 허용되는 일이 있습니다.

① 안식일에 선지자(하나님의 사람)를 찾아가는 여행은 허용되었습니다.

하나님께서는 안식일에 선지자에게 하나님의 말씀을 받기 위해서 여행하는 일을 허용했습니다. 열왕기하 4:8-37에서 수넴 여인이 그의 아들이 죽자 그 남편에게 아이 죽은 것을 알리지 않고, "한 사환과 한 나귀를 내게로 보내소서 내가 하나님의 사람에게 달려갔다가 돌아오리이다"라고 청하였습니다(왕하 4:22). 그때 그의 남편이 "가로되 초하루도 아니요 안식일도 아니어늘 그대가 오늘날 어찌하여 저에게 나아가고자 하느뇨"라고 묻자 여인이 "평안이니이다"라고 답하였습니다(왕하 4:23). 초하루(월삭)와 안식일은 이스라엘 백성이 하나님 앞에 모여 거룩한 날(성회)로 지키도록 명하신 날인데(레 23:2-3, 민 28:11), 보통 선지자를 만나 하나님의 말씀을 들었습니다. 그러므로 남편은, 초하루나 안식일처럼 하나님께 예배드리는 날도 아닌데 무슨 일로 급하게 선지자를 만나려고 하느냐는 것이었습니다. 이로써 분명한 것은, 그 당시의 백성이 초하루(월삭)나 안식일이 되면 선지자를 만나기 위해 여행을 했다는 사실입니다.

② 전쟁과 같은 위기를 만나면, 안식일에도 나라와 민족을 위하여 전쟁하는 일은 허용되었습니다.

구약성경에는, 나라가 적군을 만나 전쟁을 치르는 경우에, 안식일에도 자기 의무를 수행했다는 말씀이 자주 언급되어 있습니다.

첫째, 여호수아가 언약궤를 앞세우고 백성과 함께 여리고 성을 엿새 동안 매일 한 바퀴씩 돌고 제7일 새벽에는 그 성을 일곱 번 돌았습니다.

하나님께서 여호수아에게 “이르시되 보라 내가 여리고와 그 왕과 용사들을 네 손에 붙였으니 너희 모든 군사는 성을 둘러 성 주위를 매일 한 번씩 돌되 엿새 동안을 그리하라 제사장 일곱은 일곱 양각나팔을 잡고 언약궤 앞에서 행할 것이요 제 칠일에는 성을 일곱 번 돌며 제사장들은 나팔을 불 것이며 제사장들이 양각나팔을 길게 울려 불어서 그 나팔 소리가 너희에게 들릴 때에는 백성은 다 큰 소리로 외쳐 부를 것이라 그리하면 그 성벽이 무너져 내리리니 백성은 각기 앞으로 올라갈지니라”라고 명령하셨습니다(수 6:2-5). 이에 여호수아와 이스라엘 백성은 7일 동안 매일 성을 돌았습니다.

여호수아 6:12-15 “여호수아가 아침에 일찌기 일어나니라 제사장들이 여호와의 궤를 메고 ... [14]그 제 이일에도 성을 한 번 돌고 진에 돌아 오니라 엿새 동안을 이같이 행하니라 [15]제 칠일 새벽에 그들이 일찌기 일어나서 여전한 방식으로 성을 일곱 번 도니 성을 일곱 번 돌기는 그날뿐이었더라”

마지막 7일째, 평상시의 7배 되는 행동을 강행하고 하나님의 명령대로 수행하였습니다. 그러자 여리고 성이 단번에 함락되었습니다. 하나님의 명령대로 하나님의 주권 속에서 이루어진 대역사였습니다. 만일 성을 돌기 시작한 첫째 날이 일요일이었다면 마지막 7일째가 안식일이므로, 새벽에 그들이 일찌기 일어나 평일보다 안식일에 7배나 일을 더한 셈이 됩니다.

둘째, **하나님의 선지자의 예언을 듣고 이스라엘 아합왕이 출전하여 아람의 벤하닷과 전쟁을 할 때, 7일 동안을 계속 서로 대치하여 접전하게 되었습니다**(왕상 20:1-29).

아람 왕 벤하닷이 군대를 이끌고 북 이스라엘의 사마리아를 에워싸고 위협했습니다(왕상 20:1-12). 이때 무명의 하나님의 선지자가 이스라엘 아합왕에게 전쟁에 승리할 것을 예언했고, 그 말씀대로 아합왕이 승리하였습니다(왕상 20:13-21). 이때 벤하닷이 도망하여 다시 군대를 점고하고 아벡으로 올라와 이스라엘과 싸우려 했습니다(왕상 20:22-26). 당시 군사력에 있어서 "이스라엘은 염소 새끼의 두 적은 떼와 같고 아람 사람은 그 땅에 가득하였더라"라고 하였으므로, 도저히 이길 수 없는 상황이었습니다. 그러나 무명의 하나님의 선지자는 여호와의 말씀을 받아 아합왕의 승리를 예언하였습니다(왕상 20:27-28). 선지자의 말씀은 그대로 적중하여, 아람과 이스라엘이 7일간 대치한 끝에 제7일에 크게 싸워 이스라엘 군인이 그날 하루 동안 아람 군대 보병 10만을 죽이고 대승을 거두었습니다.

열왕기상 20:29 "진이 서로 대한 지 칠 일이라 제 칠일에 접전하여 이스라엘 자손이 하루에 아람 보병 십만을 죽이매"

이렇게 아람 보병 10만이 죽고 난 후, 그 남은 자는 아벡으로 도망하여 성읍으로 들어갔는데, 그들이 도망했던 그 성이 그 남은 자 27,000명 위에 무너졌습니다(왕상 20:30上). 이에 겁에 질린 아람 왕 벤하닷은 허겁지겁 도망쳐 성읍에 이르러 골방으로 숨어 들어갔습니다(왕상 20:30下).

그 당시 이스라엘 군인들이 7일 동안 적인 아람 군대와 대치하고 있었다면, 안식일에도 그들은 아람 군대와 전쟁을 계속하고 있었던 것입니다. 전쟁 중인 이스라엘 군인은, 일반 시민들이 안식일 규례를 지키는 것처럼 그날에 안식할 수 없었습니다. 이스라엘 군인들이 안식일에 전투에만 열중하였지만, 하나님께서는 그들에게 적군 10만을 죽게 하는 큰 승리를 안겨 주셨습니다(왕상 20:29-30).

셋째, **유다 왕 여호사밧과 이스라엘 왕 여호람과 에돔 왕의 연합군이, 모압 왕과 그 군대를 치기 위해 모압 광야를 7일 이상 행군하였습니다.**

7일째 되는 날 물이 없어 연합군이 기갈하여 죽을 위험에 빠졌습니다(왕하 3:4-9).

열왕기하 3:9 "이스라엘 왕이 유다 왕과 에돔 왕으로 더불어 행하더니 길을 둘러 행한 지 칠 일에 군사와 따라가는 생축을 먹일 물이 없는지라"

이때 엘리사 선지자를 찾아가 물었는데, 엘리사 선지자가 시키는 대로 거문고 타는 자를 불러 거문고를 탈 때에 하나님께서 엘리사를 감동하여 "골짜기에 개천을 많이 파라"라고 말씀하셨습니다(왕하 3:10-16). 이에 연합군이 엘리사가 하나님의 지시를 받아 가리키는 골짜기에 개천을 팠고, 아침에 물이 에돔 쪽에서 흘러와 그 땅에 물이 가득해져서 사람과 육축과 짐승이 마시고 힘을 얻었습니다. 모압 사람들이 아침에 일찍 일어나서 맞은편을 바라보았을 때, 그 골짜기의 물에 해가 비취므로 붉은 피와 같이 보였습니다. 이에 밤새 연합군이 서로 싸워 흘린 피로 착각하고 모압 사람이 이스라엘 진으로 노략하러 갔으나, 도리어 이스라엘 사람에게 모압 사람이 패하고 말았습니다(왕하 3:17-27).

만일 전쟁 중에도 안식일에 군인들이 아무 일도 하지 않았다면, 또 그런 정보가 적군에게 새어 나갔더라면, 적군은 반드시 유다·이스라엘·에돔 연합군이 물이 없어 기진맥진했던 제7일에 쳐들어 왔을 것이고 3개 연합군은 진멸당했을 것입니다. 열왕기하 3:9-27의 기사를 통해서도, 전쟁 시에는 안식일에도 국방의 임무를 수행하였음을 알 수 있습니다.

넷째, 나라가 위기를 만났을 때, 요아스왕의 즉위식을 안식일에 거행하였습니다.

유다 왕 아하시야가 죽자, 그의 모친 아달랴가 왕의 모든 씨를 진멸하고 자신이 나라를 다스렸습니다. 이러한 암흑 시대에 목숨을 다해 제사장 여호야다는 언약의 등불을 지켰습니다. 제사장 여호야다의 아내이며 요람 왕의 딸이자 아하시야의 누이 여호세바(여호사브앗)는 아달랴가 왕의 씨를 진멸하던 때에, 아하시야의 아들 요아스를 구하여 여호와의 전에 숨겨 6년이나 죽임을 당하지 않게 지켜주었습니다(왕하 11:1-3, 대하 22:10-12). 아달랴 7년에 제사장 여호야다가 백부장들을 불러 여호와의 전에 들어가서 언약을 세우고 맹세케 하고 그들에게 왕자를 보이며 즉위하여야 하는 이유를 말하였습니다. 그리고 안식일에 그들이 행할 일을 알려 주었습니다(왕하 11:4, 대하 23:1-3). 다윗 왕가의 씨가 모두 진멸된 줄 알았던 백부장들은 깜짝 놀라고 기뻐했을 것입니다. 백부장들이 여호야다의 모든 명령대로 행하여, 안식일에 입번한 제사장들을 3대로 나누고 중요한 지점에 배치하여 왕궁을 지키게 하고, 안식일에 출번하는 제사장들 가운데 두 대는 손에 병기를 잡고 왕을 호위하게 하였습니다. 그리고 여호야다는 왕자 요아스에게 면류관을 씌우며 율법책을 주고 기름을 부어 왕을 삼았습니다(왕하 11:5-12, 대하 23:4-11).

여호야다는 평일에 왕의 즉위식을 할 수가 없어서 비상조치로 안식일에 요아스왕의 즉위식을 거행하였던 것입니다(왕하 11:12, 대하 23:11). 성전에 있던 제사장들은 안식일에 요아스가 왕이 되는 데 협력하였습니다.

③ 하나님 앞에 드리는 제사와 관련된 일은 안식일에도 허용되었습니다(제사장과 레위인).

안식일에는 제사장들의 일이 평일보다 더욱 많습니다. 안식일에는 하나님께 드리는 제사와 관련된 일이 다른 날보다 더 많고, 제사와 관련된 일은 오직 제사장과 레위인만이 집행할 수 있었기 때문입니다.

역대상 23:24-32에는 아론의 자손들이 수종 들어야 할 의무 사항들을 기록하고 있습니다. 특히 31절에서 "또 안식일과 초하루와 절기에 모든 번제를 여호와께 드리되 그 명하신 규례의 정한 수효대로 항상 여호와 앞에 드리며"라고 기록하고 있습니다. 이로 보아 안식일에 허용된 일들이 있다는 것을 알 수 있습니다. 아론의 자손들은 안식일에도 성전을 관리하는 일과 제사를 위해 제물 만드는 일과 찬양대 봉사를 하였습니다. 제사장은 매 안식일에 12개의 진설병을 성소에서 내오고, 또 새로 만든 12개의 진설병을 떡상 위에 진설하는 일을 하였습니다(레 24:5-9). 진설병은 "항상 진설하는 떡"이었습니다(민 4:7). 진설병을 준비하는 일은 레위인 24,000명(대상 23:3-4)이 맡았던 일입니다. 역대상 23:29에서 "또 진설병과 고운 가루의 소제물 곧 무교전병이나 남비에 지지는 것이나 반죽하는 것이나 또 모든 저울과 자를 맡고"라고 말씀하였습니다. 그리고 역대상 9:32에서 "또 그 형제 그핫 자손 중에 어떤 자는 진설하는 떡을 맡아 안식일마다 준비하였더라"라고 말씀하고 있습니다.

예수님께서는 마태복음 12:5-6, 8에서 "또 안식일에 제사장들이 성전 안에서 안식을 범하여도 죄가 없음을 너희가 율법에서 읽지 못하였느냐 [6]내가 너희에게 이르노니 성전보다 더 큰 이가 여기 있느니라 ... [8]인자는 안식일의 주인이니라"라고 말씀하셨습니다. 성전에서 하나님께 드리는 예배가 안식일 준수에 대한 의식법보다 더 크고 근본적인 율법이므로, 제사장들과 레위인들은 직무상 어느 때보다 안식일에 많은 노동을 해야 했던 것입니다.

④ 생후 8일 만에 할례 주는 일은 안식일에도 허용되었습니다.

요한복음 7:22-23에 "모세가 너희에게 할례를 주었으니 (그러나 할례는 모세에게서 난 것이 아니요 조상들에게서 난 것이라) 그러므로 너희가 안식일에도 사람에게 할례를 주느니라 [23]모세의 율법을 폐하지 아니하려고 사람이 안식일에도 할례를 받는 일이 있거든 내가 안식일에 사람의 전신을 건전케 한 것으로 너희가 나를 노여워 하느냐"라고 말씀하고 있습니다.

할례는 이방인들과의 구별과 죄로부터의 정결을 뜻하며, 하나님과 이스라엘 사이에 "언약의 표징", "영원한 언약"으로 주신 것입니다(창 17:10-11). 할례는 생후 8일 만에 행하도록 규정되어 있으므로(창 17:12, 레 12:3), 이를 이행하기 위하여 안식일에도 할례를 행하는 것이 불가피하였습니다.

이와 같이 하나님께서는 안식일을 기억하고 거룩하게 지키는 일을 매우 중하게, 매우 엄격하게 명령하셨으나, 예외적으로 선지자(하나님의 사람)를 만나는 일, 나라와 민족이 위경에 처하여 구해야 하는 일, 하나님 앞에 드리는 제사(예배)를 위해 제사장과 레위인이 해야 할 일, 언약의 표징인 할례를 행하는 일은 허용되었습니다.

(2) 안식년 규례

안식년은 7년을 주기로 맞이하는 제7년째 되는 해입니다. 안식년은 안식일 개념이 확대된 것이며, 이것이 더 확대·강화된 것이 희년입니다. 안식년은 "제 칠년"(출 23:11, 느 10:31), "매 칠년 끝 해"(신 15:1, 31:10), "면제년(免除年)"(신 15:2, 9, 31:10)이라고 불리기도 하였습니다.

첫째, **제7년에는 땅을 쉬게 해야 합니다**(출 23:10-11, 레 25:1-7).

레위기 25:4에서 "제 칠년에는 땅으로 쉬어 안식하게 할지니 여호와께 대한 안식이라 너는 그 밭에 파종하거나 포도원을 다스리지 말며"라고 말씀하고 있습니다(출 23:10-11). 심지어 안식년에 스스로 난 것도 거두어서는 안 됩니다. 레위기 25:5에서 "너의 곡물의 스스로 난 것을 거두지 말고 다스리지 아니한 포도 나무의 맺은 열매를 거두지 말라 이는 땅의 안식년임이니라"라고 말씀하고 있습니다. 인간적인 생각으로, 농사를 짓지 않으면 어떻게 먹고 사느냐고 생각할 수 있습니다(레 25:20). 그러나 하나님께서는 희년과 연결되는 안식년 전(前) 해에는 특별히 복을 주셔서 3년 쓰기에 족한 소출을 주시겠다고 약속하셨습니다(레 25:21).

레위기 25:6-7에서 "안식년의 소출은 너희의 먹을 것이니 너와 네 남종과 네 여종과 네 품꾼과 너와 함께 거하는 객과 [7]네 육축과 네 땅에 있는 들짐승들이 다 그 소산으로 식물을 삼을지니라"라고 말씀하고 있습니다. 그런데 안식년에는 농사를 짓지 않으므로 "안식년의 소출"이란 말은 이상하게 들릴 수 있습니다. 그러나 여기 "안식년의 소출이니"는, 히브리어로 '베하예타 샤바트 하아레츠'(וְהָיְתָה שַׁבַּת הָאָרֶץ)이며 '땅의 안식'이란 뜻입니다. 그러므로 '땅의 안식'(땅을 쉬게 하는 것)이 오히려 농사의 소출을 더욱 풍성케 하여 나중에 모든 사람들뿐만 아니라 심지어 짐승에게까지 식물이 더욱 풍성하게 된다는 말씀입니다. 안식년을 지킬 때 땅이 안식함으로써 더욱 풍성한 결실을 맺게 된다는 약속의 말씀인 것입니다. 표준새번역에서는 레위기 25:6을 "땅을 이렇게 쉬게 해야만, 땅도 너희에게 먹을거리를 내어 줄 것이다. 너뿐만 아니라, 남종과 여종과 품꾼과 너희와 함께 사는 나그네에게도, 먹을거리를 줄 것이다"라고 번역하였습니다.

그러나 안식년을 지키지 않을 경우에는, 레위기 26:34-35에서 "너희가 대적의 땅에 거할 동안에 너희 본토가 황무할 것이므로 땅이 안식을 누릴 것이라 그 때에 땅이 쉬어 안식을 누리리니 [35]너희가 그 땅에 거한 동안 너희 안식 시에 쉼을 얻지 못하던 땅이 그 황무할 동안에는 쉬리라"라고 말씀하고 있습니다. 실제로 이스라엘 백성이 안식년을 지키지 않으므로, 역대하 36:21의 "이에 토지가 황무하여 안식년을 누림같이 안식하여 칠십 년을 지내었으니"라는 말씀처럼 예레미야 선지자의 예언대로 응하게 되었습니다(렘 25:11-12).

둘째, 제7년에는 채무 변제를 유보해 주어야 합니다.

신명기 15:1-2에서 "매 칠 년 끝에 면제하라 [2]면제의 규례는 이러하니라 무릇 그 이웃에게 꾸어 준 채주는 그것을 면제하고 그 이웃에게나 그 형제에게 독촉하지 말지니 이 해는 여호와의 면제년이라 칭함이니라"라고 말씀하고 있습니다. 안식년 기간에는 빚을 갚으라고 요구하지 말고 채무 이행을 1년 동안 중단시켜 주라는 말씀입니다. 느헤미야 10:31에서 "... 제 칠년마다 땅을 쉬게 하고 모든 빚을 탕감하리라 하였고"라고 말씀하고 있는데, 여기 "탕감하리라"는 히브리어 '나타쉬'(נָטַשׁ)로서, 완전히 없애 준다는 의미가 아니라 중지한다는 뜻으로, 채무 변제를 1년간 유보해 준다는 의미입니다. 안식년에는 땅을 1년 동안 쉬게 하듯이, 빚을 갚는 힘겨운 일도 1년 동안 유보하여 채무 이행의 고통을 쉬게 해 주신 것입니다. 왜냐하면 채권자가 빚 독촉을 계속하면, 채무자는 비록 안식년이라 할지라도 편히 쉬지 못하고 돈을 갚아야 한다는 생각으로 일을 하게 되거나, 근심 속에서 살아가게 되므로 진정한 안식이 되지 못하기 때문입니다. 이렇게 하나님께서는 안식년 기간 동안 채무 이행을 중단시켜 주심으로 안식년의 기쁨을 실생활 가운데서 누리게 하셨으며, 동시에 안식년이 끝나게 되면 다시 힘써 일하며 채무를 이행하도록 조치하셨습니다.

셋째, 제7년에는 히브리 종을 해방하여야 합니다(출 21:2-6, 신 15:12-18).

신명기 15:12에서 "네 동족 히브리 남자나 히브리 여자가 네게 팔렸다 하자 만일 육 년을 너를 섬겼거든 제 칠년에 너는 그를 놓아 자유하게 할 것이요"라고 말씀하고 있습니다. 이때 그냥 공수로 돌려보내서는 안 되고 하나님께서 복을 주신 대로 후히 주어서 돌려보내야 합니다(신 15:13-14). 하나님께서 애굽의 종 되었던 자리에서 이스라엘 백성을 해방하신 것처럼, 이스라엘 백성이 자기 동족을 해방하는 것은 마땅히 해야 할 의무였습니다(신 15:15). 그러나 어떤 종이 주인을 사랑하므로 끝까지 남아서 주인을 섬기겠다고 자원하는 경우도 있었습니다(출 21:5, 신 15:16). 이때는 송곳을 취하여 그의 귀를 문에 대고 뚫고 나서 영영히 종이 되도록 할 수 있었습니다(출 21:6, 신 15:17).

이상에서 명하신 하나님의 말씀에 순종하면, 하나님께서는 범사에 복을 주시겠다고 약속하셨습니다. 신명기 15:18에서 "그가 육 년 동안에 품꾼의 삯의 배나 받을 만큼 너를 섬겼은즉 너는 그를 놓아 자유하게 하기를 어렵게 여기지 말라 그리하면 네 하나님 여호와께서 너의 범사에 네게 복을 주시리라"라고 말씀하셨습니다.

(3) 희년 규례

희년 규례는 출애굽기와 신명기의 세부 율법에는 나타나지 않지만, 훗날 레위기의 말씀을 통해 자세히 설명해 주셨습니다. 안식년이 7년마다 지켜졌다면, 희년은 안식년이 일곱 번이 지나고 그 다음 50년째에 지켜졌습니다. 희년은 히브리어로 '요벨'(יוֹבֵל)인데, '(양의 긴 뿔로 만든) 뿔나팔'을 의미합니다. 이것은 희년에 나팔을 불어서 자유의 기쁨을 선포하기 때문에 붙여진 이름입니다. 희년은 티쉬리월(7월) 10일에, 대속죄일의 큰 나팔 소리와 함께 시작됩니다. 레위기 25:9-10에서 "칠월 십일은 속죄일이니 너는 나팔 소리를 내되 전국에서 나팔을 크게 불지며 [10]제 오십년을 거룩하게 하여 전국 거민에게 자유를 공포하라 이 해는 너희에게 희년이니 너희는 각각 그 기업으로 돌아가며 각각 그 가족에게로 돌아갈지며"라고 말씀하고 있습니다.

첫째, 희년에는 각각 자기 기업과 가족에게 돌아가야 합니다.

레위기 25:10에서 "제 오십년을 거룩하게 하여 전국 거민에게 자유를 공포하라 이 해는 너희에게 희년이니 너희는 각각 그 기업으로 돌아가며 각각 그 가족에게로 돌아갈지며"라고 말씀하고 있습니다. 희년이 되면 모든 땅이 본래 주인에게 되돌아가듯이 남의 집에 있던 동족 역시 자기 기업과 가족에게로 돌아갈 수 있었던 것입니다. 이때 원칙이 있습니다.

먼저, 어떤 동족이 가난하게 되어 몸을 팔았다고 할지라도 종으로 부리지 말고 품꾼이나 우거하는 자같이 대우하고 희년에는 그와 그 가족을 돌려보내야 합니다(레 25:39-43, 46).

다음으로 종으로 삼을 수 있는 자는 이방인으로서(레 25:44-45), 이들은 영원한 종으로 삼을 수 있었습니다(레 25:46). 이처럼 같은 이스라엘 동족이 서로 종이 되는 것을 금지한 이유는, 이스라엘 백성은 하나님께서 애굽에서 인도하여 내신 하나님의 품꾼(종)으로, 사람의 종이 아니기 때문이었습니다(레 25:42, 55). 하나님의 품꾼을 사람이 종으로 사용해서는 안 되는 것입니다. 또한 어떤 이스라엘 사람이 이방인 부자에게 몸이 팔렸다면, 이스라엘 사람의 형제나 삼촌이나 사촌이나 근족이 그것을 무를 수 있었으며 팔린 자 자신이 부유하게 되는 경우에도 무를 수 있었습니다(레 25:47-49). 이때 처음 몸이 팔렸을 때부터 지금까지 섬긴 날을 제외하고, 앞으로 희년까지 남은 해를 계산하여 몸값을 지불하였습니다(레 25:50-52). 또한 부자 이방인 역시 이스라엘 사람을 부릴 때에 삯꾼과 같이 여기고 사람의 종처럼 엄하게 부려서는 안 됩니다(레 25:53). 이 경우에도 희년이 되면 무조건 이스라엘 사람과 그 가족을 돌려보내야 합니다(레 25:54).

둘째, 희년에는 땅이 원주인에게 돌아가야 합니다.

땅을 사고 파는 데는 원칙이 있었습니다. 먼저 토지는 영원히 파는 것이 아니라 일시적으로 파는 것으로(레 25:23), 사고 팔 때도 서로 속여서는 안 되며(레 25:14, 17), 다음으로 "희년 후의 년수를 따라서"(다음 희년까지 남은 햇수를 따라서) 계산해야 합니다. 다음 희년까지 햇수가 많으면 돈을 많이 계산하고 햇수가 적으면 돈을 적게 계산해야 합니다(레 25:15-16). 또한 토지를 사고 판 후에도 다시 무를 수 있었습니다(레 25:24). 가난한 사람이 토지를 판 경우에는 근족이 와서 무를 수 있었고(레 25:25), 가난한 사람이 다시 부유하게 되어 토지를 되찾을 수도 있었습니다(레 25:26). 이때 토지를 팔았던 해를 기준으로 희년까지 남은 년수를 기준으로 값을 계산하였습니다(레 25:27).

셋째, 희년에는 가옥이 원주인에게 돌아가야 합니다.

가옥을 사고 파는 데도 원칙이 있었습니다. 먼저, 성벽 있는 성내의 가옥을 팔았으면 판 지 일 년 안에는 무를 수 있었습니다(레 25:29). 그러나 주년(周年) 내에(1년이 다 지나도) 물지 못하면 그 성내 가옥은 영원히 산 사람에게 속하였습니다(레 25:30). 왜냐하면 당시 성내 가옥은 부유층들이 소유한 가옥으로, 희년의 규례는 부자들에게까지 혜택을 주지는 않았기 때문입니다. 그러나 성벽이 둘리지 아니한 일반적인 촌락의 가옥은 토지처럼 언제든지 무를 수 있었고 희년이 되면 원주인에게 돌려보내야 했습니다(레 25:31). 다음에, 레위 족속의 성읍은 비록 성안에 있었지만 언제든지 무를 수 있었고(레 25:32) 희년이 되면 돌려받을 수 있었습니다(레 25:33). 그 이유는 레위인들은 제사를 담당하는 지파로, 다른 지파들처럼 기업과 수입이 없었기 때문입니다. 그래서 레위인들 성읍의 사면의 밭은 영원한 기업으로서 절대 팔 수 없었습니다(레 25:34).

넷째, 희년에는 땅을 쉬게 해야 합니다.

레위기 25:11-12에서 "그 오십년은 너희의 희년이니 너희는 파종하지 말며 스스로 난 것을 거두지 말며 다스리지 아니한 포도를 거두지 말라 [12] 이는 희년이니 너희에게 거룩함이니라 너희가 밭의 소산을 먹으리라"라고 말씀하고 있습니다. 희년 역시 안식년과 마찬가지로 땅을 쉬게 해야 하기 때문에, 씨를 뿌려서도 안 되고, 저절로 자란 것을 거두어서도 안 되며, 다스리지 아니한 포도 열매를 거두어도 안 됩니다.

제49년이 안식년이기 때문에 희년까지 포함하여 2년 동안 땅은 안식해야 합니다. 하나님께서는 49년째 안식년과 50년째 희년이 되기 전, 48년째에는 3년을 먹을 수 있는 소출을 주셨습니다. 이것으로 49년째 안식년과 50년째 희년에 먹게 하셨고, 또 51년째에 소출을 거둘 때까지의 약 1년 동안도 먹도록 하셨던 것입니다. 그래서 레위기 25:21-22에서 "내가 명하여 제 육년에 내 복을 너희에게 내려 그 소출이 삼 년 쓰기에 족하게 할지라 [22]너희가 제 팔년에는 파종하려니와 묵은 곡식을 먹을 것이며 제 구년 곧 추수하기까지 묵은 곡식을 먹으리라"라고 말씀하고 있습니다.

다섯째, 희년과 관련된, 이자에 대한 규례가 있습니다.

레위기 25장에서는 희년의 규례와 관련하여 35-38절에서 이자에 대한 규례를 말씀하고 있습니다. 같은 동족 이스라엘 백성이 아주 가난하게 되어 빈손으로 온 경우에, 객이나 우거하는 자처럼 생활하게 하며 도와주어야 합니다(레 25:35). 여기에서 돈을 빌려 주는 행위를 나타낼 때 '도와'라는 단어를 사용하고 있습니다. 이것은 히브리어 '하자크'(חָזַק)의 '히필'형으로, '조력하다, 지원하다, 강건하게 하다'라는 뜻입니다. 이것은 경제적인 능력을 상실하고 남의 도움을 받지 않고는 살 수 없는 무기력한 상태에 빠진 동족에게 돈을 꾸어 주는 행위는, 마치 아예 그 돈을 받지 못할 것으로 생각하고 주는 자선 행위와 같다는 것입니다. 대부분의 경우에 가난한 자들은 빌린 돈으로 먼저 다음 농사를 위한 종자 씨를 샀기에, 가난한 자에게 빌려 주는 돈은 본질적으로 자선 행위였던 것입니다.[45] 이때 이 가난한 사람에게 돈을 꾸어 줄지라도 이자를 받아서는 안 됩니다. 레위기 25:36에서 "너는 그에게 이식을 취하지 말고", 37절에서 "너는 그에게 이식을 위하여 돈을 꾸이지 말고"라고 말씀하고 있습니다. 여기 '이식'은 히브리어 '네쉐크'(נֶשֶׁךְ)로, '물어뜯다'라는 뜻을 가진 '나샤크'(נָשַׁךְ)에서 유래되었으며, '물어뜯는 것'이란 뜻입니다. 우리말성경에서는 레위기 25:37 상반절을 "너는 그에게 돈을 빌려 주더라도 이자를 받지 말며"라고 번역하였습니다. 이처럼 하나님께서는 이스라엘 동족끼리는 모든 종류의 이자 취하는 것을 금하셨습니다(출 22:25, 레 25:35-37, 신 23:19-20). '빚'은 어떤 경우든지 가난한 사람에게는 큰 짐인데, 거기에 이자가 붙는다면 너무나 무거운 짐이 아닐 수 없습니다. 이자 받기를 금하는 대상은 '너희 동족'(레 25:35)으로 제한하고, 타국인에게는 이자 취하는 것이 허락되었습니다(신 23:20).

고리대금업자처럼 정당치 못하게 재산을 모으면 하나님께 죄짓는 것이고, 인간적인 열심으로 쌓아 둔 재산은 반드시 가난한 사람을 잘 돌볼 수 있는 사람에게 돌아가게 됩니다. 그래서 잠언 28:8에 "중한 변리로 자기 재산을 많아지게 하는 것은 가난한 사람 불쌍히 여기는 자를 위하여 그 재산을 저축하는 것이니라"라고 말씀하고 있습니다. 시편 15편에서는, 주의 장막에 유하며 주의 성산에 거할 자격자에 대하여 "변리로 대금치 아니하며 뇌물을 받고 무죄한 자를 해치 아니하는 자니 이런 일을 행하는 자는 영영히 요동치 아니하리이다"(시 15:5)라고 말씀하였습니다.

이식(이자)에 대한 규례는 레위기 25:38에서 "나는 너희 하나님이 되려고 또는 가나안 땅으로 너희에게 주려고 애굽 땅에서 너희를 인도하여 낸 너희 하나님 여호와니라"라고 마무리되고 있습니다. 이식을 받지 말라는 말씀은 자칫 어려운 사람에게 자비를 베풀어 돈을 빌려 주는 행위를 전적으로 막을 가능성이 있었습니다. 하나님께서는 레위기 25:38 말씀을 통해 '내가 애굽에서 종살이 하던 너희에게 자비를 베풀어 구원한 것처럼 너희도 가난한 이웃에게 자비를 베푸는 것이 옳다'라는 것을 선포하신 것입니다. 희년이 되어 땅과 가옥이 본주인에게 돌아가는 것을 볼 때, 희년의 정신은 모든 부채가 탕감을 받는 것입니다.

3. 예배에 대한 교훈

Teachings on worship

십계명 중 제1계명은 '예배의 대상'으로서 하나님만을 섬길 것을 명령하였고, 제2계명은 '예배의 방법'으로서 우상이나 다른 어떤 형상을 만들거나 섬기는 것을 금하였고, 제3계명에서는 '예배의 정신'으로서 하나님의 이름을 망령되이 일컫지 말고 거룩하게 불러 높일 것을 명령했습니다. 제4계명은 하나님께 드리는 '예배의 시간'을 말씀하고 있습니다.

하나님께서 정해 주신 예배의 시간은 안식일입니다. 안식일은 하나님과 하나님의 백성 사이에, 하나님의 백성이 지켜야 할 '대대의 표징' 곧 영원한 표징입니다(출 31:13, 17). 구약 시대에 수많은 제사가 안식일에 드려졌듯이(민 28:9-10, 대상 23:31), 오늘날 주일은 무슨 일이 있어도 하나님께 예배하는 날로 드려져야 합니다.

전 세계적으로 주일을 성수한 역사를 헤아려 보면, 약 2,000년이 됩니다. 이것은 참으로 하나님의 말씀이 살아서 역동한 결과로 남겨진 위대한 신앙 유산이며, 교회 역사가 이룬 금자탑이 아닐 수 없습니다. 물론 기독교를 말살하기 위해 '주일을 없애야 한다'라고 거세게 주장하는 자가 없었던 것은 아닙니다. 무신론자 잉거졸(R.G. Ingersoll)은 '일요일은 악성 유행병이니 없애 버려야 한다'고 말했습니다.[46] 한성호 목사는 '주일 예배가 성경에 근거 없는 불법 예배'라고 주장했습니다(조선일보 2012년 6월 5일자, 9월 26일자).

최근에, 무지한 교회 지도자들이 주일 성수를 강조하면 교인들이 교회를 떠나지 않을까 우려해서, '꼭 주일이 아니더라도 1주일에 한 번 예배의 형식만 갖추고 예배를 드리면 된다'라는 등 그럴듯한 타협점을 제시합니다. 그러나 웨스트민스터 신앙고백서의 「소요리문답」에는 **"세상 시작으로부터 그리스도가 부활하시기까지는 하나님께서 매주 일곱째 날을 안식일로 정하셨습니다. 그 후로부터 세상 끝날에 이르기까지는 매주 첫째 날을 안식일로 정하셨습니다. 이날이 바로 그리스도인의 안식일입니다"**(창 2:2-3, 출 16:23, 행 20:7, 고전 16:1-2)라고 기록하고 있습니다. '주일'은 어떤 다른 요일로도 결코 대체될 수 없는 날입니다. 왜냐하면 예수님께서 금요일에 십자가에 달려 돌아가시고 3일 만에 부활하신 "안식 후 첫날"이 바로 주일이기 때문입니다(마 28:1, 막 16:2, 9, 눅 24:1, 요 20:1). 예수님께서는 안식

후 첫날 제자들에게 나타나셨고(요 20:19), 사도 요한에게도 "주의 날"에 나타나셨으며(계 1:9-10), 초대 교회는 안식 후 첫날에 모여 떡을 떼고, 말씀을 강론했습니다(행 20:7, 고전 16:2).

우리는 기록한 말씀 밖으로 넘어가서는 안 되며, 하나님의 말씀을 인간의 입맛에 따라 가감, 변질시키는 무서운 죄를 범해서는 안 됩니다(신 4:2, 12:32, 잠 30:6, 고전 4:6, 계 22:18-19).

주일 성수는 결코 무겁고 부담스러운 짐이 아닙니다. 하나님의 구속사적 경륜 속에 참안식과 영원한 안식을 주시기 위해 구별된 거룩한 날이요, 복 주신 날이요, 즐거운 날이요, 존귀한 날이요, 예배의 날입니다.

이사야 58:13-14 "만일 안식일에 네 발을 금하여 내 성일에 오락을 행치 아니하고 안식일을 일컬어 즐거운 날이라, 여호와의 성일을 존귀한 날이라 하여 이를 존귀히 여기고 네 길로 행치 아니하며 네 오락을 구치 아니하며 사사로운 말을 하지 아니하면 [14]네가 여호와의 안에서 즐거움을 얻을 것이라 내가 너를 땅의 높은 곳에 올리고 네 조상 야곱의 업으로 기르리라 여호와의 입의 말이니라"

① "땅의 높은 곳에 올리고"(사 58:14)

"올리고"에 해당하는 히브리어 '라카브'(רָכַב)는, '약대, 말, 나귀, 수레, 전차' 등에 타는 것을 의미하는 동사로, 문자적으로 해석하면 '내가 너를 땅의 높은 곳에 올라타게 하겠다'라는 뜻입니다. 이것은 공간적인 이동을 의미하는 것이 아니라, 주변의 대적들을 정복하거나 승리하여 이름을 떨치고, 다른 이들의 칭송을 받는 자리에 올라가게 해 주신다는 축복의 말씀입니다(신 32:13, 33:29).

② "야곱의 업으로 기르리라"(사 58:14)

여기 "기르리라"는, 히브리어 '아칼'(אָכַל)의 히필(사역능동)형입니다. '음식을 먹다'(eat)라는 뜻인 '아칼'이 히필(사역능동)형으로 쓰일 때는 '먹이다, 먹여 살리다'(feed)라는 의미를 가집니다. "업"(業)은 히브리어 '나할라'(נַחֲלָה)이며, '유산, 기업'을 의미합니다. 그러므로 "야곱의 업으로 기르리라"라고 하신 말씀은 '내가 너를 너의 조상 야곱의 유업으로 먹일 것이다'라는 의미가 됩니다(신 14:29, 렘 2:7).

'야곱의 기업'은 첫째, 야곱에게 약속한 땅 곧 가나안을 가리킵니다(창 28:13). 둘째, 그 자손이 땅의 티끌처럼 번성하여 동서남북에 편만한 복입니다(창 28:14上). 동서남북 사방(四方) 어디 있든지 하나님이 함께하시는 축복을 받아 번성하게 되는 것입니다(창 13:14-17, 46:3). 셋째, 복 자체가 되는 축복 곧 땅의 모든 족속이 그와 그 자손을 인하여 복을 받는 것입니다(창 12:2-3, 28:14下).

하나님께서는 안식일을 지키는 자들을 야곱의 자손 즉 언약 백성으로 인정하시고(시 105:5-10), 언약 백성에게 약속한 모든 축복을 다 공급해 주시며 누리게 하신다고 말씀하십니다(창 28:13-15, 35:9-12, 46:3-4).

그러므로 하나님의 백성은 안식일을 지키되, 그것을 대대에 영원한 언약으로 삼고, 생명을 걸고 지켜야 합니다(출 31:13-17).

한편, "여호와의 입의 말이니라(사 58:14下)"라고 마지막에 선언하신 것은, 마치 문서의 말미에 인장을 찍어 보증하듯, 안식일을 존귀히 여기고 지키는 자들에게 이러한 축복의 약속들을 반드시 이루어 주신다는 하나님의 단호한 의지를 나타냅니다.

4. 제4계명을 범한 자의 최후

The fate of those who violated the fourth commandment

하나님께서는, 안식일을 범할 경우에는 가장 무서운 '사형'이라는 극형으로 처벌하도록 규정하셨습니다. 출애굽기 31:14에서는 안식일에 일하는 자를 '안식일을 더럽히는 자'라고 말씀하셨습니다. '더럽히다'는 히브리어 '할랄'(חָלַל)의 강조(피엘)형으로, '(신성한 것, 거룩한 것 등을) 훼손시키다, (신성을) 모독하다'(defile, profane)라는 뜻입니다(느 13:17, 사 56:2, 6). 즉 안식일에 일하는 자는 안식일을 훼손하고 하나님의 거룩을 모독하는 자이므로, 반드시 죽이라고 명령하셨습니다(출 31:14). 실제로 광야 생활 중에 어떤 사람이 안식일에 나무하다가 발각되자, 하나님의 명령을 따라 온 회중이 그를 돌로 쳐 죽인 일이 있었습니다(민 15:32-36).

하나님의 명령을 순종하지 않고 교만히 행하여 안식일을 범하면, 그 성문에 불을 놓아 예루살렘 궁전을 꺼지지 않는 불로 태우신다고 경고하셨습니다(렘 17:19-27). 남 유다가 안식일을 범하자 그 말씀대로, 주전 586년 바벨론 왕 느부갓네살과 그 시위대 장관 느부사라단이 예루살렘에 이르러 여호와의 전과 왕궁을 불사르고, 예루살렘의 "모든 집을 귀인의 집까지" 불살랐습니다(왕하 25:8-9, 대하 36:19, 렘 52:12-13). 성전이 파괴되고 이스라엘 민족이 바벨론 유수의 징벌을 받은 것은, 안식일과 안식년 계명을 지키지 못한 죄에 대한 보응이었습니다(대하 36:21, 느 13:17-18, 참고-레 26:34-35). 하나님께서는 말씀에 순종치 아니하는 자를 경멸히 여기시며(삼상 2:29-30), "만일 그들이 나 보기에 악한 것을 행하여 내 목소리를 청종치 아니하면 내가 그에게 유익케 하리라 한 선에 대하여 뜻을 돌이키리라"(렘 18:10)라고 말씀하셨습니다.

5. 제4계명의 구속사적 교훈

The redemptive-historical lesson in the fourth commandment

(1) 하나님의 안식으로부터 피하여 숨은 아담

아담은 에덴동산에서 제4계명을 범하는 것과 같은 죄를 범하였습니다. 하나님께서는 창조 사역을 마치시고 일곱째 날에 안식하셨습니다(창 2:1-3). 아담이 안식하시는 하나님의 낯을 피하여 숨은 것은, 하나님의 안식으로부터 도망친 죄입니다. 아담과 여자는 선악을 알게 하는 나무의 실과를 따먹고, 날이 서늘할 때에 동산에 거니시는 여호와 하나님의 음성을 듣고 여호와 하나님의 낯을 피하여 동산 나무 사이에 숨었습니다(창 3:8). 히브리어 원문을 볼 때 와우계속법을 사용하고 있으므로, 이들이 숨은 이유가 하나님의 음성을 들었기 때문이라고 밝히고 있습니다. 하나님의 음성을 들었으나 무시하고 도망감으로써, 하나님의 안식에서 떠난 것입니다. 하나님께서는 하나님을 피하여 숨은 아담을 다시 찾아 부르시며 "네가 어디 있느냐"라고 하셨습니다(창 3:9). 아담과 여자의 타락으로 하나님의 안식은 깨어지고 말았던 것입니다.

이스라엘 백성이 출애굽 한 지 한 달이 지났을 때, 하나님께서는 만나를 내려 주셨습니다(출 16:1-4). 이때 하나님께서는 제 칠일은 안식일이기 때문에 만나가 내리지 않을 것이니, 그것을 거두러 나가지 말라고 하시면서, 제 육일에는 만나를 두 배로 주셨습니다(출 16:5, 22-26). 하나님의 말씀을 듣고도 안식일(제 칠일)에 만나를 거두러 나간 사람들이 있었는데, 그들은 만나를 얻지 못했습니다(출 16:27). 이때 하나님께서는 이스라엘 백성의 불순종을 탄식하시면서 "여호와가 너희에게 안식일을 줌으로 제 육일에는 이틀 양식을 너희에게 주는 것"(출 16:29)이라고 말씀해 주셨습니다. 이는 안식일에 일을 하지 않은 것 때문에 그의 백성이 경제적으로 손해를 당하지 않게 하시겠다는 분명한 약속입니다. 그런데 하나님의 이러한 축복의 보장을 받고도, 이스라엘 백성은 안식일에 쉬는 것이 시간을 낭비하는 것이라고 생각하여 안식일에도 일을 하고, 또 종들까지도 일 시키기를 서슴지 않았습니다(참고-레 26:35, 대하 36:21, 느 13:15-18). 심지어 아모스 선지자 당시, 물질이 우상이 된 이스라엘 백성은, 안식일에 노동을 금지하는 계명을 크나큰 짐으로 여길 정도로 타락하고 말았습니다(암 8:4-6).

(2) 인자는 안식일의 주인

예수님 당시에 유대인들은 안식일을 열심히 지켰습니다. 그런데 종교 지도자들은 하나님께서 사람의 유익을 위하여 주신 선한 안식일 규례(막 2:27)를 오히려 인간을 억압하고 규제하는 악법으로 변형시켰으며, 그들의 안식일 준수는 완전히 형식주의로 전락한 상태였습니다. 예수님께서는 안식일의 참뜻과 근본 정신을 망각한 서기관과 바리새인들을 향해 근심하시고 진노하셨습니다. 그리고 바로 그 안식일에, 그들이 보는 앞에서 오른손 마른 자를 회당 가운데 세워 놓으시고 그의 병을 고쳐 주셨습니다(마 12:9-13, 막 3:1-5, 눅 6:6-10).

마태복음 12:6-8 "내가 너희에게 이르노니 성전보다 더 큰 이가 여기 있느니라 [7]나는 자비를 원하고 제사를 원치 아니하노라 하신 뜻을 너희가 알았더면 무죄한 자를 죄로 정치 아니하였으리라 [8]인자는 안식일의 주인이니라"

이 말씀을 듣고 바리새인들은 더욱 시기하여 '어떻게 하여 예수를 죽일꼬' 하고 의논하였습니다(마 12:14, 막 3:6, 눅 6:11).

그렇다면 "인자는 안식일의 주인"이라고 말씀하신 뜻은 무엇입니까?

① 예수님께서 안식일의 입법자라는 의미입니다.

예수 그리스도는 성부 하나님과 함께 천지를 창조하시고, 제7일에 안식하셨습니다(창 2:1-3, 요 1:1-3). 예수님이 안식일의 입법자이므로, 사람이 안식일을 어떻게 준수해야 하는지를 가장 정확하게 아시는 분이고, 유일하게 안식일을 어떻게 지켜야 한다고 말씀할 권한이 있습니다.[47] 안식일 준수에 대한 법을 제정하는 것은 바리새인들의 소관이 아니며, 그들은 결코 안식일의 주인이 될 수 없습니다. 안식일의 주인이신 예수님만이 인간들에게 영원한 안식을 주실 분이십니다(히 4:1-11).

② 안식일의 모든 주권은 예수님께 있다는 의미입니다.

안식일의 주인은 그 제정자이신 하나님이시므로, 그날은 하나님의 주권에 속한 날입니다(출 31:13, 레 19:3, 26:2, 사 56:4, 58:13, 겔 20:12, 20). 그러므로 안식일의 모든 일은, 오직 하나님의 영광을 위하여 봉헌되는 것이 마땅합니다.[48] 성도들이 안식일에 모여서 드리는 모든 예배와 교제, 헌신과 봉사 등 무엇이든지 오직 예수님만을 중심해야 합니다.

그러므로 우리는 그날에 무엇을 하든지 말에나 일에나 다 주 예수의 이름으로 하고 그를 힘입어 하나님 아버지께 감사해야 합니다(골 3:17). 먹든지 마시든지 무엇을 하든지 다 하나님의 영광을 위하여 하고(고전 10:31), 마음을 다하여 주께 하듯 하고 사람에게 하듯 해서는 안 됩니다(골 3:23-24). 그리하면 각 사람이 행한 대로 주께서 갚아 주실 것입니다(엡 6:8). 주께 부르심을 받은 우리는 "그리스도의 종"이요, "주께 속한 자유자"입니다(고전 7:22). 사나 죽으나 우리는 주의 것입니다(롬 14:7-8).

③ 참안식은 궁극적으로 예수님을 통해서만 온다는 의미입니다.

안식일의 주인은 오직 한 분이요, 결코 둘일 수 없습니다. 안식일의 주인이신 예수님을 만나면 안식일을 준수하는 자에게 주시기로 약속된 자유와 평안과 기쁨을 누릴 수 있습니다(요 8:31-32, 14:27, 15:11, 16:24). 그러나 예수님을 모시지 않고 예수님을 떠난 사람은 안식일을 더럽히는 자이며(겔 20:13, 16, 21, 22:8, 26), 안식일의 축복을 가로막는 자입니다. 오직 안식일의 주인이신 예수님께 순종하는 것이 참된 안식을 회복하는 길입니다.

④ 예수님 안에서 이루어지는 모든 일은 안식일 준수에 해당된다는 의미입니다.

예수님은 연대가 없으시며 어제나 오늘이나 영원토록 동일하신 분입니다(히 1:12, 13:8). 예수님이 안식일에 일하시는 것을 가지고 유대인들이 핍박하자, 예수님께서 "내 아버지께서 이제까지 일하시니 나도 일한다"라고 말씀하셨습니다(요 5:16-17). 유대인들이 이를 인하여 더욱 예수를 죽이고자 했는데, 그들이 예수님을 죽이려 한 이유는, 예수님께서 안식일만 범할 뿐 아니라 하나님을 자기의 친아버지라고 하여 자기를 하나님과 동등으로 삼았기 때문입니다(요 5:18). 예수님께서는 이렇게 생명의 위협을 무릅쓰고, 예수님 자신이 안식일의 주인이심을 계시하여 주셨습니다. 안식일의 주인이신 예수님을 심령 속에 모시고 예수님 안에 사는 자는, 언제나 안식일과 안식년, 희년의 축복 속에 사는 것입니다. 그러나 참된 안식일의 주인 예수 그리스도의 말씀을 영접하지 않으면 악인 중에 악인이요, 결코 그 마음속에 평강이 없습니다(사 48:22, 57:19-21).

18년간 귀신 들린 여자를 예수님은 안식일에 고쳐 주셨습니다(눅 13:10-13). 이것을 보고 있던 회당장은 분개하여 “무리에게 이르되 일할 날이 엿새가 있으니 그동안에 와서 고침을 받을 것이요 안식일에는 말 것이니라”(눅 13:14)라고 나무랐습니다. 회당장이 분개한 이유는, 긴급한 환자가 아닌데도 예수님께서 굳이 안식일에 병 고치는 일을 하셨기 때문이었습니다. 예수님은 그 회당장이나 그의 추종자들을 “외식하는 자들”이라고 부르시며, 안식일에 구덩이에 빠진 가축을 구해 내고(마 12:11, 눅 14:5), 안식일에 자기의 소나 나귀를 마구간에서 풀어 내어 이끌고 가서 물을 먹이는 것처럼(눅 13:15), 사람을 사단의 매임에서 풀어 주어 질병을 고쳐 주는 것이 안식일에 합당한 것이요(눅 13:16), 안식일에 선을 행하고 생명을 구하는 것(막 3:4, 눅 6:9)이 옳다고 선포하셨습니다(참고-마 12:12). 말하자면 안식일에 짐승에게 물을 먹이는 것이 허용된다면, 짐승보다 더 중요한 인간에게 필요한 것은 언제든지 공급하는 것이 합당하다는 것입니다. 참으로 안식일에 대한 그들의 외식은, 사람을 짐승보다 무가치하게 여길 정도로 매우 심각한 수준이었던 것입니다. 예수께서 이 말씀을 하시자 모든 반대하는 자들은 부끄러워하고, 온 무리는 그 하시는 모든 영광스러운 일을 기뻐했습니다(눅 13:17).

구약 시대에 제사장들이 안식일에 성전 안에서 진설병을 만들어 여호와 앞에 진설하는 등의 일로 안식일을 범하여도, 그 일이 하나님께 드리는 제사와 관련된 경우라 죄가 되지 않았습니다(레 24:8, 민 28:9-10, 마 12:5). 예수님은 "성전보다 더 큰 이"(마 12:6)이시며, 모세가 증거한 안식일의 주인이시므로(마 12:8, 막 2:27-28, 눅 6:5), 얼마든지 안식일에 일을 하실 수 있는 분입니다. 그래서 예수님은 "내 아버지께서 이제까지 일하시니 나도 일한다"(요 5:17)라고 말씀하시면서, 안식일에 일을 하셨던 것입니다.

그러나 유대인들은 예수님께서 안식일의 주인으로서 행하시는 일을 보면서도, 예수님이 안식일의 실체로 오신 분임을 깨닫지 못했습니다. 오히려 예수님을 "괴이히" 여기고(요 7:21), "외모로 판단"하여(요 7:24) 배척하고, 죽이기로 결의하였습니다(마 12:14, 막 3:6, 눅 6:11, 요 5:16, 18).

결국 예수님을 핍박하고 십자가에 못 박아 죽임으로, 하나님께서 안식일을 주신 참된 목적을 이루지 못하였습니다. 사도 바울은 유대인들의 잘못된 신앙을 지적하면서, 골로새서 2:16-17에서 "그러므로 먹고 마시는 것과 절기나 월삭이나 안식일을 인하여 누구든지 너희를 폄론하지 못하게 하라 [17]이것들은 장래 일의 그림자이나 몸은 그리스도의 것이니라"라고 말씀하였습니다.

신약 시대 이후 오늘까지 성도들은 안식일 대신 주일을 지키고 있습니다. 예수님께서는 십자가에서 죽으심으로 택하신 백성을 위하여 속죄 제물이 되시고, 안식 후 첫날 곧 주일에 부활하심으로 우리를 죄와 사망의 권세에서 해방하셨습니다(마 28:1, 막 16:2, 9, 눅 24:1, 요 20:1, 계 20:6). 주님께서 우리를 죄와 사망에서 해방 하시고 새사람으로 만들어 주신 '주일'이야말로, 새로운 창조와 새로운 구속의 날입니다. 구약 시대의 성도들이 하나님의 창조와 구속을 기념하기 위하여 안식일을 지켰다면(출 20:11, 신 5:15), 이제 신약 시대 이후의 성도들은 예수 그리스도를 통한 새로운 창조와 새로운 구속을 기념하기 위하여 주일을 지켜야 합니다(고후 5:17, 엡 1:7, 4:22-24, 히 4:8-9). 예수 그리스도께서 부활 승천하신 후, 초대교회 성도들은 주일을 공적 예배를 드리는 날로 지키기 시작하였습니다(행 20:7, 고전 16:2). 사도 요한은 한 주간의 첫날을 "주의 날"(the Lord's Day)이라고 불렀습니다(계 1:10).

안식일 계명이 안식일의 주인으로 오신 예수님을 예표하였듯이, 주일은 주님께서 재림하심으로 주어질 참안식의 때가 하나님의 백성에게 남아 있음을 알려 줍니다(히 4:4-9). 그러므로 우리는 영원한 안식 세계인 천국에 들어가기를 힘써야 할 것입니다(히 4:11).

이사야 56:2에서 "안식일을 지켜 더럽히지 아니하며 그 손을 금하여 모든 악을 행치 아니하여야 하나니 이같이 행하는 사람, 이같이 굳이 잡는 인생은 복이 있느니라"라고 말씀하고 있습니다. "이같이 굳이 잡는 인생"이라는 말씀을, 공동번역에서는 "옳은 길을 끝내 지키는 사람"이라고 번역하였고, 표준새번역에서는 "공의를 철저히 지키는 사람"이라고 번역하였습니다. 하나님께서는 장차 구속 역사를 완성하실 때 '이방인들을 이끌어 하나가 되게 할 터인데, 이 이방인들도 안식일을 지켜 더럽히지 아니하고, 하나님의 언약을 굳게 지킬 것'이라고 약속하셨습니다(사 56:3-6). 만민이 매주 돌아오는 안식일의 언약 속에서 친교의 대잔치에 참여할 것을 예언하신 것입니다(사 56:7-8, 참고-계 21:24, 26).

오늘날 성도들이 예수 그리스도의 구속 사역으로 이루어진 새로운 창조와 새로운 구속에 감사 감격하며 주일을 지키고, 나아가 진정한 하나님의 백성이 되어 주일뿐만 아니라 모든 날을 주(主)의 날로 지킬 때, 마침내 남아 있는 하나님의 안식에 들어가게 될 것입니다(롬 14:5-6, 히 4:9-11, [참고-] 요 5:17, 히 4:3).

제 5 계명
THE FIFTH COMMANDMENT

"네 부모를 공경하라"
Honor your father and your mother.
כַּבֵּד אֶת־אָבִיךָ וְאֶת־אִמֶּךָ
(출 20:12, 신 5:16)

출애굽기 20:12에서 "네 부모를 공경하라 그리하면 너의 하나님 나 여호와가 네게 준 땅에서 네 생명이 길리라"라고 말씀하고 있으며, 신명기 5:16에서 "너는 너의 하나님 여호와의 명한 대로 네 부모를 공경하라 그리하면 너의 하나님 여호와가 네게 준 땅에서 네가 생명이 길고 복을 누리리라"라고 말씀하고 있습니다. 신명기에는 "너는 너의 하나님 여호와의 명한 대로"와 "복을 누리리라"라는 말씀이 추가되어 있습니다.

1. 제5계명의 해석
Exegesis of the fifth commandment

제5계명은 사회의 기본 질서를 바로 세우는 계명입니다. 제5계명을 범하면 가정 질서뿐만 아니라 사회 질서가 파괴되는 무서운 결과를 초래합니다. '효'(孝)는, 늙을 노(老) 밑에 아들 자(子)를 넣어 만든 글자로서, 자식들이 늙은 부모를 떠받들고 정성껏 섬겨 자식된 도리를 다하는 일입니다. 효는 모든 질서의 시작입니다. 불효 죄가 만연할 때에 윤리와 도덕이 흔들리고 사회가 문란해지고, 가정과 나라의 장래는 캄캄할 수밖에 없습니다(잠 20:20). 남 유다 왕국의 멸망 원인 가운데 하나가 '부모를 업신여긴 죄'였습니다(겔 22:7).

"부모를 공경하라"라는 제5계명은 그 순서로 보아서도 으뜸입니다. 십계명 가운데 5-10계명은 사람에 대한 계명 즉 대인 관계에 대한 계명인데, 그 가운데 첫 번째 계명이 바로 부모 공경에 관한 것입니다. 에베소서 6:2에서 "네 아버지와 어머니를 공경하라 이것이 약속 있는 첫 계명이니"라고 말씀하고 있습니다. "첫 계명"의 "첫"이란 단어는 헬라어 '프로토스'(πρῶτος)로, '첫째의, 최고의'라는 뜻 외에 '중요한'이라는 뜻도 있습니다.

첫째, 부모 공경은 사람과 사람 사이에 지켜야 할 계명 중에 으뜸이 된다(가장 중요하다)는 뜻입니다.

둘째, 불효의 죄는 사람과 사람 사이에 짓는 모든 죄의 근원이 된다는 뜻입니다.

부모를 진정으로 공경하는 사람은 살인죄(제6계명)를 범할 수 없습니다. 또 부모를 진정으로 공경하는 사람은 간음죄(제7계명)를 지을 수도 없을 것입니다. 또 부모를 진정으로 공경하는 사람은 도적질(제8계명)이나 거짓 증거(제9계명)나 탐심의 죄(제10계명)를 지을 수 없을 것입니다. 바꾸어 말하면, 부모에게 불효한 죄는 살인죄보다 크고, 간음죄보다 크고, 도적질한 죄보다 크고, 거짓말한 죄보다 크고, 탐심의 죄보다 더 크고 무서운 죄라는 것입니다.

(1) "네 부모(父母)" / אָבִיךָ וְאֶת־אִמֶּךָ / your father and your mother

사람이 세상에 태어나서 제일 먼저 맺는 대인 관계는, 부모(父母)

와 자식(子息) 사이의 관계입니다. 부모 없이 우리가 존재할 수 없습니다. 제5계명(출 20:12, 신 5:16)의 "네 부모"는 히브리어 '아비카 베에트 임메카'(אָבִיךָ וְאֶת־אִמֶּךָ)로, '네 아버지와 그리고 네 어머니'라는 뜻입니다. 히브리어로 아버지는 '아브'(אָב), 어머니는 '엠'(אֵם)이며, 구약성경에는 '아브'가 무려 1,000번 이상, '엠'이 200번 이상 기록되어 있습니다.

① 아버지(אָב, 아브)

성경에 나타난 '아버지'는 자녀를 사랑으로 훈계하는 자요(창 37:10, 44:20, 50:16-17, 잠 1:8, 6:20, 히 12:5-8), 자녀를 축복하며(창 27:10), 불효자식이라도 깊이 이해하고 사랑하며 근심하면서 끝까지 기다리는 분입니다(창 26:34-35, 삼하 13:37, 39, 19:4, 눅 15:20). 자식에 대한 아버지의 마음은 오로지 끝없는 애정뿐입니다.

성경에서 뜨거운 사랑의 아버지의 표상이 있다면 바로 '야곱'일 것입니다. 그는 많은 자식들을 일일이 아끼고 사랑했으며, 자식을 잃는 큰 슬픔을 겪은 사람입니다. 야곱에게는 열두 아들(창 29:31-35, 30:1-24, 35:16-18, 22下-26, 42:13, 32)과 딸들(참고-창 37:35, 46:7)이 있었습니다. 가장 사랑하는 아들 요셉이 17세 되었을 때(창 37:2) 악한 짐승에게 찢겨 죽었다는 소식을 듣고(창 37:31-33), 야곱은 옷을 찢고 굵은 베로 허리를 묶고 오래도록 그 아들을 위하여 애통하였으며, 모든 위로가 헛되어 "내가 슬퍼하며 음부에 내려 아들에게로 가리라" 하고 한없이 울었습니다(창 37:34-35). 아버지 야곱의 사랑은 열두 아들 모두에게 극진하였습니다. 시므온이 애굽 감옥에 볼모로 잡히고(창 42:24) 아끼던 베냐민마저 잃어버릴 위험에 처했을 때, 그 아비 야곱이 아들들에게 이르기를 "너희가 나로 나의 자식들을 잃게 하도다 요셉도 없어졌고 시므온도 없어졌거늘 베냐민을 또 빼앗아 가고자 하니 이는 다 나를 해롭게 함이로다"라고 탄식하였습니다(창 42:34-36).

한편, 야곱은 147세의 파란만장한 생애를 마치면서(창 47:28) 열두 아들을 빠짐없이 불러 모으고, 침상에 몸을 기댄 채 마지막 진액을 쏟으며 일일이 분량대로 축복하고 사랑하였습니다(창 49:1-28, 33). 그것은 그들이 "후일에 당할 일"(창 49:1)이요, "각인의 분량대로" 받을 축복이었으니(창 49:28), 하나님의 구속사적 경륜 속에서 자녀의 역할을 헤아린 진실된 아버지의 사랑이었습니다.

② 어머니(אֵם, 엠)

성경에서 우리는 자식을 위해 모든 것을 희생하는 어머니의 모정으로 불붙는 헌신을 자주 보게 됩니다(왕상 3:16-27, 17:17-23, 마 15:22-28, 참고-잠 1:8, 4:3, 6:20, 10:1). 모세 뒤에는 왕의 명령도 무서워 아니하는 믿음의 어머니 요게벳이 있었고(출 2:1-3, 6:20), 사무엘 뒤에는 오래도록 성전에서 눈물로 기도한 어머니 한나가 있었습니다(삼상 1:26-28). 세례 요한 뒤에는 주의 모든 계명과 규례대로 흠 없이 행하던 의인 엘리사벳이 있었고(눅 1:5-6), 예수님 뒤에는 목숨을 걸고 눈물겹게 순종한 처녀 마리아(눅 1:27-30, 38)가 있었습니다. 거짓 없는 믿음의 사람 디모데 뒤에는 어머니 유니게와 외조모 로이스가 있었습니다(딤후 1:3-5). 구약성경 열왕기와 역대기에는 왕들의 어머니에 대한 내용이 수없이 기록되어 있습니다(왕상 1:11, 2:13, 19-22, 14:21, 31, 15:2, 10, 13, 22:42, 왕하 8:26, 11:1, 12:1, 14:1-2, 15:1-2, 32-33, 18:1-2, 21:1, 19, 22:1, 23:31, 36, 24:8, 12, 15, 18, 대하 12:13, 13:1-2, 15:16, 20:31, 22:2-3, 10, 24:1, 25:1, 26:3, 27:1, 29:1).

(2) "공경하라" / כַּבֵּד / Honor

"네 부모를 공경하라" 이것은 하나님께서 인간에게 선포하신 하나님의 법이요 명령입니다. 법은 반드시 지켜야만 되고, 지키지 않으면 여지없이 범법자가 됩니다. 그러므로 불효는 불법입니다.

"공경하라"는 히브리어로 '무겁다, 존귀하다'라는 뜻을 가진 '카베드'(כָּבַד)의 피엘(강조)형으로, '무겁게 대하다'라는 의미에서 하나님께나 사람(특히 부모님)에게 쓰일 때는 '존경하다'라는 뜻을 가집니다. 이 단어는 하나님의 백성이 하나님을 향해 가지는 자세를 뜻할 때 자주 사용됩니다(잠 3:9, 사 43:23). 이렇듯 부모님을 대할 때 하나님께 하듯이 극진히 섬기라는 뜻입니다(참고-골 3:23). 하나님을 대신하여 생명을 주신 부모를 공경하는 것은 곧 생명의 주인이신 하나님을 공경하는 것이나 마찬가지입니다. 사도 바울도 부모에게 순종하는 것은 주님을 기쁘게 해 드리는 일이라고 했습니다(골 3:20). 반면에, 부모를 때리거나 부모에게 완악한 자는 율법에 의해 사형이라는 극형에 처해졌습니다(출 21:15, 17, 레 20:9, 신 21:18-21). 잠언 30:17에서는 "아비를 조롱하며 어미 순종하기를 싫어하는 자의 눈은 골짜기의 까마귀에게 쪼이고 독수리 새끼에게 먹히리라"라고 말씀하고 있습니다.

성경적 효도의 중심 사상은 무엇인가를 알아보겠습니다.

① 부모님을 존경해야 합니다(레 19:3上).

부모님을 존경하는 것은, 하나님의 모든 말씀에 순종할 수 있는 원동력이 됩니다. 자식들은 부모님을 존경하고 공경하며, 또 부모님께 감사하고 최고의 찬사를 보내 드려야 합니다(잠 31:28). 요셉은

17세에 아버지 야곱과 헤어졌고, 23년이 지난 후 비로소 애굽에서 다시 만났습니다. 그러나 요셉은 23년 동안 그 마음속에 한 번도 아버지 야곱을 잊은 적이 없었습니다. 그의 형제들이 식량을 얻기 위해 찾아왔을 때, 요셉은 반복해서 아버지의 안부(평안)와 생존 여부를 물었습니다. 형들에게 자신의 신분을 밝히지 않은 상태로 "너희 아버지가 그저 살았느냐"(창 43:7)라고 물었습니다. 형들이 동생 베냐민을 데리고 다시 곡식을 사러 오자, 또 한 번 "너희 아버지 너희가 말하던 그 노인이 안녕하시냐 지금까지 생존하셨느냐"(창 43:27)라고 물었습니다. 세 번째로, 창세기 45:1-3에서는 시종들을 다 물러가게 하고 방성대곡하며 자신의 정체를 밝히면서 처음 한 질문이, "나는 요셉이라 내 아버지께서 아직 살아 계시니이까"(창 45:3)였습니다. 오로지 아버지 야곱의 안부, 아버지의 생사가 요셉에게 가장 중요했기 때문입니다(창 45:9-13). 요셉은 아버지와 형들이 애굽으로 이주해 오자 애굽의 좋은 땅을 주어 기업으로 삼게 하고, 아버지와 형들과 온 집에 식물을 주어 공궤하였습니다(창 47:11-12). 또한 아버지 야곱이 147세에 별세하자, 아버지의 유언에 순종하여(창 47:28-30, 49:29-32) 아브라함이 헷 족속 에브론에게 산 선영(막벨라 굴)에 안장하였습니다(창 50:12-14).

② 모든 일에 부모님께 순종해야 합니다(골 3:20).

골로새서 3:20에서 "자녀들아 모든 일에 부모에게 순종하라 이는 주 안에서 기쁘게 하는 것이니라"라고 말씀하고 있습니다. 여기 "순종하라"는 헬라어 '휘파쿠오'(ὑπακούω)로, '아래에서 듣다, 철저하게 순종하다'라는 뜻입니다. 이 단어는, '문지기가 문 두드리는 소리를 듣고 가서 그가 누구인가를 확인하여 문을 열며 영접하는 행위'를 나타낼 때 쓰였습니다(행 12:13). 또한 이 단어는, 아내가 남편에게 복종하는 것을 가리키는 '휘포탓소'(ὑποτάσσω)보다 훨씬 강한 의미입니다. 자녀가 부모에게 순종해야 할 영역은 "모든 일에"(all things)라고 말씀합니다. 자기가 원하는 몇 가지만이 아니라, 무제한적이며 지속적으로 부모님을 공경하라는 말씀입니다. 부모님이 늙도록 지내 온 경험으로 일깨우는 말씀들을 청종하고, 자녀들은 부모님을 공경하며 받들어야 합니다. '예'라고 대답만 하고 안 하는 것은 '아니요' 하고 나중에 뉘우친 것보다 악한 것입니다(마 21:28-31).

대부분의 부모님은 효도를 다 받지 못하고 갑니다. 효도를 하려고 해도 부모님이 자식보다 앞서 가기 때문입니다. 독일 속담에 '한 아버지가 열 아들을 기를 수 있으나, 열 아들이 한 아버지를 돌보지 못한다'라는 말이 있습니다. 또한 '나무가 조용히 섰고자 하되 바람이 멎지 않고, 자식이 효도를 다 하고자 하되 어버이가 기다려 주지 않는다'라는 옛말도 있습니다. 먼저 가실 부모님을 살아 계실 때 더 즐겁게 해 드리고, 더 기쁘게 해 드려야 합니다(잠 23:25).

더구나 부모님이 나이가 들면 신체적으로나 정신적으로 젊은 사람이 이해 못 할 일들이 많이 생깁니다. 심지어 부모님의 대소변을 받아 내야 할 때도 있는데, 자식을 기르실 때 더러운 것들을 수천 번 닦아 내고도 단 한 번도 귀찮아하지 않으셨을 부모님을 생각하면서 얼마든지 감당해야 합니다. 아버지와 어머니의 절대적인 희생이 없었으면 지금의 우리는 존재할 수 없습니다. 친구나 배우자는 다시 얻을 수 있어도, 부모님은 한번 가시면 영원히 다시 모실 수 없습니다. 부모님이 살아 계실 적에 효도하지 못했다고 후회하지 않도록 서둘러 효도합시다.

③ 주 안에서 부모님께 순종해야 합니다(엡 6:1).

십계명의 순서를 보아도 하나님께 대한 계명이 앞서 나오듯이, 진정한 효는 신본주의 효입니다(마 8:21-22, 19:29, 눅 9:59-60, 18:29-30). 하늘에 계신 하나님 아버지께 지성(至誠)을 다하여 효도할 때, 육신의 부모님에게도 진실되게 효도할 수 있습니다(마 12:47-50, 막 3:31-35, 눅 8:19-21, 11:27-28). 진정한 효도는 성경에서 말씀하신 대로 해야 합니다. 우상화된 풍습대로 하는 것은 부모님에게 효도하는 것 같으나 올바른 효도가 아닙니다. 예로부터 부모님이 별세한 후 3년 동안 무덤에 막(幕)을 치고 애곡(哀哭)을 하면, 그것을 지극한 효라고 아주 높이 평가하였는데, 이것은 우상 숭배입니다. 성경은 죽은 자를 위해 자기 몸을 베는 행위나 슬퍼하는 것을 금했습니다(레 19:28, 신 14:1, 참고-렘 22:10, 겔 24:17, 살전 4:13). 또 죽은 부모를 위하여 제물을 차리고 제사 지내는 것은 미신이요, 우상 숭배의 큰 죄입니다(참고-시 106:28下-29).

예수님께서는 우리에게 올바른 효의 본을 보여 주셨습니다. 누가복음 2:51에서 "예수께서 한가지로 내려가사 나사렛에 이르러 순종하여 받드시더라"라고 말씀하고 있습니다. 여기 "순종하여 받드시더라"는 헬라어 '휘포탓소'(ὑποτάσσω: 복종하다, 따르다)의 현재분사형에 '에이미'(εἰμί: 있다, 존재하다)의 미완료형이 결합된 형태로, 예수님께서 자발적, 계속적으로 육신의 부모님에게 복종하며 사셨음을 나타냅니다.

예수님께서는 전 인류를 살리기 위하여 십자가에 달려 처참하게 피 흘리며 숨막히는 고통에 짓눌리어 계신 때에도, 모친 마리아를 보시고 "여자여 보소서 아들이니이다"(요 19:26)라고 말씀하셨습니다. 이는 가상칠언 중 세 번째 말씀입니다. 이 말씀은 평소에 아들 노릇을 못 했다는 후회가 아니라, 이 땅에서 참아들로 사셨다는 것을 보여 주는, 천금보다 무거운 사랑의 유언입니다. 마리아를 향해 '어머니'라고 부르시지 않고 "여자여"라고 부르신 것은, 십자가 위에서 인류의 구속 역사를 성취하는 최대의 순간에, 이제 어머니와 아들 관계를 넘어, 여자와 속죄의 구주라는 영원한 생명의 관계를 맺으신 것입니다. 사랑하는 모친을 구속 받는 자의 대열에 앉히시는 순간입니다(참고-행 1:14). 이보다 더 큰 효(孝)가 어디 있습니까? 그리고 사도 요한에게 부탁하시기를, "보라 네 어머니라"라고 말씀하셨습니다(요 19:27).

부모님을 구원의 반열에 설 수 있도록 인도하는 것이 이 세상에서 가장 값진 효이며, 참된 효입니다. 우리도 낳아 주신 부모님을 전도하여 영원한 생명으로 되갚아 드리는, 이 땅에서 가장 복된 효자와 효녀가 되시기를 바랍니다.

④ 이방의 효도법

효도는 보편적 천륜(天倫: 부모와 자식, 형제와 자매 사이에서 마땅히 지켜야 할 도리)으로, 이방 세계에서도 오래 전부터 '효'(孝)를 고유 미덕과 기본 윤리로 삼는 훌륭한 효도법이 있었습니다. 그 가운데 팔반가(八反歌)는 명심보감의 22번째 이야기로, 총 8편의 시로 이루어졌는데, 부모를 대하는 자녀들의 잘못된 모습을 다루고 있습니다. 명심보감(明心寶鑑)은 지금으로부터 약 700여 년 전 고려 충렬왕(고려 25대: 재위 1274-1298년, 복위 1299-1308년) 때 문신(文臣)이었던 추적(秋適)이 국학(國學) 학생들의 심성 수양의 교재로 삼기 위해,

중국 고전에 나온 선현들의 금언(金言) 명구(名句)들을 새롭게 편집하여 만든 책입니다. '명심'은 마음을 밝게 한다는 뜻이며 '보감'은 '보배로운 거울'로서 교과서라는 의미이므로, 명심보감은 마음을 밝혀 주는 보배로운 책(교과서)이라는 뜻입니다. 이 책은 하늘의 밝은 섭리를 설명하고, 자신을 반성하여 인간 본연의 양심을 보존함으로써 숭고한 인격을 닦는 길을 제시해 줍니다.

팔반가는 지금으로부터 약 700여 년 전에 지어졌지만, 마치 오늘의 이야기를 다루고 있는 듯합니다. 부모님께 불효하는 못된 자녀들의 모습에 구구절절 고개가 끄덕여집니다. 만법의 입법자이신 하나님께 "부모를 공경하라"라는 으뜸 계명을 받은 성도가, 그 효가 이방의 효 사상에도 미치지 못해서는 안 될 일입니다. 비록 이방의 효 사상이지만 겸손히 배우고, 불효했던 죄를 가슴 깊이 뉘우치고 회개할 일입니다.

ㄱ. 「아이가 욕하면 기쁘게 받고, 부모가 노하면 반발하여 참지 않으니, 아이와 부모를 대하는 마음이 어찌 그리 다른고? 다시 부모가 꾸짖거든 아이를 생각하고 마음을 고쳐라.」

幼兒或詈我(유아혹리아)하면 我心覺懽喜(아심각환희)하고
父母嗔怒我(부모진노아)하면 我心反不甘(아심반불감)이라
一喜懽(일환희)하고 一不甘(일불감)하니 待兒待父心何懸(대아대부심하현)고
勸君今日逢親怒(권군금일봉친노)어든 也應將親作兒看(야응장친작아간)이니라.

ㄴ. 「아이들은 천 마디 말을 지껄여도 듣기 싫다 하지 않고, 부모는 한 번 말해도 잔소리 많다 하니, 이것이 잔소리가 아니라 걱정이다. 늙도록 지내 온 경험으로 일깨우는 것이니, 그대는 늙은이의 말을 공경하여 받들고, 시비하며 나무라지 말라.」

兒曹出千言(아조출천언)하되 君聽常不厭(군청상불염)하고
父母一開口(부모일개구)하면 便道多閑管(변도다한관)이라
非閑管親掛牽(비한관친괘견)이라 皓首白頭(호수백두)에 多諳諫(다암간)이라
勸君敬奉老人言(권군경봉노인언)하고 莫教乳口爭長短(막교유구쟁장단)하라.

ㄷ.「아이의 오줌똥은 싫지 않은데, 늙은 부모의 침 뱉는 것은 싫어하니, 여섯 자 네 몸이 부모의 정혈(精血)로 이룩된 것이 아니냐? 부모는 젊어서 너를 위해서 애쓰다가 이제 늙고 시들었다. 그러니 부모를 위하여 잘 대접하라.」

幼兒尿糞穢(유아뇨분예)는 君心無厭忌(군심무염기)로되
老親涕唾零(노친체타령)은 反有憎嫌意(반유증혐의)니라
六尺軀來何處(육척구래하처)요 父精母血成汝體(부정모혈성여체)라
勸君敬待老來人(권군경대로래인)하라 壯時爲爾筋骨敝(장시위이근골폐)니라

ㄹ.「아침에 일찍 장터에 나가 떡을 사 오기에 부모를 공경하는 줄 알았더니, 아이는 배부른데 부모는 맛도 못 보았구나. 자식의 마음이 어찌 그리 부모 사랑만 못한고. 그대는 떡을 많이 사다가 살 날이 얼마 남지 아니한 머리 흰 부모를 잘 공경하라.」

看君晨入市(간군신입시)하여 買餅又買餻(매병우매고)하니
少聞供父母(소문공부모)하고 多說供兒曹(다설공아조)라
親未啖兒先飽(친미담아선포)하니 子心不比親心好(자심불비친심호)라
勸君 多出買餠錢(권군 다출매병전)하여 供養白頭光陰少(공양백두광음소)하라

ㅁ.「거리의 약방에는 아이 살찌는 약은 있으나 어버이 튼튼하게 하는 약은 없다. 이는 아이 병 고치는 데는 열심인데, 부모 병은 등한히 여기는 때문이다. 네 다리를 베어 내어도 그것이 부모의 살이니, 그대에게 권하노니 조속히 부모의 목숨을 보호하라.」

市間賣藥肆(시간매약사)에 惟有肥兒丸(유유비아환)하고
未有壯親者(미유장친자)하니 何故兩般看(하고양반간)고
兒亦病親亦病(아역병친역병)시에 醫兒不比醫親症(의아불비의친증)이라
割股還是親的肉(할고환시친적육)이니 勸君亟保雙親命(권군극보쌍친명)하라.

ㅂ.「부귀하면 부모 공양이 쉬우나 부모의 마음은 늘 편안치 못하고, 가난하면 아이 기르기 어려우나 아이 배고픈 일은 없다. 부모를 위한 마음이 아이를 위한 마음보다 못하기 때문이다. 그대는 부모를 아이 생각하는 만큼 하고, 범사에 가난하다고 핑계하지 말라.」

富貴養親易(부귀양친이)로되 親常有未安(친상유미안)하고
貧賤養兒難(빈천양아난)하되 兒不受饑寒(아불수기한)이라
一條心兩條路(일조심양조로)에 爲兒終不如爲父(위아종불여위부)라
勸君兩親如養兒(권군봉양친여양아)하고 凡事莫推家不富(범사막추가불부)하라

ㅅ.「부모는 두 분이나 형제들이 안 모신다고 서로 다투며 밀고, 아이는 열이라도 모두 자기 혼자 맡느니라. 아이는 배불러도 배고픈가 늘 묻고, 부모는 배고프고 추워도 걱정하지 않는다. 그대는 힘을 다하여 부모를 봉양하라. 그대의 먹고 입는 것이 당초 부모의 것이니라.」

養親只有二人(양친지유이인)이로되 常與兄第爭(상여형제쟁)하고
養兒雖十人(양아수십인)이나 君皆獨自任(군개독자임)이라
兒飽煖親常問(아포난친상문)하되 父母饑寒不在心(부모기한부재심)이라
勸君養親(권군양친)을 須竭力(수갈력)하라 當初衣食(당초의식)이 被君侵(피군침)이니라

ㅇ.「부모의 100% 사랑은 그 은혜를 생각지 않고, 자식의 10% 효도는 그 이름을 빛내려 한다. 부모를 대접함에는 어둡고 아이를 생각함은 밝으니, 누가 부모의 자식 기르는 사랑을 알리요? 권하노

니, 부질없이 아들의 효도를 믿지 말라. 그대는 아들의 부모도 되고 부모의 아들도 되는 자리에 있느니라.」

親有十分慈(친유십분자)하되 君不念其恩(군불념기은)하고
兒有一分孝(아유일분효)하되 君就揚其名(군취양기명)이라
待親暗待兒明(대친암대아명)하니 雖識高堂養子心(수식고당양자심)하고
勸君漫信兒曺孝(건군만신아조효)하라 兒曹親子在君身(아조친자재군신)이니라

이 세상은 온통 불효자식뿐이니, 자식을 위해 자기 전부를 바치고도 슬픔이 복받쳐 서럽게 눈물짓고 한숨짓는 부모가 많습니다. 요즘 부모를 거역하고 부모를 대적하며 심지어 부모를 죽이는 불효자식이 급속도로 많아지는 것은 참으로 서글픈 일이요, 말세의 징조라 하겠습니다(막 13:12). 디모데후서 3:1-2에서 "말세에 고통하는 때가 이르리니 [2]사람들은 자기를 사랑하며 돈을 사랑하며 자긍하며 교만하며 훼방하며 부모를 거역하며 ..."라고 말씀하고 있습니다(참고-사 3:5, 롬 1:30下).

(3) "그리하면 네가 생명이 길고 복을 누리리라"

/ לְמַעַן יַאֲרִיכֻן יָמֶיךָ וּלְמַעַן יִיטַב לָךְ

/ that your days may be prolonged, and that it may go well with you

십계명 중에 하나님께서 축복을 약속하신 계명은 제2계명과 제5계명입니다. 제2계명에는 천대까지의 축복을 약속하셨으며(출 20:6, 신 5:10), 제5계명에서도 부모를 공경하고 순종하면, 신명기 5:16을 볼 때 "너의 하나님 여호와가 네게 준 땅에서 네가 생명이 길고 복을 누리리라"라고 말씀하고 있습니다(출 20:12).

신명기 5:16에서 특이한 점은, 히브리어 원문에서는 '그리하면'(לְמַעַן, 레마안)이 두 번 사용되었다는 점입니다. 직역하면 "그리하면 너의 생명이 길게 될 것이며, 또 그리하면 네가 복을 누릴 것이다"입니다. 이것은 '장수'와 '복을 누리게 되는 것'이, '부모 공경'하는 자가 받는 두 가지 축복임을 강조하는 표현입니다.

'오래 산다, 생명이 길다'라는 것은 '연장한다'라는 뜻인데, 이 말은 히브리어 '아라크'(אָרַךְ)의 히필(사역) 미완료형으로, '계속해서 길게 하신다, 오래 머물게 하신다'라는 뜻입니다(참고-신 4:26, 40, 11:9). 출애굽기 20:12에서 "너의 하나님 나 여호와가 네게 준 땅"이라고 말씀하고 있습니다. 여기 "너의 하나님 나 여호와가 네게 준 땅"은 일차적으로 가나안 땅을 가리킵니다. 가나안 땅은 아직 이스라엘 백성의 소유가 아니지만, 하나님께서는 이미 그 땅을 이스라엘 백성에게 주셨다고 말씀하시면서, 아버지와 어머니를 공경하는 것이 그 언약의 땅에서 장수하는 비결이라고 말씀하고 있습니다(엡 6:2-3).

"복을 누리리라"는 '잘되다, 좋다, 즐겁다, 기쁘다'라는 뜻을 가진 히브리어 '야타브'(יָטַב)의 미완료형으로, '하나님께서 계속적으로 잘되게 해 주신다'라는 뜻입니다. 에베소서 6:3에서도 "이는 네가 잘되고 땅에서 장수하리라"라고 말씀하고 있습니다. 효도하는 자에게는 '성공'과 '장수' 두 가지 축복이 모두 약속되어 있습니다. 그러나 부모의 마음이 산산조각 날 정도로 학대하거나 쫓아내는 자는, 결코 수치와 능욕을 면치 못합니다(잠 19:26). 부모를 저주하는 불효자식은 그 등불이 흑암 중에서 완전히 꺼지고 멸망하고 맙니다(잠 20:20).

2. 제5계명의 세부 율법

Specific laws derived from the fifth commandment

'부모'는 육신을 낳아 주시고 길러 주신 아버지와 어머니를 말합니다. 효도의 대상은 두말할 나위 없이 아버지와 어머니, 곧 우리의 부모님입니다. 그러나, 여기 제5계명의 '부모'는 혈육의 부모뿐만 아니라, 연령과 경험에서 우리보다 위에 있는 모든 사람들과, 특별히 가정이나 교회나 국가에서 하나님의 규례를 따라 권위와 경륜에 있어서 우리보다 위에 있는 사람들을 의미합니다(웨스트민스터 신앙고백서 「대요리문답」 제124문). 제5계명의 중요한 핵심은 '권위와 경륜을 지닌 자들을 공경하여야만 한다'라는 것입니다. 아울러 권위를 지닌 자들은 공경을 받기에 합당히 행해야 하고, 지도자로서의 의무와 책임을 질 줄 알아야 할 것입니다.

제5계명에 관한 세부 율법은 출애굽기 21:15, 17, 22:28, 그리고 신명기 16:18-20, 17:8-18:8, 15-22, 21:18-21에 언급되어 있습니다. 여기에는 하나님께서 세우신 공경의 대상이 다양하게 기록되어 있습니다.

(1) 가정의 최고 권위자는 부모입니다.

모세의 율법에는 그 아비의 말이나 그 어미의 말을 순종치 않고 부모의 징책을 듣지 않는 완악하고 패역한 자식은 반드시 사형에 처하라고 말씀하였습니다(신 21:18-21). 불효를 저지른 자는 살려 두지 말라는 것이 하나님의 명령입니다. 출애굽기 21:15에서 "자기 아비나 어미를 치는 자는 반드시 죽일지니라"라고 말씀하고 있으며, 출애굽기 21:17에서 "그 아비나 어미를 저주하는 자는 반드시 죽일지니라"라고 말씀하고 있습니다(레 20:9). 부모가 불효한 자식을 잡아 가지고 성문에 이르러 그 성읍 장로들에게 나아가서 "우리의 이 자식은 완악하고 패역하여 우리 말을 순종치 아니하고 방탕하며 술에 잠긴 자라"라고 하거든, 그 성읍의 모든 사람들이 그를 돌로 쳐서 죽이라고 명령하였습니다(신 21:18-21). 그리고 하나님께서는 "부모를 경홀히 여기는 자는 저주를 받을 것이라" 하시고, 모든 백성은 "아멘" 하라고 명령하셨습니다(신 27:16).

(2) 사회적 권위를 가진 지도자들입니다.
(어른들, 왕, 재판장, 유사, 제사장, 선지자)

고대 이스라엘 사회는 다양한 지도자들이 다양한 직책을 통하여 사회적 권위와 책임을 분담하고 있었습니다.

첫째, 재판장과 유사입니다(신 16:18-20, 17:8-13). 출애굽기 22:28에는 '재판장을 욕하지 말며 백성의 유사를 저주하지 말라'라고 말씀하셨습니다.

둘째, 나라의 왕입니다(신 17:14-20).

셋째, 레위 지파의 제사장입니다(신 18:1-8).

넷째, 모세와 같은 선지자(신 18:15-19)입니다.

제5계명에 비추어 현재 우리가 공경해야 할 대상은 누구일까요?

① 어른(노인)들입니다(레 19:32).

'부모'는 연령, 덕망, 지식, 경험 등에 있어서 모든 윗사람들을 포함합니다. 학생은 스승을, 젊은이는 연장자를, 천한 자는 존귀한 자를 존경하고 부모처럼 공경해야 합니다. 레위기 19:32에서 "너는 센 머리 앞에 일어서고 노인의 얼굴을 공경하며 네 하나님을 경외하라 나는 여호와니라"라고 말씀하고 있습니다. 신명기 32:7에서

"네 아비"와 "네 어른들"은 지나간 날들의 역사 속에서 하나님의 언약이 성취되는 놀라운 섭리의 역사를 간직하고 있는 지혜자들입니다(욥 12:12). 르호보암왕이 그 부친 솔로몬을 모셨던 노인들의 가르침을 무시한 결과로, 이스라엘은 나라가 분열되고 말았습니다(왕상 12:6-20).

② 회사의 상관(주인)입니다(엡 6:5-8, 골 3:22-25, 딤전 6:1-2, 딛 2:9-10, 벧전 2:18).

사람은 창조받을 때부터 일(노동)을 하도록 되어 있습니다(창 3:17, 19, 살후 3:10). 모든 일에는 그것을 맡긴 상관(주인)과 그 일을 맡은 사람(종) 간에 권위에 대한 질서가 있어야 합니다. 주인이 일을 맡길 때는 목표가 있고 마쳐야 하는 기한이 있는데, 만일 그 종이 게으르다면 주인의 물질과 시간을 도적질한 것이 되므로 그는 악(惡)한 종입니다(마 24:48-51, 25:24-30, 막 13:34-36, 눅 19:20 -26). 성경은 '주인(상전)을 친부모처럼 섬기되 눈가림만 하지 말고 부지런히 일하고, 무슨 일을 하든지 마음을 다하여 성실하게 주께 하듯 하고 사람에게 하듯 하지 말라'라고 가르치고 있습니다(엡 6:5-7, 골 3:22-23). 여기 '성실하게'는, 주인에게 묵묵히 충성하되(딛 2:9-10), 주인의 유익을 위하며(창 24:12), 주인의 것을 내 것처럼 아끼는 자세를 말합니다.

③ 국가의 관원들(왕, 방백)입니다(롬 13:1-7).

로마서 13:1-2에서 "각 사람은 위에 있는 권세들에게 굴복하라 권세는 하나님께로 나지 않음이 없나니 모든 권세는 다 하나님의 정하신 바라 [2]그러므로 권세를 거스리는 자는 하나님의 명을 거스림이니 거스리는 자들은 심판을 자취하리라"라고 말씀하고 있습니다. 하나님께서 관원들에게 위엄과 권위를 주시고 국가의 질서와 안녕을 위해 세우셨으니, 우리는 그들에게 순복해야 합니다(벧전 2:13-14, 17). 예수님께서도 '가이사의 것은 가이사에게 바치라'라고 하시어, 국가에 대한 의무를 소홀히 하지 않으셨습니다(마 22:20-21).

④ 동역자(형제)들끼리 존경해야 합니다(롬 12:10, 15-16).

제5계명의 공경의 대상은 윗사람뿐 아니라 동료 사이에서도 적용됩니다. 만일 부모 앞에서 형제들끼리 서로 물고 뜯으면 부모의 마음은 말할 수 없이 괴로울 것입니다. 로마서 12:10에 "형제를 사랑하여 서로 우애하고 존경하기를 서로 먼저 하며"라고 말씀하고 있습니다. 나보다 남을 낫게 여기는 겸손한 마음을 가져야 합니다(롬 12:15-16, 빌 2:2-3, 참고-고후 13:11, 빌 4:2). 서로 존경하고 협력하는 곳에 하나님께서 기뻐하시는 선한 열매가 맺힙니다. 인류 최초의 부부가 낳은 첫아들 가인의 비극은 시기 때문이었습니다(창 4:3-8, 요일 3:11-12). 마음의 화평은 육신의 생명이나, 시기는 뼈를 썩게 합니다(잠 14:30).

형제의 결점을 사랑으로 이해하고 덮어 주고(잠 17:9, 벧전 4:8), 서로 원망 없이 지낼 때 하나님의 심판을 면할 수 있습니다(약 5:9). 우리는 다 하나님의 심판대 앞에 서게 됩니다(롬 14:10). 사랑 없는 판단은 그 판단이 자기에게 그대로 돌아오며, 긍휼을 행하지 아니하는 자는 긍휼 없는 심판을 받게 됩니다(마 7:1-2, 막 4:24, 눅 6:37-38, 약 2:13).

⑤ 교회의 성직자들입니다(살전 2:6-12, 히 13:17).

신구약 성경에는 신앙으로 양육해 주는 분을 "아버지"라고 부르는 경우를 자주 찾아볼 수 있습니다. 엘리사 선지자가 죽을 병이 들자, 이스라엘 왕 요아스가 찾아와 "그 얼굴에 눈물을 흘리며 가로되 내 아버지여 내 아버지여 이스라엘의 병거와 마병이여"(왕하 13:14)라고 하면서 슬퍼하였습니다. 엘리사는 자기의 스승 엘리야 선지자를 "아버지"라고 불렀습니다(왕하 2:12). 사도 바울은 결혼을 하지 않았지만(참고-고전 7:8) "그리스도 안에서 일만 스승이 있으되 아비는 많지 아니하니 그리스도 예수 안에서 복음으로써 내가 너희를 낳았음이라"라고 하였습니다(고전 4:15). 디모데와 디도와 오네시모는 믿음 안에서 사도 바울이 복음으로 낳은 아들들이었습니다(딤전 1:2, 18, 딤후 1:2, 2:1, 딛 1:4, 몬 1:10). 사도 베드로도 믿음으로 낳은 아들 마가를 가리켜 "내 아들 마가"(벧전 5:13)라고 불렀습니다. 또한 사도 바울은 주의 피로 산 교회를 위하여 해산하는 수고를 하였습니다(갈 4:19, 살전 2:7).

사도 요한은 그의 편지에서 성도들을 "자녀들아"라고 부르고 있습니다(요일 2:1, 28, 3:7, 18, 5:21, 참고-요삼 1:4)

갈라디아서 6:6에서는 "가르침을 받는 자는 말씀을 가르치는 자와 모든 좋은 것을 함께 하라"라고 말씀하고 있습니다. 우리는 육신의 부모를 공경할 뿐만 아니라, 믿음 안에서 나를 가르쳐 주고 인도하는 자를 부모님처럼 마땅히 공경해야 합니다(딤전 5:17, 히 13:17).

그런데 이 모든 권위 위에 있는 절대 권위는 바로 하나님의 권위입니다(행 5:29). 부모 위에 하나님, 상전 위에 하나님, 대통령 위에 하나님이 계시다는 것입니다. 최고의 권위자는 하늘에 계신 분입니다(엡 6:9, 골 4:1). 그러므로 권위를 가진 자들은 안하무인격으로 아랫사람들을 협박하거나 속이지 말고, 모든 이들을 하나님의 자녀로 보고 존중하며 윗사람으로서의 책임을 다해야 합니다(참고-창 31:7).

3. 제5계명의 복음적 확대

Evangelical expansion of the fifth commandment

예수님께서는 부모를 공경하라는 계명을 신앙의 필수적인 기초로 보셨습니다. 당시 바리새인들과 서기관들이 '나는 하나님께 내 재산을 다 바쳤으니 부모를 공경할 수 없다'라고 하며 '고르반'이라는 장로들의 유전을 따르는 것을 보시고(마 15:5-6, 막 7:11-13), "너희는 어찌하여 너희 유전으로 하나님의 계명을 범하느뇨"(마 15:3)라고 책망하셨습니다.

예수님께서 자기 땅 이스라엘에 오셨을 때, 이스라엘 백성 사이에는 하나님의 거룩한 이름을 가지고 자기 욕심을 채우려고 하는 율법주의자들의 유전이 있었습니다. 그 가운데 하나가 고르반 제도였는데, '고르반'(korba'n)은 히브리어 '코르반'(קָרְבָּן)의 헬라어 음역으로(레 1:2-3, 2:1, 3:1, 민 7:12-17), '하나님께 드리기 위하여 거룩하게 구별하여 따로 떼어 둔 헌물'을 가리킵니다. 고르반은 하나님께 바쳤다' 하여 사적인 용도로는 절대 쓸 수 없고, 어느 누구도 손댈 수 없었으므로, 당시 종교 지도자들은 바로 이 점을 악용하였습니다. 그들은 부모를 봉양할 재물을 하나님께 일부 바치면서 '고르반'이라고 선언하고, 부모 부양의 책임을 회피했던 것입니다.

참으로 종교 지도자들이 하나님과 부모님과 백성의 눈과 귀를 속이는 너무도 가증스러운 범죄를 성전 안에서 전혀 거리낌 없이 자행하고 있었습니다(마 15:5). 당시 제사장들은 하나님의 계명을 버리고 고르반이라는 제도를 이용해 뇌물까지 주고받으며 재물을 축적하고도, 그 양심이 화인 맞아 부끄러워할 줄도 모를 만큼 극도로 타락했던 것입니다.

그리고 마태복음 15:4에서 "하나님이 이르셨으되 네 부모를 공경하라 하시고 또 아비나 어미를 훼방하는 자는 반드시 죽으리라 하셨거늘"이라고 말씀하시면서, 제5계명을 폐하는 자들을 책망하셨습니다(막 7:9-13). 왜냐하면 그들은 부모의 권위를 인정하신 하나님의 권위를 무시하고, 하나님께서 세우신 위계 질서를 파괴하는 자들이기 때문이었습니다.

영생 얻기를 소원하고 예수께 나온 부자 청년에게도 "네가 생명에 들어가려면 계명들을 지키라"라고 말씀하셨습니다(마 19:17). 또 다시 어느 계명을 지켜야 하는지 되묻는 부자 청년에게, "살인하
지 말라, 간음하지 말라, 도적질하지 말라, 거짓 증거하지 말라, 19
네 부모를 공경하라, 네 이웃을 네 몸과 같이 사랑하라 하신 것이니라"(마 19:18-19)라고 말씀하셨습니다. 영생을 소원한다면 "네 부모를 공경하라"라는 계명을 비롯하여 대인 계명을 지켜야 한다는 말씀입니다(막 10:19, 눅 18:20). 하나님께서 천륜으로 엮어 주신 부모를 공경하지 않는 사람은, 보이지 않는 하나님을 공경할 수 없습니다.

4. 부모를 공경하지 않은 자의 최후

The fate of those who did not honor their parents

(1) 부친 다윗에게 패역무도했던 '압살롬'

다윗은 헤브론에서 통치한 7년 6개월 동안에 낳은 아들 6명의 아들과 예루살렘에서 통치한 33년 동안에 낳은 13명의 아들까지 자그마치 19명의 아들, 그리고 "여리못"이라는 아들과 첩의 자녀들이 있었습니다(삼하 3:2-5, 5:13-16, 대상 3:1-9, 대하 11:18). 그 많은 아들들 중에서도 아버지 다윗의 가슴에 깊게 못질한 불효자식이 압살롬입니다. 압살롬은 자기 누이 다말을 범한 다윗의 장자 암논을 죽이고 도망쳤으며(삼하 13:1-37), 또 부친 다윗의 왕권을 찬탈하려 했습니다(삼하 15:1-30). 뿐만 아니라 압살롬은 부친 다윗의 후궁들을 취하는 천인공노할 큰 죄를 지었습니다(삼하 16:21-23).

결국 부친 다윗에게 패역무도했던 압살롬은 단명(短命)하고 말았습니다. 압살롬이 나귀를 타고 가던 중 머리털이 상수리나무 가지에 걸렸는데, 그때 아직 살아 있는 압살롬의 심장을 요압이 작은 창 셋으로 찌르고, 소년 열 명이 에워싸 그를 쳐 죽였습니다(삼하 18:9-15). 그리고 그 시체를 수풀 가운데 있는 큰 구멍에 던져 버리고, 그 위에 심히 큰 돌무더기를 쌓아 버렸습니다(삼하 18:17).

요압이 보낸 구스 사람을 통해 이 천하에 다시 없는 불효자 압살롬이 죽었다는 소식을 들었을 때, 다윗은 마음이 심히 아파 문루에 올라가 울면서 슬픔을 억제하지 못하고, "내 아들 압살롬아, 내 아들 내 아들 압살롬아, 내가 너를 대신하여 죽었더면, 압살롬 내 아들아, 내 아들아"(삼하 18:33, 19:4)라고 큰소리로 부르짖으며 통곡했습니다. 만고의 역적인 무정한 아들이 천벌을 받아 죽었건만, 아비의 심정은 자기 목숨을 주고라도 아들의 생명만은 살리기를 원했습니다. 일평생 추호(秋毫)도 변함이 없는 아버지의 애정이었습니다.

(2) 부친 엘리의 말을 멸시한 불량자들 '홉니와 비느하스'

하나님의 성전에서 일어난 가장 추악한 사건이 있다면, 엘리 제사장의 두 아들 홉니와 비느하스가 회막문에서 수종 드는 여인과 동침한 사건입니다(삼상 2:22). 그들의 악행은 한두 번을 넘어 몰염치하게 노골적으로 행해진 까닭에, 그들이 행한 추악한 일들은 소문을 타고 급기야 부친 엘리의 귀에까지 들어갔습니다(삼상 2:23). 부친 엘리는 "내 아들아 그리 말라 내게 들리는 소문이 좋지 아니하니라 너희가 여호와의 백성으로 범과케 하는도다"(삼상 2:24)라고 책망하였으나, 홉니와 비느하스는 늙은 아버지의 말을 도무지 듣지 않았습니다(삼상 2:25下). 결국 하나님의 사람이 예언한 그대로(삼상 2:34), 홉니와 비느하스는 블레셋과의 전투에서 한날 한시에 죽었습니다(삼상 4:11, 17). 저들은 이스라엘의 최고 지도자인 대제사장의 아들들이었으나, 실상은 하나님을 알지 못하고 제 부모를 멸시하는 불량자[49](不良者: 행실이 나쁜 사람)들이었습니다(삼상 2:12). 급기야 그들은 블레셋과의 전투에 패하자 법궤를 메고 나갔다가, 법궤를 블레셋에게 빼앗기는 국가적 수치와 슬픔을 초래하였습니다(삼상 4:2-11). 법궤를 빼앗기고 그 시부와 남편이 죽었다는 소식을 들은 비느하스의 아내는, 너무나 놀라 갑자기 해산을 하고 죽어 갈 때에 "영광이 이스라엘에서 떠났다"하고, 아이 이름을 "이가봇"이라 하였습니다(삼상 4:19-22).

5. 제5계명의 구속사적 교훈

The redemptive-historical lesson in the fifth commandment

아담은 에덴동산에서 제5계명을 범하는 죄를 지었습니다. 당시 하나님께서는 아담에게 마치 아버지와 어머니처럼 말씀을 가르치셨습니다. 하나님께서는 아담과 행위 언약을 체결하시고(창 2:15-17), 아담은 여자에게 하나님께 받은 언약을 전했습니다. 그러나 아담과 여자는 하나님을 공경하지 않았고, 하나님의 말씀에 순종하지도 않았습니다. 그 결과로, 하나님께서 주신 땅 에덴에서 오래 살지 못하고 쫓겨났습니다(창 3:23-24).

출애굽 한 이스라엘 백성도 하나님의 언약의 전달자인 모세를 대적하였습니다. 그들은 홍해를 건너는 놀라운 기적을 체험하는데도, 물과 양식에 대한 염려가 생기자마자 모세를 원망하였습니다(출 15:22-24, 16:1-3, 17:1-3). 모세를 원망하는 것은 곧 하나님을 원망하는 것이었습니다. 출애굽기 16:8 하반절에서 "너희의 원망은 우리를 향하여 함이 아니요 여호와를 향하여 함이로다"라고 말씀하고 있습니다.

성경에는 하나님의 사랑을 부모의 사랑으로 비유하거나, 하나님과 성도의 관계를 부자(父子) 관계로 말씀하신 곳이 많이 있습니다. 하나님과 언약을 맺은 이스라엘 백성에게 하나님은 "아버지"이시므로(신 32:6, 시 68:5, 사 9:6, 렘 3:4, 19, 말 2:10), 시편 89:26에서 "주는 나의 아버지", 이사야 63:16에서는 "여호와여 주는 우리의 아버지"라고 부르고 있습니다(사 64:8). 또한 하나님께서도 그 언약 백성을 향하여 "아들"이라고 부르셨습니다(출 4:22-23, 신 8:5, 시 82:6, 사 43:6, 45:11, 49:15, 호 11:1, 말 3:17).

부모가 자녀를 진심으로 사랑하듯, 하나님께서는 오늘도 우리를 아들처럼 극진히 사랑하시고 눈동자같이 보호해 주십니다(신 1:31, 사 49:15, 마 23:37, 히 12:5-9).

(1) 우리는 성부 하나님께 최고의 효를 바치신 성자 예수님을 기억해야 합니다.

예수님께서는 이 땅에 계시는 동안 하나님을 항상 "아버지"라고 부르셨습니다(177번).[50] 예수님께서는 아들로서 수많은 고난도 온전히 감당하시므로 아버지께 순종하셨습니다(히 5:8). 아버지의 명령이 영생인 줄 믿고 순종하셨습니다(요 12:50). 겟세마네에서 땀방울이 핏방울이 되기까지 기도하실 때에도, 자기 생각을 내세우지 않으시고 오직 아버지의 원대로 되기를 기도하셨고, 심한 통곡과 눈물로 간구하셨습니다(마 26:36-42, 막 14:32-39, 눅 22:39-46, 히 5:7). 그는 아버지의 원대로 자기 몸을 드려 십자가에 죽는 최후의 순간까지, 초지일관 순종하신 것입니다(빌 2:6-8).

예수님께서는 그 하나님이 바로 "하늘에 계신 너희 아버지"(마 5:16, 45, 48, 6:1, 7:11, 18:14, 23:9, 막 11:25)라고 가르쳐 주셨습니다. 우리가 예수 그리스도의 십자가 피의 공로를 힘입어 하나님의 아들이 되고, 하나님을 아버지라 부를 자격을 얻게 된 것입니다(요 1:12). 로마서 8:14-15에서 "하나님의 영으로 인도함을 받는 그들은 곧 하나님의 아들이라 ... [15]양자의 영을 받았으므로 아바 아버지라 부르짖느니라"라고 말씀하고 있습니다. 갈라디아서 4:6에서는 "너희가 아들인 고로 하나님이 그 아들의 영을 우리 마음 가운데 보내사 아바 아버지라 부르게 하셨느니라"라고 말씀하고 있습니다. 하나님을 아버지로 모신 사람이야말로 가장 큰 행복자입니다. 만유보다 크신 하나님(요 10:29)을 아버지로 모신 사람은 가장 큰 권세자요, 큰 부자입니다

(왕상 3:13, 대상 29:11-12, 대하 1:12, 20:6, 롬 11:36, 딤전 1:17, 계 5:13).

(2) 예수님께서는 제자들을 끝까지 용서하고 사랑해 주셨습니다.

예수님께서는 이스라엘의 수많은 무리들과 사랑하는 제자들을 하나님의 말씀으로 가르치고 양육하신 참 좋은 스승이자 참 좋은 아버지이셨습니다(요 10:30, 14:7-11). 참으로 예수님의 가르침을 좇은 제자들은 육적 혈통을 초월하여 아버지의 뜻대로 살기를 소원하는 하늘 가족이었습니다(마 12:50, 막 3:35, 눅 8:21, 참고-렘 31:1). 예수님께서는 지상 생애 마지막 만찬을 제자들과 함께 하시며 떡을 떼고 포도주를 주실 때, "죄 사함을 얻게 하려고 많은 사람을 위하여 흘리는바 나의 피 곧 언약의 피니라"라고 말씀해 주셨습니다(마 26:26-29, 막 14:22-25, 눅 22:14-20, 고전 11:23-25). 그러나 제자들은 예수님께서 잡히시는 순간, 다 예수님을 버리고 도망하였습니다(마 26:56, 막 14:50). 참으로 예수님께 최소의 공경도 해 드리지 못한 불효자들이었습니다. 그러나 예수님께서는 부활하신 후 못난 도망자들을 먼저 찾아가서 다정하게 만나 주셨습니다(요 20:19-29, 21:1). 버림받아 마땅한 제자들을 오직 아가페의 사랑으로 끝까지 사랑하셨습니다(요 13:1).

오늘날 성도는 이 땅에서 육신의 부모를 공경하고, 성도들을 믿음으로 양육하는 참목자들을 공경하며, 위로는 우리의 참아버지이신 하나님을 공경하는 영육간 참효자가 되어야 합니다.

제 6 계명
THE SIXTH COMMANDMENT

"살인하지 말지니라"

You shall not murder.

לֹא תִּרְצָח

(출 20:13, 신 5:17)

출애굽기 20:13에서 "살인하지 말지니라"라고 말씀하고 있습니다. 이는 히브리어 원문을 볼 때, 신명기 5:17과 동일합니다. 제6계명부터 제10계명에 이르는 다섯 계명은, 이전에 나오는 다섯 계명에 비해 훨씬 간결합니다. 또한 이 다섯 계명은 이웃과의 관계를 깊이 다루고 있습니다. 그 중에서 첫 번째로 "살인하지 말지니라"라고 명령하신 것은 매우 의미심장합니다.

1. 제6계명의 해석
Exegesis of the sixth commandment

'살인하지 말라'라는 제6계명에 담긴 근본 정신은, 모든 생명을 존귀하게 여기라는 것입니다. 십계명은 무엇보다 생명의 존엄성을 앞세우고 있습니다. 오늘날 생명을 경시하고 무가치한 것으로 여겨 사람을 죽이거나 스스로 목숨을 끊는 일 등 끔찍한 살인 소식이 그칠 날이 없습니다. 참으로 살인과 살육이 가득해진 요즘, '살인하지 말라' 하신 명령은 십계명의 중요성을 더욱 크게 실감하게 합니다.

'살인하지 말라'라는 계명은, 생명의 뜻과 그 가치를 깨달을 때 더욱 엄숙하게 지킬 수 있습니다.

(1) "생명(生命)" / חַי, נֶפֶשׁ / life

생명은 생물에만 있는 속성으로, 생물을 살아 있게 하는 힘입니다. 모든 생명은 하나님께서 주신 것입니다(창 1:20-31). 그래서 "생명의 원천이 주께"(시 36:9), "생명의 하나님"(시 42:8), "만물을 살게 하신 하나님"(딤전 6:13)이라고 말씀하고 있습니다. 생명의 주권자이신 하나님의 허락 없이는 참새 한 마리도 땅에 떨어지지 않습니다(마 10:29).

성경에서 생명을 가리키는 대표적인 히브리어는 두 가지(하이, 네페쉬)이고, 헬라어는 세 가지(조에, 비오스, 프쉬케)입니다.

① '하이'(חַי): 살아 있는(living), 생존하여 있는(alive), 생명(life)

'하이'는 '하야'(חָיָה: 살다)에서 유래했으며, 구약성경에서 약 500회 정도 사용되었습니다. 일반적으로 '육신의 생명(삶)'을 뜻하며(신 28:66), '삶의 일정 기간'이나 '생애, 생활'을 가리키기도 합니다(창 27:46, 왕상 4:21). 신명기 30:19-20에서 "... 내가 생명(חַי, 하이)과 사망과 복과 저주를 네 앞에 두었은즉 너와 네 자손이 살기 위하여 생명을 택하고 [20]네 하나님 여호와를 사랑하고 그 말씀을 순종하며 또 그에게 부종하라 그는 네 생명(חַי, 하이)이시요 네 장수시니 ..."라고 말씀하고 있습니다.

② '네페쉬'(נֶפֶשׁ): 숨쉬는 존재(breathing being), 영혼(soul), 생명(life)

'네페쉬'는 '숨쉬다, 원기를 회복하다'라는 뜻의 동사 '나파쉬'

(נָפַשׁ)에서 유래한 명사로, '호흡하는 존재(피조물), 영혼, 생명' 등을 의미하며, 구약성경에서 약 750회 정도 등장합니다. '네페쉬'는 단독으로 쓰여서 '생명'을 뜻하기도 하며(창 9:4-5, 19:17, 37:21, 레 17:11, 14), '하이'와 더불어서 '네페쉬 하야'로 쓰이면 '생명 있는 것'이라는 뜻이 됩니다(창 1:24, 30, 2:7, 19, 레 11:10, 46, 겔 47:9).

③ '조에'(ζωή): 생명(life)

'조에'는 신약성경에서 약 135회 정도 등장하며, '죽음에 반대되는 경우의 생명' 즉 '살아 있는 상태'를 말합니다(눅 16:25, 행 17:25, 롬 8:38, 고전 3:22, 빌 1:20, 약 4:14). 특히, 피조물인 인간이 하나님과 교통함으로써 누리는 축복된 생명(삶)을 뜻하며, '그리스도로부터 받는 새 생명'(요 1:4), '믿음으로 받는 생명'(롬 6:4, 고후 2:16, 엡 4:18, 요일 5:12), '죽음을 이기는 영생'을 가리킵니다(고후 5:4, 딤후 1:10).

④ '비오스'(βίος): 이생(this life), 생활(life)

'비오스'는 일반적으로 '삶' 즉 '생애', 또는 '생의 기간이나 과정'을 나타내며, 후에는 '생계, 생업, 재산' 등의 의미를 지니게 되었습니다. '비오스'는 신약성경에서 10번 등장하며, 주로 우리의 현재적 지상 생활(생명)을 가리킵니다(눅 8:14, 딤전 2:2, 딤후 2:4, 요일 2:16).

⑤ '프쉬케'(ψυχή): 목숨(life), 영혼·마음(soul)

'프쉬케'는 '프쉬코'(ψύχω: 숨쉬다, 바람 불다)에서 유래했으며, 70인경에서 자주 나오는데, 주로 히브리어 '네페쉬'의 역어(譯語)로 사용되었습니다. '프쉬케'는 '사람 개개인의 목숨'(마 16:26, 막 10:45),

'생명'(요 12:25, 행 20:10)을 가리킵니다. 또한 '인간의 내적 생명과 감정을 나타내는 영혼'(눅 1:46, 12:20, 히 10:39, 벧전 1:9), '마음'(눅 2:35, 요 12:27)을 가리킵니다.

피조 세계를 동물계, 식물계, 광물계 등으로 분류할 때, 인간은 이 모든 피조 세계에서 확실히 월등한 가치를 지니고 있습니다. 인간은 하나님께서 직접 하나님의 형상대로 창조하셨기 때문입니다(창 1:26-27). 또한 창세기 2:7에서 "여호와 하나님이 흙으로 사람을 지으시고 생기를 그 코에 불어넣으시니 사람이 생령이 된지라"라고 말씀하고 있습니다. 사람만이 유일하게 하나님의 특별한 생기를 받은 존재로, 하나님과 교통할 수 있습니다(시 25:14, 잠 20:27). 인간의 생명 활동은 하나님께서 불어넣어 주신 생명의 기운(氣運)으로 가능한 것이며(창 2:7, 참고-욥 27:3, 33:4, 요 20:22), 그것은 실상 육체의 생명을 넘어 그 영혼이 하나님과 교제하는 것이고, 본래는 영원한 것입니다(요 5:24, 요일 5:11).

예수님께서는 마태복음 16:26에서 "사람이 만일 온 천하를 얻고도 제 목숨을 잃으면 무엇이 유익하리요 사람이 무엇을 주고 제 목숨을 바꾸겠느냐"라고 하시면서, 사람의 생명의 가치를 온 우주보다 더 높이 올려놓으셨습니다(막 8:36-37). 그 생명은 천하보다 귀한 생명이요, 단 하나뿐인 영원한 생명이요, 하나님의 형상을 입은 생명이요, 천국에서 세세 무궁토록 주님과 함께할 영원한 생명입니다(요일 2:25).

(2) "살인(殺人)하지 말라" / לֹא תִּרְצָח / You shall not murder

"살인하지 말라"라는 계명은 앞에서 살펴본 대로 귀중한 생명을 죽이지 말라는 뜻입니다. '살인하다'는 히브리어 '라차흐'(רָצַח)로, 본래는 '산산조각이 되도록 부수다'라는 뜻입니다. 살인이 얼마나 끔찍스러운 것인지, 하나님께서는 세부 율법 조항에서 소가 사람을 받아 죽이면 그 소는 먹지도 말라고 하셨습니다(출 21:28). 사람을 살리고 죽이는 권세는 오직 하나님께만 있으므로(신 32:39, 삼상 2:6, 마 10:28, 롬 4:17, 히 11:19), 사람의 귀중한 생명을 함부로 살상하는 것은 생명의 주권자이신 하나님께 대한 도전이요 모독입니다. 그 피 흘림은 하나님께서 반드시 심판하시며(시 9:12), 하나님께서 사하시기를 즐겨하지 않습니다(왕하 24:4).

살인죄는 계획적인 살인(출 21:12, 14)뿐만 아니라, 부주의로 인한 살인(출 21:13, 신 19:5, 22:8)과 스스로 목숨을 끊는 자살도 살인죄에 해당됩니다.

신앙 공동체 안에서 자행되는 살인은, 그 공동체의 평화와 질서를 파괴하기 때문에 절대 금지되어야 합니다. 한편, 전쟁에서 어쩔 수 없이 발생하는 정당방위적인 살인이나, 법적인 절차를 거친 합법적인 처형의 경우는 살인에 해당하지 않습니다.

① 남의 생명을 살해하지 말라

다른 사람의 생명을 해하는 방법에는 여러 가지가 있습니다.

· 손으로 죽이는 것입니다. 다윗의 군대장관 요압은 사울의 군장 아브넬과 압살롬의 군장 아마사를 죽일 때 칼로 배를 찔러 죽였습니다(삼하 3:27, 20:10). 그리고 압살롬을 죽일 때 손에 든 작은 창 셋으로 심장을 찔러 죽였습니다(삼하 18:14).

· 마음으로 죽이는 것입니다. 형제를 미워하는 악한 마음 곧 살기(殺氣)를 품은 자는 이미 살인자입니다. 요한일서 3:15에서 "그 형제

를 미워하는 자마다 살인하는 자니 살인하는 자마다 영생이 그 속에 거하지 아니하는 것을 너희가 아는 바라"라고 말씀하고 있습니다.

· **혀로 죽이는 것입니다.** 유대인들은 혀로써 거짓 증언하여 예수님을 죽였습니다(마 26:59-62, 막 14:55-60, 요 18:29-30). 이런 경우에 그 혀는 칼보다 날카롭습니다(시 57:4下). 야고보서 3:8에서는 "혀는 능히 길들일 사람이 없나니 쉬지 아니하는 악이요 죽이는 독이 가득한 것이라"라고 말씀하고 있습니다.

· **붓으로 죽이는 것입니다.** 다윗은 요압에게 편지를 써서 글로써 그의 충신 헷 사람 우리아를 죽이도록 지시했으며, 그에 따라 요압은 우리아를 전쟁에서 살아남기 어려운 지경에 몰아넣어 죽게 하였습니다(삼하 11:14-17).

· **음모(陰謀)로써 죽이는 것입니다.** 사울은 "내 손을 그에게 대지 말고 블레셋 사람의 손으로 그에게 대게 하리라"라고 하며, 다윗을 블레셋 사람들을 통해 죽게 하려고 했습니다(삼상 18:17下). 아합의 아내 이세벨은 나봇의 포도원을 빼앗기 위해 비류 두 사람을 사서 음모를 꾸미고, 나봇을 끌고 나가서 돌로 쳐 죽이도록 했습니다(왕상 21:1-16). 헤롯은 동방 박사들을 가만히 불러 별이 나타난 때를 묻는가 하면, 그들을 보내면서 '그리스도를 찾거든 보고해 달라'라고 하며 겉으로는 그리스도에게 경배하기 위함인 척했으나(마 2:7-8), 속으로는 살인을 계획하고 있었습니다(마 2:16).

· **남을 죽이는 데 동의(同意)해서 죽이는 것입니다.** 스데반이 순교의 피를 흘릴 때, 사울이 그 곁에서 스데반을 죽이는 사람들 편이 되어 그들의 옷을 맡아 주었습니다(행 7:54-60, 8:1上, 22:20).

· **권세로 죽이는 것입니다.** 빌라도는 권세 있는 자리에 앉아 있

을 때, 예수님의 무죄를 확인하고(마 27:17-18, 눅 23:4, 14-15, 요 18:38, 19:4, 6), 또 자기 아내의 꿈을 통하여 예수님의 의로움을 누차 확인하였으면서도(마 27:19), 예수님을 죽는 자리에 내어 주고 말았습니다(눅 23:22-25, 요 18:31, 19:10-16).

· **무정(無情)함으로 죽이는 것입니다.** 예수님의 말씀 가운데, 강도를 만난 사람이 거반 죽어 가는 상황에서 제사장과 레위인은 그를 보기만 하고 피하여 지나갔다고 하였습니다. 그들은 벌써 살인죄를 범한 것입니다(눅 10:30-32, [참고-]롬 1:31).

· **태아(胎兒)를 낙태하는 것은 명백한 살인입니다.** 최근 가족계획의 일환으로 하나님께서 주신 생명을 뱃속에서 제하여 버리는 낙태가 성행하는데 이는 분명코 살인이고, 그것을 돕는 행위도 살인죄에 해당합니다([참고-]욥 3:16, 전 6:3-4). 태중에 있는 아이도 하나님께서 창조하신 귀중한 생명입니다(사 44:2, 렘 1:5, [참고-]창 25:23, 눅 1:41, 44). 율법에서 아이 밴 여인을 다쳐 낙태케 하는 자는 유죄(有罪)이며 벌금형을 치러야 했습니다(출 21:22-25).

누구나 자기 목숨을 천하게 여기는 자는 없습니다(마 16:26). 그러므로 이웃의 생명을 나의 생명처럼 귀하게 여길 뿐 아니라, 이웃이 어려운 처지에 있을 때 관심을 가지고 도와주는 따뜻한 도움의 손길이 필요합니다. 무정한 것은 하나님의 뜻이 아닙니다(잠 21:13, 딤후 3:3).

② 자기 생명을 살해하지 말라

'살인하지 말라'라는 금령에는 자기 자신의 생명을 스스로 해하면 안 된다는 내용도 포함됩니다. 자살에는 간접적 자기 살해와 직접적 자기 살해가 있습니다.

첫째, 간접적으로 자기를 살해하는 것입니다.

세상 근심과 걱정과 염려에 얽매이는 일입니다. 고린도후서 7:10에서 "... 세상 근심은 사망을 이루는 것"이라고 말씀하고 있습니다. 예수님께서는 씨 뿌리는 비유에서 염려하는 자를 가시떨기 밭으로 비유했습니다(마 13:22, 막 4:18-19, 참고-겔 28:24). 염려는 자기를 찔러 죽이는 가시와도 같습니다. 잘못된 염려는 온갖 질병의 촉매제입니다. 그래서 사도 베드로는 모든 염려를 주께 맡겨 버리라고 했습니다(벧전 5:7). 염려는 생명 자체를 주신 주님을 불신앙하는 죄입니다(마 6:25). 예수님께서는 '목숨이 음식보다 중하고 몸이 의복보다 중하다'라고 하셨습니다. 공중의 새들과 들에 핀 백합화도 하나님께서 먹이시고 입히시는데, 하늘에 계신 하나님께서 천하보다 귀한 우리의 생명을 가볍게 여기시겠느냐고 말씀하셨습니다(마 6:26-30). 우리 성도에게는 오직 교회 안에 있는 지체를 향한 서로의 염려(고전 12:12-27), 교회를 위한 염려(고후 7:10-11, 11:28-29), 하나님의 뜻대로 하는 근심(고후 7:10上)이 있을 뿐입니다.

또한 시기가 자신을 죽이는 원인입니다. 시기(猜忌: 샘할 시, 꺼릴 기)는 '샘을 내서 미워함'이란 뜻입니다. 시기는 뼈를 썩게 함으로 자신을 죽이는 무서운 독입니다(욥 5:2, 잠 14:30, 약 3:14). 시프리언(Cyprian)은 '시기'를 '몰래 숨어 있는 상처'(a secret wound)라고 했습니다.[51] 분노는 밖으로 표출되어 나가지만, 시기는 마음속 깊이 자리잡고 피를 말리고 뼈를 썩게 합니다(잠 14:30).

마음에 시기가 가득하면 그것이 무서운 살인까지 부르게 됩니다

(마 27:18, 막 15:10, 행 5:17-18, 7:9, 13:45, 롬 1:29). 종교 지도자들이 예수님을 십자가에 못 박히게 만든 것도 '시기' 때문이었습니다. 마태복음 27:18에서 "이는 저가 그들의 시기로 예수를 넘겨준 줄 앎이러라"라고 말씀하고 있습니다.

시기는 세상적이요 정욕적이요 마귀적인 것으로, 하나님의 뜻을 대적하는 것입니다(창 26:14, 37:11, 민 11:29, 고전 3:3, 고후 12:20, 약 3:14-15, 벧전 2:1). 시기가 있는 곳에는 요란과 모든 악한 일만이 있을 뿐입니다(약 3:16). 시기가 있는 곳에는 전혀 형통이 없습니다.

야고보서 4:2 "너희가 욕심을 내어도 얻지 못하고 살인하며 시기하여도 능히 취하지 못하나니 너희가 다투고 싸우는도다 너희가 얻지 못함은 구하지 아니함이요"

인간의 시기는 살인과 분쟁뿐이지만, 성령의 시기와 질투는 생명과 평화입니다. 야고보서 4:5에서 "너희가 하나님이 우리 속에 거하게 하신 성령이 시기하기까지 사모한다 하신 말씀을 헛된 줄로 생각하느뇨"라고 말씀하고 있습니다. 우리는 인간적인 시기를 다 버리고, 오직 죽어 가는 영혼을 살리기 위해 애쓰시는 성령의 시기를 품고, 오직 선한 일에 열심을 내야 할 것입니다.

둘째, 자기 생명을 직접 살해하는 것입니다.

오늘날 많은 사람이 자기 삶을 비관하여 스스로 생명을 끊습니다. 특히 우리나라는 '자살 공화국'으로 불릴 만큼, 8년째 경제협력개발기구(OECD) 회원국 중 자살률 1위라는 심각한 불명예를 안고 있습니다. 2010년 발표 기준으로 1년에 1만 5,566명이 스스로 목숨을 끊었습니다(하루 평균 43명, 약 34분에 1명 꼴). 10대, 20대, 30대의 사망 원인 중 자살이 제1위이며, 고학력자들의 자살률이 매년 늘고, 노인층 자살률(2.6배)도 월등히 높습니다. 자살 원인은 정신적 문제(29.5%)가 가장 크고, 질병(23.3%), 경제적 어려움(15.7%), 인간 관계(15%) 등입니다(경찰청 통계). 원인을 파악하기 어려운 자살도 급증하고 있습니다.

성경에도 자살한 자들이 있습니다. 이스라엘의 초대 왕 사울은, 블레셋과의 전투 중에 블레셋 사람의 손에 죽는 것을 피하려고 자기의 칼 위에 엎드러져 죽었습니다(삼상 31:1-4). 다윗의 모사 아히도벨(삼하 15:12)은 두 번째 모략을 압살롬에게 권했다가 그가 시행하지 않자, 고향에 돌아가 스스로 목매어 자살했습니다(삼하 17:23). 북 이스라엘의 시므리왕은 왕궁에 불을 지르고 자살하였습니다(왕상 16:18). 가룟 유다는 스승인 예수님을 은 30냥에 팔아먹고 스스로 목매었다가 곤두박질하여 배가 터져서 창자가 빠져나와 비참하게 죽었습니다(마 26:15-16, 27:5, 행 1:18). 이들의 공통점은 하나님의 뜻과 상관없는 삶을 살았다는 것입니다.

오늘날 전 세계적으로 자살의 심각성은 누구나 공감하는 문제입니다. '살인하지 말라'라는 계명을 어느 때보다 중시하지 않을 수 없습니다. 생명을 잘 보호하기 위하여 성경적인 생명관을 정립하여 생명을 살리기 위해 노력한다면, 우리 사회에서 자살은 없어질 것입니다.

우리는 성경에 입각하여 올바른 생명관을 정립해야 합니다. 그것을 정리하면 다음과 같습니다.

첫째, 사람은 하나님의 형상대로 지음 받은 존귀한 존재입니다. 둘째, 생명의 주권은 하나님께 달린 것이므로 인간에게는 자살할 권리가 없습니다. 따라서 자살은 하나님의 주권에 도전하는 패역한 행위인 것입니다. 셋째, 사람의 몸은 하나님의 성령이 거하는 성전이므로, 거룩하게 지켜서 영생의 기업을 누려야 합니다(고전 3:16-17, 6:19-20).

2. 제6계명의 세부 율법

Specific laws derived from the sixth commandment

"살인하지 말지니라"(출 20:13, 신 5:17)라는 제6계명의 세부 율법은 출애굽기 21:12-14, 18-36, 23:4-5과 신명기 19:1-22:8에 기록되어 있습니다. '살인하지 말라'라는 제6계명의 경우, 다른 계명에 비해 그 세부 율법의 분량이 월등히 많음을 유의해야 합니다(총 96절). 이는 다른 계명과 달리 생명과 직결되어 있어 그 중요성이 크고, 살인이 움트는 뿌리까지 미연에 방지하기 위하여 자비로운 규정을 많이 정해 놓으셨음을 의미합니다. 제6계명을 들으면, '설마 우리가 사람을 죽일 일까지야 있겠느냐'라고 무관히 지나치는 이도 더러 있을 것입니다. 그러나 우리는 일상에서 미처 생각지 못한 많은 종류의 살인을 당하고 있고, 또 내 자신이 곧잘 남을 살인하는 죄를 범하고 있다는 사실을 깊이 생각하고 깨달아야 합니다.

(1) 계획적 살인과 과실 치사(출 21:12-14, 18-36)

계획적으로 살인한 자는 반드시 사형에 해당합니다(출 21:12, 14). 그러나 계획적인 살인이 아닌 경우에는, 하나님께서 정하신 한 곳으로 도망갈 수 있도록 예외 규정을 두었습니다(출 21:13).

또한 이웃에게 신체상의 손상을 입힌 경우(출 21:18-32)와 재산상의 손해를 입힌 경우(출 21:33-36)로 나누어 처벌하였습니다.

(2) 우발적 살인에 대한 구제와 이웃 사랑의 명령(출 23:4-5, 신 19:1-22:8)

① 도피성을 두어 무고한 생명을 보호하라(신 19:1-13)

하나님께서는 도피성 제도를 두어 무고한 생명을 보호받도록 하셨습니다. 아무런 고의성 없이 우발적으로 살인을 저지른 자들에게 안전한 피난처를 제공하여, 피의 보수자로부터 그 생명을 지킬 수 있게 하신 것입니다(신 19:1-13). 이는 무고한 피를 흘리거나 보복하는 악순환이 생기지 않도록 하여, 전 백성으로 하여금 생명을 존중하도록 하는 율법이었습니다.

그러나 만일 사람을 계획적으로 죽였을 경우에는 긍휼히 여기지 말고 반드시 보수자의 손에 넘겨 죽이게 함으로써, 무죄한 피를 흘린 죄를 이스라엘에서 제하라고 하셨습니다(신 19:11-13, 18-21).

② 이웃의 경계표(지계표)를 옮기지 말라(신 19:14)

율법에는 '지계표를 옮기지 말라'라는 말씀이 있습니다(신 27:17). 지계표(地界標, boundary stone)는 한 개인의 소유권이나 지역·국가 사이의 경계를 표시하기 위해 세운 돌기둥으로, 그것을 이동하는 것은 이웃 소유의 땅을 빼앗는 큰 범죄였습니다(욥 24:2, 잠 22:28, 23:10, 호 5:10, 참고-사 5:8). 이는 이웃의 생명을 유지하는 데 필요한 소유물을 빼앗지 않도록 하신 규정입니다.

③ 이웃이 위험에 처할 요소를 제거하라(신 22:8)

하나님께서는 이웃을 배려하여 "새 집을 건축할 때에 지붕에 난

간을 만들어 사람으로 떨어지지 않게 하라"(신 22:8)라고 말씀하셨습니다. '그러지 않으면 그 흘린 피가 네 집에 돌아갈 수 있다'라고 경고하셨습니다(신 22:8下). 이웃의 생명을 존중하는 마음을 가지고 세심하게 배려하게 하신 사랑의 율법입니다.

④ 이웃에게 적극적으로 선을 행하라(출 23:4-5, 신 22:1-4)

하나님께서는 만일 이웃의 우양이 길 잃은 것을 보거든 못 본 체 하지 말고, 반드시 끌어다가 주인에게 돌려주라고 말씀하십니다(신 22:1). 이는 그 이웃이 그의 소유를 잃어버렸을 때, 그것을 찾을 때까지 적극적으로 책임을 지라고 명령하신 것입니다. 그리고 주인이 누구인지 모르는 경우와 그 외의 여러 가지 경우에 어떻게 해야 할지를 상세히 알려 주셨습니다.

ㄱ. 길 잃은 짐승(물건)을 내 집으로 끌고(가지고) 와야 합니다(신 22:2).
ㄴ. 이웃이 찾을 때까지 보관해 주어야 합니다(신 22:2下).
ㄷ. 이웃에게 '반드시' 돌려주어야 합니다(출 23:4, 신 22:1-2).
ㄹ. 그 대상은 소, 양, 나귀, 겉옷 등 이웃이 잃어버린 '모든 것'입니다(출 23:4-5, 신 22:3-4).
ㅁ. 아는 이웃뿐만 아니라 '모르는 이웃'까지, 가까운 이웃뿐만 아니라 '먼 이웃'의 소유까지 해당하며(신 22:2), 심지어 '원수'나 '미워하는 자'의 소유도 해당합니다(출 23:4-5).

이 말씀은 나의 의사나 상황은 전혀 아랑곳없이, 무조건 재산을 잃어버린 이웃의 형편과 상황만 자세히 설명하고 있습니다. 그 잃은 자와 동일한 심정이 되지 않는 한, 도무지 이해할 수도 없고 실행할 수도 없는 규정 같아 보입니다. 참으로 '이웃을 자기 몸같이 사랑하라'는 율법의 골자를 이보다 더 잘 나타낸 법은 없습니다. 나와 이웃의 소유의 선을 분명하게 긋는 계명(탐내지 말라, 도적질하지 말라)과는 차원이 다릅니다. 이는 이웃과 그 이웃의 재산을 자신의 소유처럼 보호하고 함께 책임지라고 하시는, 세상 그 어디에도 없는 지극히 자비롭고 선한 법입니다.

게다가 이는 단순한 권고 사항이 아니라 엄격한 명령으로 기록되었습니다. 원수나 미워하는 자에게까지 완전한 사랑의 실천을 요구하신 것입니다. 그래서 '못 본 체하지 말라'라고 세 번이나 말씀하셨습니다(신 22:1, 3, 4). 이는 '외면하지 말라'(바른성경), '모른 체해서는 안 된다'(공동번역), '지나치지 말라'(우리말성경)라고도 번역되었습니다. 세상 법을 기준으로 본다면, 다른 사람에게 피해만 주지 않으면 결코 죄가 아닙니다. 우리 사회에서는 누군가 물건이나 금전을 잃어버려도 못 본 체하는 일이 너무나 일상화되어 있습니다. 그러나 율법은 이웃 사랑의 정신을 골자로 하기 때문에, 적극적인 사랑(선)이 아니면 죄로 규정짓고 있습니다(약 4:17). 예수님의 비유 가운데, 왼편에 있는 자들이 영영한 불에 던짐을 당하는 것은 그들이 다른 사람에게 악을 행했기 때문이 아니라, 오히려 지극히 작은 자에게 마땅히 행해야 할 선을 행하지 않았기 때문임을 기억해야 하겠습니다(마 25:31-46).

지금 이 시대에는 도처에 어려움을 당하는 이웃이 많습니다. 참으로 무법천지요('불법이 성하고') 따뜻한 사랑의 마음이 식어진 시대입니다(마 24:12). 만일 이웃의 곤경이나 손해를 무관심하게 지나쳐 버리거나, 이웃에 대한 사랑과 관심을 적극적으로 실행하지 않으면, 그것은 또 하나의 살인 행위이기에 반드시 공의로 판결하실 것입니다(참고-신 32:4, 시 89:14, 111:7, 140:12, 146:7).

⑤ 자연을 훼손하지 말라(신 20:19-20)

살인은 사람을 죽이는 것만이 아니고 자연의 훼손까지도 해당됩니다. 자연의 훼손은 곧 사람이 살 수 없는 환경을 만드는 것이므로 간접적인 살인 행위입니다. 신명기 20:19-20에서 "너희가 어느 성읍을 오래 동안 에워싸고 쳐서 취하려 할 때에도 도끼를 둘러 그곳의 나무를 작벌하지 말라 이는 너희의 먹을 것이 될 것임이니 찍지 말라 밭의 수목이 사람이냐 너희가 어찌 그것을 에워싸겠느냐 [20]오직 과목이 아닌 줄로 아는 수목은 작벌하여 너희와 싸우는 그 성읍을 치는 기구를 만들어 그 성읍을 함락시킬 때까지 쓸지니라"라고 말씀하셨습니다. 사람은 수목의 열매를 먹고 살며, 삼림은 인간에게 많은 유익을 주기 때문에, 수목은 사람의 생명과 직결됩니다. 그러므로 삼림은 인간 생존을 위해 꼭 필요하니 '함부로 자르지 말라' 하는 것입니다. 아무리 전쟁이라는 위급한 상황에 처하더라도, 특별히 과일나무(유실수)는 벌목하지 말라고 엄히 명령하였습니다. 삼림 속에 적군이 숨어 있다 해도, 적군을 당장 잡아서 위협을 제거하려고 그 땅을 황폐화하거나 벌목해서는 안 됩니다.

그 땅은 장차 이스라엘 백성이 생존할 땅이기 때문에, 하나님께서도 가나안 족속을 멸하실 때 한꺼번에 좇아내시지 않고 "그 땅을 기업으로 얻을 때까지 내가 그들을 네 앞에서 조금씩 쫓아내리라"라고 말씀하셨습니다(출 23:30, 신 7:22上). 왜냐하면 "그 땅이 황무하게 되어 들짐승이 번성하여 너희를 해할까" 염려하셨기 때문입니다(출 23:29, 신 7:22下).

3. 살인 개념의 복음적 확대

Evangelical expansion of the concept of murder

(1) 예수님께서 말씀하신 살인의 종류

마태복음 5:21-22 “옛 사람에게 말한 바 살인치 말라 누구든지 살인하면 심판을 받게 되리라 하였다는 것을 너희가 들었으나 [22]나는 너희에게 이르노니 형제에게 노하는 자마다 심판을 받게 되고 형제를 대하여 라가라 하는 자는 공회에 잡히게 되고 미련한 놈이라 하는 자는 지옥 불에 들어가게 되리라”

① 형제에게 노하는 것입니다.

“노하는”은 헬라어 ‘오르기조’(ὀργίζω)인데, ‘격분하다, 화를 내다’라는 뜻입니다. 이것은 ‘악의를 가지고 남을 해치고자 하는 지속적인 분노’를 가리킵니다. 남을 미워하고 억울하게 하는 것은 그 사람의 피를 흘리는 살인죄입니다(요일 3:15). 직접 피를 흘리게 한 것이 아니더라도 이웃의 눈에서 눈물을 흘리게 하면, 이것 역시 피 흘린 살인과 같은 것입니다. 미움이나 분노는 살인까지 연결될 가능성이 높습니다. ‘분노는 살인의 어머니’라는 말도 있습니다. 요셉의 형들은 아버지의 사랑을 받는 동생 요셉을 미워하였는데(창 37:4), 요셉이 꿈 얘기를 들려주자 더욱 미워하였고(창 37:5, 8), 두 번째 꿈 얘기를 들려주었을 때는 시기하였으며(창 37:11), 결국 형들은 요셉을 죽이려고까지 했습니다(창 37:18). 형들은 요셉의 채색옷을 벗기고 그를 잡아 구덩이에 던졌습니다(창 37:23-24). 요셉이 몸부림치며 살려 달라고 애걸하였는데도(창 42:21), 형들은 한가히 앉아 음식을 먹었습니다(창 37:25). 형들은 은 20개를 받고 요셉을 이스마엘 사람들에게 팔아 넘기고는, 요셉이 죽었다고 아버지를 속였습니다(창

37:26-28, 31-32).

미움은 그 자체로 남을 죽이는 살인죄에 해당합니다. 요한일서 3:15에서 "그 형제를 미워하는 자마다 살인하는 자니 살인하는 자마다 영생이 그 속에 거하지 아니하는 것을 너희가 아는 바라"라고 말씀하고 있습니다. 미움이 가득한 마음속에는 생명의 역사가 일어나지 않습니다. 잠언 27:4에는 "분은 잔인하고 노는 창수 같거니와 투기 앞에야 누가 서리요"라고 말씀하고 있습니다. 그러므로 절대로 해가 지기까지 분을 품어서는 안 됩니다(엡 4:26).

② 인격을 모독하는 것입니다.

당시에 '라가'(ῥακά, 라카)라는 단어는 '멍청한 자, 머리가 텅 빈 자'라는 뜻의 욕설로, 상대방의 인격을 모독하는 말이며, 예수님께서는 이것도 살인으로 규정하셨습니다.

이는 말로써 사람을 죽이는 일입니다. 로마서 3:13에는 "저희 목구멍은 열린 무덤"이라고 말씀합니다. 혀로는 속이고 입술로는 독사 같은 독을 품고(롬 3:13), 입에는 저주와 악독이 가득합니다(롬 3:14). 심지어 그 발은 피 흘리는 데 빨라서 무죄한 자를 죽이기까지 합니다(롬 3:15, 사 59:7). '선량한 혀'는 잘 쓰면 아픔을 낫게 하는 양약이요(잠 12:18), 사람의 마음을 기쁘고 유쾌하게 하지만(잠 15:23, 23:16, 27:9), '불량한 혀'는 사람을 죽이는 칼이요, 독이며(시 59:7, 64:3, 약 3:8), 인생을 송두리째 망칠 수 있는 거센 불길입니다(잠 16:27, 약 3:6). 그래서 죽고 사는 것이 혀끝에 달려 있습니다(잠 18:21). "궤사(간사스럽고 거짓됨, 교묘한 속임수)한 혀"는 "장사의 날카로운 살"과 같은 하나님의 강력한 심판을 받습니다(시 120:2-4). 예수님께서도 '사람이 무슨 무익한 말을 하든지 하나님 앞에서 그대로 심판을 받는다'고 말씀하셨습니다(마 12:36-37). 그러므로 생명을 사랑하고 장수하여 복 받기를 원한다면 혀를 금해야 합니다(시 34:12-13, 벧전 3:10). 입과 혀를 조심하는 자는 자기 생명을 보전하고, 곤경 중에서 자기 목숨을 건질 수 있습니다(잠 12:13, 13:3, 21:23).

③ 하나님 자리에서 정죄하는 것입니다.

'미련한 놈'은 헬라어 '모로스'(μωρός)이며 '신앙심이 없는, 불신하는'이라는 뜻으로, 당시에 '하나님을 부정하는 자'를 가리키는 표현이었습니다. 이것은 하나님의 자리에 앉아 상대방을 '심판받을 자'로 함부로 정죄하는 것입니다(참고-딤후 2:23). 예수님께서는 하나님의 자리에 앉아서 사람을 정죄하는 자들을 '살인자'로 선포하셨습니다. 믿음이 있는지 없는지 판단하는 것은 사람의 영역이 아니라 하나님의 영역입니다. 그러므로 하나님의 자리에 앉아 남의 믿음을 함부로 정죄하는 것은 살인죄가 될 수 있습니다.

(2) 살인죄를 막는 비결

① 남의 유익을 구하라

"살인하지 말라"라는 말씀은 '자기 생명뿐 아니라 남의 생명도 보존되도록 최선을 다하라'라는 명령을 포함합니다. 이렇게 살면 분명 우리 주변에 살인죄는 없어질 것입니다.

남의 생명을 보호하는 것은, 자기 유익보다는 남의 유익을 구하는 것입니다. 사도 바울은 고린도전서 10:24에 "누구든지 자기의 유익을 구치 말고 남의 유익을 구하라"라고 말씀하였습니다. 또한 고린도전서 10:33에 "모든 일에 모든 사람을 기쁘게 하여 나의 유익을 구치 아니하고 많은 사람의 유익을 구하여 저희로 구원을 얻게 하라"라고 말씀하였습니다(고전 13:5). 강한 자는 자기에게 좋은 대로만 해서는 안 되고 연약한 자의 약점을 담당해야 합니다(롬 15:1-2). 그것이 바로 남의 유익을 구하는 것입니다.

② 성내기를 더디하라

분노하면 주의력과 마음의 평정을 잃어버려 자기 자신을 제어할 수가 없게 되고, 이성 없는 짐승과 같이 되어 판단을 그르치게 됩니다. 창세기 49:6 하반절에서 "그들이 그 분노대로 사람을 죽이고 그 혈기대로 소의 발목 힘줄을 끊었음이로다"라고 말씀하고 있습니다. 하나님의 깊으신 은혜의 경륜을 기다릴 새 없이 너무 성급하게 분노하면 화를 자초하고 하나님의 의를 이룰 수 없습니다. 야고보서 1:19-20에서 "... 사람마다 듣기는 속히 하고 말하기는 더디 하며 성내기도 더디 하라 [20] 사람의 성내는 것이 하나님의 의를 이루지 못함이니라"라고 말씀하고 있습니다. 잠언 16:32에서도 "노하기를 더디 하는 자는 용사보다 낫고 자기의 마음을 다스리는 자는 성을 빼앗는 자보다 나으니라"라고 말씀하고 있습니다.

분노는 마귀가 틈탈 아주 좋은 기회를 제공합니다(창 4:5-7). 온유함이 세상의 모든 사람보다 승(勝)했던 모세도(민 12:3) 백성의 원망에 격분한 나머지, 노하여 반석을 두 번 친 결과로 가나안 땅에 들어갈 수 없었습니다(민 20:10-12, 신 1:37, 3:23-27, 34:1-8, 시 106:32-33).

다윗이 블레셋의 골리앗 장군을 죽이고 돌아왔을 때, 여인들이 "사울의 죽인 자는 천천이요 다윗은 만만이로다"(삼상 18:7)라고 창화하자, 사울은 불쾌하여 심히 노했고, 다윗에게 왕위를 빼앗길 걱정까지 했습니다(삼상 18:8). 불쾌한 감정이 사울의 마음을 점령하자

악신이 힘 있게 내렸으며(삼상 18:10上), 급기야 다윗에게 창을 던지는 살인 행위로 이어졌습니다(삼상 18:11).

③ '먼저' 화목하라, '급히' 사화(私和)하라

예수님께서는 형제에게 원망 들을 만한 일이 있는 줄 생각나거든 예물을 제단 앞에 두고 "먼저 가서 형제와 화목하고 그 후에 와서" 예물을 드리라고 말씀하셨습니다(마 5:23-24). 그리고 "너를 송사하는 자와 함께 길에 있을 때에 급히 사화(私和)하라 그 송사하는 자가 너를 재판관에게 내어 주고 재판관이 관예에게 내어 주어 옥에 가둘까 염려하라"(마 5:25)라고 말씀하셨습니다. 현대인의 성경은 "너를 고소하려는 사람과 함께 법정으로 갈 때 너는 도중에 그와 재빨리 타협하라. 그렇지 않고 재판을 받는 날이면 유치장 신세를 져야 할 것이다"라고 번역하였습니다.

예수님께서는 가룟 유다에게 단 한 번도 분노하지 않으셨으며, 회개시키시려고 누누이 타이르셨습니다. 참으로 인간의 생각으로서는 도저히 헤아리기 어려운, 바다보다 깊고 하늘보다 넓은 사랑의 마음입니다. 십자가에 못 박는 자들을 향해서 계속적인 용서의 기도를 드리셨습니다(눅 23:34). 끝까지 화목의 중보자로서(엡 2:11-18), 하나님과 온 세상을 화목케 하는 제물이 되셨습니다(롬 3:25, 요일 2:2). 또한 우리에게는 화목하게 하는 직책(고후 5:18)을 주시고, 화목하게 하는 말씀을 부탁하셨습니다(고후 5:19). 참으로 살인죄를 막는 것은 인간적인 힘으로는 불가능하고, 하나님의 은혜의 도움이 절대적으로 필요합니다.

4. 제6계명을 범한 자의 최후

The fate of those who violated the sixth commandment

신구약 성경에는 살벌하고 끔찍한 살인 사건이 많이 나옵니다. 가인은 동생 아벨을 죽인, 인류 최초의 살인자입니다(창 4:8). 가인의 후손 라멕은 자신이 입은 작은 상처로 인해 소년을 죽이기까지 하였습니다(창 4:23-24). 모세가 태어날 당시의 애굽 왕 바로는 이스라엘의 사내아이들을 죽였습니다(출 1:15-16, 22). 사사 시대 기드온의 아들 아비멜렉은 세겜의 통치권을 차지하기 위해 형제 70명 가운데 말째 요담을 제외한 69명을 모조리 죽였습니다(삿 8:30-31, 9:5). 도엑은 사울왕의 명에 따라, 놉 땅의 제사장 85명에게 다윗의 도피를 도왔다는 누명을 씌워 다 죽였으며, 놉 땅의 남녀와 유아들까지 모조리 죽였습니다(삼상 22:18-19). 요압은 동생 아사헬을 죽인 아브넬(삼하 3:27)과 압살롬의 반란에 가담한 아마사를 죽였습니다(삼하 20:10). 다윗은 충신 우리아의 아내 밧세바를 범한 후, 죄를 은폐하기 위해 우리아를 최전방에 보내어 전사하게 했습니다(삼하 11:1-17, 26-27). 압살롬은 누이 다말을 범한 이복형제 암논을 죽이도록 사환들에게 분부하였습니다(삼하 13:28). 아합과 그의 아내 이세벨은 나봇의 포도원을 강탈하기 위해 거짓 증인을 고용하여 나봇을 쳐죽였습니다(왕상 21:7-15). 아람 왕 벤하닷의 부하 장군 하사엘은 벤하닷을 살해하고 왕위에 올랐습니다(왕하 8:15).

남 유다 왕 여호람의 아내 아달랴는 아합과 이세벨 사이에서 태어난 딸입니다. 그녀의 아들 아하시야왕이 북 이스라엘 왕 요람을 위문하러 갔다가 예후에게 죽임을 당하자, 아달랴는 다윗왕의 씨를 여호세바(여호사브앗)가 숨긴 요아스만 제외하고 모두 진멸한 후에 스스로 왕위에 올랐습니다(왕하 11:1-3, 대하 22:10-12). 헤롯 대왕은 예수님 출생 당시 메시아를 죽이기 위해 두 살 아래 사내아이를 모두 학살하였습니다(마 2:16). 헤롯 안디바는 동생 빌립의 아내 헤로디아와 결혼한 자신의 부도덕을 꾸짖은 세례 요한의 목을 베었습니다(마 14:6-11, 막 6:16-28). 신약 시대 대제사장을 비롯한 종교 지도자들과 예루살렘 거민들은 자기 땅에 메시아로 오신 예수님까지 죽이고 말았습니다(마 26:59-68, 27:15-26, 요 19:14-16, 행 13:27-28). 스데반도 돌로 쳐서 죽였습니다(행 7:57-60). 헤롯 아그립바 1세는 사도 요한의 형제 야고보를 살해하였습니다(행 12:1-2).

이 가운데 아담의 첫아들이자 첫 살인자 가인의 살인 사건과, 분열왕국 시대의 아합과 이세벨 부부의 살인 사건을 살펴보겠습니다.

(1) 의로운 아벨을 쳐죽인 살인자 '가인'

하나님께서 아벨과 아벨의 제물은 열납하시고, 가인과 가인의 제물은 열납하지 않으셨을 때 가인은 대단히 화가 났습니다(창 4:3-6). 창세기 4:6을 강신택 박사는 "그리고 여호와께서는 가인에게 말씀하셨다: 왜 너에게 화냄이 있느냐? 그리고 왜 너의 얼굴들은(땅으로) 떨어졌느냐?"라고 번역하였습니다. 하나님께서는 가인에게 찾아오셔서 그 마음속에 있는 죄의 불씨, '죄의 소원'을 다스리도록 간곡하게 권면해 주셨습니다(창 4:7). 그러나 가인은 동생 아벨을 들로 유인하여 계획적으로 은밀하게 쳐죽이고 말았습니다(창 4:8). 이에 하나님께서 가인에게 "네 아우 아벨이 어디 있느냐"라고 물으셨으나, 가인은 "내가 알지 못하나이다 내가 내 아우를 지키는 자니이까"라고 거짓말을 했습니다(창 4:9). 그러나 땅이 그 입을 벌려 아벨의 피를 받아, 핏소리가 땅에서부터 하나님 앞에 호소하였습니다(창 4:10-11). 하나님께서는 가인에게 "네가 밭 갈아도 땅이 다시는 그 효력을 네게 주지 아니할 것이요 너는 땅에서 피하며 유리하는 자가 되리라"(창 4:12)라고 형벌을 내리셨습니다. 가인은 뻔뻔하게도 '하나님께서 선언하신 형벌이 너무 가혹하다'라고 항의하며 '그 형벌을 감당할 수 없다'라고 반항하였습니다(창 4:13-14). 하나님께서는 이런 가인에게도 긍휼을 베푸셔서 그에게 표를 주어, 만나는 누구에게든지 죽임을 면케 해 주셨습니다(창 4:15). 그러나 가인은 하나님을 등지고 떠나 나가, 에덴 동편에 있는 놋 땅에 거하였습니다(창 4:16).

(2) 선한 나봇을 쳐죽인 살인자 '아합과 이세벨'

북 이스라엘 아합왕과 그의 아내 이세벨은 자신들의 권력을 이용해 나봇을 죽이고, '지계표'를 옮긴 악한 자들입니다(참고- 욥 24: 2, 잠 22:28, 23:10, 사 5:8, 호 5:10). 아합은 나봇의 포도원을 탐한 나머지, 근심하고 답답하여 궁으로 돌아와 침상에 누워 얼굴을 돌이키고 식사를 하지 않았습니다(왕상 21:1-4). 이를 본 아합의 아내 이세벨은 가증스러운 조작극을 꾸며, 무죄한 나봇을 '하나님과 왕을 저주한 자'라고 모함하여 성 밖에서 돌로 쳐 죽게 하였습니다. 나봇이 죽자, 아합은 그 포도원을 취하러 내려갔습니다(왕상 21:5-16). 이때 하나님께서는 엘리야 선지자를 보내어 "개들이 나봇의 피를 핥은 곳에서 개들이 네 피 곧 네 몸의 피도 핥으리라"(왕상 21:19下)라고 하여, 아합과 그 자손이 비참하게 죽을 것을 말씀하셨습니다(왕상 21:17-29). 이 말씀은, 아합이 길르앗 라못 전투에서 활에 맞아 죽은 후 그의 병거를 사마리아 못에 씻었는데, 그때 개들이 그 피를 핥으므로(왕상 22:34-38) 성취되었습니다. 또 아합 집에 대하여 하신 말씀도(왕상 21:21), 훗날 예후가 반란을 일으켜 아합의 아들 요람과 아합의 아내 이세벨을 죽이고 아합 가문을 진멸하므로 성취되었습니다(왕하 9:24-26, 30-37, 10:1-11, 15-17).

마음에서 나오는 것들은 사람을 더럽게 만듭니다. 예수님께서는 마태복음 15:18-19에서 "입에서 나오는 것들은 마음에서 나오나니 이것이야말로 사람을 더럽게 하느니라 [19]마음에서 나오는 것은 악한 생각과 살인과 간음과 음란과 도적질과 거짓 증거와 훼방이니"라고 말씀하시면서, 사람을 더럽게 하는 것 중의 하나로 '살인'을 언급하셨습니다. 요한계시록에 보면, 종말에 여섯 번째 나팔 재앙 가운데 죽지 않고 남은 사람들이 회개하지 않는 죄의 목록 가운데 '살인'이 들어 있습니다(계 9:20-21). 살인자들은 요한계시록 21:8을 볼 때 "불과 유황으로 타는 못"에 들어가게 되고, 요한계시록 22:15을 볼 때 '새 예루살렘 성 밖'에 있게 될 것이라고 말씀하고 있습니다.

5. 제6계명의 구속사적 교훈

The redemptive-historical lesson in the sixth commandment

아담은 에덴동산에서 제6계명을 범하는 것과 같은 죄를 지었습니다. 여자는 선악을 알게 하는 나무의 실과를 자기만 먹은 것이 아니라 남편도 먹게 하여 남편을 죽게 만들었습니다(창 3:6下). 아담은 온 인류의 대표인데, 그 아담이 행위 언약을 어겼으므로 온 인류에게 사망이 찾아왔습니다(롬 5:14, 6:23). 로마서 5:12에서 "이러므로 한 사람으로 말미암아 죄가 세상에 들어오고 죄로 말미암아 사망이 왔나니 이와 같이 모든 사람이 죄를 지었으므로 사망이 모든 사람에게 이르렀느니라"라고 말씀하고 있습니다.

예수님 당시 종교 지도자들은 예수님의 말씀을 깨닫지 못하였습니다. 예수님께서는 요한복음 8:37에서 "나도 너희가 아브라함의 자손인 줄 아노라 그러나 내 말이 너희 속에 있을 곳이 없으므로 나를 죽이려 하는도다"라고 말씀하셨습니다. 말씀을 깨닫지 못하고 예수님을 영접하지 않는 것은 곧 예수님을 죽이는 일이 된다는 것입니다(요 7:19). 예수님께서는 십자가에 달리시기 전에 종교 지도자들을 향하여 "너희는 너희 아비 마귀에게서 났으니 너희 아비의 욕심을 너희도 행하고자 하느니라 저는 처음부터 살인한 자요"(요 8:44上)라고 말씀하셨습니다. 예수님의 말씀대로, 살인자 마귀의 조종을 받은 종교 지도자들은 결국 예수님을 죽이고 말았습니다.

그런데 예수님께서는 이러한 살인자들을 위해서도 십자가 상에서 "아버지여 저희를 사하여 주옵소서 자기의 하는 것을 알지 못함이니이다"라고 용서의 기도를 하셨습니다(눅 23:34). 아무리 흉악한 살인자라고 할지라도 예수님을 믿고 회개하면 죄 사함을 받습니다(행 2:38, 참고-마 12:31, 막 3:28).

오늘도 신앙 공동체 안에서 남을 미워하고 함부로 판단하고 정죄하는 것은 남을 죽이는 일이 됩니다(요일 3:15). 사람의 입에서 나오는 말이 사람을 죽이기도 하고 살리기도 하므로, 말을 조심해서 해야 합니다(잠 18:20-21, 약 3:8). 진실을 자세히 알지도 못하면서 함부로 남을 판단하여 정죄하며 그것을 악의적으로 퍼뜨리는 것은 심각한 죄악입니다. 예수님께서는 "내가 너희에게 이르노니 사람이 무슨 무익한 말을 하든지 심판 날에 이에 대하여 심문을 받으리니 [37]네 말로 의롭다 함을 받고 네 말로 정죄함을 받으리라"라고 말씀하셨습니다(마 12:36-37, 롬 2:1). 생명을 사랑하고 좋은 날 보기를 원하는 자는, 혀를 금하여 악한 말을 그치고 그 입술로 궤휼을 말하지 말아야 합니다(벧전 3:10).

제 7 계명
THE SEVENTH COMMANDMENT

"간음하지 말지니라"
You shall not commit adultery.
לֹא תִנְאָף
(출 20:14, 신 5:18)

출애굽기 20:14에서 "간음하지 말지니라"라고 말씀하고 있습니다. 이 말씀은 히브리어 원문을 볼 때 신명기 5:18과 같습니다.

1. 제7계명의 해석
Exegesis of the seventh commandment

"간음하지 말지니라"라고 하신 제7계명은, 하나님께서 창조하신 가정의 신성함을 지켜 주는 매우 중요한 계명입니다. 배우자 외에 불법으로 애정을 나누는 간음은 정상적인 결혼 관계를 파괴하는 죄악으로, 하나님께서 세워 주신 가정을 파멸시켜 하나님의 구속사를 가로막는 매우 치명적인 죄악입니다. 간음이 얼마나 큰 죄인지, 요셉은 보디발의 아내에게 "내가 어찌 이 큰 악을 행하여 하나님께 득죄하리이까"(창 39:9下)라고 하였으며, 욥은 "이는 중죄(重罪)라 재판장에게 벌 받을 악이요 [12]멸망하도록 사르는 불이라 나의 모든 소산을 뿌리까지 없이할 것이니라"(욥 31:11-12)라고 말했습니다(참고-욥 31:11-12).

(1) "본래(本來)"의 "아내와 남편" / תְּמוֹל אִשָּׁה וְאִישׁ / The original husband and wife (the primordial couple)

하나님께서는 하나님 나라 건설의 출발점으로 가정을 세우시고, 제7계명을 통해서 가정의 존엄함을 깨우쳐 주셨습니다. 가정은 언약 공동체의 기본 단위이기 때문에, 가정이 성별되어야 사회와 국가가 성별될 수 있습니다. 가정의 성별은 곧 부부의 성별입니다. 그래서 간음은 하나님께서 세우신 가정을 단번에 파멸시키는 가장 강력한 독소입니다. 생명의 존엄성을 통해 살인죄가 얼마나 큰가를 더욱 실감하듯이, 우리는 가정(부부)의 존엄성을 깨우침으로 간음죄가 얼마나 무섭고 큰 죄인가를 절감하게 됩니다.

첫째, 부부는 끊을 수 없는 골육 관계입니다.

오늘날 모든 족속과 모든 개인은 하나님께서 직접 짝지어 주신 성별된 부부(아담과 하와)에게서 난 후손들입니다. 창세기 2:24에서 "이러므로 남자가 부모를 떠나 그 아내와 연합하여 둘이 한 몸을 이룰지로다"라고 말씀하고 있습니다. 여기 "연합하여"는 히브리어로 '다바크'(דָּבַק)이며, '달라붙다, 친밀하다'라는 뜻입니다. 하나님의 창조 원리에서 볼 때, 부부는 부모 자식 간의 결속보다 더 강하고 견고합니다. 그래서 골육(骨肉: 뼈 골, 살 육) 관계 중에서도 무촌(촌수가 없음)입니다. 창세기 2:23에서 아담은 그 아내에게 "이는 내 뼈 중의 뼈요 살 중의 살이라"라고 말하였습니다. 그러므로 부부는 가장 견고하게 결속된 사이입니다(마 19:6, 막 10:9).

둘째, 부부는 둘이 아니라 한 몸입니다.

결혼은 남자와 여자가 연합하여 "둘이 한 몸"(창 2:24)이 되는 것입니다. 마태복음 19:6에서는 "이제 둘이 아니요 한 몸이니"라고 말씀하고 있습니다. 따라서 성경에서 '진정한 한 사람'은 여자 혼자로도 못 되고, 남자 혼자만으로도 못 됩니다. 남자와 여자가 한 몸을 이룰 때, 바로 그것을 하나님께서는 '한 사람'이 되는 것이라 말씀하십니다. 이것을 가리켜 사도 바울은 고린도전서 6:16에서 "둘이 한 육체가 된다"라고 말씀하였고, 에베소서 5:31에서도 "그 아내와 합하여 그 둘이 한 육체가 될지니"라고 말씀하였습니다. 그러므로 남편은 아내를 귀히 여기고 사랑할 때 바로 자기를 사랑하는 것이 됩니다. 에베소서 5:28에서 '남편들이 자기 아내를 사랑하는 것은 자기를 사랑하는 것이라'고 말씀하고 있으며, 베드로전서 3:7에서는 "남편 된 자들아 이와 같이 지식을 따라 너희 아내와 동거하고 저는 더 연약한 그릇이요 또 생명의 은혜를 유업으로 함께 받을 자로 알아 귀히 여기라"라고 말씀하고 있습니다.

셋째, 부부는 벌거벗었으나 부끄러워하지 않습니다.

창세기 2:25에 "아담과 그 아내 두 사람이 벌거벗었으나 부끄러워 아니하니라"라고 말씀하고 있습니다. '부끄러움'은 하나님의 말씀을 잊어버리고 범죄한 결과로 성결을 상실하여 비롯된 부자연스럽고 불안정한 정신 상태입니다(참고-스 9:5, 렘 17:13). 아담과 하와 부부는 하나님의 말씀을 중심으로 살고 하나님의 말씀만 붙잡고 있을 때, 서로가 부끄러움이 없고 마냥 기쁨이 넘쳤습니다. 그들의 온 몸은 하나님의 영광을 충만하게 옷 입듯 입고 있었습니다(참고-롬 10:11, 13:14). 최초의 부부, 최초의 가정은 너무나 존귀했는데, 범죄로 말미암아 타락한 후에 부부 사이에도 부끄러움이 찾아온 것입니다. 그들은 자기들의 몸이 벗은 줄을 알고 무화과나무 잎을 엮어 치마를 하였으며(창 3:7), 여호와 하나님의 음성을 듣고 그 낯을 피하여 동산 나무 사이에 숨었습니다(창 3:8).

화목한 가정은 인간 생활의 보금자리, 안식처, 행복의 초석입니다. 개인의 행복도, 교회의 성장도, 한 나라의 부흥과 평화도, 모두 화목한 가정에서부터 발생하는 것입니다. 우리가 믿는 하나님은 "가족의 하나님"입니다(렘 31:1). 하나님의 구속 경륜은 분명히 경건한 가정을 통하여 이루어집니다(말 2:15). 하나님이 짝지어 주신 부부가 서로 사랑하지 않는 죄는, 만 가지 죄악의 근원이 됩니다. 자기 가정을 다스리지 못한 죄가 있다면 깊이 통회하고 회개해야 합니다(딤전 3:2, 5, 12, 5:8, 딛 1:6).

(2) "간음(姦淫)" / נָאַף / commit adultery

간음(adultery)은 한자로 '간음할 간(姦), 음란할 음(淫)'이며, 사전에는 '결혼한 사람이 배우자 이외의 다른 상대와 성 관계를 갖는 행위, 정조를 지키지 못하는 행위'라고 풀이해 놓았습니다. 뜻만 들어도 순간 불쾌해지고, 입에 올리기도 거북한 말입니다. 간음은 한 몸을 분리하고 가정을 파괴하며, 하나님 나라의 기초를 무너뜨립니다. 간음은 가정을 세우신 하나님과의 언약을 파괴하므로, 하나님께 대한 무서운 범죄 행위입니다(참고-창 39:9, 삼하 12:7-14). 그러므로 부부의 정조, 부부 생활의 순결은 무엇보다 중요합니다. 정조(貞操: 성적 순결을 지키는 일)는 생명보다 귀한 것이고, 정조가 깨어지면 생명이 파멸되며, 가족의 거룩이 더럽혀집니다. 간음으로 인해 부부의 정조가 깨어진 가정에서 좋은 자녀가 태어날 수 없고, 바람직한 자녀 교육이 이루어질 수 없습니다.

하나님께서는 순결하고 거룩한 영이시므로, 모든 불순한 것을 물리치십니다. 출애굽기 20:14과 신명기 5:18에 사용된 "간음"이라는 단어는 히브리어 '나아프'(נָאַף)입니다. 이 단어는 일반적으로 '모든 종류의 올바르지 못한 성관계'를 나타내는 '자나'(זָנָה)와는 성격이 다릅니다. 성경에서 '나아프'의 용례는 크게 두 가지입니다.

① 결혼한 부부가 다른 이성과 성적 관계를 갖는 것입니다 (레 20:10, 렘 29:23, 호 4:13-14).

하나님께서는 언약 공동체의 기본 단위인 가정을 성별되게 보존하시려고 간음을 결혼 생활에서 매우 엄격하게 금하셨습니다(잠 6:29). 레위기 20:10에서 "누구든지 남의 아내와 간음하는 자 곧 그 이웃의 아내와 간음하는 자는 그 간부와 음부를 반드시 죽일지니라"라고 말씀하고 있고, 잠언 6:32에서는 "부녀와 간음하는 자는 무지한 자라 이것을 행하는 자는 자기의 영혼을 망하게 하며"라고 말씀하고 있습니다.

② 언약 백성 이스라엘의 우상 숭배 또한 간음입니다 (렘 3:6-9, 5:7-9, 겔 23:36-37, 호 4:12-14).

모세가 시내산에서 두 돌판을 받을 때 아론과 이스라엘 백성은 금송아지를 만들어 숭배하고 그것에게 희생을 드렸습니다. 출애굽기 32:6에서 "그들이 일찍이 일어나 번제를 드리며 화목제를 드리고 앉아서 먹고 마시며 일어나서 뛰놀더라"라고 하였습니다. 여기 "뛰놀더라"라는 표현은 히브리어 '차하크'(צָחַק)로, 이 단어가 피엘(강조)형으로 쓰이면 '성적인 행동'을 나타내기도 합니다(창 39:14, 17). 이처럼 이스라엘 백성이 금송아지를 숭배하면서 간음을 행한 것입니다.

성경은 우상 숭배를 가리켜, 아내가 남편을 버리고 다른 남자와 부정을 저지르는 간음 행위로 말씀하였습니다. 성경에서는 여호와와 이스라엘 사이를 남편과 아내로 비유하고 있는데, 그 이유는 언약 관계가 마치 부부 관계처럼 밀접하고 숭고하며 거룩하고 인격적이기 때문입니다. 에스겔 선지자도 하나님과 그 언약 백성 이스라엘과의 관계를 신랑과 신부, 곧 부부 관계로 비유했습니다(겔 16, 23장). 이사야 54:1-8에서는 여호와께서 자신을 가리켜 "너를 지으신 자는 네 남편이시라"라고 말씀하셨습니다. 이스라엘이 우상을 섬기는 것은 신랑(남편)이 되신 하나님에 대한 간음 행위와 같습니다. 그래서 '우상을 음란히 섬긴다'라고 하신 말씀이 자주 등장합니다(출 34:15-16, 레 17:7, 20:5, 신 31:16, 삿 2:17, 렘 3:9, 겔 6:9 등). 이사야 선지자는 우상 숭배를 일삼던 선민 이스라엘을 가리켜 "간음자와 음녀의 씨"(사 57:3)라고 하였습니다. 그러므로 다른 신을 섬기는 것은 본래 남편을 버리고 간음하는 음녀와 같은 것이며, 이 죄는 제1계명과 제7계명을 아울러 범하는 이중 범죄가 됩니다.

2. 제7계명의 세부 율법

Specific laws derived from the seventh commandment

"간음하지 말지니라"(출 20:14, 신 5:18)라는 제7계명은 출애굽기 22:16-17, 19, 신명기 22:9-23:18에서 그 의미가 확장되어 설명되고 있습니다. 하나님께서는 신성한 가정과 부부의 순결을 지키기 위해 간음을 막는 여러 가지 세부 율법을 주셨습니다.

(1) 골육지친과의 결혼을 금하였습니다 (레 18:6-18, 20:11-14, 17, 19-21, 신 22:30, 27:20, 22-23).

누구든지 아내와 그 장모를 함께 취하면 그 셋을 모두 불사르는 극형에 처하도록 하는 규례를 정하였습니다(레 20:14). 그리고 율법에서는 '어머니(레 18:7), 계모(의붓 어머니 - 레 18:8, 20:11, 신 22:30, 27:20), 자매 혹은 배다른 자매(레 18:9, 20:17, 신 27:22), 손녀 혹은 외손녀(레 18:10), 계모의 딸(레 18:11), 이모와 고모(레 18:12-13, 20:19), 삼촌의 아내(숙모 - 레 18:14, 20:20), 자부(레 18:15), 형수와 계수(레 18:16, 20:21), 장모(신 27:23)와 관계하는 것'을 엄격히 금하였습니다. 그리고 '여인과 여인의 딸 혹은 여인의 손녀나 외손녀(레 18:17, 20:14)를 함께 취하지 말라'라고 명령하였습니다.

이 외에도 짐승과 교합하는 자는 저주를 받는다고 말씀하셨습니다(출 22:19, 레 18:23, 20:15-16, 신 27:21). 또 누구든지 남자가 여인과 교합하듯 남자와 교합했을 경우, 둘 다 가증한 일을 행하였으므로 반드시 죽이라고 명령하셨습니다(레 18:22, 20:13, 참고-창 19:5, 롬 1:27). 누구든지 경도하는 여인과 동침했을 경우에는 이스라엘 백성 중에서 추방당하였습니다(레 18:19, 20:18).

이러한 난잡한 성행위들은 당시 가나안 땅에서 자행되고 있던 가증스러운 짓들로, 그 땅의 거민의 성적 타락이 극에 달해 있었음을 보여 줍니다. 그래서 하나님께서는 이스라엘 백성에게 분명한 구별 의식을 가지며 이방과의 잡혼을 금하고, 이스라엘을 거룩하게 보존하도록 명령하셨습니다. '만일 더럽고 가증스러운 성행위를 가나안 땅에서 행할 때에는 이전에 있던 족속을 그 땅이 토해 버린 것과 같이 너희들도 토해 버릴 것'이라고 엄중히 경고하셨습니다(레 18:24-30).

(2) 혼인의 순결(처녀성)을 지키도록 했습니다(신 22:13-21).

아내를 취하여 동침한 후에 아내의 처녀성을 비방거리로 만들어 누명을 씌워 내어 쫓는 것을 방지하는 법과, 또한 아내가 결혼 전에 순결을 잃었을 경우 아내를 버릴 수 있도록 하는 특별한 율법이 있었습니다. 만일 처녀와 결혼하여 동침한 후에 남편이 아내를 미워하여 비방거리를 만들어 누명을 씌우면 처녀의 부모가 처녀인 표(자리 옷: 처녀성을 증거하기 위해 첫 부부관계 시 잠자리 밑에 까는 옷, 신 22:17)를 성읍 장로들에게 보이고, 그의 순결이 사실로 밝혀지면, 이를 비방거리로 만들어 고발한 남편에게 태장을 가하고, 그 장인에게 은 100세겔을 벌금으로 주게 하고 그 여자로 '평생에 버리지 못할 아내'가 되도록 조처하였습니다(신 22:13-19). 그러나 결혼한 아내가 처녀인 표적이 없으면 그녀의 아비 집으로 데려가서 성읍 사람들이 돌로 쳐 죽이는 극형에 처했습니다. 왜냐하면 그녀의 아비 집에서 창기의 행동을 함으로써 이스라엘 중에서 악을 행했기 때문입니다(신 22:20-21). 이는 부부 간의 순결과 신뢰를 지켜 가정과 사회, 그리고 이스라엘 전체에 바른 질서를 세우도록하신 것입니다.

(3) 성범죄를 방지하는 법을 두었습니다(신 22:22-29).

첫째, 남자가 유부녀와 통간하면 통간한 그 남자와 여자 둘 다 죽였습니다(신 22:22).

둘째, 어떤 남자가 약혼한 처녀를 성읍 중에서 만나 통간하면 둘 다 성읍 문으로 끌어내어 돌로 쳐 죽였습니다(신 22:23-24).

셋째, 만일 남자가 어떤 약혼한 처녀를 들(인적이 드문 곳)에서 강간하면 강간한 남자만 죽였습니다(신 22:25-27).

넷째, 만일 남자가 약혼하지 않은 처녀를 붙들고 통간하는 중 발견되면, 남자가 처녀의 아비에게 은 50세겔을 주고 그 여자를 평생에 버리지 못할 아내로 삼아야 했습니다(신 22:28-29, 참고-출 22:16-17).

하나님께서는 부부 간에 육체의 순결을 그 사람의 생명만큼이나 중요하게 여기셨습니다. 어느 시대나 육체적 순결이 무너진 사회는 타락하고 병든 사회입니다. 하나님께서는 부부가 되는 두 남녀가 순결 면에서 서로간에 투명하게 신뢰하도록 함으로써, 만민 중에서 구별하신 이스라엘 백성 전체가 거룩하도록 조치하셨습니다(레 20:23-24, 26).

(4) 의심의 법(law of jealousy)을 두셨습니다(민 5:11-31).

의심의 법은 남편이 아내의 순결에 대한 의심을 해결하는 법입니다. 아내가 간음했으나 증거가 없을 때(민 5:13), 음행을 안 했을지라도 의심이 날 경우(민 5:14, 30), 그 남편 된 사람은 자기 아내를 데리고 제사장에게로 가서 아내의 간통을 밝히는 의식을 행해야 합니다. 이는 현장에서 간음한 자를 처벌하는 규정과 달리, 인간의 연약성(타인을 의심, 질투하는 성향 - 민 5:14)과 한계성(숨겨진 사실을 알 수 없는 한계 - 민 5:13)을 익히 아시는 하나님께서 가정을 성별되게 지키시기 위해 제정하신 법입니다. 이로써 모든 아내는 남편에게 정절을 의심받지 않고 살며, 남편은 확실한 근거 없이 의심하는 일이 없도록 하였습니다. '아내의 순결' 여부를 '의심의 법'을 두어 해결하지 않으면 가정의 순결이 지켜질 수가 없었던 것입니다. 아내의 간통에 대한 의심은, 남편으로 하여금 격한 감정을 유발할 수 있고 비정상적인 폭력을 가져올 수도 있으며, 아내가 없는 죄를 자백하도록 강압당할 수가 있습니다. 반면에, 실제로 간음한 아내가 교묘히 무죄를 주장하도록 방치될 수도 있습니다.

'의심의 법'은 죄악이 생각나도록 먼저 "의심의 소제"를 드리게 했습니다(민 5:15). 이 소제는 하나님의 권위를 위임받은 제사장이 진행하였으며, 그 절차는 다소 복잡하고 엄숙했습니다. 그만큼 각 가정과 이스라엘의 생사를 결정짓는 중대한 일이었기 때문입니다.

아내의 간통 유무를 밝히는 절차는 다음과 같습니다(민 5:11-31).

① 여인으로 가까이 오게 하여 여호와 앞에 세웁니다(16절).

② 토기에 거룩한 물을 담습니다(17절上).

③ 토기에 성막 바닥의 티끌을 취하여 물에 넣습니다(17절下). 티끌은 슬픔과 죽음을 연상시킵니다(출 8:16-17, 수 7:6, 욥 2:12-13, 30:19).

④ 그 여인으로 머리를 풀게 하고 "생각하게 하는 소제물 곧 의심의 소제물"을 그 손에 둡니다(18절上). 소제물은 기름과 유향을 넣지 않은 보릿가루 에바 1/10(약 2.34리터)입니다(15절上). 머리를 푼다는 것은 자신의 무가치함 및 극한 슬픔과 절망을 표한 것입니다(레 10:6, 13:45, 21:10).

⑤ 제사장은 저주가 되게 할 쓴 물을 자기 손에 듭니다(18절下). "쓴 물"(מֵי הַמָּרִים, 메 하마림)은 단지 맛이 쓰다는 것보다 죄인에게 적용될 저주스러운 심판의 효능이 가득 찼다는 뜻입니다. '저주가 되게 하는 물'(22, 24, 27절), '저주가 되게 하는 쓴 물'(18, 24절)로 기록되었습니다.

⑥ 여인으로 저주의 일을 맹세하게 합니다(19-22절).

⑦ 제사장이 저주의 말을 두루마리에 써서 그 글자를 그 쓴 물에 빨아 넣습니다(23절).

⑧ 제사장이 여인의 두 손에 둔 의심의 소제물을 취해 여호와 앞에 흔들고, 가지고 단으로 가서(25절) 그 중에서 기념으로 한 움큼을 취하여 단 위에 소화(燒火: 불에 태우다)합니다(26절上).

⑨ 제사장이 여인으로 그 저주가 되게 하는 쓴 물을 마시게 합니다(24, 26절下).

⑩ 저주의 쓴 물의 결과를 기다립니다. 무죄하면 아무리 쓴 물을 마셨을지라도 아무 해를 받지 않고 잉태하게 됩니다(28절). 그러나 죄가 있으면 배가 붓고 넓적다리가 떨어짐으로(27절上) 백성 중에서 저줏거리가 됩니다(27절下). 배가 붓는다는 것은 유산이 된다는 뜻으로, 복부에 물이 차거나 몸이 심히 부풀어 오르는 것을 말합니다. 또한 넓적다리는 여성의 생식기를 완곡하게 표현한 것이며(참고-창 24:2, 9), 넓적다리가 떨어진다는 것은 성적 기능 상실이나 불임의 저주를 상징합니다.

한편, 순결을 의심받던 아내가 그 순결이 인정되더라도, 순결을 의심한 그 남편에게로 화가 돌아가지 않았습니다. 민수기 5:31에서 "남편은 무죄할 것이요"라고 말씀하고 있습니다. 왜냐하면 남편은 하나님의 법에 자신의 모든 문제를 의탁했기 때문이며, 궁극적으로는 가정의 순결과 평화를 추구했기 때문입니다.

하나님께서는 의심의 법을 통해서 다음 몇 가지를 교훈합니다.

첫째, 막연한 의심이 가져다줄 수 있는 가정 파탄의 위기를 예방하여 가정의 순결성을 유지하도록 하셨습니다.

둘째, 하나님께서는 세상 법정과는 달리, 증거가 없는 것까지도 밝혀 내시고 형벌을 가하시는 분입니다(민 5:13, 27). 숨은 죄는 반드시 드러나며, 공의로우신 하나님의 눈길을 결코 피할 수 없습니다.

셋째, 부부 간에 일어날 수 있는 간음을 엄히 다스려, 하나님께서 거하시는 처소가 절대 성결을 유지하도록 하셨습니다.

(5) 창기와 미동을 금하셨습니다(신 23:17-18).

하나님께서 '이스라엘 여자 중에 창기(קְדֵשָׁה, 케데샤)가 있지 못하게 하고, 이스라엘 남자 중에 미동(קָדֵשׁ, 카데쉬: 남자 창기, male prostitute)이 있지 못하게 하라'라고 말씀하셨습니다(신 23:17). 이는 이스라엘 여자 중에 단 한 사람도 창기가 있어서는 안 되며, 이스라엘 남자 중에 단 한 사람도 미동이 있어서는 안 된다는 강력한 금지입니다. 이스라엘 주변 민족들의 종교는, 창기와 미동을 두고 그들을 앞세워 신과의 접촉을 위한 성적 의식을 행하게 했습니다(참고-창 34:31, 38:21-22). 성적으로 황홀 지경에서 제의(祭儀)를 드린다면서, 지나가는 사람들을 음란한 춤이나 말로 유혹하여 우상 앞에서 음란하고 추잡한 성행위를 하도록 하였습니다. 공동번역에서는 창기와 미동을 각각 '성소에서 몸을 파는 여자, 성소에서 몸을 파는 남자'라고 번역하였습니다. 실제로 유다 백성은 하나님의 성전 안에 미동의 집까지 만들어 남색을 즐겼습니다(왕하 23:7). 역사적으로 솔로몬의 아들 르호보암 때(왕상 14:24), 아비야와 아사 때(왕상 15:12, 22:46)에 성행하였고, 요시야 때는 종교 개혁으로 그 같은 일이 잠시 사라지기도 했습니다(왕하 23:7). 호세아 선지자는 당시 성전 안에서 아무 거리낌 없이 행음하는 데만 열중하는 자들의 죄악상을 낱낱이 고발하며, 하나님의 강력한 심판을 예언하였습니다(호 4:11-19).

또한 하나님께서는 '창기의 번 돈과 미동("개 같은 자")의 소득은 가증한 것이므로 하나님의 성전에 가져오지 말라'라고 말씀하셨습니다(신 23:18). 하나님께서는 선한 방법으로 땀 흘려 얻은 정당하고 깨끗한 제물을 흠향하십니다.

역사적으로 창기와 미동의 존재는 사회의 근간인 가정의 성도덕을 근본부터 파괴하고, 하나님의 성전을 극도로 더럽히며, 선량한 백성의 신앙을 뿌리째 흔들어 놓았습니다. 실로 오늘날 교회에 대한 큰 경고가 아닐 수 없습니다. 예나 지금이나 교회 안의 목회자와 평신도 가운데는, 겉으로는 믿는 척하지만 말초 신경의 쾌락만을 추구하여, 늘 음란한 생각과 더러운 일들을 헐떡이며 찾아다니는 짐승 같은 자가 많이 있습니다. 요한계시록 2:22-23에서 "볼지어다 내가 그를 침상에 던질 터이요 또 그로 더불어 간음하는 자들도 만일 그의 행위를 회개치 아니하면 큰 환난 가운데 던지고 [23]또 내가 사망으로 그의 자녀를 죽이리니 모든 교회가 나는 사람의 뜻과 마음을 살피는 자인 줄 알지라 내가 너희 각 사람의 행위대로 갚아 주리라"라고 말씀하고 있습니다.

(6) 기생을 금하셨습니다(레 19:29).

레위기 19:29에서 "네 딸을 더럽혀 기생이 되게 말라 음풍(淫風)이 전국에 퍼져 죄악이 가득할까 하노라"라고 말씀하고 있습니다. 여기 "기생"(זָנָה, 자나)은 직업적 매춘부를 뜻합니다. 이 말씀은 특별히 이스라엘 여인들의 성적 순결을 지키게 하시려는 하나님의 세심한 조치입니다. 자기 딸을 더럽혀 기생이 되게 하였다는 것은, 부모의 사악한 의도가 그 속에 숨어 있는 것입니다. 이 음풍(음란하고 더러운 풍속)은 그 전염 속도가 얼마나 빠른지, 나라 전체를 죄악으로 가득하게 하여 무너뜨릴 정도로 무시무시한 파괴력을 가졌습니다. 음풍 때문에 집집마다 들리는 '저 남자 바람났다, 저 여자 바람났다'라는 소리는, 성스러운 가정이 한순간에 무너져 내리는 소리요, 나라가 순식간에 망하는 소리입니다. 그러므로 하나님께서는 매춘에 관한 모든 것을 철저하게 금하셨습니다(참고-잠 7:1-27).

(7) 단정치 못한 의상(衣裳)을 금하셨습니다(신 22:5).

하나님께서는 성(性)의 정체성(正體性)을 명확히 하시기 위하여, 여자는 남자의 의복을 입지 말아야 하고, 남자는 여자의 의복을 입지 말아야 한다고 말씀하셨습니다. 만일 남녀의 의복을 성별(性別)대로 명확하게 구분하여 입지 않으면, 하나님께 가증하다고 말씀하셨습니다.

신명기 22:5 "여자는 남자의 의복을 입지 말 것이요 남자는 여자의 의복을 입지 말 것이라 이같이 하는 자는 네 하나님 여호와께 가증한 자니라"

하나님께서는 단정한 옷차림을 통해 남녀의 올바른 경계를 둠으로써, 사회와 가정에 가증한 악을 제하고, 그 결과로 성적 순결을 지키며 간음을 미연에 방지하도록 하신 것입니다.

(8) 겉옷 네 귀에 "술"을 달도록 하셨습니다(민 15:37-40, 신 22:12).

하나님께서는 성별된 이스라엘 백성이 입어야 할 옷에 대하여 주의 사항과 그 모양까지 율법을 통해 지시하셨는데, 집 안에서 입는 속옷보다 대문 밖에 나갈 때 입는 겉옷에 대하여 특별한 명령을 내

겉옷(שִׂמְלָה, cloak)

① **통으로 짠 네모난 천의 평범한 외투**
출 22:26-27, 참고-마 21:7-8

② **양털로 만들어짐**
"양털과 베실로 섞어 짠 것을 입지 말지니라" (신 22:11)

③ **밤에는 이불로 활용**
"해 질 때에 그 전집물을 반드시 그에게 돌릴 것이라 그리하면 그가 그 옷을 입고 자며..." (신 24:13)

④ **물건을 나르는 데 사용**
출 12:34, 삿 8:25

머리 부분: 둥근 구멍이 나 있다.
출 28:32, 39:23
There is a round opening at its top (Exod 28:32, 39:23).

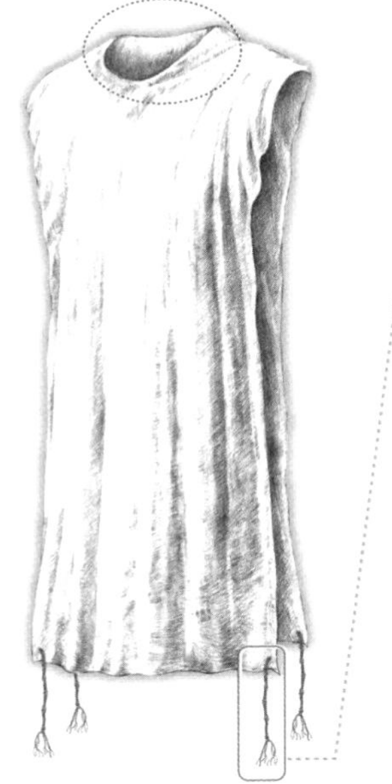

술 다는 위치: 겉옷의 네 귀
"입는 겉옷 네 귀에 술을 만들지니라" (신 22:12)
Tassels are added on the four corners of the garment (Deut 22:12).

술(tassels)

① **게딜(גְּדִל)** – "입는 겉옷 네 귀에 술을 만들지니라" (신 22:12)

② **치치트(צִיצִת)** – "...그 옷단 귀에 술을 만들고 ..." (민 15:38)

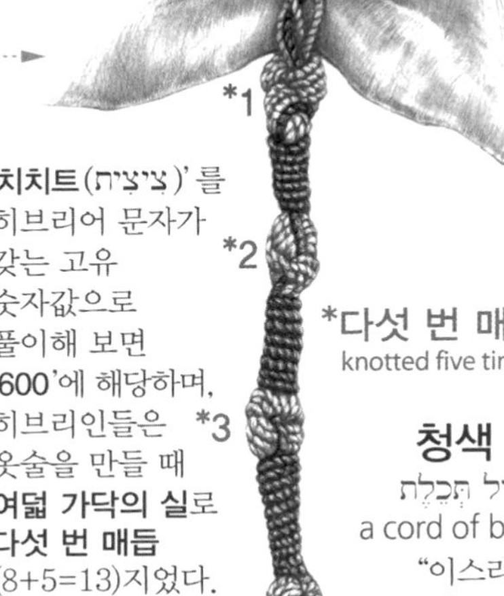

'**치치트(צִיצִת)**'를 히브리어 문자가 갖는 고유 숫자값으로 풀이해 보면 '600'에 해당하며, 히브리인들은 옷술을 만들 때 **여덟 가닥의 실**로 **다섯 번 매듭**(8+5=13)지었다. 옷술은 결국 '613'이라는 숫자로 상징화 된다. 이는 율법의 613개 조항과 일치한다.

청색 끈
פְּתִיל תְּכֵלֶת
a cord of blue
"이스라엘 자손에게 명하여 그들의 대대로 그 옷단 귀에 술을 만들고 청색 끈을 그 귀의 술에 더하라" (민 15:38)

"이 술은 너희로 보고 여호와의 모든 계명을 기억하여 준행하고 너희로 방종케 하는 자기의 마음과 눈의 욕심을 좇지 않게 하기 위함이라 그리하면 너희가 나의 모든 계명을 기억하고 준행하여 너희의 하나님 앞에 거룩하리라" (민 15:39-40)

여덟 가닥의 실
(한 가닥의 청색 끈 포함)
eight strands of cord
(including one blue cord)

리셨습니다. 이것은 단순히 품위를 지키려는 목적이 아니라, 하나님의 언약 백성이 그 겉옷을 입을 때마다, 또 서로의 겉옷을 볼 때마다 자신들의 사명과 거룩한 신분을 자각하도록 일깨우시려는 것입니다. 이스라엘 백성이 평범하게 입는 '겉옷'(שִׂמְלָה, 심라)은 주로 양털로 만들어졌으며, 통으로 짠 네모난 천으로 된 평범한 외투입니다(출 22:26-27). 이는 온몸을 감싸는 망토 같은 역할을 하여, 사람들은 이 옷을 솜씨 있게 감싸 입고 다녔으며, 밤에는 이불로 활용했습니다. 겉옷은 머리 부분에 둥근 구멍이 나 있으며(참고-출 28:32, 39:23), 두꺼운 천으로 만들어졌으며, 쉽게 펼쳐져서 온갖 물건을 나르는 데도 사용되었습니다(출 12:34, 삿 8:25, 마 21:7-8).

하나님께서는 세부 율법을 통해 겉옷을 지을 때 양털과 베실로 섞어 짠 것을 입지 않도록 금하셨고(레 19:19, 신 22:11), 겉옷 네 귀에 '술'(tassel)을 달도록 지시하셨습니다. 신명기 22:12에서 "입는 겉옷 네 귀에 술을 만들지니라"라고 말씀하고 있습니다. 여기 "술"은 히브리어로 '게딜'(גְּדִל)입니다. 이는 '꼬다'라는 뜻의 '가달'(גָּדַל)에서 유래하였으며, 술을 만들 때 실을 꼬아서 만들었던 것을 의미합니다(왕상 7:17).

또한 민수기 15:37-40에 쓰인 "술"은 히브리어로 '치치트'(צִיצִת)인데, '게딜'과 마찬가지로 겉옷의 가장자리에 두르는 꽃 모양의 장식으로, 율법이 생명의 꽃이라는 것을 의미합니다.

특별히 민수기 15:38에서 "... 그들의 대대로 그 옷단 귀에 술을 만들고 청색 끈을 그 귀의 술에 더하라"라고 말씀하고 있습니다. 대제사장은 에봇을 입기 전에 청색 겉옷을 입었습니다(출 28:31, 39:22). 술을 만들 때 청색 실이 들어간 것은, 이스라엘 백성으로 하여금 그들 자신이 제사장 신분을 갖는 나라의 백성임을 생각나게 해 주었을 것입니다(참고-출 19:6).

한편, '치치트'를 히브리어 문자가 갖는 고유한 숫자값으로 풀이해 보면 '600'에 해당합니다. 그리고 히브리인들은 옷술을 만들 때 여덟 가닥의 실을 다섯 번 매듭지어 '613'(600+8+5=613)이라는 숫자로 상징화하였습니다. 이 숫자는 율법의 613개 조항과 일치하는데, 히브리인들은 이 옷술을 볼 때마다 하나님의 말씀을 기억하고 항상 하나님의 계명을 지키고 순종할 것을 다짐하였습니다. 민수기 15:39-40에서 "이 술은 너희로 보고 여호와의 모든 계명을 기억하여 준행하고 너희로 방종케 하는 자기의 마음과 눈의 욕심을 좇지 않게 하기 위함이라 [40]그리하면 너희가 나의 모든 계명을 기억하고 준행하여 너희의 하나님 앞에 거룩하리라"라고 말씀하고 있습니다. 여기 "방종케 하는 자기의 마음과 눈의 욕심"에서 "욕심"(זָנָה, 자나)은 '간음하다'라는 뜻입니다. 술을 달면 하나님의 계명이 생각나게 되고, 그 때문에 간음을 방지하게 된다는 것입니다. 인간은 하나님의 말씀을 듣고도 곧 잊어버리는 망각의 존재요, 말씀을 알고도 제대로 따르지 못하는 연약한 존재이기에, 옷의 술을 볼 때마다 다시 말씀을 생각나게 하신 것입니다. 예수님 시대에 종교 지도자들은 이 술을 크게 만들어 사람에게 보이는 과시용으로 변질시켰습니다. 이에 예수님께서는 이들의 외식을 일곱 번이나 저주하시며 크게 책망하고 심판하셨습니다(마 23:5-7, 13-36).

이로 볼 때, 오늘날 우리가 일상 생활에서 입는 겉옷의 중요함은 두말할 나위가 없습니다. 율법에서 옷에 술을 달아 하나님의 말씀을 표하고 하나님의 백성 됨을 표시하게 했듯이, 오늘날 우리가 입고 있는 겉옷에서도 하나님의 말씀의 향기, 신앙인으로서의 믿음의 향기, 은혜의 향기가 풍겨야 합니다(고후 2:15-16).

더 나아가, 눈에 보이지 않는 우리 속사람의 옷은 더욱 중요합니다. 그것은 하나님의 말씀을 맡은 사명자로서의 겉옷입니다. 만일 사명자의 겉옷이 벗겨진 상태에 있다면, 그는 에덴동산의 아담이 벌거벗고 두려워했던 것과 같이 죄수와 도망자 같은 신세가 됩니다(창 3:7-10, [참고-]사 20:4, 암 2:16, 막 14:51-52). 또한 빚진 자와 같은 불쌍한 신세입니다(욥 22:6, 24:9-10, 잠 20:16, 겔 18:7, 16, 암 2:8). 사명자들은 언제든지 '겉옷'을 입었습니다(삼상 2:18-19, 18:4). 대제사장이 입는 청색 겉옷은 에봇 안에 받쳐 입는 옷이라 하여 "에봇 받침 겉옷"(출 28:31, 29:5), "에봇 받침 긴 옷"(출 39:22)이라고 하였습니다. 대제사장의 사명을 계승해 주는 표시로, 모세는 아론의 옷을 엘르아살에게 입혔습니다(민 20:25-28). 엘리야 선지자는 엘리사를 후계자로 세우라는 하나님의 명령에 순종하여 엘리사 선지자에게 겉옷을 벗어 던졌으며(왕상 19:16, 19), 엘리야가 승천할 때 엘리사는 그 떨어진 겉옷을 주워 가지고 기적을 행했습니다(왕하 2:8-14). 히스기야 왕 때 국고를 맡았던 셉나의 옷을 엘리아김에게 입힘으로, 셉나의 권력이 엘리아김에게 넘어갈 것을 보여 주었습니다(사 22:15, 20-21).

예수 그리스도와 합하여 세례를 받은 우리는 예수 그리스도로 옷 입어야 합니다(갈 3:27). 우리의 구원이 처음 믿을 때보다 가까웠으므로 어두움의 겉옷, 정욕을 위한 육신의 겉옷을 벗고, 빛의 갑옷을 입어야 합니다(롬 13:11-14).

3. 간음 개념의 복음적 확대
Evangelical expansion of the concept of adultery

(1) 마음속에 품은 음욕

예수님께서는 간음의 개념을 확대하시어, 육적 간음뿐 아니라 마음에 음욕만 품어도 이미 간음한 것이라고 말씀하셨습니다. 마태복음 5:27-28에서 "또 간음치 말라 하였다는 것을 너희가 들었으나 28
나는 너희에게 이르노니 여자를 보고 음욕을 품는 자마다 마음에 이미 간음하였느니라"라고 선포하셨습니다. 여기 "보고"는 헬라어 '블레포'(βλέπω)의 현재능동형으로, '단순히 본' 정도가 아니라 '주의를 기울여 관찰한' 것입니다. 예수님께서는 비록 육체적인 성 관계를 갖지 않더라도, 여자를 성적(性的) 대상으로 삼아 음욕을 품고 주의를 기울여 관찰하는 행위를 간음이라고 말씀하십니다. 간음을 범하는 동기를 제공하는 것은 마음의 문제라는 것입니다. 마음을 파고들며 자극하는 눈과, 육체의 말초 신경을 자극하는 손끝에도, 반드시 하나님의 처벌이 있다는 것을 명백히 하셨습니다. '너로 실족케 하는 오른쪽 눈을 빼어 버리라', '실족케 하는 네 오른손을 찍어 내버리라'라고 단호하게 명령하셨습니다(마 5:29-30). 마음속에서 간음의 동기를 제거하지 않는 한, 누구든지 간음죄를 피하기 어렵다는 것을 정확하게 말씀해 주신 것입니다.

잠언 6:29에서는 '만지기만 해도 죄 없게 되지 아니한다'라고 말씀하고 있습니다. 그래서 사도 바울은 에베소서 5:3에서 "음행과 온갖 더러운 것과 탐욕은 너희 중에서 그 이름이라도 부르지 말라 이는 성도의 마땅한 바니라"라고 말씀하였습니다. 음행은 사망의 방으로 내려가는 길인 것입니다(잠 7:24-27).

오늘날은 어린아이를 성폭행하는 것을 비롯하여 인간으로서는 도저히 상상할 수도 없는 성추문이 끊임없이 발생하고 있습니다. 성경에서는 간음죄를 짓지 않는 최선책으로 '성적 유혹의 상황을 피하라'(고전 6:18, 딤후 2:22)라고 말씀하고 있습니다. 보디발의 아내가 매일 유혹했을 때, 요셉의 처신은 '피하는 것'이었습니다(창 39:7-12). 대적하지 말고 '피하라'라고 하신 것을 보면, 간음죄는 인간이 범죄할 상황이 닥치면 그 순간을 극복하기 어려운 것임을 말씀해 줍니다. 주의 재림이 가까울수록 음행의 유혹과 음행의 죄를 조심하여 성적 순결을 지키고, 우리의 영과 혼과 몸이 주 앞에 흠과 티가 없도록 깨끗하게 보전되기를 힘써야 할 것입니다(엡 5:27, 살전 3:13, 5:23, 벧후 3:14).

(2) 잘못된 이혼(가정 파괴)

예수님께서는 잘못된 이혼 역시 간음이라고 선포하셨습니다. 마태복음 5:31-32에서 "또 일렀으되 누구든지 아내를 버리거든 이혼 증서를 줄 것이라 하였으나 [32]나는 너희에게 이르노니 누구든지 음행한 연고 없이 아내를 버리면 이는 저로 간음하게 함이요 또 누구든지 버린 여자에게 장가드는 자도 간음함이니라"라고 말씀하고 있습니다. 예수님의 말씀을 볼 때, 상대방이 음행하지도 않았는데 이혼하는 것은, 이혼 당한 여자나 그 여자와 결혼하는 남자 모두를 간음하는 자로 만드는 큰 죄인 것입니다.

예수님께서는 "하나님이 짝지어 주신 것을 사람이 나누지 못할지니라"라고 선언하셨습니다(마 19:6). 이때 바리새인들은 마태복음 19:7에서 "그러하면 어찌하여 모세는 이혼 증서를 주어서 내어버리라 명하였나이까"라고 따졌습니다. 예수님께서는 "모세가 너희 마음의 완악함을 인하여 아내 내어 버림을 허락하였거니와 본래는 그렇지 아니하니라”(마 19:8)라고 말씀하셨습니다. 여기 “본래”는 헬라어 ‘아프 아르케스’(ἀπ’ ἀρχῆς)로, ‘태초로부터, 근원으로부터’라는 뜻입니다. 예수님께서는 창조의 원리와 근본을 들어서, 자신의 성적 욕망을 채우려고 음행한 것뿐만 아니라, 아내를 내버리고 다른 데 장가드는 자들도 간음하는 것이라고 선포하신 것입니다(마 19:9).

성(性)이란, 근본적으로 가정을 통해 종족을 보존하고 땅을 정복하며 부부 간에 사랑을 나눌 수 있는 방편으로 주어진 하나님의 축복이었습니다. 따라서 만약 말초 신경을 자극하는 육적 쾌락만을 즐기기 위해 성을 악용한다면, 그것은 하나님의 창조 질서를 파괴하고 구속 경륜을 거스르는 무서운 죄악이 아닐 수 없습니다. 그래서 히브리서 13:4에서는 “모든 사람은 혼인을 귀히 여기고 침소를 더럽히지 않게 하라 음행하는 자들과 간음하는 자들을 하나님이 심판하시리라”라고 말씀하고 있습니다. 육체의 간음은 몸을 더럽힐 뿐 아니라 영적인 타락과 밀접한 관계가 있습니다. 왜냐하면 사람이 범하는 죄마다 몸 밖에 있으나, 음행하는 죄는 자기 몸 안에 있기 때문입니다(고전 6:18). 호세아 5:4에서는 “음란한 마음이 그 속에 있어”라고 말씀하고 있습니다. 우리의 몸은 우리의 것이 아닙니다(고전 6:19). 값으로 산 것이 되었으니, 우리 몸으로 하나님께 영광을 돌리고(고전 6:20), 주의 몸 된 교회를 섬기는 일에 전심을 쏟아야 합니다. 우리 몸은 의의 병기입니다(롬 6:13). 그래서 고린도전서 6:13에서 “몸은 음란을 위하지 않고 오직 주를 위하며 주는 몸을 위하시느니라”라고 말씀하고 있는 것입니다.

4. 제7계명을 범한 자의 최후
The fate of those who violated the seventh commandment

신구약 역사에서 간음하는 자는 철저하게 심판을 받았습니다(벧후 2:10). 음행하는 자들과 간음하는 자들을 하나님께서 심판하신다고 말씀하십니다(히 13:4). 소돔과 고모라와 그 이웃 도시들이 멸망을 받은 이유 가운데 하나는 '간음'을 행하였기 때문이었습니다(유 1:7). 요한계시록 2:22에서 "... 간음하는 자들도 만일 그의 행위를 회개치 아니하면 큰 환난 가운데 던지고"라고 말씀하고 있습니다. 간음을 회개하지 않는 자들은 반드시 하나님의 심판을 받게 될 것입니다(계 21:8, 22:15).

성경에 기록된 사형에 해당하는 죄 중에 유독 제7계명 '간음'에 관한 세부 조항이 많이 있습니다(출 22:19, 레 20:10-16, 신 22: 22-25, 참고-레 18장). 또한 역사적으로 간음으로 인해 죽은 자가 허다합니다. 잠언 7:25-26에서 "네 마음이 음녀의 길로 치우치지 말며 그 길에 미혹지 말지어다 [26]대저 그가 많은 사람을 상하여 엎드러지게 하였나니 그에게 죽은 자가 허다하니라"라고 말씀하고 있습니다.

(1) 모압 싯딤에서 모압 여자들과의 음행 사건

가나안 입성 직전 이스라엘 백성이 겪은 마지막 시험은 '간음의 시험'이었습니다. 구약성경 민수기 25장은 40년 광야 생활을 거의 마칠 무렵, 복된 약속의 땅을 문턱에 두고 싯딤에 머물러 있을 때(주전 1407년), 이스라엘 백성이 모압 여인들의 유혹에 이끌려 우상의 제물을 먹고 그 신들에게 절하므로 바알브올에게 부속되었던 사건을 기록하고 있습니다(민 25:1-3). 모세는 백성의 모든 두령을 처형하라는 여호와의 명령을 그대로 순종하지 않고, 사람의 생각으로 적당히 타협하여 바알브올에게 부속된 자만 죽이도록 하였습니다(민 25:4-5). 이때 시므온 지파의 족장인 시므리는 모세와 온 회중의 목전에 뻔뻔스럽게도 미디안 여자 고스비를 데리고 와서 음행하기 위해 자기 장막으로 갔습니다(민 25:6). 시므리가 고스비를 데리고 그의 장막으로 들어가는 것을, 제사장 아론의 손자이며 엘르아살의 아들인 비느하스가 보았습니다. 그는 회중 가운데서 일어나 손에 창을 들고(민 25:7), 시므리를 따라 그 막 안으로 들어가서(민 25:8上) 미디안 여자(고스비 - 민 25:15)와 이스라엘 남자(시므리 - 민 25:14)의 배를 꿰뚫어 공개적으로 죽였습니다(민 25:8). 그러자 염병이 그쳤는데, 염병으로 죽은 자는 24,000명이었습니다(민 25:9, 참고-고전 10:8에는 23,000명).

비느하스가 '하나님의 질투심으로 질투하여'(민 25:11) 두 사람을 죽임으로써 이스라엘을 속죄하였고(민 25:13下), 그 의로운 행동으로 말미암아 그의 가문이 영원토록 제사장 직분을 감당하게 되는 평화의 언약을 받았습니다(민 25:12-13上). 성경은 비느하스의 이러한 행동을 의로운 것이요, 대대로 칭송 받을 것이라고 말씀하고 있습니다(시 106:28-31). 비느하스는 하나님의 열심을 가진 자였습니다(참고-고후 11:2). 하나님의 원수를 나의 원수로 여긴 것입니다. 우리는 자주 죄를 처리하는 데 관대합니다. 그러나 성경에서는 죄와 싸우되 피 흘리기까지 싸우라고 말씀하고 있습니다(히 12:4). 죄를 묵인, 방관, 허용하면, 결국 그 죄가 우리를 삼키게 됩니다(벧후 2:19).

싯딤에서 이스라엘 백성이 모압 여자와 음행한 죄가 얼마나 심각했는지, 후에 신구약 성경 여러 곳에서 그 일이 자주 언급되었습니다(민 31:16, 신 4:3-4, 23:3-6, 시 106:28-31, 호 9:10, 고전 10:8).

모압 여인들은 이스라엘 장정들을 유혹하여 바알 신에게 제사한 음식을 먹이고 성적인 관계를 맺게 하여, 결국 여호와 하나님을 등지고 바알 신을 섬기게 함으로 여호와께 범죄케 하였습니다. 이방인들은 다산(多産)과 풍요(豊饒)를 기원한다는 미명하에 그들의 신을 성적인 방종 속에서 음란히(간음하듯) 섬겼습니다(출 34:15-16, 레 17:7, 20:5, 신 31:16, 삿 2:17, 대상 5:25, 렘 3:9, 23:10, 겔 6:9, 호 4:12). 약속의 땅 가나안을 목전에 두고 일어났던 죽음의 참상은 우상 숭배와 음행(淫行)의 결과였습니다. 모압 여자들에게 유혹을 받아 첫째, "먹고", 둘째, "그들의 신들에게 절"하고(민 25:2), 셋째, "음행"한 결과(민 25:1), 이스라엘 백성 이만 사천 명이 염병으로 죽었습니다. 모압 신들에게 바친 음식을 먹고 절한 것은 그 제사 행위에 적극적으로 참여하여, 깊이 교제했다는 의미입니다(참고-시 106:28, 계 2:14). 사도 바울은 우상에게 바친 제물을 먹는 것은 우상 숭배와 다를 바가 없다고 경계하였습니다(고전 10:14, 18-21).

(2) 우리아의 아내(밧세바)를 보고 동침한 '다윗'

다윗은 그의 장군 중 하나인 헷 사람 우리아의 아내 밧세바를 탐하였습니다. 당시는 암몬과의 전쟁 중이었는데(삼하 11:1), 헷 사람 우리아는 '전쟁 중에는 여자를 가까이하지 말라'라는 율법(참고-신 23:9-11)을 지켰으나(삼하 11:11), 다윗은 그 율법을 범하였습니다. 다윗이 저녁에 침상에서 일어나 왕궁 지붕 위에서 거닐다가 보니 한 여자가 목욕을 하는데 심히 아름다워 보여 그 여자를 데려다 동침한 것입니다(삼하 11:2-4). 그녀가 잉태했다는 소식을 듣자(삼하 11:5), 다윗은 자기의 죄가 탄로날까 봐 그녀의 남편 우리아를 최전방으로 보내어 죽게 만들었습니다(삼하 11:6-25). 결국 하나님께서는 나단 선지자를 통해 다윗의 죄를 드러내셨습니다. "그러한데 어찌하여 네가 여호와의 말씀을 업신여기고 나 보기에 악을 행하였느뇨 네가 칼로 헷 사람 우리아를 죽이되 암몬 자손의 칼로 죽이고 그 처를 빼앗아 네 처를 삼았도다"라고 말씀하고 있습니다(삼하 12:9). 다윗이 음행하고 남의 처를 빼앗은 죄에 대하여, 하나님께서는 칼이 다윗 집에서 영영히 떠나지 않게 하시고, 다윗 집에 재화를 일으켜 다윗의 처들을 다른 사람에게 주어 백주에 다윗의 눈앞에서 동침하게 하시겠다고 말씀하셨습니다(삼하 12:10-11).

그리고 그 말씀대로 다윗이 범한 음행의 죄를 보응하셨습니다(삼하 15:13-33). 그 후에 "당신의 낳은 아이가 정녕 죽으리이다"라고 한 나단 선지자의 예언대로, 우리아의 처가 다윗에게 낳은 아이를 여호와께서 치시매 심히 앓다가 죽고 말았습니다(삼하 12:14-23). 다윗은 우리아의 아내를 탐내어 간음한 부끄러운 죄를 범한 후 나단의 책망을 받고(삼하 12:1-14), 상한 심령으로 침상과 요를 적시며 눈물로 회개하였습니다(시 6:6, 51편). 이 후 다윗은 헷 사람 우리아의 일 외에는 평생에 여호와 보시기에 정직히 행하였습니다(왕상 15:5).

(3) 근친상간 범죄자들의 비참한 최후

신구약 성경에서 근친상간을 하였던 자들은 저주를 받거나 비참하게 죽었습니다. 르우벤은 아버지 야곱의 첩 빌하와 통간하여(창 35:22) 장자의 특권을 상실하는 저주를 받았습니다(창 49:3-4, 대상 5:1). 압살롬은 지붕에 장막을 치고 그의 부친 다윗의 후궁들과 동침하였는데(삼하 16:21-22), 그 후 그의 긴 머리털이 상수리나무에 걸려 공중에 달려 있을 때, 요압이 그의 심장을 찔렀고 소년 열 명이 압살롬을 에워싸고 쳐죽였습니다(삼하 18:9-15).

아도니야는 부친 다윗이 말년에 얻은 '아리따운 동녀 수넴 여자 아비삭'(왕상 1:1-4)을 자신에게 달라고 청하였다가, 솔로몬이 보낸 브나야에게 죽임을 당하였습니다(왕상 2:13-25).

사도 바울은 고린도 교회 안에 이방인 중에도 있을 수 없는 음행 사건, 곧 "그 아비의 아내"를 취한 근친상간의 죄가 있음을 듣고 크게 질책하였습니다(고전 5:1-3). 그 행음자를 "사단에게 내어 주었으니"(고전 5:5)라고 할 정도로, 교회에서 행음자를 크게 징계한 것입니다. 사도 바울은 성적으로 타락하여 음행한 자를 가리켜 "불의한 자"라고 규정하여, 결코 하나님의 나라를 유업으로 받을 수 없다고 거듭 강조하였습니다(고전 6:9-10, 갈 5:19-21, 엡 5:5). 고린도전서 5:9, 11에서는 교인 중에서 음행한 자들을 사귀지도 말고, 그런 자와는 함께 먹지도 말라고 명령하였습니다.

이 밖에 주전 586년 남 유다가 바벨론에 패망하여 잡혀 간 원인도, 안식일을 지키지 않은 것과 함께 우상 숭배와 음행이 나라 안에 만연했기 때문입니다(겔 16:23-43). 그들의 음행은 소돔과 사마리아보다 더욱 악하여(겔 16:47-52) 하나님의 노를 격동하였고(겔 16:26), 마침내 나라가 완전히 멸망하는 민족적 비극을 맞았습니다.

성경이 말씀하는 간음이 미치는 독은 너무나 엄청납니다.

첫째, 자기 몸에게 죄를 범하게 됩니다(고전 6:18).

둘째, 자기 영혼을 망하게 하고, 상함(불명예)과 능욕을 받게 하고 부끄러움을 씻을 수 없게 합니다(잠 6:32-33).

셋째, 간음하는 자는 하나님의 나라를 유업으로 받지 못합니다(고전 6:9-10, 갈 5:19-21).

넷째, 간음한 자는 창기의 몸이 되어, 하나님의 성령이 내주할 수 없게 됩니다(고전 3:16-17, 6:15-19).

다섯째, 간음은 음녀에게 파산을 당하게 하고, 귀한 생명을 빼앗기게 합니다(잠 6:26, 눅 15:13).

여섯째, 간음의 최종 도착지는 사망의 방입니다(잠 5:3-6, 7:27).

일곱째, 행음자는 불과 유황으로 타는 못에 참예하고(계 21:8), 성 밖에 있게 되는 수치를 당합니다(계 22:15).

5. 제7계명의 구속사적 교훈

The redemptive-historical lesson in the seventh commandment

아담은 에덴동산에서 제7계명을 범하는 것과 같은 죄를 지었습니다. 아담과 여자는 하나님보다 선악과에 마음을 더 빼앗겨 그것을 따먹고 말았습니다. 보기에 아름답고 먹기에 좋은 나무는 각종 나무요(창 2:9, 16), 지혜롭게 하는 나무는 생명나무인데(창 3:22, 잠 3:18), 선악을 알게 하는 나무가 그렇게 보였다는 것은 그들이 뱀의 유혹을 받고 거기에 마음을 빼앗겼기 때문입니다. 이처럼 영적으로나 정신적으로 하나님보다 다른 것에 마음을 빼앗겨 살아간다면 그것도 간음에 해당됩니다. 야고보서 4:4에서 "간음하는 여자들이여 세상과 벗 된 것이 하나님의 원수임을 알지 못하느뇨 그런즉 누구든지 세상과 벗이 되고자 하는 자는 스스로 하나님과 원수 되게 하는 것이니라"라고 말씀하고 있습니다. 하나님보다 세상과 더 친한 것 자체가 영적인 간음인 것입니다.

사도 요한은 가나의 혼인 잔치 기사를 통해 예수님을 참된 신랑으로 소개하였습니다(요 2:1-11). 세례 요한은, 신부를 취하는 자는 신랑(예수님)이며 자신은 신랑의 친구라고 말하였습니다(요 3:28-29). 사도 바울도 고린도 교인들에게 "내가 너희를 정결한 처녀로 한 남편인 그리스도께 드리려고 중매함이로다"(고후 11:2)라고 하면서, 자신을 그리스도와 성도 사이의 중매쟁이라고 소개하였습니다. 예수님께서도 친히 '신랑을 빼앗기는 날이 이르면 금식해야 하겠지만 신랑과 함께 있을 때는 금식할 수 없다'(마 9:15, 막 2:19-20, 눅 5:34-35)라고 하시어 자신이 신랑임을 증거하셨습니다. 또한 마태복음 25:1-13에서는 재림하실 예수 그리스도를 준비하는 성도를 가리켜, '신랑을 맞으러 나간 열 처녀'에 비유하여 말씀해 주셨습니다. 요한계시록 19:7-8에서도 "어린 양의 혼인 기약이 이르렀고 그 아내가 예비하였으니 [8]그에게 허락하사 빛나고 깨끗한 세마포를 입게 하셨은즉 이 세마포는 성도들의 옳은 행실이로다"라고 말씀하고 있습니다. 이 어린 양의 혼인 잔치에 청함을 입은 자들이 복이 있는 자들입니다(계 19:9). 어린 양과 함께 시온산에 선 십사만 사천 명(계 14:1)은 요한계시록 14:4에서 "여자로 더불어 더럽히지 아니하고 정절이 있는 자"라고 말씀하고 있습니다. 저들은 짐승에게 경배하지 않고 하나님의 계명과 예수 믿음을 끝까지 지킨 자들입니다(계 14:12). 신랑 되신 예수님을 영접하지 않는 모든 사람은 영적으로 간음죄를 범하고 있는 것입니다(참고-엡 5:31-33).

제 8계명
THE EIGHTH COMMANDMENT

"도적질하지 말지니라"

You shall not steal.

לֹא תִּגְנֹב

(출 20:15, 신 5:19)

출애굽기 20:15에서 "도적질하지 말지니라"라고 말씀하고 있습니다. 이 말씀은 히브리어 원문을 볼 때 신명기 5:19과 똑같은 말씀입니다.

1. 제8계명에 대한 해석

Exegesis of the eighth commandment

(1) "도적질" / גָּנַב / steal

제8계명 "도적질하지 말지니라"라고 한 것은, 이웃의 재산권을 침해하지 말라는 명령입니다. 도적질은 보이는 것뿐만 아니라 보이지 않는 이웃의 생명과 복지를 빼앗는 것까지 모두 포함합니다. 누구나 세상에 태어나면서 '내 것'이라는 것이 생기는데, 내게 속한 모든 것이 다 귀하듯이 이웃의 모든 소유도 그와 같이 귀하게 지켜져야 한다는 것을 가르쳐 주시는 계명입니다. 제6계명에서 이웃의 생명의 존엄함을, 제7계명에서는 이웃의 가정의 존엄함을, 이제 제8계명에서는 이웃의 소유가 존엄함을 알려 줍니다.

"도둑의 씨가 따로 없다"라는 속담처럼 본디부터 타고난 도둑은 없는 것이며, 도둑은 어느 시대나 있었고, 교도소에는 절도범과 강도범이 다른 죄수에 비해 월등히 많습니다. 그러나 하나님의 계명에 비추어 볼 때, 사실상 도적은 교도소 밖에 훨씬 더 많이 있습니다. 바로 자기 양심에 화인 맞은 사람들인데(딤전 4:2), 이들은 남의 것을 도적질하고도 양심에 가책을 받지 않는 자들입니다.

"도적질"은 히브리어 '가나브'(גָּנַב)로, '훱쓸어가다, 몰래 가져가다, 속이다'라는 뜻입니다. 도적질은 두 가지로 정리됩니다.

① 이웃의 소유를 잔인하게 취하거나 강제로 빼앗는 것입니다.

도적질은 이웃의 소유(주인 있는 것)를 주인의 허락(동의)이 전혀 없음에도 불구하고 권한 없는 자가 가져가는 일체의 행동을 말합니다. 남의 권리를 침해해서라도 자기의 이득을 취하는 것입니다. 여기 '이웃의 소유'란 재산과 관계된 것으로, 돈, 남종, 여종, 의복, 가축, 곡식, 패물 등이 해당합니다(출 22:1-15). 남의 돈을 꾸고 갚지 않는 것도 도적질입니다. 시편 37:21에 "악인은 꾸고 갚지 아니하나 의인은 은혜를 베풀고 주는도다"라고 말씀하고 있습니다.

② 이웃의 눈을 속이고 몰래 하는 일입니다.

남을 속이는 은밀한 행위도 도적질입니다(창 31:7, 27). 도적질은 '교활하고 음흉하게 남을 함정에 빠뜨리고 이득을 취하는 것, 남의 눈을 속이고 하는 행동'이라고 할 수 있습니다. 꼭 경제적 손실을 가져오지 않더라도 은밀하게(비밀리에) 남을 속인 행위도 경계해야 할 도적질입니다. 이를테면 남의 것을 몰래 훔쳐 보는 것도 도적질에 해당합니다.

또한 주어진 시간에 열심히 일하지 않고 나태하고 딴전을 피우는 것도 도적질입니다. 시간은 하나님께서 만인에게 맡겨 주신 공평한 재산이요, 선물입니다. 각자에게 정해 주신 시간을 선용하여 부지런히 일하면 이 땅에서 큰 재산을 얻고 영원한 기업을 누리지만, 나태하거나 그릇되게 악용하는 자는 분명 자신을 빈궁(貧窮)하게 만듭니다. 유한한 인생에게 맡겨 주신 짧은 세월을 아끼지 않는 것도 죄이며(시 90:4-5, 12, 엡 5:15-17), 이것은 자기 자신을 도적질하는 '자기 도적'입니다. 잠언 6:10-11에 "좀더 자자, 좀더 졸자, 손을 모으고 좀더 눕자 하면 네 빈궁이 강도같이 오며 네 곤핍이 군사같이 이르리라"라고 말씀하신 것을 깊이 명심해야 합니다(잠 24:33-34).

2. 제8계명의 세부 율법

Specific laws derived from the eighth commandment

"도적질하지 말지니라"(출 20:15, 신 5:19)라는 제8계명은, 출애굽기 21:16, 22:1-15과 신명기 23:19-24:7에서 확장하여 설명하고 있습니다.

(1) 이웃의 재산에 끼친 피해 보상 규정(출 21:16, 22:1-15)

제8계명의 세부 율법에는 이웃의 재산을 도적질했을 경우에, 각 경우마다 구체적인 배상 책임이 기록되어 있습니다. '배상하다'에 쓰인 히브리어 '샬렘'(שָׁלֵם)의 원래 의미는 '끝내다, 완성하다, 완전하다, 회복하다'(레 24:18, 왕상 9:25)입니다. 즉, 채무자가 빚을 갚아 채권자의 재산을 완전하게 회복시킨다는 의미입니다. 이러한 지불과

보상이 반드시 이루어져야만 모든 것이 완전해지고, 원래대로 회복되어 하나님께서 기뻐하시는 아름다운 '평화'(שָׁלוֹם, 샬롬)가 이룩되는 것입니다. 이런 의미에서 예수님께서 "예물을 제단에 드리다가 거기서 네 형제에게 원망 들을 만한 일이 있는 줄 생각나거든 예물을 제단 앞에 두고 먼저 가서 형제와 화목하고 그 후에 와서 예물을 드리라"(마 5:23-24)라고 말씀하신 것을 깊이 되새겨야 합니다. 이웃의 소유를 도적질하거나 이웃을 속여 이웃과 화목이 깨어진 상태라면, 그 자체가 온전치 못한 것이어서 하나님께서 그 예배를 받지 않습니다. 그러나 이웃의 손해를 모두 배상하고 나면 온전한 화목을 이루게 되고, 그때 비로소 하나님께서 그 제사를 흠향해 주시는 것입니다.

훔친 물건과 끼친 손해에 따른 배상 규정은 다음과 같습니다.

① 사람을 후려(도적질) 유괴(납치)하는 경우(출 21:16)

출애굽기 21:16에서 "사람을 후린 자가 그 사람을 팔았든지 자기 수하에 두었든지 그를 반드시 죽일지니라"라고 말씀하고 있습니다(신 24:7). "사람을 후린 자"는 사람을 도적질한 인신 매매범이나, 종을 삼을 목적으로 사람을 훔친 자 곧 유괴범을 말합니다. 이는 반드시 자기 생명으로 배상해야 했습니다.

② 이웃의 재물을 도적질한 경우(출 22:1-4)

소나 양을 훔쳐서 도살하거나 판 자는 소의 경우는 5배, 양은 4배로 갚아야 합니다(출 22:1). 몸집이 작고 순한 양에 비해 몸집이 크고 거친 소를 훔쳐간다는 것은 훨씬 더 계획이 치밀하고 대담해야 하는 것이므로 죄질이 더 나쁜 것으로 판단해, 배상액이 더 컸을 것입니다. 단, 도적질한 짐승이 살아 있으면 2배만 배상합니다(출 22:4).

만일 갚을 힘이 없으면 "그 몸을 팔아"서라도 반드시 배상해야 합니다(출 22:3). '동해보복법'(同害報復法)의 기준에서(출 21:22-27) 볼 때는, 도적질에 대한 배상법이 상당히 무겁고 혹독한 규정입니다. 이러한 가혹한 형벌을 통해, 이웃의 재산은 반드시 보호되어야 한다는 사실과, 사람은 항상 정당한 노동을 통해 부를 얻어야 함을 깨우치고, 결과적으로 이스라엘 사회 내에 도적질을 막는 큰 방편이 되었던 것입니다.

한편, 도적이 밤에 집을 뚫고 들어왔을 때 집주인이 그를 죽였으면 살인죄가 아니지만, 도적이 낮에 살해되었으면 집주인에게 살인죄가 적용됩니다(출 22:2-3上). 밤에는 도적에게 저항할 경우에 흔히 흥분한 나머지 살인에 이르게 되기 때문이며, 또한 밤에는 도적을 알아볼 수가 없고, 도적이 덤벼들면 안전하게 방어하며 붙잡을 수도 없기 때문입니다. 동일한 살인이라 할지라도 밤과 낮의 경우를 달리 적용한 이같은 법률은, 범죄자의 생명도 보호하시는 하나님의 깊은 사랑의 마음이 반영되어 있습니다.

③ 가축의 관리 소홀, 화재 등으로 이웃의 재산에 피해를 준 경우 (출 22:5-6)

짐승이 다른 사람의 밭으로 우연히 간 것이 아니라, 그 주인이 고의로 자기 짐승을 다른 사람의 목장이나 밭에 보내어 꼴을 뜯게 했을 경우에, "제일 좋은 것으로 배상할지니라"라고 말씀하고 있습니다(출 22:5). "제일 좋은 것"(מֵיטַב, 메타브)은 '좋다, 훌륭하다, 즐겁다'(삿 19:6)라는 뜻의 히브리어 '야타브'(יָטַב)에서 유래하여 '가장 훌륭한 부분, 가장 좋은 것'(창 47:6, 삼상 15:9, 15)이라는 의미입니다.

또한 출애굽기 22:6에서 "불이 나서 가시나무에 미쳐 낟가리나 거두지 못한 곡식이나 전원을 태우면 불 놓은 자가 반드시 배상할 지니라"라고 말씀하고 있습니다. 여기 가시나무는 자생(自生)한 것이 아니고, 밭이나 과수원 주위에다 주인이 자신의 영역을 구분하기 위해 심은 일종의 경계목(境界木)을 말합니다. 추수기가 다 된 들판과 과일 나무 등을 태워 이웃의 소득을 완전히 망가뜨렸을 때, 그에 합당한 배상을 하라고 규정하신 것입니다.

④ 맡겨 놓은 물건에 피해를 준 경우(출 22:7-9)

당시 사람들은 먼 여행을 하는 경우, 자신의 귀중품을 이웃에게 맡기고 집을 떠나는 관습이 있었는데, 물건을 맡은 집이 봉적(逢賊: 도적을 만나 물품을 잃어버림)했을 경우입니다. 만일 그 도둑을 잡았으면 잃어버린 물품의 원주인은 그 도둑으로부터 갑절의 배상금을 받을 수 있었기 때문에(출 22:4), 자신의 물건을 보관했던 그 이웃에게는 아무 책임도 묻지 말아야 했습니다(출 22:7). 그러나 도둑이 잡히지 않았으면, 물건을 보관했던 사람은 그가 가로챘을 것이란 의심을 받게 되기 때문에, 그 맡은 집 주인이 재판장 앞에 가서 자기가 원주인의 물품에 손댄 여부를 조사받아야 했습니다(출 22:8). 잃어버린 어떤 물건이든지, 맡긴 사람이 "이것이 그것이라"(잃어버린 물건이다)라고 하여 이웃의 재산 중 어떤 것을 자기 것이라고 주장하는 경우, 재판장이 양편을 살펴 죄 있다고 판단한 자가, 상대편에게 갑절을 배상하도록 하였습니다. 정죄를 받은 자가 물건을 맡은 자라면 당연히 물건의 원소유자에게 갑절 배상을 해야 했습니다. 만약 반대로, 물건을 맡긴 자가 정죄를 받는 경우에도 상대방에게 두 배의 배상을 해야만 했습니다(출 22:9). 이는 도둑으로 몰린 사람의 마음속의 억울함까지 엄밀히 살피시면서 판결하시는 하나님의 자상하고 깊은 마음을 보여 줍니다.

⑤ 맡겨 놓은 물건에 우연히 발생한 사고로 피해를 준 경우 (출 22:10-13)

물건을 맡겼다가, 돌보는 사람의 부주의나 고의성이 전혀 없는 우연히 발생한 사고 때문에 물건을 잃었을 경우입니다(출 22:10). 이에 대해, 물건을 맡은 자가 "손을 대지 아니하였다고 여호와로 맹세할 것"이라고 말씀하고 있습니다(출 22:11上). 모든 맹세 가운데 최고의 권위자이신 하나님의 이름과 그 권위를 두고 행해진 맹세는 가장 엄격한 맹세였으므로, '여호와의 이름'을 통해서 맹세한 사람의 신실함을 보여 주라는 것입니다. 그러면 "그 임자는 그대로 믿을 것이며 그 사람은 배상하지 아니하려니와"(출 22:11下)라고 말씀하고 있습니다. 이는 아무리 의심이 가더라도 하나님의 이름으로 맹세한 내용은 최후 결정이므로(히 6:16) 순순히 용납하고, 불신해서는 안 되며, 혹 거짓말이더라도 그 보응조차 하나님께 맡기는, 하나님의 절대 주권 신앙을 가르쳐 준 것입니다. 이로써 이웃 간에 분쟁과 불화가 더 이상 악화되거나 비화되는 일이 없도록 하셨습니다.

단, 맡은 자의 관리 부주의로 인하여 그 짐승이 도둑맞은 것이 확실하다면, 그 주인에게 반드시 배상해야 합니다(출 22:12). 그러나 자신이 맡은 가축이 맹수에 의해 찢긴 것이 분명하다면, 그것을 그 가축의 원주인에게 증거물로 제시함으로써 배상 책임을 면할 수 있었습니다(출 22:13).

⑥ 빌려 온 물건에 피해를 준 경우(출 22:14-15)

어떤 사람이 자기 필요에 의해 가축을 빌려 온 경우, 가축의 원 주인이 함께 있지 않을 때 그 가축이 상하거나 죽으면 그때는 그 가축을 빌려 온 자가 반드시 배상해야만 했습니다(출 22:14). 그러나 만일 빌려 온 가축이 그 주인과 함께 있을 때 상하거나 죽었을 경우에는 빌려 온 자가 배상하지 않았습니다(출 22:15).

(2) 이웃의 자유와 행복을 위한 의무 규정(신 23:19-24:7)

이 말씀에서는 보이는 돈이나 물건 외에, 보이지 않는 자유와 행복권, 그리고 생명까지도 빼앗아서는 안 되는 소중한 이웃의 소유로 언급되고 있습니다.

① 돈이나 식물을 빌어 간 이웃에게 이식(利息: 이자)을 받지 말라(신 23:19-20)

신명기 23:19의 "이식"은 히브리어로 '네셰크'(נֶשֶׁךְ)로, '물어뜯다'라는 뜻의 '나샤크'(נָשַׁךְ)에서 파생한 명사인데, '나샤크'는 예외 없이 뱀 같은 것에게 '물어뜯긴 것'이라는 뜻입니다(창 49:17, 민 21:6, 잠 23:32, 전 10:11). 돈을 빌려 준 후에 가혹한 이자를 취하는 것이, 마치 뱀이나 독사가 사람을 물어 죽음에 이르게 하는 것과 같음을 암시하고 있습니다.

하나님께서는 동족(형제)에게는 이자 없이 돈을 빌려 주라고 말씀하셨습니다(출 22:25, 신 23:19). 자신이 직접 노력하여 벌지 않은 불로 소득을 막으신 것입니다. 출애굽기 22:25에는 그 형제를 "나의 백성 중 가난한 자"라고 말씀하고 있습니다. 가난한 자가 궁핍하여 생계비를 꾸러 오면 이자를 아예 받아서는 안 된다는 것입니다. 그 이유에 대하여 레위기 25:36-37에서 "너는 그에게 이식을 취하지 말고 네 하나님을 경외하여 네 형제로 너와 함께 생활하게 할 것인즉 ..."이라고 말씀하고 있습니다. 하나님을 경외하고 이웃과 함께 생활할 수 있도록 최소한의 생활 조건을 보장하게 하신 것입니다. 단, 타국인에게 꾸일 경우는 이식을 취할 수 있습니다(신 23:20上). 이 말씀을 순종하는 자에게 "네 손으로 하는 범사에 복을 내리시리라"라고 축복하셨습니다(신 23:20下). 시편 15:5에서도 "변리로 대금치 아니하며 ... 이런 일을 행하는 자는 영영히 요동치 아니하리이다"라고 말씀하고 있습니다.

느헤미야 시대에 바벨론 유수에서 귀환한 유대인들이 성벽을 재건하느라 온갖 어려움을 겪고 있을 때, 설상가상으로 가뭄에 따른 흉작과 과중한 세금으로 백성은 생활고에 시달렸는데, 이런 상황 속에서 고리 대금업자가 날뛰는 바람에 백성은 그 자녀를 종으로 팔아야 하는 위험한 지경에 이른 적도 있었습니다(느 5:1-13).

'중한 변리로 자기 재산을 많아지게 하는' 자는, 가난한 사람을 불쌍히 여기는 자를 위하여 그 재산을 저축하는 것과 같아서, 결국에는 그것 중 하나도 제 것이 되지 못합니다(잠 28:8, 참고-잠 13:22).

② 하나님께 네가 서원한 대로 행하라(신 23:21-23)

서원(誓願: 약속 서, 원할 원)은 '요구되지 않는 일을 자발적으로 엄숙하게 하나님께 맹세하여 약속함'이라는 뜻입니다.

첫째, 하나님께 향한 마음의 비상한 각오와 결심입니다.

둘째, 하나님께 향한 마음의 결정을 고백하는 행위입니다.

셋째, 하나님께 향한 마음의 다짐을 맹세하는 행위입니다.

한번 서원한 것은 결코 파기할 수 없습니다(신 23:21-23). 레위기

19:12에서 "내 이름으로 거짓 맹세함으로 네 하나님의 이름을 욕되게 하지 말라"라고, 민수기 30:2에는 "여호와께 서원하였거나 ... 서약하였거든 파약하지 말고 그 입에서 나온 대로 다 행할 것이니라"라고 말씀하고 있습니다(시 15:4). 서원한 것은 갚기를 더디 해서는 안 되며, 서원하고 갚지 아니하는 것보다 서원하지 않는 것이 낫습니다(신 23:21, 전 5:4-5). 서원한 것을 실천하지 않는 것은, 스스로를 속이고 하나님을 속이고 결국 제 이득을 챙기는 것이므로, 하나님의 것을 도적질하는 죄에 해당합니다.

③ 굶주린 이웃에게 자비와 긍휼을 베풀라(신 23:24-25)

이 말씀은, 이웃이 포도원에 들어가서 따먹는 것은 "마음대로 ... 배불리" 먹을 수 있도록 해 주어(신 23:24), 극빈자의 최소한의 생존권을 보장한 자비의 법입니다. 그러나 그릇에 담거나 낫을 이용하여 남의 소유를 취하는 것은 금하였습니다(신 23:24-25). 법을 악용하여 다른 사람에게 피해를 입힌다면 그것은 도둑질에 해당하기 때문입니다.

④ 새롭게 가정을 이룬 자에게 주는 1년의 혜택(신 24:5)

새롭게 가정을 이룬 자는 군대나 무슨 직무든지 맡지 않고 1년간 집에 한가히 거하여 그 취한 아내를 즐겁게 하라고 말씀하셨습니다. 결혼의 신성함을 일깨움과 동시에, 타인에게 빼앗겨서는 안 되는 각 가정(배우자)의 소중함, 신혼 부부의 행복권을 보장해 주는 규정입니다.

⑤ 이웃의 생명과도 같은 맷돌의 전집(典執) 금지(신 24:6)

채권자는 채무자가 빚을 갚지 못하여 대신 맷돌짝을 내놓을지라도, 맷돌의 전부나 그 윗짝만이라도 전집하지 말라고 말씀하고 있습니다. 맷돌은 곡식을 갈아서 가루로 만드는 데 쓰이는 생활 필수품이기 때문에, 그 전부든지 윗짝만이든지 맷돌을 전집하는 것은 "그 생명을 전집함"과 같은 것입니다(신 24:6). 여기 "전집함"은 히브리어 '하발'(חָבַל)로, '저당잡다, 담보로 하다'라는 뜻입니다. 이웃의 생명 같은 소유를 채권으로 위협하는 일을 방지하는 규정입니다.

⑥ 자기 형제 이스라엘인의 유괴(납치) 금지(신 24:7)

신명기 24:7에서 "사람이 자기 형제 곧 이스라엘 자손 중 한 사람을 후려다가 그를 부리거나 판 것이 발견되거든 그 후린 자를 죽일지니 이같이 하여 너의 중에 악을 제할지니라"라고 말씀하고 있습니다. 여기 '후리다'는 도적질과 같은 원어인 '가나브'(גָּנַב)인데, 사람을 유괴하는 것을 말합니다. 또 "한 사람을"은 히브리어 '네페쉬'(נֶפֶשׁ)이며, '영혼'이나 '생명'으로 번역될 수 있습니다. 이처럼 납치(유괴)는 그 사람의 생명이나 영혼을 상하게 하는 잔혹한 결과를 초래할 수 있으므로, '사형'이라는 극형으로 처벌하게 했습니다(출 21:16).

3. 도적질 개념의 복음적 확대

Evangelical expansion of the concept of stealing

성경에서는 보이는 물건뿐만 아니라 보이지 않는 것까지도 도적질해서는 안 된다고 말씀하고 있습니다.

(1) 말씀을 도적질해서는 안 됩니다.

예레미야 23:30에서 "나 여호와가 말하노라 그러므로 보라 서로 내 말을 도적질하는 선지자들을 내가 치리라"라고 말씀하고 있습니다. 여기에 사용된 "도적질"이라는 단어는 '가나브'(גָּנַב)인데, 히브리어 동사의 피엘(강조) 분사형이 사용되었습니다. 예레미야 때에 많은 거짓 선지자들이, 참선지자가 하나님께 받은 말씀을 마치 자신들이 받은 것처럼 철저하게 속이거나, 하나님께서 말씀하시지 않았는데도 마치 하나님의 말씀처럼 전하였음을 말해 줍니다. 예레미야 23:31에서는 "나 여호와가 말하노라 보라 그들이 혀를 놀려 그가 말씀하셨다 하는 선지자들을 내가 치리라"라고 말씀하고 있습니다. 이것을 공동번역에서는 "내가 똑똑히 일러 둔다. 이런 예언자들이 내 말을 한답시고 혀를 놀리는데, 결코 그냥 두지 않으리라"라고 번역하고 있습니다. 하나님께서는 하나님의 말씀을 도적질하는 자들을 그냥 내버려두지 않으시고 반드시 심판하십니다(렘 23:32).

(2) 마음을 도적질해서는 안 됩니다.

사무엘하 15:6에서 "무릇 이스라엘 무리 중에 왕께 재판을 청하러 오는 자들에게 압살롬의 행함이 이 같아서 이스라엘 사람의 마음을 도적하니라"라고 말씀하고 있습니다. 여기 "도적하니라"라는 표현은 히브리어 '가나브'(גָּנַב)의 강조형으로, 압살롬이 철저하게 사람들을 속이고 그들의 마음을 훔쳤다는 뜻입니다.

압살롬은 아침에 일찍이 일어나 성문 길 곁에 서서, 백성이 어려운 일을 당하여 왕에게 재판을 청하러 올 때 그들을 먼저 만났습니다. 그리고 백성의 문제를 다 들은 다음에 '이 문제에 있어서 네가 옳고 정당하지만, 유감스럽게도 네 송사를 들어줄 사람을 왕이 세우지 않았다' 하는 식으로 말하고, 이어서 '만일 내가 이 나라의 재판관이 된다면, 송사나 재판할 일이 있어서 내게 오는 사람은 누구든지 공정하게 해결해 줄 것이다'라고 말하여 사람들의 마음을 샀던 것입니다(삼하 15:2-4). 이처럼 다윗왕에게 가야 할 백성의 마음을 자신에게로 돌렸으니, 이것이 마음을 도적질한 죄가 된 것입니다(삼하 15:5-6).

(3) 시간을 도적질해서는 안 됩니다.

모든 시간은 하나님께서 주신 것입니다. 그러므로 시간을 낭비하고 헛되이 보내는 것은 시간을 도적질하는 죄가 됩니다. 에베소서 5:16에서 "세월을 아끼라 때가 악하니라"라고 말씀하고 있습니다.

시간을 도적질하여 '육신의 정욕과 안목의 정욕과 이생의 자랑'을 위해서 사용하는 사람은, 생각지 않은 때에 오시는 주님을 맞이하지 못하고 낙오자가 될 수 있습니다(참고-요일 2:16). 마태복음 24:42-44에서 "그러므로 깨어 있으라 어느 날에 너희 주가 임할는지 [43]너희가 알지 못함이니라 너희도 아는 바니 만일 집주인이 도적이 어느 경점에 올 줄을 알았더면 깨어 있어 그 집을 뚫지 못하게 하였으리라 [44]이러므로 너희도 예비하고 있으라 생각지 않은 때에 인자가 오리라"라고 말씀하고 있습니다(눅 21:34-36).

세월을 아껴서 하나님의 뜻을 위해 깨어 근신하는 자들은 빛의 아들이요 낮의 아들이지만, 시간을 도적질하여 세상에 취해 있는 자들은 어두움에 속한 자들입니다(살전 5:1-8). 우리는 하나님께서 주신 시간을 잘 간수하고 하나님의 때를 잘 분별하여 "충성되고 지혜 있는 종이 되어 주인에게 그 집 사람들을 맡아 때를 따라 양식을 나눠 줄 자"가 되어야 합니다(마 24:45).

(4) 헌물과 십일조를 도적질해서는 안 됩니다.

말라기 3:8에서 "사람이 어찌 하나님의 것을 도적질하겠느냐 그러나 너희는 나의 것을 도적질하고도 말하기를 우리가 어떻게 주의 것을 도적질하였나이까 하도다 이는 곧 십일조와 헌물이라"라고 말씀하고 있습니다. 여기에 사용된 "도적질"은 히브리어 '카바'(קָבַע)로, '가나브'(גָּנַב)보다 더 강력한 의미인 '강탈하다, 약탈하다, 속여 빼앗다'라는 뜻입니다(잠 22:23). 그러므로 하나님께 드려야 할 '헌물과 십일조'를 온전히 바치지 않고 도적질하는 것은 다른 도적질보다 큰 죄이며, 더구나 그것을 부인하는 것은 더 큰 죄입니다.

① 헌물을 도적질해서는 안 됩니다.

말라기 선지자는 인간 내면에 가득한 도둑 심리를 노골적으로 폭로하였습니다(말 3:8). 하늘 아래 모든 것이 하나님의 것임에도 불구하고 자기 것인 줄로 착각하고, 물질로 드리는 감사에 인색한 것은 하나님께서 싫어하시는 도적질에 해당합니다. '하나님께 감사하라'(대상 16:41, 시 106:1, 107:1, 118:1, 29, 136편 [26회]), "너희는 감사하는 자가 되라 ... 하나님 아버지께 감사하라"(골 3:15-17), "범사에 감사하라"(살전 5:18)라고 명령하고 계십니다. "범사에 감사하라"라는 명령은 어떤 처지에 있든지 하나님 앞에 늘 고마운 마음, 좋은 감정을 가지고 좋은 태도를 취하라는 뜻입니다. 감사는 반드시 물질로도 표현이 되어야 합니다(마 6:21).

② 십일조를 도적질해서는 안 됩니다.

말라기 3:10에 "만군의 여호와가 이르노라 너희의 온전한 십일조를 창고에 들여 나의 집에 양식이 있게 하고 그것으로 나를 시험하여 내가 하늘 문을 열고 너희에게 복을 쌓을 곳이 없도록 붓지 아니하나 보라"라고 말씀하고 있습니다. 그 당시에도 십일조 생활은 했으나 온전한 십일조를 드리는 사람이 많지 않았던 것입니다. '온전하지 못했다'는 것은 하나님의 백성이 하나님 중심 신앙이 아니라, 끼리끼리 모인 사람의 모임, 인본주의 신앙으로 바닥까지 떨어지고, 하나님 앞에 성실하지 못했음을 보여 줍니다. 온전치 못한 십일조, 바로 그것이 하나님의 물건을 도적질한 죄입니다.

학개 2:8에서 "은도 내 것이요 금도 내 것이니라 만군의 여호와의 말이니라", 신명기 8:18에서 "네 하나님 여호와를 기억하라 그가 네게 재물 얻을 능을 주셨음이라"라고 말씀하고 있습니다. 십일조는 소득의 십분의 일을 바침으로, 모든 재물의 소유주가 바로 하나님이시라는 신앙 고백을 드리는 것입니다. 열(10)이란 숫자는 꽉 찬 수, 만수(滿數)를 말합니다. 그렇다면 십일조는 십분의 일을 바쳤지만 그 나머지 십분의 구(9/10)도 하나님의 것으로 고백하는 것이며, 나아가 그 주인 역시 하나님이시므로 내 자신의 정욕을 위해 함부로 사용하지 않는 것입니다.

하나님의 것을 도적질하는 자는 반드시 큰 심판을 받습니다. 말라기 3:9에서 "너희 곧 온 나라가 나의 것을 도적질하였으므로 너희가 저주를 받았느니라"라고 말씀하고 있습니다. 하나님의 것은 절대 손을 대지 말아야 하며 온전히 하나님께 드려야 합니다. 늦었더라도 다 헤아려서 바치면, 하늘 문을 여시고 복을 쌓을 곳이 없도록 부어 주십니다. 그렇게 부어 주시는지 부어 주시지 않는지 시험해 보라고 말씀하셨습니다(말 3:10). 이는 충분한 분량 이상으로, 더 받을 곳이 없을 정도로 넘치도록 부어 주신다는 확약입니다(참고-창 41:49).

4. 제8계명을 범한 자의 최후

The fate of those who violated the eighth commandment

(1) 하나님께 바친 물건을 훔쳐 간 '아간'

아간은 유다 지파 세라의 증손, 삽디의 손자, 갈미의 아들(수 7:1) 입니다. 그는 여리고 전쟁에 참가하여 전리품을 도적하고 사기하고 자기 집에 두었습니다(수 7:11). 여기 "사기"(詐欺: 속일 사, 거짓말할 기)는 '거짓으로 사람을 속여 해롭게 하는 일'을 뜻합니다. 여호수아는 "너희는 바칠 물건을 스스로 삼가라 너희가 그것을 바친 후에 그 바친 어느 것이든지 취하면 이스라엘 진으로 바침이 되어 화를 당케 할까 두려워하노라"(수 6:18)라고 미리 단단히 일러 두었습니다. 그러나 아간은 하나님께 바친 물건을 취해 자기 집에 둠으로써 이스라엘이 화를 당케 했습니다(수 7:1). 아간이 취한 물건은, "시날산(産)의 아름다운 외투 한 벌과 은 200세겔과 50세겔 중(重)의 금덩이 하나"였습니다. 그것들을 탐내어 취해 장막 가운데 땅 속에 감추었으며, 은은 제일 밑에 있었습니다(수 7:21).

이로 인하여 이스라엘은 아이 성 점령에 실패했습니다(수 7:1-5). 이스라엘의 패배 원인에 대해 "이스라엘 자손들이 자기 대적을 능히 당치 못하고 그 앞에서 돌아섰나니 이는 자기도 바친 것이 됨이라"라고 말씀하고 있습니다(수 7:12). "자기도 바친 것이 됨이라"라는 말씀은, 하나님께 바친 물건을 훔쳤기 때문에 그 자신도 바친 것이 되어 진멸당하게 되었다는 무서운 말씀입니다. 여기 "자기도 바친 것"은 히브리어 '헤렘'(חֵרֶם)이며, '아주 바친 물건, 멸하기로 정해진 것'을 뜻합니다(레 27:28-29, 민 18:14). 이는 첫째, 하나님께 바쳐진 것은 하나님께 반드시 드려야 한다는 것입니다. 둘째, 바친 것을 취하면 하나님을 대적하는 것이기 때문에 반드시 진멸되어야 한다는 것입니다.

이러한 상황에서 하나님께서는 전쟁에서 승리할 수 있는 해결책을 지시하셨는데 다음의 세 가지입니다.

첫째, "바친 물건을 제하라"(수 7:12-13)

둘째, "백성을 성결케 하라"(수 7:13)

셋째, "바친 물건을 가진 자로 뽑힌 자를 불사르되 그와 그 모든 소유를 그리하라 이는 여호와의 언약을 어기고 이스라엘 가운데서 망령된 일을 행하였음이라"(수 7:15)

마침내 아간의 죄가 다 드러나자, 여호수아는 아간과 그 아들들과 딸들과 은, 외투, 금덩이, 소, 나귀, 양들과 장막과 무릇 그에게 속한 모든 것을 이끌고 아골 골짜기로 갔습니다(수 7:23-24). 여호수아는 "네가 어찌하여 우리를 괴롭게 하였느뇨 여호와께서 오늘날 너를 괴롭게 하시리라"라고 선포하였습니다(수 7:25). 곧바로 온 이스라엘이 아간과 그 식구, 그 소유 모든 것을 돌로 치고 불사르고 그 위에 돌무더기를 크게 쌓았습니다(수 7:25下-26上). 이로써 여호와의 "극렬한 분노"가 그쳤으며, 그곳 이름을 "아골 골짜기"(뜻: 괴로움의 골짜기)라고 불렀습니다(수 7:26下).

훗날, 제사장 비느하스와 열 지파 두령들은 아간의 죄를 상기시켰습니다(수 22:20). 역대상 2장 유다 자손의 족보에도 아간의 죄가 기록되었는데(6-7절), 7절에 "가르미의 아들은 아갈이니 저는 마땅히 멸할 물건으로 인하여 이스라엘을 괴롭게 한 자"라고 말씀하고 있습니다. 여기 '아갈'은 아간과 동일 인물로, 그 뜻은 '괴롭히는 자' 입니다. 하나님께 바친 물건을 도적질하는 것은, 그 개인과 가정과 나라에까지 큰 해를 몰고 온다는 것을 크게 교훈해 주고 있습니다.

(2) 돈 궤를 맡고 거기 넣는 것을 훔쳐 간 도둑 '가룟 유다'

예수님의 사랑하는 제자 열두 명 중에 도적이 있었습니다. 요한복음 12:6에서 "이렇게 말함은 가난한 자들을 생각함이 아니요 저는 도적이라 돈 궤를 맡고 거기 넣는 것을 훔쳐 감이러라"라고 말씀하고 있습니다. 가룟 유다는 열두 제자 중에 돈 궤를 맡은 자였는데, 평소 거기 있는 것을 몰래 훔쳐 갔던 도적이었습니다. 공동번역에서는 "유다는 가난한 사람들을 생각해서가 아니라 그가 도둑이어서 이런 말을 한 것이다. 그는 돈주머니를 맡아 가지고 거기 들어 있는 것을 늘 꺼내 쓰곤 하였다"라고 번역하였습니다.

예수님께서 베다니 문둥이 시몬의 집에서 식사하실 때, 마리아가 예수님의 장사를 미리 준비하기 위해 300데나리온 가치의 '지극히 비싼 향유'를 예비하였다가, 옥합을 깨뜨려 그 전부를 다 쏟아 예수님의 발에 붓고, 자기 머리털로 예수님의 발을 씻었습니다(막 14:3-5, 요 12:3-5). 예수님께서 십자가에 달리기 위해 가시는 길에 온 몸과 온 마음을 다 바친 것입니다(막 14:6-9, 요 12:7-8). 이로 인해 집 안은 향유 냄새로 가득했습니다. 가룟 유다는 자신 속에 있던 음흉한 마음과 물질에 대한 탐심으로 제자들의 불신에 불을 붙이고 충동질하였습니다. 가룟 유다가 "이 향유를 어찌하여 300데나리온에 팔아 가난한 자들에게 주지 아니하였느냐"(요 12:4-5)라고 선동하자, 이에 제자들까지 분을 내어, "무슨 의사로 이것을 허비하느뇨"(마 26:8,

막 14:4)라고 하면서, 눈물겹게 헌신한 여자를 책망했습니다. 죽음을 눈앞에 둔 장본인 예수님 앞에 던진 이 말은 한겨울 칼바람보다 더 싸늘하고 냉혹했습니다.

가룟 유다 마음의 사악한 의도를 아시는 예수님께서는 "저를 가만두어 나의 장사할 날을 위하여 이를 두게 하라 가난한 자들은 항상 너희와 함께 있거니와 나는 항상 있지 아니하리라"(요 12:7-8)라고 말씀하셨습니다.

가룟 유다는 앞으로 더 이상 돈 들어올 곳이 없게 되었으므로, 대제사장에게 찾아가서 "내가 예수를 너희에게 넘겨주리니 얼마나 주려느냐"라고 묻고는 저들이 은 30냥을 달아 주자, '그때부터' 예수를 언제 어떻게 넘겨줄까 기회를 노리면서 예수님 주변에 사람들이 없을 때를 엿보았습니다(마 26:14-16, 막 14:10-11, 눅 22:3-6). 가룟 유다는 단계별 체포 계획을 치밀하게 짰습니다. 군호를 짜고, 예수님을 '단단히 끌고 가라'라고 당부했습니다(마 26:48, 막 14:44). 예수님의 초월적인 능력으로 자신들의 노력이 수포로 돌아갈 수도 있다고 생각한 것 같습니다. 그래서 흉악범을 잡듯 검과 몽치를 준비하라고 했습니다(막 14:48). 가룟 유다의 배반은 너무도 가증스럽고 비열했습니다.

가룟 유다는 예수님께서 무죄하다는 것을 알고도, 예수님을 은 30냥에 종교 지도자들에게 넘겨준 집 안의 강도였습니다. 후에 가룟 유다는 "내가 무죄한 피를 팔고 죄를 범하였도다…"(마 27:4)라고 말하며, 은을 성소(ναός, 나오스)에 던져 넣고 물러가서 "스스로 목매어" 죽었습니다(마 27:5). 가룟 유다는 자기가 팔아먹은 스승 예수님께서 십자가에 처형될 것을 알고, 금요일 새벽 빌라도가 주님의 사형 선고를 내린 후 스승이 죽기 전에 먼저 자살하여 죽고 말았습니다. 유다는 목매어 있다가 몸이 곤두박질하여 배가 터지고 창자가 쏟아졌습니다(행 1:18). 그는 결국 자기의 갈 곳으로 갔습니다(행 1:25). 구약의 예언대로(시 69:25, 슥 11:12-13), 가룟 유다가 성소에 던진 '불의의 삯, 은 30'으로 대제사장들이 토기장이의 밭을 사서 나그네의 묘지를 삼았고, 그곳을 "아겔다마"('피밭'이라는 뜻)라고 하였습니다(마 27:6-10, 행 1:19-20).

가룟 유다는 물질에 눈이 어두워 자기 자신에게 속고, 종교 지도자들의 막강한 권력에 속고, 자신의 눈으로 파악한 대세에 또 한 번 속았습니다.

하나님의 나라를 유업으로 받을 수 없는 자의 목록 중에 "도적"이 포함되어 있습니다. 고린도전서 6:10에서 "도적이나 탐람하는 자나 술 취하는 자나 후욕하는 자나 토색하는 자들은 하나님의 나라를 유업으로 받지 못하리라"라고 말씀하고 있습니다. 또한 요한계시록에 기록된 여섯 번째 나팔 재앙 가운데, 죽지 않고 남은 사람들이 있습니다. 이들은 그 손으로 행하는 일을 회개치 아니하는데, 그 죄의 목록 속에 "도적질"이 들어 있습니다(계 9:20-21).

5. 제8계명의 구속사적 교훈

The redemptive-historical lesson in the eighth commandment

아담은 에덴동산에서 제8계명을 범하는 것과 같은 죄를 지었습니다. 원래 선악을 알게 하는 나무의 실과는 금지된 것이었습니다(창 2:17). 그것의 소유권은 아담에게 있지 않았습니다. 그러나 아담과 여자는 금지된 선악을 알게 하는 나무의 실과를 몰래 따먹음으로 하나님의 것을 도적질하고 말았습니다. 결과적으로 그들의 도적질은 전 인류를 사망으로 몰고 가, 생명을 빼앗은 가장 큰 도적질이 되었습니다.

출애굽 한 이스라엘 백성은 십계명과 율법의 교훈을 받았는데도, 모세의 지도권에 도전하였습니다. 고라와 다단과 아비람과 온이 당을 짓고 족장 250명과 함께 일어나 모세와 아론을 거스렸습니다(민 16:1-3). 이들은 모세의 지도권을 도적질하려고 했습니다. 그러나 땅이 입을 벌려 그들과 그 가족과 고라에게 속한 모든 사람과 그 물건을 삼켜 버렸습니다(민 16:32-33). 그리고 고라의 일로 죽은 자 외에 염병으로 죽은 자가 14,700명이나 되었습니다(민 16:49). 이 사건은 하나님께서 세우신 지도자의 지도권을 도적질하는 것이 얼마나 큰 죄인지 단적으로 보여 주고 있습니다.

예수님 당시 종교 지도자들도 백성의 마음을 도적질하여 예수님을 죽이도록 만들었습니다. 명절을 당하면 백성의 구하는 대로 죄수 하나를 놓아주는 전례가 있었는데, 이때 빌라도는 예수님을 놓아주기를 원하였습니다. 빌라도는 대제사장들이 시기로 예수님을 죽이려 한다는 것을 알았습니다(막 15:6-10). 그런데 대제사장들이 무리를 충동하여 죄수 바라바를 놓아 달라고 요청하게 만들었습니다(막 15:11). 결국 빌라도는 무리에게 만족을 주고자 예수님을 십자가에 못 박히게 넘겨주고 말았습니다(막 15:15). 이렇게 대제사장들이 백성의 마음을 도적질하여 예수님을 십자가로 내몰았던 것입니다. 오늘날도 교인들의 마음을 도적질하여 하나님의 뜻과 반대되는 일을 하도록 인도하는 거짓 목자들이 많이 있습니다. 이들은 천국 문을 사람들 앞에서 닫고, 자기도 들어가지 않고 들어가려 하는 자도 들어가지 못하게 했던 서기관들이나 바리새인들과 똑같은 자들입니다(마 23:13).

제 9 계명
THE NINTH COMMANDMENT

"네 이웃에 대하여 거짓 증거하지 말지니라"
You shall not bear false witness against your neighbor.
לֹא־תַעֲנֶה בְרֵעֲךָ עֵד שָׁקֶר
(출 20:16, 신 5:20)

출애굽기 20:16에서 "네 이웃에 대하여 거짓 증거하지 말지니라" 라고 말씀하고 있습니다. 여기 "거짓"에 해당하는 히브리어 '쉐케르'(שֶׁקֶר)를 신명기 5:20에서는 '샤베'(שָׁוְא)로 기록했습니다. '쉐케르'는 '거짓 맹세, 속임, 허위, 사기'라는 뜻이며(출 5:9, 레 19:12, 렘 5:31, 20:6, 29:9), '샤베'는 '텅 빔, 근거 없음, 무가치, 거짓말'이라는 뜻입니다(욥 15:31, 시 31:6, 41:6, 사 1:13, 말 3:14).

1. 제9계명의 해석

Exegesis of the ninth commandment

거짓 증거는 진실된 언약 공동체를 파괴합니다. 제9계명은 거짓을 배격하고 '진실의 존엄함'을 깨우쳐 주고 있습니다. 거짓 증거가 이웃에게 끼치는 해악(害惡)이 얼마나 무서운가를 보여 줍니다. 특별히 제9계명은 사회적으로 가장 힘없는 약자들(가난한 자, 객, 과부, 고아)이 그 거짓말 때문에 매도당하는 일이 없도록, 공동체 내에서 그들을 각별히 보호하게 해 주는 극진한 사랑의 계명입니다.

(1) "말"과 "혀" / דָּבָר, לָשׁוֹן / language, tongue

하나님께서 사람을 창조하신 목적은 우리의 혀를 통해 그 입술의 열매인 찬양을 받으시기 위함이었습니다. 이사야 43:21에서 "이 백성은 내가 나를 위하여 지었나니 나의 찬송을 부르게 하려 함이니라"라고 말씀하고 있습니다. "입술의 열매"란, 곧 하나님께 바치는 찬미의 제사입니다(히 13:15). 시편 기자는 하루에 일곱 번씩 찬양했다고 고백하였습니다(시 119:164). 찬송하는 것은 하나님의 장막에서 드리는 즐거운 제사입니다(시 27:6). 하나님께서는 찬송 가운데 거하십니다(시 22:3). 입술로 고백하는 진실한 감사와 찬양을 통해 진정으로 회개하여 하나님 앞에 돌아오게 됩니다(호 14:2). 찬송은 수송아지로 드리는 제사보다 나은, 자기 몸으로 드리는 산 제사입니다(시 69:30-31, 롬 12:1).

반면에, 신구약 성경에는 사람의 세 치 혓바닥으로 짓는 죄가 얼마나 많고 심각한가를 경고합니다. 하나님께서는 사람을 정직하게 창조하셨으나, 사람이 많은 꾀를 낸 것입니다(전 7:29). 혀를 잘못 쓰면 온 몸을 더럽히고 생의 바퀴를 불사르는 지옥 불이 됩니다(약 3:6). 말에 실수가 없다면 온전한 사람입니다(약 3:2). 말이란 포도주와 같아서, 하고 싶은 말을 오래 두고 익히면 익힐수록 좋은 법입니다. 조급하게 내뱉은 말 한 마디가 이웃의 마음에 큰 상처를 주고 교회 분쟁의 불씨가 되기도 합니다. 성도의 입술은 깨끗한 단 물만 내는 맑은 샘, 곧 찬송하는 샘, 감사하는 샘, 거짓 없는 참샘이 되어야 합니다(엡 4:25, 5:4, 약 3:10-12). 찬송하는 입으로 남을 저주하거나 악평하지 말아야 합니다(시 15:3, 약 3:10). 에베소서 4:29에 "무릇 더러운 말은 너희 입 밖에도 내지 말고 오직 덕을 세우는 데 소용되는 대로 선한 말을 하여 듣는 자들에게 은혜를 끼치게 하라"라고 말씀하고 있습니다. 여기 "말"은 헬라어로 '로고스'(λóγος: 말씀), 영어로 '커뮤니케이션'(communication: KJV)입니다. 하나님의 말씀은 막힌 것을 소통시켜 주지만, 거짓말은 모든 소통을 막는 해로운 악입니다.

(2) "거짓 증거" / שָׁקֶר, עֵד / false witness

출애굽기 20:16에 사용된 '이웃'은 히브리어 '레아'(רֵעַ)로, "사귀다, 친구가 되다"라는 뜻의 '라아'(רָעָה)에서 유래한 단어인데, '친구, 동료'의 뜻이 있습니다. 그러므로 여기에 사용된 이웃은 '친구처럼 서로 사귐과 교제가 있는 가까운 사이'라는 뜻입니다.

"거짓"(lie, untruth)은 일반적으로 '사실과 어긋나게 말하거나 사실처럼 꾸밈'이라는 뜻입니다. 남을 속이기 위하여, 그렇지 않은 줄 알면서도 고의적으로 그렇게 말하거나 행동하는 것입니다. 거짓의 반대말은 '실제로 있었던 일'이라는 뜻을 갖는 사실(fact), 혹은 '거짓되지 않고 참된'이라는 뜻을 갖는 진실(truth)입니다.

"증거"는 히브리어 '에드'(עֵד)로, '목격자, 증인, 증거'라는 뜻이 있습니다. 이것은 법률적인 용어로, 법정에 서서 진술하는 증언을 가리킵니다.

그러므로 "거짓 증거"는 법정과 같은 공적인 자리에서 죄를 가리고 죄가 없는 것처럼 말하는 것입니다(사 5:23). 또 죄가 없는 줄 알면서도 거짓말로 죄가 있다고 증거하는 것입니다(잠 25:18). 참으로 거짓말은 무죄한 이웃의 명예를 실추시키고 그의 마음과 생활에 큰 상처를 주는 엄청난 죄악입니다. 그래서 성경은 여러 가지 거짓말과 거짓 증거를 철저하게 배격합니다.

① 하나님께서 금하신 거짓 증거의 내용들

하나님께서 금하신 거짓 증거의 내용들을 웨스트민스터 신앙고백서 「대요리문답」 제145문에서 소개한 것을 토대로, 성경을 뒷받침하여 살펴보면 다음과 같습니다.

- ·거짓 증거를 하도록 거짓을 (지어)내는 일(잠 6:19, 19:5)
- ·거짓 증인을 매수하는 일(막 14:55-59, 행 6:13)
- ·진실을 고집스럽게 반대하고 악한 일을 고의적으로 변호하는 일(렘 9:3-5, 행 24:2-5)
- ·불공정하게 선고하는 일(시 82:2, 사 10:2, 59:4)
- ·악인을 의롭다 하고 의인을 악하다 하는 일(왕상 21:9-14, 잠 17:15, 사 5:23)
- ·문서 위조(왕상 21:8, 렘 8:8)
- ·진실을 숨기고, 비겁하게 침묵하는 일(레 5:1, 마 27:23-24, 행 5:3-4, 8-9, 엡 4:25)
- ·누가 죄악된 마음으로 남을 비난하거나 불평할 때, 그 사람을 꾸짖지 않고 조용히 있는 것(레 19:17)
- ·나쁜 목적을 위하여 악의를 품고 말하는 일(삼상 22:9-10, 시 52:1-5)
- ·진실을 불순하게 말하거나 나쁜 뜻으로 곡해하거나 모호하게 표현하는 일(창 3:1, 3-5, 사 59:13)
- ·헛된 일로 의인을 억울하게 하고 약을 올리는 것(사 29:20-21)
- ·필요없이 남의 은밀한 일을 누설하거나 헛풍문을 일으키는 것(출 23:1, 잠 25:9)
- ·공정한 변호를 못하도록 우리의 귀를 막는 것(행 7:57)
- ·어떤 사람의 받을 만한 명예를 시기하거나 불평하는 것, 그것을 손상하려고 노력하는 것(단 6:3-8, 마 21:15)

- ·무례한 멸시와 맹목적인 자기 자랑(시 12:3-4, 마 27:28-29, 롬 1:30, 고전 3:21, 벧후 2:18, 유 1:16)
- ·수군수군하고 비웃는 태도와 빈정거림(창 21:9, 사 28:22, 롬 1:29, 고후 12:20)
- ·남의 환심을 사거나 잘 보이려고 알랑거리는 아첨(시 12:3-4, 잠 26:28, 행 24:3-4, 롬 16:18, 고후 12:20)
- ·본래 좋은 사이를 한 편에 대해 나쁘게 말해 화목을 깨뜨리는 이간질(잠 6:19, 16:28)
- ·하나님의 계시를 더하거나 빼는 일(신 4:2, 12:32, 잠 30:6, 계 22:18-19)
- ·이단자들이 그리스도를 위증하여 사람을 미혹케 하는 일(마 24:4-5)

② 모든 거짓의 아비, '중상자 마귀'

위에 나열된 모든 거짓들을 하나로 묶으면 '중상'(中傷)입니다. 중상(slandering)은 '근거 없는 말로 남을 헐뜯어 명예나 지위를 손상시킴' 혹은 '남에 대하여 좋지 못한 말을 만들어 그 명예를 손상시키는 일'이라는 뜻입니다. 중상은 마귀의 짓입니다. '마귀'는 헬라어로 '디아볼로스'(διάβολος)인데, 그 뜻은 '고소자, 비난을 많이 하는 자, 거짓되이 비방하는 자, 입이 험한 자'라는 뜻입니다(참고-욥 1:9-11, 2:4-5, 계 12:10下). 예수님께서도 마귀는 거짓의 아비라고 말씀하셨습니다(요 8:44).

중상하는 것은 혀로 짓는 살인죄와 같습니다. 뒤에서 남의 흉을 보거나 남의 잘못을 본인이 없을 때 말로 그 명예를 해(害)치는 것은 모두 중상에 해당합니다. 시편 101:5 표준새번역은 "숨어서 이웃을 헐뜯는 자는, 더 이상 말하지 못하게 하고"라고 번역하고 있습니다. 성경에 나오는 역대 선지자들을 비롯한 하나님의 사람들은 악한 자들로부터 중상을 많이 당하였습니다. 모세(출 16:2-3, 민 12:1-2, 14:1-4, 16:12-14, 21:5), 사도 바울(롬 3:8, 고전 4:11-13) 뿐만 아니라 예수 그리스도(마 9:11, 11:19, 막 2:18, 눅 5:30, 7:34, 요 7:12)께서도 원수들의 중상모략에 수없이 시달렸습니다.

혀로 놀리는 말의 위력이 얼마나 대단한지, 어거스틴은 '혀가 칼보다 더 큰 상처를 입힌다'라고 말했습니다. 짐승들은 사람이 길들이지만 혀는 능히 길들일 사람이 없고, 걷잡을 수 없는 악이요 죽이는 독이 가득한 것입니다(약 3:7-8). 전도서 5:6에서 "네 입으로 네 육체를 범죄케 말라", 시편 5:6에서 "거짓말하는 자를 멸하시리이다", 시편 101:7에서 "거짓말하는 자가 내 목전에 서지 못하리로다"라고 말씀하고 있습니다. 잠언 19:9에서 "거짓 증인은 벌을 면치 못할 것이요 거짓말을 내는 자는 망할 것이니라", 잠언 21:28에서 "거짓 증인은 패망"한다고 말씀하고 있습니다.

③ 거짓 증거를 물리치는 비결

모든 거짓말을 물리칠 수 있는 힘은 진실(眞實), 곧 정직입니다. 정직은 모든 도덕의 중심이요, 다른 모든 덕의 기본입니다. 잠언 11:3에 "정직한 자의 성실은 자기를 인도하거니와 사특한 자의 패역은 자기를 망케 하느니라"라고 말씀하고 있습니다. 공동번역은 "정직한 사람은 바르게 살아 앞길이 열리지만 사기꾼은 속임수를 쓰다가 제 꾀에 넘어진다"라고 번역하였습니다. 잠언 12:19에서 "진실한 입술은 영원히 보존되거니와 거짓 혀는 눈 깜짝일 동안만 있을 뿐이니라"라고 말씀하고 있습니다.

모든 사람은 다 거짓말쟁이요, 하나님만이 참되십니다(시 116:11, 롬 3:4). 사람은 미련하여 자신이 거짓을 말하고도 그 거짓말에 스스로 속아 넘어갑니다(잠 26:27-28). 거짓을 말하는 것은 자기 꾀에 배부르는 것이니, 자기에게 해만 끼치는 어리석은 짓입니다(잠 1:31). 이사야 선지자는 거짓말에 대하여 '독사의 알을 품으며 거미줄을 짜는 것과 같아서 그 알을 먹는 자는 죽을 것이요 그 알이 밟힌즉 터져서 독사가 나올 것이니라'라고 말씀하였습니다(사 59:4-5). 거짓으로 속이고 취한 식물은 맛이 좋은 듯하나, 후에는 입에 모래가 가득한 것처럼 편치 않습니다(잠 20:17).

하나님께서는 거짓말을 할 줄 모르시는 정직하신 분입니다(삼상 15:29, 시 25:8, 딛 1:2, 히 6:18). 그러므로 하나님의 말씀(지혜)은 흠도 티도 없이 순결하고 정결하며, 완전하고 확실합니다(시 12:6, 18:30, 19:7, 111:7). 하나님의 말씀은 언제나 정직합니다(시 19:8-9, 33:4, 호 14:9). 잠언 8:6-7에서는 하나님의 지혜에 대해 "내가 가장 선한 것을 말하리라 내 입술을 열어 정직을 내리라 [7]내 입은 진리를 말하며 내 입술은 악을 미워하느니라"라고 고백하였습니다.

에덴동산의 아담이 "너희가 결코 죽지 아니하리라"라는 뱀의 거짓말에 망했으니, 하나님께서는 거짓말하는 자를 가장 미워하십니다(창 3:4, 잠 6:16-19, 요 8:44). 거짓말은 결코 작은 죄가 아닙니다. 거짓말하는 자들은 거짓의 아비 사단이 세상 마지막 날 불못에 던져질 때 함께 지옥 유황불에 들어갈 것입니다(계 21:8, 27).

2. 제9계명의 세부 율법

Specific laws derived from the ninth commandment

"네 이웃에 대하여 거짓 증거하지 말지니라"(출 20:16, 신 5:20)라는 제9계명은 출애굽기 22:21-27, 23:1-3, 6-9과 신명기 24:8-25:4에서 확장되어 설명되고 있습니다.

(1) 거짓 증거 금지 규정(출 22:21-27, 23:1-3, 6-9)

① 나그네, 과부, 고아, 가난한 자에 대한 배려(출 22:21-27, 23:3, 9)

거짓 증거를 금하는 제9계명은 공동체 내에서 소외되어 무시당하기 쉬운 사람들이 합법적인 권리를 가질 수 있도록 배려해 줍니다. 자세한 내용은 신명기의 세부 율법에서 함께 상고하겠습니다.

② 거짓 증거를 금하는 규정(출 23:1-3, 참고-레 19:16)

율법에서는 거짓 증거가 살인과 관계될 때, 이는 사람의 생명을 좌우하는 중대한 문제이므로 한 사람의 증거로는 죽이지 못하도록 규정하셨습니다(신 17:6-7). 사실이 아닌 거짓말로 해치려는 상대방과 그 주변 사람들 사이를 지속적으로 이간질할 경우에는, 결국 불공평한 판단을 받은 그 이웃이 죽음에 이를 수도 있다는 것을 기억해야 합니다.

레위기 19:16 "너는 네 백성 중으로 돌아다니며 사람을 논단하지 말며 네 이웃을 대적하여 죽을 지경에 이르게 하지 말라 나는 여호와니라"

여기 '사람을 논단하다'는 히브리어 '라킬'(רָכִיל)로, 두루 다니며 "한담(閒談)하는 자"(잠 11:13, 20:19), 다니며 "비방하는 자"(렘 6:28), 피를 흘리려고 "이간을 붙이는 자"(겔 22:9)라는 의미로 쓰였습니다.

이유 없이 왔다갔다 하면서 다른 사람을 비방하고 사람 사이를 이간하는 것을 경고한 말씀입니다. 이렇게 대적하는 일로 그 이웃을 "죽을 지경에 이르게" 해서는 안 된다고 엄중히 경계하십니다(레 19:16 下). 참으로 하나님께서는 그 지으신 사람의 억울한 호소에 결코 무심하시지 않습니다.

ㄱ. 허망한 풍설을 전파하지 말라(출 23:1)

"허망한 풍설"은 히브리어로 '셰마 샤베'(שֵׁמַע שָׁוְא)이며, '헛된 소문, 거짓된 소문'(유언비어)이라는 뜻입니다. 진실이 아닌 허망한 풍설을 여기저기 전파함으로 여론을 형성하여, 상대방의 명예를 실추시키고 생명과 재산상의 손해를 끼치는 악행입니다.

ㄴ. 악인과 연합하지 말라(출 23:1)

이것은 '악한 자에게 너희 손을 건네지 말라'(do not join your hand with a wicked man)라는 뜻입니다. 공동번역에서는 "죄 있는 편에 합세하여"라고 번역하고 있습니다.

ㄷ. 무함하는 증인이 되지 말라(출 23:1)

'무함'(誣陷: 속일 무, 빠질 함)은 '없는 사실을 있는 것처럼 그럴 듯하게 날조하여 상대방에게 억울한 죄를 씌우고 어려운 지경에 빠지게 하는 것'입니다.

ㄹ. 다수를 따라 악을 행하지 말라(출 23:2)

대세(大勢)에 휩쓸려 좇아가서는 절대 안 된다는 강력한 경고입니다. 악을 행하는 다수보다, 단 한 사람이라도 하나님과 바른 관계를 맺은 자를 따라 선을 행해야 하는 것입니다.

ㅁ. 송사에 다수를 따라 부정당(不正當)한 증거를 하지 말라(출 23:2)

많은 사람 앞에서 군중 심리에 휩쓸려 거짓 증거를 하지 말라는 뜻입니다. 나봇은 이세벨이 조작한 거짓 증거로 모함을 받아, 군중 심리에 의해 죽임을 당했습니다(왕상 21:1-16).

ㅂ. 가난한 자의 송사라고 편벽되이 두호하지 말라(출 23:3, 6)

법정에서는 빈부와 관계없이 공의가 실현되어야 합니다. 편벽(偏僻: 치우칠 편, 치우칠 벽)은 '한쪽으로 치우쳐 공평하지 못함'이라는 뜻이며, 두호(斗護: 말 두, 보호할 호)는 '남을 두둔하여 보호함'이라는 뜻입니다. 재판관이 재판할 때, 가난하고 힘없는 사회적 약자라는 이유만으로 그에게 유리 혹은 불리한 판결을 내려서는 안 된다는 내용입니다.

ㅅ. 뇌물을 받지 말라(출 23:8)

뇌물은 밝은 자의 눈을 어둡게 하고 의로운 자의 말을 굽게 합니다(출 23:8). 하나님께서는 뇌물에 의해 움직이시거나 뇌물에 넘어가시는 분이 결코 아닙니다(신 10:17, 대하 19:7, 참고-욥 34:19, 행 10:34, 롬 2:11, 갈 2:6, 엡 6:9).

(2) 약자 보호에 관한 규정(신 24:8-25:4)

① 문둥병에 관한 네 가지의 각별한 명령(신 24:8-9)

거짓말에 관한 세부 율법을 시작하면서 가장 먼저 문둥병에 관한 규례가 언급되었습니다. 문둥병은 레위기에서 길게 다루어졌는데(13-14장, 총 116절), 신명기에는 단 두 구절에서 네 가지의 각별한 명령만 있을 뿐입니다(신 24:8-9).

'문둥병에 관해서 매우 잘 지키도록 조심하라'라는 첫 명령에 이어(신 24:8上), 그것을 위해서는 '레위 사람 제사장들이 너희에게 가르치는 대로 힘써 빠짐없이 실천하라'라는 두 번째 명령(신 24:8中), 그리고 '그들이 지시하는 대로 주의하여 행하라'라는 세 번째 명령입니다(신 24:8下). 마지막으로 "미리암에게 행하신 일을 기억할지니라"라고 덧붙였습니다(신 24:9, 참고-민 12:1-16). 문둥병에 관한 것이 아주 중요하므로 그 하나라도 하나님께서 지시하신 대로 따르지 않으면 안 되겠기에, 미리암이 문둥병에 걸리게 된 원인을 기억하라는 것입니다. 미리암이 문둥병에 걸린 원인은, 명백하게 하나님의 사람 모세를 '비방'했기 때문입니다(민 12:1-2, 8). 비방(誹謗: 비방할 비, 헐뜯을 방)은 '자신의 탐욕을 이루려고 시기가 가득하여 남을 깎아내리고 욕하는 것'입니다. 비방의 내용은 모두 사실과 전혀 무관하거나 과장되게 부풀린 '거짓말'입니다(신 22:14-17, 눅 5:30, 행 13:45, 벧전 2:12). 미리암의 문둥병은 한마디로 '거짓말로 비방하는 일'에 대한 경고입니다. 특히 하나님께서 세우신 지도자에 대한 악한 비방은, 하나님의 주권에 대한 도전임을 깨닫게 합니다. 하나님께서 세우신 제사장과 레위인을 통해, 성전 질서가 흐려지지 않도록 그들의 권위를 각별히 존중하고, 그 지시한 대로 반드시 순종하라는 단호한 명령입니다.

② 가난한 자들의 호소를 들으시는 하나님(신 24:10-15)

삶의 현장에서 무시 당하기 쉬운 가난한 자들에게 이웃 사랑을 얼마나 잘 실천하느냐에 따라, 의로운 자가 되어 하나님의 축복을 받을 수도 있고, 혹은 불의한 자로 낙인 찍혀 저주를 받을 수도 있다는 규정입니다. 참으로 가난한 자를 아끼시며 사랑하시는 하나님의 크신 배려를 담고 있는 규정입니다. 가난한 자도 하나님께서 지으셨습니다(잠 22:2). 가난한 자를 학대하면 하나님을 멸시하는 죄(잠 14:31)가 되고, 가난한 자를 불쌍히 여기는 것은 여호와께 꾸이는 것입니다(잠 19:17, 참고-마 25:40, 45). 하나님께서는 가난한 자들의 사정과 기도를 멸시치 않으십니다(시 102:17).

ㄱ. 가난한 자의 호소를 통해 축복을 받는 자

돈을 빌려 준 사람(채권자)이 돈을 빌린 사람(채무자)의 집에 함부로 들어가서 전집물(담보물)을 취하는 것을 금하였습니다(신 24:10-11). 특히 가난한 자일 경우, 그 전집물로 옷을 취하되 낮 동안은 가질 수 있으나, 해 질 때에 돌려주라고 규정하였습니다(신 24:12-13). 겉옷은 당시 이스라엘 사람들에게 추운 밤에 덮고 자는 이불로도 사용되어, 없어서는 안 되는 생활필수품이었기 때문입니다. 그래서 그의 옷을 돌려주면 그가 '그 옷을 입고 자며 너를 위하여(채권자) 축복하리니, 그 일이 네 하나님 여호와 앞에서 네 의로움이 되리라' 라고 말씀하고 있습니다(신 24:13).

마태복음 25:40 "... 너희가 여기 내 형제 중에 지극히 작은 자 하나에게 한 것이 곧 내게 한 것이니라"

ㄴ. 가난한 자의 호소를 통해 저주를 받는 자

곤궁하고 빈한한 품꾼의 품삯을 당일에 주고, 해 진 후까지 끌어서는 안 된다고 규정하였습니다(신 24:14-15). 만일 빈궁한 품꾼이 사모하는 품삯을 받지 못하므로 여호와께 호소하면, 그 죄가 품삯을 주지 않은 자에게 돌아갈 수 있다는 경고가 뒤따릅니다(신 24:15下, 참고-신 15:9).

③ 객(나그네)과 고아와 과부를 보호하는 규정(신 24:17-22)

나그네는 '제 고향을 떠나서 여행 중에 있거나 딴 곳에 임시로 가 있는 사람'을 말합니다. 나그네는 자기 몫으로 주어진 땅도, 집도, 법적 권리도 없으므로, 어디를 가든지 무시 당하거나 소외되기 쉬운 사람들이었습니다. 고아와 과부는 아버지와 남편을 잃어버려 생계를 보장받기 어려운 자들입니다. 하나님께서는 이들이 결코 압제받는 일이 없도록, 출애굽기 22:21에서 "너는 이방 나그네를 압제하지 말며 그들을 학대하지 말라 너희도 애굽 땅에서 나그네이었었음이니라"라고 말씀하고 있습니다. 이것은 이스라엘 백성이, 자신들도 '애굽에서 종 되었을 때, 거기서 죽을 수밖에 없는 비참한 처지에서 속량받은 백성'임을 기억하라는 당부였습니다(신 24:18, 22). 그리고 더 나아가, 객과 고아와 과부를 억울하게 하는 자에게 저주를 선포하셨습니다(신 27:19). 만일 그들을 해롭게 하여 그들이 부르짖을 경우에는, 하나님께서 맹렬한 노를 발하여 괴롭게 한 자의 아내를 과부로 만들고 그 자녀를 고아로 만들겠다고 말씀하셨습니다(출 22:22-24).

하나님께서는 객과 고아와 과부에게는 무조건적인 사랑을 베풀어 곡식, 감람나무, 포도를 수확할 때 그들에게 돌아갈 몫을 남겨 두라고 명령하셨습니다(신 24:19-21). 그리하면 범사에 손으로 하는 일에 복을 주시겠다고 축복하셨습니다(신 24:19下). 참으로 하나님께서는 객을 보호하시며, 고아의 아버지시요, 과부의 재판장이십니다(시 68:5, 146:9).

"가난의 구제는 나라도 못 한다"는 속담이 있습니다. 동서고금을 막론하고 가난한 사람은 항상 있었고, 그 수효도 엄청나다는 것을 상기시키는 말입니다(신 15:11). 예수님께서도 "가난한 자들은 항상 너희와 함께 있거니와"(마 26:11)라고 말씀하신 적이 있습니다.

내가 받은 영생의 선물, 은혜의 큰 빚을 먼저 기억하면서, 궁핍한 처지에서 신음하는 이웃을 사랑의 마음으로 도와주어야 합니다. 손을 펴서 내가 받은 것 중에 가난한 이웃들에게 마땅히 돌아갈 몫을 돌려주는 일에 인색해서는 안 될 것입니다(고후 9:8-9, 히 13:16, 요일 3:17-18). 예수님께서도 아무것도 바라지 말고 그냥 주라고 말씀하셨습니다(마 5:42, 참고-행 20:35).

한편, 성경에서 '가난한 자에게 복음이 전파되는 것'(사 61:1, 마 11:5, 눅 4:18)은 메시아의 도래를 알리는 표적이기도 합니다.

3. 거짓 증거의 개념에 대한 복음적 확대
Evangelical expansion of the concept of false witness

타락한 인간의 마음에서 나오는 모든 것은 사람을 더럽게 만듭니다. 예수님께서는 마태복음 15:18-19에서 "입에서 나오는 것들은 마음에서 나오나니 이것이야말로 사람을 더럽게 하느니라 [19]마음에서 나오는 것은 악한 생각과 살인과 간음과 음란과 도적질과 거짓 증거와 훼방이니"라고 말씀하시면서, 사람을 더럽게 하는 것 가운데 하나로 "거짓 증거"를 언급하셨습니다.

신약성경에서는 '거짓 증거'의 개념이 보다 확대되고 있습니다. 요한일서 2:4에서는 '하나님을 아노라고 하면서 하나님의 계명을 지키지 않는 자는 거짓말하는 자'라고 말씀하고 있으며, 요한일서

4:20에서는 '하나님을 사랑하노라 하면서 형제를 미워하는 자는 거짓말하는 자'라고 말씀하고 있습니다.

마귀는 거짓말쟁이요 거짓의 아비입니다(요 8:44). 그러므로 거짓 증거를 하는 자는 마귀를 따르는 자리에 서게 됩니다. 예수님께서는 종말에 택하신 자들이 '거짓'에 미혹당하지 않도록 주의하라고 말씀하셨습니다. 마태복음 24:23-24에서 "그때에 사람이 너희에게 말하되 보라 그리스도가 여기 있다 혹 저기 있다 하여도 믿지 말라 [24]거짓 그리스도들과 거짓 선지자들이 일어나 큰 표적과 기사를 보이어 할 수만 있으면 택하신 자들도 미혹하게 하리라"라고 말씀하고 있습니다. 거짓 그리스도는 "거짓 기적과 불의의 모든 속임"으로 유혹할 것입니다(살후 2:9-10). 이때 "하나님이 유혹을 저의 가운데 역사하게 하사 거짓 것을 믿게 하심은 진리를 믿지 않고 불의를 좋아하는 모든 자로 심판을 받게 하려 하심"입니다(살후 2:11-12). 적그리스도는 참복음이 아닌 다른 복음(거짓 복음)을 좇도록 유혹하는데, 진리를 믿지 않고 불의를 좋아하는 자들이 그것을 믿어 심판을 받게 되고, 이 다른 복음을 전하는 자는 저주를 받게 되어 있습니다(고후 11:4, 갈 1:6-9).

이상에서 볼 때, '거짓 증거' 가운데 최악의 거짓은 다른 복음을 통해 '거짓 그리스도'를 따르게 하는 것입니다. 그러므로 성도는 오직 진리의 말씀을 따라 예수 그리스도만을 따르는 자가 되어야 합니다. 결국 십계명의 아홉 번째 계명은 생활 속의 거짓말과 거짓 증거를 배격할 뿐만 아니라, 나아가 하나님의 말씀, 참된 복음을 대적하는 모든 거짓을 다 배격하고 있습니다.

4. 제9계명을 범한 자의 최후

The fate of those who violated the ninth commandment

(1) 엘리사 선지자의 사환 '게하시'

게하시(גֵּיחֲזִי)는 '계시의 골짜기, 환상의 계곡'이라는 뜻입니다. 엘리사에게 문둥병을 고침 받은 나아만 장군이 엘리사에게 다시 돌아와 예물 받기를 청하자 엘리사는 맹세하고 받지 않았으며, 다시 강권하였으나 끝까지 사양하였습니다(왕하 5:15-16). 그러나 나아만이 아람 나라를 향해 떠난 지 얼마 못 되어, 엘리사의 사환 게하시가 스스로 이르되 "내 주인이 이 아람 사람 나아만에게 면하여 주고 그 가지고 온 것을 그 손에서 받지 아니하였도다 여호와의 사심을 가리켜 맹세하노니 내가 저를 좇아가서 무엇이든지 그에게서 취하리라" 하고(왕하 5:20), 나아만의 뒤를 좇아가, '우리 주인이 나를 보내면서, 지금 선지자의 생도 중에 두 소년이 에브라임 산지에서부터 왔으니 당신은 그들에게 은 한 달란트와 옷 두 벌을 주라고 하셨다'라고 거짓말하였습니다(왕하 5:21-22). 그러자 나아만이 은 두 달란트와 옷 두 벌을 주었으며, 게하시는 그것을 취하여 집에 감추고 엘리사에게 돌아왔습니다(왕하 5:23-24). "게하시야, 네가 어디서 오느냐?"라는 엘리사의 물음에 게하시가 "종이 아무 데도 가지 아니하였나이다"(왕하 5:25)라고 답하자, 이에 엘리사가 "그 사람이 수레에서 내려 너를 맞을 때에 내 심령이 감각되지 아니하였느냐 지금이 어찌 은을 받으며 옷을 받으며 감람원이나 포도원이나 양이나 소나 남종이나 여종을 받을 때냐"(왕하 5:26)라고 추궁하였습니다. 여기 "내 심령이 감각되지 아니하였느냐"는 현대인의 성경에서 "내가 영으로 그곳에 있었던 것을 너는 깨닫지 못했느냐"라고 번역하였습니다. 엘리사가 "나아만의 문둥병이 네게 들어 네 자손에게 미쳐 영원토록 이르리라"라고 책망한 후, 게하시가 그 앞에서 물러나오자 그 몸에 문둥병이 발하여 눈같이 되었습니다(왕하 5:27).

거짓말은 자신과 가족들을 순식간에 망하게 하는 무서운 죄입니다. 그래서 성경은 "... 가난한 자는 거짓말하는 자보다 나으니라"(잠 19:22下)라고 말씀하고 있습니다. 속임수를 쓰다가는 자기 꾀에 넘어지고 결국 망합니다. 사람은 속일 수 있어도, 불꽃 같은 눈을 가지신 하나님을 속일 수는 없습니다(계 1:14, 2:18, 19:12). 정직하게 살 때 하나님께서 완전한 지혜를 예비해 주시며(잠 2:7), 흑암의 권세가 물러가고(시 112:4), 근심 없는 재물이 들어옵니다(잠 10:22). 정직한 자는 좋은 것을 아낌없이 받을 수 있습니다(시 84:11). 그러나 거짓말로 남을 속여서 재물을 모으는 것은 죽음의 덫과 같고 사라지는 안개와 같습니다(잠 21:6). 그러한 돈은 집안의 근심이요 재앙에 불과합니다.

(2) 아나니아와 삽비라

남편 '아나니아'(Ἁνανίας)의 뜻은 '여호와께서는 은혜로우심'이며, 부인 '삽비라'(Σάπφειρη)의 뜻은 '아름다운, 즐거움'입니다(행 5:1-11). 바나바가 자기 밭을 팔아서 사도들 앞에 바치자(행 4:36-37), 아나니아와 삽비라 부부도 은혜를 받아서 소유를 팔아 헌금을 하겠다는 서원을 하였습니다(행 5:1). 그런데 다 바치기로 약속했지만 아까운 마음이 들어, 부부가 한마음으로 돈 일부를 감추었습니다(행 5:2). 남편 아나니아가 땅값 얼마를 사도들에게 가져가서 사도들의 발 앞에 두자마자, 베드로가 "아나니아야 어찌하여 사단이 네 마음에 가득하여 네가 성령을 속이고 땅값 얼마를 감추었느냐"(행 5:3), "사람에게 거짓말한 것이 아니요 하나님께로다"(행

5:4下)라고 책망하였습니다. 아나니아가 이 말을 듣고 엎드러져 혼이 떠나고, 이 일을 듣는 사람이 다 크게 두려워하게 되었습니다(행 5:5). 그리고 청년들이 일어나 시신을 싸서 메고 나가 장사하였습니다(행 5:6).

아나니아를 장사한 후 3시간쯤 지나 그 아내 삽비라가 남편이 죽어 장사된 줄도 모르고 들어왔을 때, 베드로가 "그 땅 판 값이 이것뿐이냐? 내게 말하라"라고 하자, 삽비라가 "예, 이뿐이로라"라고 대답하였습니다(행 5:7-8). 이에 베드로가 "너희가 어찌 함께 꾀하여 주의 영을 시험하려 하느냐 보라 네 남편을 장사하고 오는 사람들의 발이 문 앞에 이르렀으니 또 너를 메어 내가리라"(행 5:9)라고 말하자, 삽비라가 베드로의 발 앞에 엎드러져 혼이 떠났습니다(행 5:10上). 베드로의 말한 대로 청년들이 아나니아의 장사를 마치고 들어왔고, 삽비라를 메어다가 남편 곁에 장사 지냈습니다(행 5:10下). 이에 온 교회와 이 일을 듣는 사람들이 다 크게 두려워하였습니다(행 5:11).

아나니아와 삽비라의 헌금은 저들의 마음 중심으로부터 나온 것이 아니라 사람에게 보이려 하는 외식에서 나온 것입니다. 그들은 하나님 앞에 거짓말하는 큰 죄를 짓고 끝까지 속이다가, 갑자기 급살(急煞: 갑자기 닥치는 재앙과 불운)을 맞아 죽고 말았습니다.

정직하지 못한 악인의 길은 당장은 화려하게 보일지 몰라도, 필경은 사망에 이르게 됩니다(시 1:6, 잠 4:19). 성경은 그러한 자를 가리켜 '웃을 때에도 마음에 슬픔이 있고 즐거움의 끝에도 근심이 있는 것과 같다'라고 말씀하고 있습니다(잠 14:13). 정직하지 못한 악인의 웃음 속에는 애통과 슬픔과 근심의 그림자가 가득한 것입니다. 예수님께서도 누가복음 6:25에서 "화 있을진저 너희 이제 웃는 자여 너희가 애통하며 울리로다"라고 말씀하셨습니다.

5. 제9계명의 구속사적 교훈

The redemptive-historical lesson in the ninth commandment

아담은 에덴동산에서 제9계명을 범하는 것과 같은 죄를 지었습니다. 여자는 뱀에게 "동산 중앙에 있는 나무의 실과는 하나님의 말씀에 너희는 먹지도 말고 만지지도 말라 너희가 죽을까 하노라"라고 거짓말을 하였습니다(창 3:3, 참고-창 2:16-17). 뱀도 여자에게 "너희가 결코 죽지 아니하리라"(창 3:4)라고 거짓말을 하였습니다. 고린도후서 11:3에서 "뱀이 그 간계로 이와를 미혹케 한 것같이"라고 말씀하고 있습니다. 여기 "간계"는 헬라어 '파누르기아'(πανουργία)로, '간사함, 거짓 지혜'를 의미합니다.

하나님께서 아담에게 "내가 너더러 먹지 말라 명한 그 나무 실과를 네가 먹었느냐"(창 3:11)라고 물으셨을 때, 아담은 "하나님이 주셔서 나와 함께하게 하신 여자 그가 그 나무 실과를 내게 주므로 내가 먹었나이다"라고 대답하였습니다(창 3:12). 여기에서 아담은 범죄의 일차적인 책임을 하나님께 돌리고, 이차적인 책임을 여자에게 돌리고 있습니다. 이것은 거짓말입니다. 범죄의 일차적인 책임은 바로 하나님의 말씀을 직접 받고서도 하와를 올바로 가르치지 못한 자기 자신에게 있는 것입니다. 이처럼 에덴동산에서의 온갖 거짓말이 인류를 사망의 길로 이끌었던 것입니다.

하나님께서는 출애굽 한 이스라엘 백성에게 제9계명을 주시고, 그 후 구체적인 율법을 주시면서 거짓을 배격하셨습니다(레 6:2-7). 출애굽기 23:7에서 "거짓 일을 멀리하며 무죄한 자와 의로운 자를 죽이지 말라 나는 악인을 의롭다 하지 아니하겠노라"라고 말씀하셨으며, 레위기 19:11에서 "너희는 도적질하지 말며 속이지 말며 서로 거짓말하지 말며"라고 말씀하셨습니다.

그러나 모세가 시내산 제6차 등정에서 십계명 두 돌판을 받아 가지고 내려올 때, 금송아지를 만든 아론은 모세에게 거짓말을 하였습니다. 모세가 "이 백성이 네게 어떻게 하였기에 네가 그들로 중죄에 빠지게 하였느뇨"라고 물었을 때(출 32:21), 아론은 "금이 있는 자는 빼어 내라 한즉 그들이 그것을 내게로 가져왔기로 내가 불에 던졌더니 이 송아지가 나왔나이다"라고 대답하였습니다(출 32:24). 아론은 분명 백성에게 받은 금고리들을 부어서 각도(刻刀)로 새겨 송아지 형상을 만들었는데도(출 32:3-4), 금송아지가 스스로 나온 것처럼 거짓말을 한 것입니다. 지도자가 거짓으로 충만했으니 백성을 진리의 길로 인도할 수 없었던 것입니다.

예수님 당시에 종교 지도자들은 예수님을 죽이기 위하여 혈안이 되어 있었습니다. 그들은 예수님을 죽일 명목을 찾기 위하여 거짓 증인들을 많이 세웠습니다. 그런데 많은 사람들이 예수님을 쳐서 거짓 증거하였으나 피차에 그 증거가 서로 맞지 않았습니다(막 14:56-59). 그들의 증거는 거짓이었기에 서로 일치할 수가 없었던 것입니다. 종교 지도자들은 예수님을 죽이려는 오직 한 가지 목적에 눈이 어두워져서 거짓된 방법들을 동원하였습니다.

거짓말하는 자들의 최후는 비참합니다. 요한계시록 21:8에서 불과 유황으로 타는 못에 참예하는 자들 가운데 "모든 거짓말하는 자들"이 들어 있습니다. 요한계시록 21:27을 볼 때 "무엇이든지 속된 것이나 가증한 일 또는 거짓말하는 자"는 결코 새 예루살렘 성 안으로 들어오지 못합니다. 요한계시록 22:15에서도 새 예루살렘 성 밖에 있는 자들의 명단 가운데 "거짓말을 좋아하며 지어내는 자"가 나옵니다.

성도는 거짓 증거를 멀리하고 항상 진실한 자가 되어야 합니다. 요한계시록 17:14에서 "저희가 어린 양으로 더불어 싸우려니와 어린 양은 만주의 주시요 만왕의 왕이시므로 저희를 이기실 터이요 또 그와 함께 있는 자들 곧 부르심을 입고 빼내심을 얻고 진실한 자들은 이기리로다"라고 말씀하고 있습니다. 마지막 때에 주님께서 재림하실 때 시온산에 선 144,000은 "그 입에 거짓말이 없고 흠이 없는 자들"입니다(계 14:1, 5). 거짓은 망하고 진실은 승리하게 되어 있습니다. 하나님의 말씀은 진리(진실, 참)입니다(요 17:17, 참고-계 19:11, 13). 그러므로 하나님의 말씀을 붙잡고 끝까지 진실을 지키는 성도는 반드시 승리할 것입니다.

제 10 계명
THE TENTH COMMANDMENT

"네 이웃의 집을 탐내지 말지니라"

You shall not covet your neighbor's house.

לֹא תַחְמֹד בֵּית רֵעֶךָ

(출 20:17, 신 5:21)

출애굽기 20:17에서 "네 이웃의 집을 탐내지 말지니라 네 이웃의 아내나 그의 남종이나 그의 여종이나 그의 소나 그의 나귀나 무릇 네 이웃의 소유를 탐내지 말지니라"라고 말씀하고 있습니다. 신명기 5:21에서 "네 이웃의 아내를 탐내지도 말지니라 네 이웃의 집이나 그의 밭이나 그의 남종이나 그의 여종이나 그의 소나 그의 나귀나 무릇 네 이웃의 소유를 탐내지도 말지니라"라고 말씀하고 있습니다. 신명기에서는 "이웃의 집"과 "아내"의 순서가 바뀌어 있고, "그의 밭이나"가 추가되어 있습니다.

1. 제10계명의 해석
Exegesis of the tenth commandment

제10계명은 십계명의 최후 결론이자 이웃 사랑을 위하여 주신 마지막 계명입니다. 마지막 계명에서는 '탐심'(貪心)을 금하고 있습니다. 탐심은 지금 가지고 있는 것보다 더 가지려는 마음의 욕심입니다. 현재 감사할 만큼 충분함에도 불구하고 만족하지 않고 더 원하는 것입니다(잠 30:15). 마치 어린아이가 과자를 입안에 가득 물고 손에 과자를 잔뜩 쥐고도 다른 아이의 과자를 또 빼앗으려는 것과 같습니다.

탐심의 미혹으로부터 자기 마음을 지킨다는 것은 결코 쉬운 일이 아닙니다. 잠언 4:23에서 "네 마음을 지키라 생명의 근원이 이에서 남이니라"라고 말씀하고 있습니다. 탐심은 들어오는 즉시 물리쳐야지, 때늦은 후회는 아무 소용이 없습니다. 반갑지 않은 손님들이 마음에 찾아와서 귀한 생명의 근원을 송두리째 빼앗기 전에, 날마다 마음을 지키고 다스리는 믿음의 용사가 되어야 합니다(잠 16:32, 25:28). 자기의 마음을 믿는 자는 미련한 자입니다(잠 28:26).

사랑의 하나님께서는 인간에게 마지막으로 생명의 근원을 찾아가는 길, 곧 마음을 다스리는 계명을 주셨습니다. '네 이웃의 집을 탐내지 말라'라는 계명을 통해, 우리는 자족과 지족의 존엄함을 깨달아야 하겠습니다.

(1) "탐내지 말지니라" / לֹא תַחְמֹד / You shall not covet

① 외적인 탐심과 내적인 탐심

출애굽기 20:17에 기록된 "탐내지"에 쓰인 히브리어는 '하마드'(חָמַד)로, '갈망하다, 열망하다'라는 뜻입니다. 특히 이 단어는 '외부에 있는 것을 보고 감정의 충동을 일으켜 탐을 내는 행위'를 가리킵니다.

그러나 신명기 5:21에 기록된 "탐내지도"라는 단어에는 다른 히브리어가 사용되고 있습니다. 그것은 히브리어 '아바'(אָוָה)로, '마음이 기울다, 사모하다, 몹시 원하다'라는 뜻입니다. '아바'는 주로 '마음 속에 있는 욕망 때문에 생기는 탐심'을 가리킵니다. '하마드'가 사물 자체의 고유한 가치 때문에 발생하는 외적인 탐심이라면, '아바'는 보는 사람 속에서 일어나는 내적인 탐심인 것입니다.

탐심에 대한 두 가지 단어가 병행으로 사용된 것은, 하나님께서 외적인 탐심이나 내적인 탐심을 모두 금하셨음을 의미합니다. 또한 출애굽기 20:17에 사용된 '하마드'(חָמַד: 탐내지)나 신명기 5:21에 사용된 '아바'(אָוָה: 탐내지도)는 둘 다 미완료형을 사용하고 있습니다. 이것은 하나님께서 외적인 탐심이나 내적인 탐심을 계속적으로 금하신 것입니다. 이웃의 소유에 대한 강렬한 소유욕은 자제하지 않을 경우에는 반드시 그것을 취하려는 행동으로 연결되기에 매우 위험한 것입니다. 따라서 이러한 소유욕을 절제하도록 하는 계명이 절대적으로 필요합니다(약 1:14-15).

② 탐심의 탈

탐심은 남녀노소를 불문하고 누구에게나 시도 때도 없이 발견되는 것이어서, 그저 본능적인 심리 현상으로 착각하는 이가 많습니다. 신앙인들도 마음속에 일어난 탐심은 죄로 여기지 않기 때문에 회개하려 하지도 않습니다. 그러나 탐심은 마음속에서 발생하는 그 자체로 분명한 죄(罪)입니다. 잠언 23:7에 "대저 그 마음의 생각이 어떠하면 그 위인도 그러한즉 그가 너더러 먹고 마시라 할지라도 그 마음은 너와 함께하지 아니함이라"라고 말씀합니다. 보이는 행동으로 나타나기 전에 마음속으로 생각한 그것이 그 사람의 사람됨이라는 뜻입니다. '탐심'이란 아담과 하와가 에덴동산에서 간교한 뱀을 통해 경험하였듯이, 그 수법이 너무나 간교하고 너무나 위장을 잘해서 누구나 쉽게 속아 넘어갑니다. 이것을 가리켜, 사도 바울은 데살로니가전서 2:5에서 "탐심의 탈"이라고 말씀하였습니다.

여기 "탈"의 헬라어 어원은 '프로파시스'(πρόφασις)이며, '겉으로 그럴싸하게 꾸미는 위장, 마음에도 없으면서 짐짓 그런 체하는 것'이라는 뜻입니다. 탐심의 탈을 쓴 사람의 행동은 작은 것부터 큰 것까지 전부 위장입니다. 예수님 당시 바리새인들은 "돈을 좋아하는 자"(눅 16:14)요, 서기관들은 "과부의 가산"을 삼키며 온갖 탐욕과 불법이 가득한 사기꾼들이었습니다(막 12:39-40, 눅 20:46-47). 그러나 그들은 이것을 감추려고 무덤에 회를 칠하듯이 겉모습만 깨끗하고 아름답게 위장하였습니다(마 23:25-28). 당시 사람들은 저들이 엄격하게 율법을 준수하는 외적 경건만 보고, 의롭고 올바른 사람으로 굳게 믿고 따랐습니다(참고-마 23:2-7, 막 12:38-40, 눅 18:9-12, 20:46-47).

③ 모든 계명의 마지막 결론

예수님께서는 "삼가 모든 탐심을 물리치라"(눅 12:15)라고 말씀하심으로, 탐심이 성도가 반드시 물리쳐야 할 적(敵)임을 강조하셨습니다. 심지어 사도 바울은 탐심을 제1계명을 범하는 우상 숭배와 같은 것으로 보았습니다(엡 5:5, 골 3:5). 탐심 그 자체로 제1, 제2계명을 범한 것이고, 거기서 멈추지 않으면 그 탐심 때문에 나머지 계명들도 다 범하기 마련입니다. 그래서 탐심은 모든 죄의 뿌리가 되는 죄입니다(참고-딤전 6:10). 제1계명부터 제9계명까지 모두 지켰더라도 제10계명을 지키기란 쉽지 않습니다. 예수님께 꿇어앉아 영생을 구하던 부자 청년도 "이것(계명)은 내가 어려서부터 다 지키었나이다"라고 자부했지만, "오히려 한 가지 부족한 것" 곧 물질에 대한 탐심 때문에 슬픈 기색을 띠고 근심하며 돌아가고 말았습니다(마 19:16-22, 막 10:17-22, 눅 18:18-23). 마지막 계명으로 끝맺음을 잘 해야 모든 계명을 다 지킨 것이 됩니다.

예수님께서는 씨 뿌리는 비유에서 사람의 심령을 밭에 비유하면서 재물의 유혹, 곧 탐심을 '가시'라고 설명해 주셨습니다(마 13:22, 막 4:18-19, 눅 8:14). 마음속에 탐심이 있는 한, 하나님의 말씀은 탐심이라는 가시에 막혀 결코 결실할 수 없습니다. 지금까지 읽고 듣고 깨달은 수없이 많은 하나님의 말씀이 결실치 못하는 것은 바로 탐심에 막혀 그 씨가 자라지 못한 결과입니다.

(2) "이웃의 집" / בֵּית רֵעֶךָ / neighbor's house

출애굽기 20:17 상반절에 "네 이웃의 집을 탐내지 말지니라"라고 말씀하고 있습니다. 사람은 그 타락한 속성 때문에 자기 소유로 만족하지 못하고 남의 집 울타리 너머의 것에 욕심을 부립니다. 여기 "집"은 히브리어로 '바이트'(בַּיִת)입니다. 이것은 건물뿐만 아니라 비유적으로 '가족'(창 7:1, 12:17, 35:2, 42:19), '재산'(에 8:1) 등을 의미하기도 합니다. 따라서 "네 이웃의 집"은 이웃이 가진 소유의 전부를 의미합니다. 이런 의미에서 출애굽기 20:17 하반절에는 "네 이웃의 소유를 탐내지 말지니라"라고 말씀하였습니다.

(3) "이웃의 아내" / אֵשֶׁת רֵעֶךָ / neighbor's wife

신명기 5:21에는 "네 이웃의 아내를 탐내지도 말지니라"라고 말씀하고 있습니다. 출애굽기 20:17과 달리 "아내"가 먼저 등장하는 이유가 무엇입니까? 그것은 이웃의 소유 가운데 '아내'가 가장 소중하기 때문입니다. 구약성경 잠언의 마지막 장에서는 십계명의 마지막 계명에 나오는 아내의 귀중성에 대하여 '현숙한 아내는 진주보다 귀하고 재산보다 귀한 존재'라고 기록하고 있습니다(잠 31:10-

31). 어진 아내는 남편의 자랑이요 기쁨입니다(잠 12:4). 그래서 잠언 18:22에 "아내를 얻는 자는 복을 얻고 여호와께 은총을 받는 자니라"라고 말씀하고 있습니다. 잠언 19:14에는 "집과 재물은 조상에게서 상속하거니와 슬기로운 아내는 여호와께로서 말미암느니라"라고 말씀하였습니다(잠 5:18-19). 따라서 이웃의 아내를 탐내는 것은 이웃의 가장 소중한 것, 그 전부를 탐내는 것과 같습니다.

또한 신명기 5:21에 "밭"이 추가된 것은, 가나안 땅 정복을 눈앞에 둔 시점에서 각 지파에게 영토가 분배될 때 탐심의 죄를 짓지 말도록 하기 위한 것입니다(신 19:14, 27:17, 참고-잠 22:28, 23:10, 호 5:10).

(4) "그의 남종이나 그의 여종"

/ וְעַבְדּוֹ וַאֲמָתוֹ / his male servant or his female servant

충성된 종은 주인의 집과 모든 소유물을 맡아서 관리하고 주관하는 자입니다(창 39:4-6上). 아브라함의 늙은 종 엘리에셀은 아브라함의 "자기 집 모든 소유를 맡은" 자였습니다(창 24:2). 그렇다면 충성된 종은 주인이 가진 모든 소유보다 귀한 재산입니다. 이 땅에서 이루어지는 모든 일은, 많은 종들이 일하는 덕분에 유지되는 것입니다. 따라서 이웃집의 종들을 탐하는 것은, 물질적으로 그 주인의 가장 귀중한 것을 도적하는 죄보다 더 가벼울 수 없습니다.

(5) "그의 소나 그의 나귀나 무릇 네 이웃의 소유"

/ וְשׁוֹרוֹ וַחֲמֹרוֹ וְכֹל אֲשֶׁר לְרֵעֶךָ / his ox or his donkey or anything that belongs to your neighbor

출애굽기 20:17 하반절에서는 이웃의 소유에 대하여 '육축과 나머지 소유물'을 탐해서는 안 된다고 말씀하고 있습니다.

제10계명에서 금하는 내용은 사실상 제7계명 "간음하지 말라"와 제8계명 "도적질하지 말라"라는 말씀을 통해 금지되었음에도 불구하고 다시 금한 것입니다. 이는 이웃의 아내와 그 소유에 대하여 우리의 눈과 마음이 계속해서 애착심을 갖는 자체를 금하신 것입니다. 왜냐하면 도적질하려는 결심을 하지 않았을지라도 탐심이 들어오면, 그 악한 의도와 생각을 자신도 모르게 행동으로 옮길 수 있기 때문입니다. 하나님께서는 마지막 제10계명을 통하여 우리의 마음과 의식까지 전적으로 하나님께 대한 사랑으로 채워지고, 하나님의 말씀으로 충만해져서 완전한 데 이르기를 요구하신 것입니다.

2. 제10계명의 세부 율법

Specific laws derived from the tenth commandment

"네 이웃의 집을 탐내지 말지니라 네 이웃의 아내나 그의 남종이나 그의 여종이나 그의 소나 그의 나귀나 무릇 네 이웃의 소유를 탐내지 말지니라"(출 20:17, 신 5:21)라고 하신 제10계명은, 신명기 25:5-26:15에서 확장하여 설명하고 있습니다.

(1) 네 이웃의 아내를 탐내지 말라(신 25:5-12)

① 남편의 형제 된 의무를 다 행하라(신 25:5-10)

신명기 25:5-10에는 동거하는 형제 중 한 사람이 아들이 없이 죽으면, 그 죽은 자의 아내는 나가서 타인에게 시집가서는 안 되고, 남은 형제가 죽은 형제의 아내를 취하도록 명령하고 있습니다(신 25:5). 그 여인의 낳은 첫아들로 그 죽은 형제의 후사를 잇게 함으로써 이스라엘에서 그 이름이 끊어지지 않도록 하는 일(신 25:6), 그것이 바로 "남편의 형제 된 의무"(신 25:5下, 7下)였습니다. 이를 계대 결혼(繼代結婚) 혹은 형사취수(兄死取嫂)라고도 합니다. 이 제도에 담긴 의미는 다음과 같습니다.

첫째, 구속사의 단절 위기를 면하게 해 준 제도였습니다.

이 제도는 창세기 38장에 처음 기록되어 있습니다. 유다는 후사 없이 죽은 아들 엘(형)의 대를 잇기 위해 오난(동생)에게 다말과 결혼하여 남편(형)의 아우의 본분을 행하여 "네 형을 위하여 씨가 있게 하라"라고 했습니다(창 38:8). 그러나 오난은 간교하게도 형수에게서 태어나는 아이가 결국 자신의 아이가 될 수 없다는 생각 때문에, 형수 다말과 동침할 때 "형에게 아들을 얻게 아니하려고 땅에 설정"했습니다(창 38:9). "그 일이 여호와 목전에 악하므로" 하나님께서 오난도 그 형과 같이 죽이셨습니다(창 38:7, 10, 대상 2:3). 유다가 셋째 아들 셀라도 그 형들같이 죽을까 염려하여 다말에게 주지 않자(창 38:11), 다말은 창녀로 변장하고 유다와 관계하여 잉태하였습니다(창 38:14-18). 이처럼 계대 결혼은 메시아가 오시기까지 언약 가문이 이스라엘 가운데 끊어지지 않게 하시려고 주신, 하나님께서 매우 소중하게 여기신 제도였습니다.

그러나 만일 형제조차 없을 때는, 가장 가까운 친척이 그 책임을 맡도록 하였는데, 이러한 책임이 있는 사람을 '기업 무를 자'(근족, 近族)라고 불렀습니다(레 25:24-34, 룻 2:20). 히브리어로는 '가알'(גָּאַל: 되찾다, 구속하다)이며, 이것을 일반적으로 '고엘' 제도라고 불렀습니다. 룻기에 나오는 보아스는 '기업 무를 자'로서, 룻의 남편의 후사를 잇게 한 자입니다(룻 2:1, 20, 3:12-13, 4:4). 룻기 4:10에는 "그 이름이 그 형제 중과 그곳 성문에서 끊어지지 않게" 한 자라고 기록하고 있습니다(룻 4:5).

예수 그리스도의 족보에는 이 계대 결혼(신 25:5-10)과 고엘 제도(레 25:24-34)와 관련하여 '유다가 다말에게서 낳은 베레스와 세라'(마 1:3, 참고-대상 2:4), '보아스가 룻에게서 낳은 오벳'이 기록되어 있습니다(마 1:5, 참고-룻 4:21). 실로, 하나님께서 세우신 제10계명과 그 세부 율법이, 예수 그리스도가 오시는 길이 끊어질 뻔한 위기 때마다 그 대(代)를 단단하게 이어 줌으로써, 구속사가 끊어지지 않게 한 것입니다.

둘째, 미망인을 위한 하나님의 사랑의 배려였습니다.

계대 결혼은 무엇보다 자식도 없이 남편과 사별한 후 의지할 곳 없는 미망인을 보호해 주는 하나님의 사랑의 배려가 아닐 수 없습니다. 말하자면, 남편도 자식도 없이 의탁할 곳 없는 상황에서 미망인에게 주신 마지막 생존의 권리요 보장이었습니다. 그래서 남편의 형제가 그 의무를 즐겨 하지 않을 경우, 미망인이 직접 나서서 성문 장로들에게 "내 남편의 형제가 그 형제의 이름을 이스라엘 중에 잇기를 싫어하여 남편의 형제 된 의무를 내게 행치 아니하나이다"라고 고발해야 했습니다(신 25:7). 이 후 성읍 장로들이 그 형제를 불러다가 설득하고 그래도 즐겨 하지 않을 경우에는, 미망인이 직접 나서서 남편의 형제의 발에서 신을 벗기고 그 얼굴에 침을 뱉으며, "그 형제의 집 세우기를 즐겨 아니하는 자에게는 이같이 할 것이라"라고 선언하게 하였습니다(신 25:8-9). 그리고 이스라엘 중에서 그 이름을 "신 벗기운 자의 집"이라 칭하도록 규정하였습니다(신 25:10).

만일 하나님께서 이 제도를 주시지 않았더라면, 미망인은 사회적으로 고립되거나 이스라엘 가운데 정착하지 못하고 전전하다가, 이방 남자를 만나 타락한 우상 문화에 젖어, 순수한 여호와 신앙을 잃어버릴 가능성이 컸습니다(출 34:16, 신 7:3-4, 수 23:12-13). 그러므로 계대 결혼이나 고엘 제도는 "네 이웃의 아내를 탐내지 말라"라는 제10계명을 범하지 않도록, 원천적으로 차단하는 세부 율법으로 매우 적합한 규정입니다.

② 남자의 음낭을 잡은 여인의 손을 찍어 버리라(신 25:11-12)

두 남자가 싸우는 중에 한 남자의 아내가 개입하는 경우, 아내가 손을 벌려 상대방의 음낭을 잡는 것을 금하고 있습니다. '잡거든'의 히브리어 '헤헤지카'(הֶחֱזִיקָה)는 '꽁꽁 묶다'라는 의미의 동사 '하자크'(חָזַק)의 히필(사역)형으로, '힘껏 꽉 잡는 것'을 말합니다. 따라서 음낭을 잡는 것은 생식 기능을 할 수 없는 성 불구자를 만들려는 목적으로 해를 가하는 것입니다. 이처럼 하나님께서는 자손을 잇기 위한 남자의 생식 능력에 위협을 가하는 행동을 제도적으로 금하셨습니다(신 25:11). 남자의 음낭을 잡은 그 여인의 손을 찍어 버리되 "네 눈이 그를 불쌍히 보지 말지니라"라고 말씀하고 있습니다(신 25:12).

(2) 네 이웃의 소유를 탐내지 말라(신 25:13-26:15)

① 공정한 상거래(신 25:13-16)

하나님께서는 공정(公正: 공평하고 올바름)한 상거래를 위하여 '같지 않은 저울추', '같지 않은 되'를 두어서는 안 되며, 오직 공정한 추와, 공정한 되를 두면 '하나님께서 주신 땅에서 네 날이 장구하리라'라고 말씀하셨습니다(신 25:13-15). 그러나 공정하지 않은 저울은 하나님께 가증합니다(신 25:16). 잠언 20:23에서 "한결같지 않은 저울추는 여호와의 미워하시는 것이요 속이는 저울은 좋지 못한 것이니라"라고 말씀하고 있습니다(레 19:35-36, 잠 11:1, 20:10, 23, 미 6:11).

② 아말렉 진멸 명령(신 25:17-19)

하나님께서 이스라엘에게 기업으로 주신 가나안 땅에 들어가서 안식을 주실 때에, 아말렉의 이름을 천하에서 도말하는 것을 잊지 말라고 경고하셨습니다. "너는 아말렉의 이름을 천하에서 도말할지니라 너는 잊지 말지니라"라고 명령하신 것입니다(신 25:19, 참고-출 17:8-16, 삼상 15:2-3). 아말렉은 하나님을 두려워하지 아니하고 애굽에서 나오는 이스라엘을 만났을 때, 피곤하므로 뒤에 떨어진 약한 자들을 쳤습니다(신 25:17-18). 그들은 방어할 힘이 없는 연약한 자를 공격한 것이므로, '탐내지 말라'라는 열 번째 계명과 연결됩니다.

(3) 가나안 땅에 정착해 얻을 첫 열매와 십일조(신 26:1-15)

하나님께서는 이스라엘에게 기업으로 주사 얻게 하시는 땅에 들어가서 모든 소산의 맏물(첫 것)과 십일조를 온전히 구분하여 바칠 것을 명령하셨습니다(출 23:19上, 34:26上, 신 14:22). 이렇게 함으로써 모든 소유가 근본적으로 하나님의 것임을 인정하도록 하여, 이스라엘은 단지 하나님의 것을 지키고 다스리는 청지기에 불과하다는 것을 철저하게 가르치신 것입니다. 이는 이웃의 소유를 탐내는 악한 마음이 싹트지 않도록 미연에 방지해 주시는 좋은 방책이었습니다.

이 모든 일들을 행하도록 일일이 제도화하신 분은 하나님이십니다. 모세와 상의하신 내용이 아니라, 하나님께서 제정하시고 모세에게 지시하셔서 백성에게 전달하신 것입니다. 이 모든 규정에는 이 세상의 죄인들을 구원하기 위해 죄악에 물들기 쉬운 인간의 연약한 속성을 배려하신 깊은 사랑이 담겨 있습니다. 제1계명부터 마지막 제10계명까지 관계된 모든 세부 율법에는, 죄 많은 인간들을 무한히 오래 참으시고 한없는 자비와 긍휼을 베푸시는 하나님의 아가페 사랑의 향기가 진동하고 있습니다.

3. 탐심 개념의 복음적 확대

Evangelical expansion of the concept of covetousness

탐심은 근본적으로 성도 개개인의 일평생을 섭리하시는 하나님의 은혜를 믿지 못하는 불신과 원망에서 나오는 것입니다. 살아 계신 하나님의 섭리를 깨달으면, 무엇 하나 걸림이 없고 감사의 웃음꽃이 만발하며, 하나님의 영광을 높이 크게 드러냅니다(시 8:4, 136:1, 144:3). 그러나 하나님의 섭리에 무감각한 악인(惡人)은 자만하여 감사가 메마르고, 평강이 잠시도 머물지 못하고 매사에 걱정과 염려뿐입니다(시 10:3-4, 32:10, 사 48:22, 57:21, 골 3:15). 하나님의 섭리 앞에 감사한 시편 기자는 "여호와는 나의 산업과 나의 잔의 소득이시니 나의 분깃을 지키시나이다"(시 16:5)라고 고백하였습니다. 표준새번역에서는 "아, 주님, 주님이야말로 내가 받을 유산의 몫입니다. 주께서는 나에게 필요한 모든 것을 주십니다. 나의 운명은 주님의 손안에 있습니다"라고 번역하였습니다. 예수님께서도 "먼저 그의 나라와 그의 의를 구하라 그리하면 이 모든 것을 너희에게 더하시리라 [34]그러므로 내일 일을 위하여 염려하지 말라 내일 일은 내일 염려할 것이요 한 날 괴로움은 그날에 족하니라"(마 6:33-34)라고 말씀하셨습니다(눅 12:31).

이제 탐심을 물리치는 근본적인 비결에 대하여, 예수님께서 하신 말씀과 사도 바울의 고백을 통하여 상고해 보겠습니다.

(1) "삼가 모든 탐심을 물리치라"

무리 중에 한 사람이 예수님께 재산 상속 문제에 관하여 말씀드리면서, "선생님, 내 형을 명하여 유업을 나와 나누게 하소서"라고 부탁하였습니다(눅 12:13). 예수님께서는 "이 사람아, 누가 나를 너희의 재판장이나 물건 나누는 자로 세웠느냐"라고 책망하시고는(눅 12:14), 저희에게 이르시기를 "삼가 모든 탐심을 물리치라 사람의 생명이 그 소유의 넉넉한 데 있지 아니하니라"라고 말씀하셨습니다(눅 12:15). 여기 "탐심"은 헬라어 '플레오넥시아'(πλεονεξία)로, '더 가지려는 욕심, 분에 넘치도록 더 가지려는 탐욕'을 의미합니다. 예수님께서는 여기에 "모든"을 뜻하는 헬라어 '파스'(πᾶς)를 붙이심으로, 하나님께서 허락하신 것 외에 '더 가지려는 모든 유형의 탐욕을 물리치라'라고 말씀하신 것입니다. "물리치라"는 '지키다, 보호하다, 감시하다'라는 뜻의 헬라어 '퓔랏소'(φυλάσσω)의 현재 중간태로, '모든 종류의 과도한 탐심으로부터 자신을 지키라'라는 의미입니다.

예수님께서는 형제 간의 화목보다 재산을 챙기려는 그 마음속의 탐심을 지적했습니다. 이보다 더욱 사악한 점은, 그가 자신의 원하는 바를 얻기 위해 예수님의 권위와 명성을 이용하려 했다는 것입니다. 그만큼 탐심은 하나님과 신앙을 이용해서라도 자기 욕심을 채우려는 파렴치한 마음이 들게 합니다.

예수님께서는 탐심이 가득한 사람에게 '족한 줄을 알지 못한 어리석은 부자'에 관한 비유를 베풀어 주셨습니다. 한 부자가 수확을 마치고 보니 대풍년이었습니다. 부자가 더 큰 부자, 거부가 된 셈입니다. 그래서 이 부자는 심중에 생각하기를 "내가 곡식 쌓아 둘 곳이 없으니 어찌할꼬 내가 이렇게 하리라 내 곡간을 헐고 더 크게 짓고, 내 모든 곡식과 물건을 거기 쌓아 두리라"라고 하였습니다(눅 12:16-18). 그리고 자기 영혼에게 이르기를, '내 영혼아, 내가 여러 해 쓸 물건을 많이 쌓아 두었으니 평안히 쉬고 먹고 마시고 즐거워하자'라고 하였습니다(눅 12:19). 그러나 하나님께서는 이 사람의 계획에 대하여 "어리석은 자여 오늘 밤에 네 영혼을 도로 찾으리니 그러면 네 예비한 것이 뉘 것이 되겠느냐"(눅 12:20)라고 물으셨습니다.

여러 해 동안 향락을 누리려고 계획을 세운 바로 그날 밤에, 하나님께서는 그의 영혼을 회수하실 수도 있는 분이십니다. 그때 '자기의 예비한 재물'과 '자기의 영혼' 모두는 곧 회수 당하고 말 것입니다. 참으로 저가 죽으면 가져가는 것이 아무것도 없습니다(시 49:17). 우리가 이 세상에 가지고 온 것이 없으매 결국 적신으로 돌아가는 것입니다(욥 1:21, 딤전 6:7). 죄인의 재물은 의인을 위하여 쌓이는 것입니다(잠 13:22). 짧은 생을 살면서 헛된 일에 분요하며 재물을 쌓으나, 그 재물을 누가 취할지 알지 못하며(시 39:4-6), 결국 그 재물은 독수리처럼 날개를 내어 날아가 버릴 것입니다(잠 23:5). 이것이 물질을 탐하는 자에 대한 성경의 일관된 경고입니다(욥 27:16-19, 시 49:10, 잠 28:8, 전 2:18-21, 26, 렘 17:11, 딤전 6:9-10, 17, 약 4:13-14).

누가복음 12:15을 표준새번역에서는 "재산이 차고 넘쳐도 여러분의 생명이 거기 달려 있는 것이 아닙니다"라고 번역하고 있습니다. 어리석은 부자는 자기 소유가 차고 넘쳐도 단 한 푼도 나눠 줄 줄 모르는 지독한 탐욕자였습니다. 갑작스럽게 쏟아 주신 그 복이 어디서 왔는지 기억하지 않고 하나님 앞에 감사치 않는 사기꾼이요, 도둑이었습니다(참고-신 8:17-18). 그 소유가 무한정 늘어났을 때 그 심중에는 오로지 '나'만 가득 차 있었습니다. 그렇게 '내 쾌락'만을 부르짖는 낭비의 삶을 살다가 "오늘 밤"에 침략의 대명사, 사망 곧 죽음 앞에 끌려가고 말았습니다. 온 천하를 얻은 듯했으나 자기 존재를 잃어버렸습니다. 하나님께 부요하지 못한 결과, 인생 결산의 자리에서는 아무것도 없는, 허무한 사람이 되고 말았습니다.

그러므로 우리는 '오늘'이라는 하나님께서 주신 기회를 선용하며, 하나님께 부요하기를 힘써야 합니다(딤전 6:18-19). 우리의 생애 속에서 날마다 오늘을 하나님 만나는 날, 은혜 받는 날, 믿음의 날, 기도의 날, 전도의 날, 봉사와 헌신의 날, 용서해 주는 날, 회개의 날, 결심의 날, 서원의 날로 삼기를 간절히 소망합니다(고후 6:1-2).

(2) 자족(自足)과 지족(知足)

모든 탐심은 하나님께서 허락하신 자기의 소유와 삶에 대한 불만족에서 출발합니다. 디모데전서 6:6-8에서 "그러나 지족하는 마음이 있으면 경건이 큰 이익이 되느니라 [7]우리가 세상에 아무것도 가지고 온 것이 없으매 또한 아무것도 가지고 가지 못하리니 [8]우리가 먹을 것과 입을 것이 있은즉 족한 줄로 알 것이니라"라고 말씀하고 있습니다. 여기 "지족"(知足: 분수를 지켜 만족할 줄 앎)의 헬라어 '아우타르케이아스'(αὐταρκείας)는, 빌립보서 4:11의 "자족"(αὐτάρκης, 아우타르케스, 自足: 스스로 넉넉함을 느낌)에서 나온 말입니다. 이는 '자기 자신'을 뜻하는 대명사 '아우토스'(αὐτός)와 '넉넉하다, 충분하다'라는 뜻을 가진 '아르케오'(ἀρκέω)의 합성어로, '자기 스스로 충분히 만족할 줄 앎'이라는 의미입니다.

① 내게는 모든 것이 있고 또 풍부한지라

사도 바울은 어떤 형편에든지 '자족하기를 배웠다'라고 고백하면서(빌 4:11), "내가 비천에 처할 줄도 알고 풍부에 처할 줄도 알아 모든 일에 배부르며 배고픔과 풍부와 궁핍에도 일체의 비결을 배웠노라"라고 말씀하였습니다(빌 4:12). 빌립보서 4:11의 "배웠노니"는 헬라어 '만다노'(μανθάνω)로, '행동이나 경험, 사용과 실행을 통해서 배우다'라는 뜻입니다. 빌립보서 4:12의 "일체의 비결을 배웠노라"(그 어떤 경우에도 적응할 수 있는 비결을 배웠습니다: 표준새번역)라는 선언은, 인생들이 갈망하는 최고의 학위를 능가한 것이요, 모든 철학의 마지막 경지를 뛰어넘은 자의 고백입니다. 그는 아무것도 가진 것이 없었으나, "내게는 모든 것이 있고 또 풍부한지라"라고 고백하였습니다(빌 4:18).

야곱도 삼촌 라반의 집에서 20여 년의 피땀 어린 고생을 마치고 형 에서를 만났을 때, 지금의 자기 소유에 만족한다고 고백하였습니다(창 33:1-11). 창세기 33:11에 "하나님이 내게 은혜를 베푸셨고 나의 소유도 족하오니 청컨대 내가 형님께 드리는 예물을 받으소서 하고 그에게 강권하매 받으니라"라고 기록하고 있습니다. "나의 소유도 족하오니"(וְכִי יֶשׁ־לִי־כֹל, 베키 예쉬 리 콜)를 직역하면 "그리고 왜냐하면 내게는 모든 것이 있기 때문입니다"입니다. 야곱이 모든 것을 가진 것은 아니었으나, 이렇게 위대한 고백을 할 수 있었던 것은 하나님이 함께하시는 자에게는 아무 부족함이 없다는 사실을 깨달았기 때문입니다(시 23:1). 사람이 아무리 노력해도 모든 것을 가질 수 없을 뿐만 아니라, 설령 하나님께서 모든 것을 주신다 하여도 다 감당할 수도 없습니다. 항상 하나님께서 주시는 것에 감사하면서 만족하며 살 때 진정한 행복자가 될 수 있습니다.

② 잠시 받는 가벼운 환난

사도 바울이 삶 속에서 경험하여 깨달은 "일체의 비결"이란 다름 아닌 '은혜로 사는 비결'입니다. 자족이란 스스로 만족한다는 감정이 아니라, 하나님의 은혜로 만족한다는 것입니다. 그것은 평안하고 풍족할 때가 아니라 죽음에 이를 정도의 극심한 환난 중에 얻은 것입니다. 즉 부요할 때가 아니라 가장 궁핍할 때였으며, 한가할 때가 아니라 밤낮으로 일하며 수고할 때였으며, 건강할 때가 아니라 체력적으로 가장 크게 한계를 느낄 때였습니다.

사도 바울의 전 생애는 환난의 연속이었습니다. 그보다 더한 환난을 경험한 사람은 이 세상에서 찾아보기 힘들 것입니다. 고린도후서 11:23-27에 그 내용이 자세히 표현되어 있는데, "저희가 그리스도의 일꾼이냐 정신 없는 말을 하거니와 나도 더욱 그러하도다 내가 수고를 넘치도록 하고 옥에 갇히기도 더 많이 하고 매도 수없이 맞고 여러 번 죽을 뻔하였으니 [24]유대인들에게 사십에 하나 감한 매를 다섯 번 맞았으며 [25]세 번 태장으로 맞고 한 번 돌로 맞고 세 번 파선하는데 일 주야를 깊음에서 지냈으며 [26]여러 번 여행에 강의 위험과 강도의 위험과 동족의 위험과 이방인의 위험과 시내의 위험과 광야의 위험과 바다의 위험과 거짓 형제 중의 위험을 당하고 [27]또 수고하며 애쓰고 여러 번 자지 못하고 주리며 목마르고 여러 번 굶고 춥고 헐벗었노라"라고 하였습니다. 또한 고린도후서 1:8-9에서도 "형제들아 우리가 아시아에서 당한 환난을 너희가 알지 못하기를 원치 아니하노니 힘에 지나도록 심한 고생을 받아 살 소망까지 끊어지고 [9]우리 마음에 사형 선고를 받은 줄 알았으니 이는 우리로 자기를 의뢰하지 말고 오직 죽은 자를 다시 살리시는 하나님만 의뢰하게 하심이라"라고 하였습니다. 이렇게 사도 바울은 젊은 날에 사도로 부르심을 받아, 생애 최후에 목이 잘려 처참하게 죽을 때까지 일생 동안 환난 가운데 살았는데(고전 4:9-13, 고후 6:4-5, 11:23-33), 그것을 '잠시 받는 가벼운 환난'(고후 4:17 - 바른성경)이라고 고백하였습니다. 이러한 놀라운 신앙관을 가진 자만이 어떤 환난 속에서도 감사하는 자족의 삶을 살 수 있습니다.

③ 아무것도 없는 자 같으나 모든 것을 가진 자

사도 바울은 매사에 모든 사도보다 더 많이 수고한 자입니다(고전 15:10上). 그러나 그 모든 것이 자기 힘이 아니라 전적으로 하나님의 은혜였다고 위대한 고백을 하였습니다(고전 15:10下). 심지어 자기를 괴롭히는 가시와 같은 안질(眼疾, 참고-갈 4:15)이 떠나기를 기도했을 때, 하나님께서는 "내 은혜가 네게 족하도다 이는 내 능력이 약한 데서 온전하여짐이라"라고 응답하셨습니다(고후 12:7-9). 인간적인 생각으로는 복음 전파에 장애가 될 법한 육체의 가시가 도리어 하나님의 은혜가 떠나지 않게 하는 축복이라는 신앙관이 자족의 비결이었습니다(고후 12:10).

사도 바울은 복음 전파에 아무 장애가 없게 하려고 누구에게도 누를 끼치지 않고, 밤낮으로 일을 하면서 하나님의 복음을 전파했습니다(행 18:3, 고전 4:12, 살전 2:9, 살후 3:8). 사도 바울의 업(業)은 장막을 만드는 것이었습니다(행 18:3). 그는 교회로부터 생계비 지원을 전혀 받지 않았습니다(고전 9:7, 12, 15, 18). 성도들에게 폐를 끼치지 않으려고 고린도 교인들의 물질을 거절하였습니다(고후 12:13-14). 도리어 다른 교회에서 받은 삯으로 고린도 교회를 도왔습니다(고후 11:8). 자신은 빈곤할지라도 남에게 폐를 끼치지 않기 위하여 조심하였고 또 계속 조심하겠노라 다짐하였습니다(고후 11:9). 남의 것을 탐하거나 남을 속여 빼앗거나 이득을 취한 적이 결코 없으며(행 20:33, 고후 7:2, 12:17-18), 늘 스스로 일을 하면서, 다른 사람에게도 손으로 일하기를 힘쓰라고 가르쳤습니다(엡 4:28, 살전 4:11, 딛 3:14). "너희가 거저 받았으니 거저 주어라"(마 10:8)라는 말씀을 기쁜 마음으로 실천하였습니다(행 20:35).

사도 바울은 이같이 "근심하는 자 같으나 항상 기뻐하고 가난한 자 같으나 많은 사람을 부요하게 하고 아무것도 없는 자 같으나 모든 것을 가진 자"였습니다(고후 6:10). 이는 그가 예수 그리스도 안에 감취어 있는 지혜와 지식의 모든 보화를 얻었기 때문입니다(골 2:2-3). 참으로 예수님 안에 넘치는 풍요의 잔치를 자기 삶 속에서 만끽한 자의 거침없는 신앙 고백입니다(빌 4:18上). 그 결과로, 그는 자족과 지족의 능력 주시는 자 안에서 모든 것을 할 수 있는 자가 되었던 것입니다(빌 4:13).

4. 제10계명을 범한 자의 최후

The fate of those who violated the tenth commandment

탐심은 마음에서 일어난 작은 욕심 같으나, 실상은 행동으로 옮겨 죄를 짓고 끝장을 보고야 마는 죄임에 틀림없습니다. 그 끝은 생명을 잃고야 마는 사망입니다(약 1:15). 잠언 1:19에서 "무릇 이를 탐하는 자의 길은 다 이러하여 자기의 생명을 잃게 하느니라"라고 말씀하고 있습니다.

(1) 대홍수 심판을 부른 끝없는 탐욕(성적 타락)

노아 때 사람들의 타락상에 대해서 창세기 6:2에 "하나님의 아들들이 사람의 딸들의 아름다움을 보고 자기들의 좋아하는 모든 자로 아내를 삼는지라"라고 말씀하고 있습니다. 이것은 하나님의 아들들이 사람의 딸들을 보고 성적 매력을 느꼈다는 것입니다. 남자들이 한 아내를 두어야 하는데 여러 여자를 아내로 삼았습니다. 이렇듯 노아 시대는 문란한 성생활, 은밀한 죄악에 매력을 느끼는 극도로 타락한 시대였습니다(잠 9:17, 엡 5:12).

인간의 끝없는 탐욕은 첫째, 하나님을 근심케(עָצַב, 아차브: 상처를 주다, 고통을 주다) 했습니다(창 6:6). 둘째, 온 땅을 패괴하게 만들었습니다(창 6:11-12). 패괴(敗壞: 거스를 패, 무너질 괴)는 '부서지고 무너짐'이라는 뜻으로, 재생 불가능하여 아무 소망이 없는 비참한 상태를 뜻합니다. 셋째, 온 땅에 강포가 충만하게 했습니다(창 6:11, 13). 강포(强暴: 굳셀 강, 사나울 포)는 '완강하고 포악하고 우악스럽고 사나움'이라는 뜻입니다. 너도나도 잔혹한 폭력을 휘둘러 무분별한 살인, 강도, 폭력, 절도가 가득하여 사회 질서를 완전히 붕괴시키는 상황, 곧 무법천지가 되고 말았음을 보여 주는 말입니다. 넷째, 탐욕의 결과는 돌이킬 수 없는 심판이었습니다. "그 끝날이 내 앞에 이르렀으니 내가 그들을 땅과 함께 멸하리라"(창 6:13)라는 하나님의 심판 선고를 받고야 말았습니다. 사도 베드로는 '옛 세상을 용서치 아니하시고 경건치 아니한 자들의 세상에 홍수를 내리셨다'라고 말씀하였습니다(벧후 2:5). 끝없이 탐욕을 부리던 노아 때의 사람들은 홍수가 나서 저희를 다 멸하기까지 깨닫지 못하였습니다(마 24:38-39).

(2) 나봇의 포도원을 탐한 '아합'

북 이스라엘의 극악한 왕 아합은, 나봇이 조상으로부터 유업으로 받은 포도원을 탐하다가 나봇을 모함하여 돌로 쳐 죽이고 그의 포도원을 취했습니다(왕상 21:1-16). 이때 여호와의 말씀이 디셉 사람 엘리야에게 임하였습니다(왕상 21:17). 하나님께서는 "개들이 나봇의 피를 핥은 곳에서 개들이 네 피 곧 네 몸의 피도 핥으리라"라고 아합에게 전하도록 하셨습니다(왕상 21:19). 아합의 탐욕은 계속되어 길르앗 라못을 아람에게서 빼앗기 위해 전쟁을 하고자 하였습니다(왕상 22:3-4). 하나님께서는 미가야 선지자를 통해서 만약 아합이 전쟁에 나가면 죽게 될 것이라고 선포하셨습니다(왕상 22:19-23). 그러나 아합은 미가야 선지자를 감옥에 가두고, 변장을 하고 전쟁에 나갔습니다(왕상 22:26-27, 30). 그런데 아합은 누군가 우연히 쏜 화살을 맞아 피를 많이 흘려 죽고 말았고 그 흘린 피를 개들이 핥았으니, 엘리야의 예언대로 된 것입니다(왕상 22:34-38).

(3) 하나님께 바친 것을 탐내어 도적질한 '아간'

가나안 정복 시기에 여리고 성 점령 후 아간이 외투 한 벌과 은 200세겔과 50세겔 중(重)의 금덩이 하나를 보고 탐내어 도적질하였습니다(수 7:21). 그 결과로, 이스라엘은 여리고 성보다 작은 아이 성을 치러 올라갔다가 3천 명이 패하여 도망쳤습니다(수 7:2-5). 이에 패배의 원인을 찾기 위해 제비를 뽑았더니, 유다 지파 세라의 증손, 삽디의 손자, 갈미의 아들인 아간이 뽑혔습니다(수 7:14-18). 하나님께 바쳐진 물건을 탐한 대가로 아간과 그의 아들들과 딸들은 아골 골짜기에서 돌로 쳐 죽임을 당하였고, 그의 장막을 비롯한 모든 소유도 돌로 치고 불사름을 당했습니다(수 7:24-26).

(4) 물질의 종이 되어 예수님을 팔아 넘긴 '가룟 유다'

가룟 유다는 예수님의 열두 제자 중 돈 궤를 맡을 정도로 신임을 받던 제자였습니다. 그러나 점점 돈을 탐하는 도적이 되어 궤에 넣는 돈을 훔쳐 갔습니다(요 12:6). 예수님께서 십자가에 달리시기 며칠 전에 마리아가 300데나리온에 상당하는 지극히 비싼 향유를 예수님의 발에 붓는 헌신을 하였습니다(요 12:1-3). 이때 가룟 유다는 가난한 자들을 핑계로, 마리아가 돈을 '허비'한 것이라고 비난하면서 주변 제자들을 선동하였습니다(마 26:7-9, 요 12:4-5). 평소 가룟 유다의 사악한 의도를 알고 계셨던 예수님께서는 "저를 가만두어 나의 장사할 날을 위하여 이를 두게 하라 가난한 자들은 항상 너희와 함께 있거니와 나는 항상 있지 아니하리라"라고 말씀하셨습니다(요 12:7-8). 이 후 가룟 유다는 대제사장들과 흥정하여 은 30을 받아 챙기고, 예수님을 팔아넘겼습니다(마 26:14-16, 막 14:10-11, 눅 22:3-6). 그리고 자신은 목매어 자살하였고, 그 줄이 끊어져 몸이 곤두박질하므로 배가 터져 창자가 빠져나와 비참하게 죽었습니다(마 27:3-10, 행 1:16-18).

이와 같이 탐심이란 죄는 한결같이 무서운 심판과 죽음으로 끝을 보게 합니다(사 57:17, 롬 6:23, 약 1:14-15). 사단은 우리를 달콤하게 미혹하여 탐욕을 심어 준 다음에는 이리저리 끌고 다니면서 죄를 짓게 만들고, 마지막에는 끔찍스럽게 망하게 하고, 벌거벗게 하고, 그 살을 먹고, 불로 아주 살라 비참하게 만듭니다(계 17:16). 제 마음을 다스리지 못하여 탐욕을 이기지 못하는 것은 인생의 비극 중의 비극입니다. 참으로 탐심은 작은 죄가 아니고, 그것에 걸려든 모든 사람에게 예외 없이 사망이라는 치명적인 해(害)를 끼치는 큰 죄, 무서운 죄입니다.

5. 제10계명의 구속사적 교훈

The redemptive-historical lesson in the tenth commandment

아담은 에덴동산에서 제10계명을 범하는 것과 같은 죄를 지었습니다. 여자가 뱀의 말을 듣고 나서 선악을 알게 하는 나무의 실과를 보니 "먹음직도 하고 보암직도 하고 지혜롭게 할 만큼 탐스럽기도" 하였습니다(창 3:6). 그리고 여자가 먼저 그 실과를 따먹고 아담에게 주매 아담도 먹었습니다. "보암직도 하고"(תַאֲוָה־הוּא לָעֵינַיִם, 타아바 후 라에나임)는 직역하면 '눈에 즐거웠다'입니다. 여기에 쓰인 히브리어 '타아바'(תַאֲוָה)는 본래 '욕구, 욕망, 갈망'이라는 뜻이며, '아바'(אָוָה: 사모하다, 신 5:21의 내적 탐심)에서 유래하였습니다(잠 19:22, 사 26:8 등).

"탐스럽기도 한"(חָמַד, 하마드, 출 20:17의 외적 탐심)은 '탐내다, 갈망하다, 사모하다'라는 의미로, 사람들이 갖고 싶어하고 집에 두고 싶어하는 어떤 것을 가리킵니다(잠 21:20). "보암직도 하고"와 "탐스럽기도 한"이라는 표현은, 선악과를 갖고 싶어하는 여자의 내적·외적 욕망이 얼마나 대단했는지를 보여 줍니다. 여자는 올바른 판단이 불가능한 상태가 되어, 손을 내밀어 선악을 알게 하는 나무의 실과를 자기가 먼저 따먹고, 남편에게도 주어 먹게 하였습니다(창 3:6).

아담 부부의 탐욕은 하나님을 거역하게 하고, 하나님께서 창조하신 모든 질서를 무너뜨렸습니다. 탐욕 때문에 에덴동산에서 쫓겨나고 말았습니다(창 3:22-24). 십계명은, 하와가 선악과를 보고 그 마음이 걷잡을 수 없이 사로잡혔던 그 지독한 원죄의 실상을 적나라하게 드러내고 있습니다. 아담과 하와를 타락시킨 원죄의 뿌리가 탐심에 있었음을 명쾌히 밝히면서, 그것을 이길 수 있는 비결이 십계명 즉 하나님의 '열 말씀'을 올바로 지키는 데 있다는 사실을 보여 줍니다. 참으로 십계명은 믿는 자의 살 길입니다(레 18:5, 신 4:4-6, 32:46-47).

아담과 하와를 타락시켰던 탐욕은 지금도 여전히 기회만 닿으면 사람들에게 달라붙어서 그들을 사로잡고 끊임없이 부추깁니다. 그럴 때 가인에게 권고하셨던 하나님의 말씀대로, 그 죄의 소원을 빨리 다스려야 합니다. 창세기 4:7 하반절에서 "죄의 소원은 네게 있으나 너는 죄를 다스릴지니라"라고 말씀하고 있습니다. 이는 가인에게 죄를 이길 수 있는 힘을 주시려고 사랑으로 권고해 주신 참으로 귀중한 말씀이었지만, 가인은 결국 죄를 이기지 못하고 아벨을 쳐서 죽이고 말았던 것입니다.

출애굽 한 이스라엘 백성의 범죄의 근저(根底: 사물의 기초)에도 항상 탐욕이 자리잡고 있었습니다. 그들은 시내산에서 "탐내지 말지니라"라는 십계명을 받았음에도 불구하고(출 20:17), 얼마 되지 않아 탐욕을 품기 시작하였습니다. 이스라엘 중에 섞여 사는 무리가 탐욕을 품으매 이스라엘 자손도 다시 울며 "누가 우리에게 고기를 주어 먹게 할꼬"라고 하면서 원망하였습니다(민 11:4). 하나님께서는 메추라기를 보내 주시고, 그 고기가 아직 잇사이에 있어 씹히기 전에 탐욕을 낸 백성을 죽이셨습니다. 그래서 그곳 이름을 '기브롯 핫다아와'(קִבְרוֹת הַתַּאֲוָה : 탐욕의 무덤)라고 불렀습니다(민 11:33-34). 이러한 이스라엘 백성의 행동을 시편 106:14에서는 "광야에서 욕심을 크게 발하며 사막에서 하나님을 시험하였도다"라고 말씀하고 있습니다(시 78:18). 바른성경에서는 "광야에서 그들은 탐욕에 빠졌고 사막에서는 하나님을 시험하였습니다"라고 번역하고 있습니다. 탐욕의 종착역은 멸망뿐임을 명심하여야 합니다(시 78:30-31, 약 1:15).

예수님 당시에 종교 지도자들(바리새인과 서기관들)은 돈을 좋아하는 자들이었습니다. 누가복음 16:14에서 "바리새인들은 돈을 좋아하는 자라"라고 말씀하고 있습니다. 그들은 과부의 가산을 삼키는 자들이었습니다(막 12:40, 눅 20:47). 대제사장은 본래 한 명이어야 하는데, 당시 장인과 사위 관계인 안나스와 가야바 두 사람이 대제사장으로 있었으며, 종교적으로 부정부패가 극심하였습니다(눅 3:1-2). 그래서 예수님께서는 마태복음 23:25에서 "화 있을진저 외식하는 서기관들과 바리새인들이여 잔과 대접의 겉은 깨끗이 하되 그 안에는 탐욕과 방탕으로 가득하게 하는도다"라고 말씀하셨습니다. 극도로 타락한 제사장들과 대제사장들은 아무 죄도 없으신 예수님을 시기로 고소하였습니다(마 26:57-68, 27:12, 18, 막 14:53-65, 15:3, 10, 눅 22:66-71, 23:10, 요 18:19-24). '시기'는 헬라어 '프도노스'(φθόνος)로, '질투, 시샘'이라는 뜻입니다. 심지어 대제사장들은 무리를 충동하여 큰소리로 예수님을 십자가에 못 박으라고 외치게 하였습니다. 결국 민란과 살인을 인하여 갇혔던 강도 바라바는 놓아주고, 예수님을 십자가에 넘겨주게 하였습니다(마 27:15-26, 막 15:6-15, 눅 23:13-25, 요 18:35, 38-40, 19:6, 15-16). 당시 종교 지도자들은 가난한 백성과 과부의 가산까지 손을 뻗어 탐한 절도요 강도들이며(마 21:13, 막 11:17, 눅 19:46, 요 10:1, 8), 최고의 기득권을 붙잡고도 족한 줄을 알지 못하는 개 같은 탐욕자들이요(사 56:11, [참고-]빌 3:2), 그 심한 탐욕 때문에 예수님을 시기하여 사형수로 몰아 십자가에 못 박아 죽인 살인자들이었습니다.

이 땅에는 돈(물질)의 노예, 성(性)의 노예가 된 자들이 많이 있습니다. "돈을 사랑"(딤전 6:10)하는 자들은 돈을 자기 삶의 최후 목표로 삼고, 돈만을 추구하며 돈 속에 빠져서 살아갑니다. 그래서 성경은 '부한 자들'이라고 말씀하지 않고, "부하려 하는 자들"(딤전 6:9[上])이라고 말씀하고 있습니다. 여기 "... 하려 하는"의 헬라어는 '의도하다, 갈망하다'라는 뜻을 갖는 '불로마이'(βούλομαι)의 현재 분사형으로, 계속해서 부자가 되려는 탐욕으로 채우기에 급급한 상태를 말해 줍니다. 잠언 28:20에서는 "속히 부하고자 하는 자"라고 표현하고 있습니다.

돈을 사모하는 자들의 최후 모습은 미혹을 받아 진리의 바른 길을 떠나게 됩니다. 처음 믿음에서 떠나 타락하게 됩니다(딤전 6:10). 많은 근심이 들어와서 고통을 당하게 됩니다. 돈을 사랑하므로 결국 그 돈이 자기를 찔러 죽이고 맙니다(딤전 6:10[下]).

그러므로 우리는 정함이 없는 재물에 소망을 두지 말아야 합니다(딤전 6:17, [참고-]잠 23:4). 오직 우리에게 모든 것을 후히 주사 누리게 하시는 하나님께 소망을 두며, 하나님의 선한 일에 열심을 품고(엡 2:10, 딛 2:14), 주어진 물질을 가지고 흩어 구제하는 일에 힘써야 합니다. 선을 베풀 힘이 있을 때 마땅히 받을 자에게 베풀기를 아껴서는 안 됩니다(잠 3:27, 22:9). "흩어 구제하여도 더욱 부하게 되는 일이 있나니 과도히 아껴도 가난하게 될 뿐"입니다(잠 11:24). 디모데전서 6:18-19에 "선한 일을 행하고 선한 사업에 부하고 나눠 주기를 좋아하며 동정하는 자가 되게 하라 [19]이것이 장래에 자기를 위하여 좋은 터를 쌓아 참된 생명을 취하는 것이니라"라고 말씀하고 있습니다.

성(性)에 노예가 된 자들의 정욕은 결코 끝이 없습니다. 그들은 세계를 다 점령하고 세상의 모든 남녀를 다 가진다 해도 만족하지 못합니다. 베드로후서 2:14에는 "음심이 가득한 눈을 가지고 범죄하기를 쉬지 아니하고 굳세지 못한 영혼들을 유혹하며 탐욕에 연단된 마음을 가진 자들이니 저주의 자식이라"라고 말씀하고 있습니다. 성경은 정욕으로 범죄하기를 쉬지 않는 자들, 지나친 탐욕이 오래도록 몸에 자연스럽게 배어 있는 자들을 가리켜 '저주의 자식, 진노의 자식, 불법의 사람, 멸망의 아들'이라고 경고하고 있습니다(엡 2:3, 살후 2:3, 벧후 2:14). 정욕은 음부(陰府), 곧 지옥처럼 넓으며 사망 같아서 족한 줄을 모릅니다(합 2:5). 음녀(淫女)를 품는 악에 빠져 살면 자신의 존영(尊榮)을 다 빼앗기고, 살이 마르고 가죽만 남을 정도로 신세를 망치게 됩니다(잠 5:1-23). 모든 더러운 것을 행하는 것은 욕심 때문입니다(엡 4:19). 그 욕심은 육신의 정욕과 안목의 정욕과 이생의 자랑입니다(요일 2:16).

오늘날 "부끄러운 욕심"(롬 1:26)이 마음속 깊이 똬리를 틀고 있는데도 불구하고, 욕심을 다 버린 성자처럼 남을 속이고 외식하는 가증한 신자가 얼마나 많이 있습니까? 우리는 과연 이러한 모습이 아닌지 항상 점검해야 합니다(참고-갈 6:1).

모든 욕심은 마귀의 짓이요(요 8:44), 욕심은 죄의 근원이요, 사망의 시발점입니다(약 1:14-15). 누구나 탐욕을 품기 시작하면 마음속에 기쁨과 평강이 사라지고 불안, 초조, 미움, 절망, 좌절이 온통 마음을 점령해 버립니다. 탐하지 말아야 할 "네 이웃의 아내", "네 이웃의 소유"에 대하여 욕심을 부리면 자기 생명을 극도로 단축시키고 끝내는 생명을 잃게 됩니다. 잠언 21:6에서 "속이는 말로 재물을 모으는 것은 죽음을 구하는 것이라"라고 말씀하고 있으며, 잠언 1:19에서 "무릇 이(부당한 이득)를 탐하는 자의 길은 다 이러하여 자기의 생명을 잃게 하느니라"라고 말씀하고 있습니다.

그러나 탐욕을 미워하는 자는 장수합니다(잠 28:16下). 사도 바울은 "음행과 온갖 더러운 것과 탐욕은 너희 중에서 그 이름이라도 부르지 말라 이는 성도의 마땅한 바니라"라고 아주 강력하게 권면하고 있습니다(엡 5:3). 탐욕으로 기울어질 때에 속히 돌이켜 주의 말씀으로 향하고, 말씀에 마음을 쏟고 귀를 기울이는 것이 생명을 얻는 지혜로운 길입니다(시 119:36, 잠 23:12, 전 7:12). "삼가 모든 탐심을 물리치라 사람의 생명이 그 소유의 넉넉한 데 있지 아니하니라"라는 말씀(눅 12:15)을 마음에 깊이 새김으로 영원한 생명을 받아 누리시길 간절히 소망합니다.

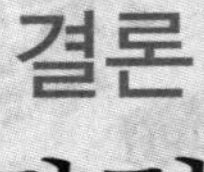

결론
십계명 대강령

Conclusion: The Great Commandments of the Ten Commandments

십계명 대강령

THE GREAT COMMANDMENTS OF THE TEN COMMANDMENTS

예수님의 십자가 죽음을 앞둔 고난주간 화요일에 한 율법사가 예수님을 시험하여 "선생님이여 율법 중에 어느 계명이 크니이까"라고 물었습니다(마 22:35-36). 당시 종교 지도자들은 율법을 총 613개 조항으로 분류하고, 그것을 보다 중요한 248개 조항과 덜 중요한 365개 조항으로 다시 분류했습니다. 그러나 과연 어느 것이 더 중요하고 덜 중요한지는 항상 논쟁거리였습니다. 이러한 배경에서 한 율법사가 예수님께 "어느 계명이 크니이까"라고 물었던 것입니다.

예수님께서는 "네 마음을 다하고 목숨을 다하고 뜻을 다하여 주 너의 하나님을 사랑하라 하셨으니 [38]이것이 크고 첫째 되는 계명이요 [39]둘째는 그와 같으니 네 이웃을 네 몸과 같이 사랑하라 하셨으니 [40]이 두 계명이 온 율법과 선지자의 강령이니라"라고 말씀하셨습니다(마 22:37-40). 강령은 한자로 '벼리 강(綱), 거느릴 령(領)'으로, '일의 으뜸이 되는 줄거리, 정당 등의 단체에서 입장, 목적, 계획, 방침 및 운동의 차례, 규범 따위를 요약해서 적은 것'이라는 뜻입니다(시 119:160). 헬라어로는 '크레만뉘미'(κρεμάννυμι)로, '매달다, 의존하다, 기본 원칙'이라는 뜻입니다. 당시 랍비들은 많은 도덕법칙들을 몇 가지 원칙으로 축소시키려고 노력하였는데, 이때 축소된 것을 '크레만뉘미'라고 불렀습니다. "온 율법과 선지자"는 단순히 율법서와 선지서뿐만 아니라 구약성경 전체를 가리키는 표현으로(눅 24:27, 44), 그 구약성경의 핵심은 바로 십계명이었습니다.

그리고 십계명의 대강령은 두 계명뿐입니다.

첫 번째 계명은, **'하나님을 사랑하라'** 입니다.

이것은 첫 번째부터 네 번째 계명까지의 강령입니다.

두 번째 계명은, **'이웃을 사랑하라'** 입니다.

이것은 다섯 번째부터 열 번째 계명까지의 강령입니다.

1. 하나님을 사랑하라

Love the Lord your God.

하나님은 우리의 유일한 사랑의 대상입니다. 예수님께서 말씀하신 첫 번째 계명은 "네 마음을 다하고 목숨을 다하고 뜻을 다하여 주 너의 하나님을 사랑하라"라는 것입니다(마 22:37). 이 말씀은 신명기 6:5의 "너는 마음을 다하고 성품을 다하고 힘을 다하여 네 하나님 여호와를 사랑하라"라는 말씀을 인용하신 것입니다(신 10:12, 참고-왕하 23:25). 이것은 하나님을 사랑하는 자가 십계명을 지킬 수 있기 때문입니다(신 11:1, 요 14:15, 21, 23, 24, 15:10, 요일 5:2-3). 더 나아가, 하나님의 사랑을 받고 믿고 깨달았다면 마땅히 사랑하라는 명령입니다. 하나님께 받은 사랑이 너무도 크고 무한하기 때문에, 하나님께 드리는 사랑 역시 우리의 모든 것을 다 드려야 합니다. 신명기 6:5에서 세 번 반복되는 '다하여'는 히브리어 '베콜'(בְּכָל)로, '할 수 있는 모든 것을 가지고'라는 뜻입니다. 말하자면, 너의 모든 최선의 마음을 가지고, 너의 모든 최선의 성품을 가지고, 너의 모든 최선의 힘을 가지고 너의 하나님 여호와를 사랑하라는 뜻입니다.

(1) "너의 마음을 다하고"

신명기 6:5의 '마음'은 히브리어 '레바브'(לֵבָב)로, 원래는 심장을 가리키는 말이며, '한 사람의 생각과 의지와 감정이 자리잡고 있는 장소'를 의미합니다. 마태복음 22:37의 '마음'은 헬라어 '카르디아'(καρδία)로, 육체적, 정신적 생명의 중심부를 의미합니다. 마음은 어떤 일을 계획할 뿐 아니라 지혜나 명철에 대하여 깊이 생각하는 곳입니다(시 49:3). 마음은 두뇌와 달리, 감성과 정서의 원천이 되는 심장부입니다. 특히 사랑이 머무는 곳입니다. 마음에서 육체의 생명 활동을 가능케 하는 기운과 감각이 시작되고, 눈에 보이지 않는 인간 내면의 깊은 세계를 움직이는 생명력이 솟아납니다(잠 4:23).

그러므로 하나님의 계명을 지키기 위해서는 마음을 다 바쳐야 됩니다(잠 3:5). 하나님께서는 전심으로 하는 감사(시 138:1), 전심으로 드리는 간절한 기도(렘 29:13)를 기뻐하십니다. 신앙이란 지식과 입술뿐만 아니라 마음을 온통 기울이는 것입니다. 입으로는 하나님과 가까운 체하나 마음은 멀리 있는 자가 많고(마 15:8), 하나님을 공경한다는 것도 사람들의 관습을 따라 듣고 배운 것을 어쩔 수 없이 흉내 낼 뿐, 마음이 담긴 참신앙이 아닐 때가 많습니다(마 15:8-9, 막 7:6-7). 진정한 신앙이라면 마음을 다 바쳐야 합니다(잠 23:26). 이사야 29:13에서 "주께서 가라사대 이 백성이 입으로는 나를 가까이하며 입술로는 나를 존경하나 그 마음은 내게서 멀리 떠났나니 그들이 나를 경외함은 사람의 계명으로 가르침을 받았을 뿐이라"라고 말씀하고 있습니다.

(2) "너의 성품을 다하고"

신명기 6:5의 '성품'은 한자로 '성품 성(性), 물건 품(品)'으로, '성질과 됨됨이, 사람의 본성 혹은 성질'을 말합니다. 히브리어로는 '네페쉬'(נֶפֶשׁ)이며, '호흡, 생명, 영혼'을 의미합니다. 이와 병행되는 마태복음 22:37의 "목숨을 다하고"에서 '목숨'은 헬라어 '프쉬케'(ψυχή)로, 뜻은 동일합니다. 성품을 다하는 것은, 사람이 태어날 때부터 가진 모든 것 곧 목숨을 다하는 것입니다. 예수님께서 "사람이 무엇을 주고 제 목숨을 바꾸겠느냐"(마 16:26, 막 8:37)라고 말씀하신 것처럼, 사람의 목숨은 이 세상의 그 어떤 것과도 바꿀 수 없는 소중한 것입니다. 이토록 세상에서 가장 귀한 목숨을 바칠 수 있는 대상은 오직 하나님뿐임을 선언하시고 또한 그것을 요구하신 것입니다. 요한일서 3:18에서 "자녀들아 우리가 말과 혀로만 사랑하지 말고 오직 행함과 진실함으로 하자"라고 말씀하신 것처럼, 하나님을 향한 사랑과 섬김은 온전한 마음과 인간의 지정의와 생명까지 모두 동원되고 바쳐지는 전인적(全人的)인 것이어야 합니다.

(3) "너의 힘을 다하고"

신명기 6:5의 '힘'은 히브리어 '메오드'(מְאֹד)로, '능력, 풍부, 넘치는 것'을 의미합니다. 힘을 다한다는 것은 그 사람이 내놓을 수 있는 최대한의 것, 넘치는 활동력, 넘치는 수고를 의미합니다. 사도 바울은 복음 전파를 위해 힘에 지나도록 심한 고생을 받았다고 간증하였습니다(고후 1:8). 그러나 힘을 다하여 하나님을 사랑할 수 있는 것은 '하나님께서 공급해 주시는 힘'을 받았기 때문에 가능합니다(빌 4:13, 골 1:29, 벧전 4:11). 그러므로 우리가 하나님께서 공급해 주시는 힘을 받아서 수고할 때 하나님께서 영광을 받으실 것입니다(참고-고전 15:10, 벧전 4:11下).

한편, 이와 병행되는 마태복음 22:37의 말씀은 "뜻을 다하여"입니다. 여기 '뜻'은 헬라어 '디아노이아'(διάνοια)로, '깊은 사고, 지각'이라는 뜻입니다. 그러므로 힘을 다하는 것은, 하나님께서 내 삶 속에 풍성하게 넘치도록 채워 주신 모든 것들을 깊이 생각하면서 그것들을 총동원하여 하나님을 사랑하는 것입니다.

하나님을 섬기는 것은 사람의 어느 한 부분만으로는 불가능한 것입니다. 마음을 다하고, 성품을 다하고, 힘을 다하는 이 세 가지는 독립해서 생각할 수 없는 한 덩어리입니다. 자신의 전 인격과 생명과 소유를 동원해야 하는 것이니, 사실상 하나님을 사랑함에 있어서 나(우리)를 위해 남겨 두는 것이 없어야 한다는 뜻입니다(참고-욥 1:21). 중간에 다른 동기가 끼어들어서는 안 된다는 것입니다. 사도 바울의 옥중 고백과 같이, 살든지 죽든지 그리스도를 존귀케 하는 일에 자기 전부를 온전히 드리는 상태입니다(빌 1:20-21).

우리가 평생 하나님의 뜻과 상관없이 우리 자신과 자기 가족만을 섬긴 일은, 끝날에 아무 상급이 없고 후회만 막심할 것입니다. 그러나 우리가 하나님을 사랑하고 그분의 말씀을 복종한 일은 영원토록 우리에게 만족과 행복을 가득 안겨 줄 것입니다.

하나님께서는 우리가 사모해야 할 유일한 대상입니다. 하나님만이 우리의 간절한 기대와 소망입니다. 시편 16:2에서 "내가 여호와께 아뢰되 주는 나의 주시오니 주 밖에는 나의 복이 없다 하였나이다"라고 말씀하고 있습니다. 하나님께서는 자기를 사랑하고 그 계명을 지키는 자에게는 은혜를 천대까지 이르게 하시는 분입니다(출 20:6, 신 5:10).

2. 네 이웃을 사랑하라

Love your neighbor.

(1) 하나님을 사랑하는 마음으로 사랑하라

예수님께서 말씀하신 두 번째 계명은 "둘째는 그와 같으니 네 이웃을 네 몸과 같이 사랑하라"라는 것입니다(마 22:39). 여기 "같으니"는 헬라어 '호모이오스'(ὅμοιος)로, 동등한 두 사물을 비교할 때 사용되는 단어입니다. 그러므로 이웃 사랑의 계명 역시 '하나님을 사랑하라'라는 계명과 똑같이 중요한 계명입니다. 이웃을 내 몸과 같이 사랑하는 것은 하나님 사랑의 표현이며 척도입니다(참고-막 9:37). 그러므로 하나님께 대한 사랑과 이웃에 대한 사랑은 서로 뗄 수 없는 불가분의 관계를 가지고 있습니다. 요한일서 4:20-21에서 "누구든지 하나님을 사랑하노라 하고 그 형제를 미워하면 이는 거짓말하는 자니 보는바 그 형제를 사랑치 아니하는 자가 보지 못하는바 하나님을 사랑할 수가 없느니라 [21]우리가 이 계명을 주께 받았나니 하나님을 사랑하는 자는 또한 그 형제를 사랑할지니라"라고 말씀하고 있습니다.

한편, 마태복음 22:39의 "네 이웃을 네 몸과 같이 사랑하라"에서 "사랑하라"라는 단어는, 마태복음 22:37에서 하나님을 사랑하라는 계명에 사용된 단어와 같은 헬라어 '아가파오'(ἀγαπάω)입니다. 이것은 이웃을 사랑하되, 하나님을 사랑하는 마음으로 이웃을 사랑하라는 말씀입니다. 하나님을 잘 섬기고 하나님을 사랑하는 사람은 내 이웃을 사랑할 수 있는 힘을 공급받습니다(요일 4:21).

그러므로 우리는 이웃에게 사랑을 베풀되, 마음을 다하여 주께 하듯 하고 사람에게 하듯 해서는 안 됩니다(골 3:23). 이웃을 섬기되, 눈가림만 하여 사람을 기쁘게 할 것이 아니요, 단 마음으로 주께 하듯 섬겨야 합니다(엡 6:6-7).

또 무엇을 하든지 말에나 일에나 다 주 예수의 이름으로 하고, 그를 힘입어 하나님 아버지께 감사해야 합니다(골 3:17). 이웃 사랑은 이웃에게 베푼 그대로 고스란히 내게로 돌아오는 참으로 신비한 원리입니다(딤전 6:18-19). 하나님께서는 가난한 자를 불쌍히 여기고 잘 대접하면 하나님께 꾸인 것이니 직접 갚아 주신다고 약속하셨습니다(잠 19:17, 참고-잠 11:24-25). 빈약한 자를 권고(眷顧)하는 자는 재앙의 날에 여호와께서 건져 주시는 복이 있다고 말씀하셨습니다(시 41:1). 예수님께서도 "지극히 작은 자 하나"에게 한 것은 곧 주께 한 것이라고 말씀하셨습니다(마 25:40). 반면에, 가난한 자를 학대하는 자는 하나님을 멸시하는 자입니다(잠 14:31, 17:5). 귀를 막고 가난한 자의 부르짖는 소리를 듣지 않으면 자기의 부르짖을 때에도 들을 자가 없다고 말씀하셨습니다(잠 21:13). 재물이 있으면서 형제의 궁핍한 것을 보고도 도와줄 마음을 갖지 않는 것은, 그 속에 하나님의 사랑이 없는 것입니다(요일 3:17).

(2) 자기 몸같이 사랑하라

예수님께서 마태복음 22:39에 "둘째는 그와 같으니 네 이웃을 네 몸과 같이 사랑하라"라고 말씀하셨습니다(막 12:31, 33, 눅 10:27-

28). 여기 "네 몸과 같이"는 헬라어 '호스 세아우톤'(ώς σεαυτόν)으로, '네 자신과 같이'(as yourself)라는 뜻입니다. 남(이웃)을 자기만큼 사랑한다면 남에게 대해서는 그 위에 더 큰 사랑이 없습니다. 그래서 이웃 사랑을 내 몸과 같이 하는 것이 "최고한 법"(표준새번역: 으뜸가는 법-약 2:8)이라 하였고, "... 다른 계명이 있을지라도 네 이웃을 네 자신과 같이 사랑하라 하신 그 말씀 가운데 다 들었느니라"라고 말씀하셨습니다(롬 13:9). 갈라디아서 5:14-15에서도 "온 율법은 네 이웃 사랑하기를 네 몸같이 하라 하신 한 말씀에 이루었나니 [15]만일 서로 물고 먹으면 피차 멸망할까 조심하라"라고 말씀하고 있습니다.

자기 몸을 위한 것이라면 우리는 얼마나 아낌없이 투자합니까? 자기 몸같이 사랑한다는 것은, 사랑할 때에 무슨 보상을 바라지 않는다는 것입니다. 상대방으로부터 아무 기대도 할 수 없을 때에도 아낌없이 베풀 수 있어야 됩니다. 누가복음 6:34을 공동번역은 "너희가 만일 되받을 가망이 있는 사람에게만 꾸어 준다면 칭찬 받을 일이 무엇이겠느냐 죄인들도 고스란히 되받을 것을 알면 서로 꾸어 준다"라고 번역하고 있습니다.

그러나 남을 자기 몸같이 사랑하라는 이웃 사랑의 대강령은 참으로 실천하기 어려운 말씀입니다. 한 율법사가 예수를 시험하려고 영생 얻는 방법을 여쭈었을 때(눅 10:25), 예수님께서는 "율법에 무엇이라 기록되었으며 네가 어떻게 읽느냐"라고 되물어(눅 10:26), 오히려 율법사에게 그 답변을 유도하셨습니다. 율법사는 신명기 6:5, 레위기 19:18을 가지고 바른 답변을 했고(눅 10:27), 예수님께서는 훌륭하게 답변한 율법사에게 "이를 행하라 그러면 살리라"(공동번역: '옳은 대답이다. 그대로 실천하라. 그러면 살 수 있다.')라고 대답하셨습니다(눅 10:28). 율법사는 여기서 그치지 않고, 자기를 옳게 보이려고 "내 이웃이 누구오니이까"라고 또 여쭈었습니다(눅 10:29). 이때 예수님께서는 선한 사마리아 사람의 비유를 통해 과연 누가 참이웃인가를 정확하게 깨우쳐 주시고는, "가서 너도 이와 같이 하라"라고 말씀하셨습니다(눅 10:30-37).

이 율법사는 그가 늘 외우던 율법의 대강령 중 하나인 '이웃 사랑'이 결코 쉬운 일이 아님을 느꼈을 것입니다. 사마리아인의 선행은 아무나 하기 어려운, 거의 불가능한 일이었습니다. 그는 예루살렘에서 여리고로 내려가다가 강도들을 만나 거반 죽어 가던 자를 그냥 피하지 않았습니다. 그는 강도 만난 자를 보는 순간 불쌍히 여겨, 기름과 포도주를 그 상처에 붓고 싸매고 자기 짐승에 태워, 동네 주막집으로 데리고 가서 돌봐 주었습니다(눅 10:33-34). 그 이튿날에 주막을 떠나면서 주막 주인에게 데나리온 둘을 아낌없이 내어 주고, "이 사람을 돌보아 주라 부비가 더 들면 내가 돌아올 때에 갚으리라"라고 하며 끝까지 책임을 졌습니다(눅 10:35). 그가 꼭 회복되기를 바라고 마음 졸이며 시간과 물질과 온 마음과 정성을 다 바친 것입니다. 선한 사마리아인이야말로 마음과 목숨과 힘과 뜻을 다해 하나님을 사랑하고, 이웃을 제 몸과 같이 사랑한 자입니다(눅 10:27). 오직 하나님 한 분 외에는 선한 이가 없습니다(마 19:17, 막 10:18, 눅 18:19). 율법에 기록된 그대로 온전히 이웃 사랑을 준행하신 예수님 자신이 바로 그 선한 사마리아 사람이요, 참된 이웃이며, 영생을 주시는 장본인이셨습니다(참고-눅 10:29-37).

우리가 아직 죄인 되었을 때에 그리스도께서 우리를 위하여 죽으심으로, 예수님께서는 하나님 사랑, 이웃 사랑, 즉 율법의 대강령을 모두 십자가 상에서 이루시고 완성하셨습니다. 굵은 가시가 박히신 예수님의 머리에서 흘러나오는 선혈은 예수님의 눈 속에서 굳어 갔으며, 예수님께서는 눈을 뜨실 수도 없었습니다. 양손 양발에 못이 박힐 때, 살점이 나무에 박히고 세포와 힘줄이 파열되어, 시시각각 밀려오는 고통은 한순간도 견디기 어려울 정도였습니다. 그러한 극도의 고통 가운데 십자가 상에서 예수님께서 선포하신 첫 말씀은 원수까지도 용서하시는 최고의 이웃 사랑이었습니다. 누가복음 23:34을 볼 때, "아버지여 저희를 사하여 주옵소서 자기의 하는 것을 알지 못함이니이다"라고 탄원의 기도를 계속적으로 올리셨습니다(마 5:44, 46, 18:21-22, 35). 하나님께서는 원수 되었던 우리에게 대한 자신의 사랑을 십자가에서 확증하셨습니다(롬 5:8).

인간의 힘과 의지로는 하나님의 계명을 온전히 다 지킬 수 없습니다. 그러나 십자가에서 모든 계명을 완성하신 예수님의 십자가 대속의 사랑을 깨달아, 형제를 위하여 자기 목숨을 버리는 '최고의 사랑'을 실천할 수 있을 때(요 15:13, 요일 3:16), 우리는 하나님의 주권으로 십계명을 실천한 것으로 인정받게 됩니다(갈 5:14, 참고-롬 10:4). 왜냐하면 우리가 서로 사랑할 때, 우리가 하나님으로부터 났으며 하나님을 알고, 진리에 속해 있다는 것을 알 수 있기 때문입니다(요일 3:19, 4:7). 또한 서로 사랑하는 자는 주 안에 거하고 주는 저 안에 거하시며, 우리에게 주신 성령으로 말미암아 그가 우리 안에 거하시는 줄을 알게 되고(요일 3:23-24, 4:13) 사망에서 생명으로 옮겨지게 됩니다(요일 3:14). 또한 하나님의 사랑이 우리 안에서 완성되어(요일 4:12), 심판 날에 두려움 없이 담대함을 갖게 되는 놀라운 축복을 받습니다(요일 4:17-18). 로마서 13:8에서도 "피차 사랑의 빚 외에는 아무에게든지 아무 빚도 지지 말라 남을 사랑하는 자는 율법을 다 이루었느니라"라고 말씀하고 있습니다. 그러므로 사랑의 최고 완성을 보여 주신 예수 그리스도의 십자가야말로 십계명의 실체요, 성취요, 완성입니다.

예수님께서는 율법을 폐하러 오신 분이 아니라 율법을 완성하러 오신 분입니다. 마태복음 5:17-18에서 "내가 율법이나 선지자나 폐하러 온 줄로 생각지 말라 폐하러 온 것이 아니요 완전케 하려 함이로라 [18]진실로 너희에게 이르노니 천지가 없어지기 전에는 율법의 일점 일획이라도 반드시 없어지지 아니하고 다 이루리라"라고 말씀하고 있습니다(마 24:35, 막 13:31, 눅 21:33). 로마서 10:4에서도 "그리스도는 모든 믿는 자에게 의를 이루기 위하여 율법의 마침이 되시니라"라고 말씀하고 있습니다. 그러므로 우리는 십계명을 비롯한 모든 율법의 완성자요 마침이 되신 예수 그리스도를 믿음으로 의롭다 함을 받고(갈 3:24), 율법을 굳게 세우는 자가 되는 것입니다. 로마서 3:31에서 "그런즉 우리가 믿음으로 말미암아 율법을 폐하느뇨 그럴 수 없느니라 도리어 율법을 굳게 세우느니라"라고 말씀하고 있습니다.

나아가, 십계명 준수는 하나님께 받은 은혜와 사랑에 대한 감사와 감격의 표현입니다. 하나님께서는 애굽의 고역에서 이스라엘을 구원하시어 출애굽 시키신 후에 십계명을 주셨습니다. 애굽에서 이스라엘 백성은 종(עֶבֶד, 에베드: 노예)이었습니다. 비참한 신분에서 하나님의 언약으로 하나님의 장자, 특별한 소유, 제사장 나라, 거룩한 백성이 된 것입니다(출 4:22, 19:5-6).

죄의 삯은 사망입니다(롬 6:23). 죄에게 미혹되어 최후에는 멸망받을 수밖에 없는, 소망 없는 인생을 하나님께서 "이처럼 사랑하사" 독생자 예수 그리스도를 이 땅에 보내 주시고 영생을 선물로 주셨습니다(요 3:16). 하나님과 원수 되었던 우리를 하나님께서 '먼저 사랑'으로 찾아오셨습니다(요일 4:10, 19). 하나님과 멀리 떨어져 있던 우리가 아가페 사랑, 그리스도의 피의 공로로 가까워졌습니다(엡 2:13).

그러므로 십계명 준수는, 하나님의 한량없는 은혜와 무궁하신 사랑에 감격하여 자원하는 심령에서 솟구쳐 오르는 기쁨의 보답입니다. 십계명의 매(每) 계명과 그에 대한 세부 율법 속에는 전 인류를 다 살리고도 남음이 있는 하나님 사랑의 열심(사 9:7, 겔 39:25, 참고-고후 11:2)이 가득합니다. 그러므로 그 계명을 예수 그리스도와 그분의 십자가 대속의 사랑 안에서 믿음과 기쁨으로 순종할 때, 하나님의 거룩과 영원한 생명을 삶 가운데 깊이 체험하며 날마다 변화하는 인생이 될 것입니다.

각 장에 대한 주(註)

제 1 장 시내산 언약

1) 아비멜렉(אֲבִימֶלֶךְ): '왕이신 나의 아버지'란 뜻으로, 그랄에 있던 블레셋 왕이다(창 26:1-33). 아브라함과 관련된 아비멜렉이 아니고, 약 1세기가 지나 이삭과 관련된 다른 아비멜렉이다. 아비멜렉이 여기서도 그저 왕을 의미하고, 그 왕의 이름을 말함이 아니다. 그것은 애굽에서 '바로'라는 말이 그 나라 모든 왕에게 통용되었던 것과 같다.

2) Darrell L. Bock, *Luke Volume 1: 1:1-9:50*, Baker Exegetical Commentary on the New Testament (Grand Rapids, MI: Baker Academic, 1994), 182.

3) Gerhard Kittel, Geoffrey W. Bromiley and Gerhard Friedrich, ed., *Theological Dictionary of the New Testament*, vol. 4, electronic ed. (Grand Rapids, MI: Eerdmans, 1964), 620.

4) [참고] 창 22:16-18, 24:7, 26:3, 50:24, 출 6:8, 13:5, 11, 17:16, 32:13, 33:1, 민 11:12, 14:16, 21-23, 32:10-11, 신 1:8, 35, 4:21, 31, 6:10-13, 18-19, 23, 7:8, 12-13, 8:1, 18, 9:5, 10:11, 11:9, 21, 13:17, 19:8, 26:3, 15, 28:9, 11, 29:12-13, 30:20, 31:7, 20-21, 23, 34:4, 수 1:6, 5:6, 21:43-44, 삿 2:1, 대상 16:16, 느 9:15, 시 89:3, 35, 49, 105:9, 110:4, 렘 11:5, 16:15, 32:22, 44:26, 겔 16:8, 59, 17:18-19, 20:5-6, 28, 42, 47:14, 미 7:20, 눅 1:73, 히 6:13-17

5) 출 6:4, 13:5, 11, 32:13, 33:1, 레 14:34, 20:24, 26:42, 민 11:12, 14:23, 32:11, 신 1:8, 35, 3:18, 4:31, 5:31, 6:10, 23, 7:8, 12-13, 8:1, 18, 9:5, 10:11, 11:9, 21, 12:10, 19:2, 8, 14, 20:16, 24:4, 25:19, 26:1, 3, 15, 28:11, 29:13, 30:20, 31:7, 20, 34:4, 수 1:6, 5:6, 18:3, 21:43, 삿 2:1, 왕상 8:34, 36, 40, 48, 14:15, 왕하 13:23, 21:8, 행 7:5, 26:6, 갈 3:17, 히 11:9

제 2 장 모세의 8차례 시내산 등정

6) Rashi, *Commentary on the Torah*, vol. 2, trans. Yisrael Herczeg (Brooklyn, NY: Mesorah Publications, 1995), 221.
7) John I. Durham, *Exodus*, vol. 3, Word Biblical Commentary (Dallas: Word, Incorporated, 1998), 263.
8) Carl Friedrich Keil and Franz Delitzsch, *Commentary on the Old Testament*, Ex 19:5 (Peabody, MA: Hendrickson, 1996).
9) Robert Jamieson, A. R. Fausset and David Brown, *Commentary Critical and Explanatory on the Whole Bible*, Ex 19:16 (Oak Harbor, WA: Logos Research Systems, Inc., 1997).
10) Durham, *Exodus*, 270-71.
11) M. J. Harris, "Trumpet," in *New International Dictionary of New Testament Theology*, vol. 3, ed. Lothar Coenen, Erich Beyreuther and Hans Bietenhard (Grand Rapids, MI: Zondervan Publishing House, 1986), 874.
12) H. D. M. Spence-Jones, ed., *Exodus*, vol. 2, The Pulpit Commentary (London; New York: Funk & Wagnalls Company, 1909), 224.
13) Douglas K. Stuart, *Exodus*, vol. 2, The New American Commentary (Nashville: Broadman & Holman Publishers, 2006), 555.
14) Noel D. Osborn and Howard A. Hatton, *A Handbook on Exodus*, UBS Handbook Series (New York: United Bible Societies, 1999), 750.
15) Willem VanGemeren, ed., *New International Dictionary of Old Testament Theology & Exegesis*, vol. 4 (Grand Rapids, MI: Zondervan Publishing House, 1997), 38.
16) 원용국, 「신명기 주석」 (생명의 말씀사, 1993), 190.
17) Samuel A. Berman, *Midrash Tanhuma-Yelammedenu* (Hoboken, NJ: KTAV Publishing House, Inc., 1996), 615-16.

제 3 장 성경의 강령(綱領) 십계명, 그 열 가지 본질(本質)

18) Ludwig Koehler, Walter Baumgartner, M. E. J. Richardson and Johann Jakob Stamm, *The Hebrew and Aramaic Lexicon of the Old Testament*, electronic ed. (Leiden; New York: E.J. Brill, 1999), 1710.

19) Wilhelm Gesenius and Samuel Prideaux Tregelles, *Gesenius' Hebrew and Chaldee Lexicon to the Old Testament Scriptures* (Bellingham, WA: Logos Bible Software, 2003), 608.

20) VanGemeren, ed., *Old Testament Theology* & *Exegesis*, vol. 2, 1142-43.

21) 시편 119:16의 '후카'(חֻקָּה)는 '호크'(חֹק)의 여성형으로, '후카'와 '호크' 모두 '돌에 새기다, 칼집을 넣다, 그리다, 명시하다'라는 뜻의 '하카크'(חָקַק)에서 유래하였습니다. 구약성경에서 '후카'는 104회(100구절에서 104회 - 민 9:14, 15:15, 겔 5:6, 43:11에서 2회씩), '호크'는 130회(127구절에서 130회. 창 47:22, 레 10:13, 14에서 2회씩) 사용되었으며, 시편 119편에서는 '후카'가 1회, '호크'가 21회 사용되었습니다.

22) R. Laird Harris, Gleason L. Archer, Jr. and Bruce K. Waltke, ed., *Theological Wordbook of the Old Testament* (Chicago: Moody Press, 1999), 731.

23) VanGemeren, ed., *Old Testament Theology & Exegesis*, vol. 2, 1070.

24) Derek Kidner, *Psalms 73-150: An Introduction and Commentary*, vol.16, Tyndale Old Testament Commentaries (Downers Grove, IL: InterVarsity Press, 1975), 454.

25) 마 5:18, 26, 6:2, 5, 16, 8:10, 10:15, 23, 42, 11:11, 13:17, 16:28, 17:20, 18:3, 13, 18, 19, 19:23, 28, 21:21, 31, 23:36, 24:2, 34, 47, 26:13, 21, 34, 막 3:28, 8:12, 9:1, 41, 10:15, 29, 11:23, 12:43, 13:30, 14:9, 18, 25, 30, 눅 4:24, 12:37, 18:17, 29, 21:32, 23:43

26) 요 1:51, 3:3, 5, 11, 5:19, 24, 25, 6:26, 32, 47, 53, 8:34, 51, 58, 10:1, 7, 12:24, 13:16, 20, 21, 38, 14:12, 16:20, 23, 21:18.

제 4 장 만대의 언약 십계명, 그 특징과 원리

27) Spence-Jones, ed., *Exodus*, vol. 2, 140-42.

28) Spence-Jones, ed., *Exodus*, vol. 2, 130.

29) VanGemeran, ed, *Old Testament Theology* & *Exegesis*, vol. 3, 552-53.

30) Stuart, *Exodus*, 442.

31) Joe M. Sprinkle, *The Book of the Covenant: A Literary Approach* (Sheffield, England: Sheffield Academic Press, 1994), 25-26.

32) Norbert Lohfink, S.J., "The Great Commandment," in *The Christian Meaning of the Old Testament*, trans. R. A. Wilson (London: Burns & Oates, 1969), 87-102.

33) Dennis T. Olson, *Deuteronomy and the Death of Moses: A Theological Reading* (Minneapolis, Minnesota: Fortress Press, 1994), 40-48.

34) Edward Fisher, *The Marrow of Modern Divinity* (Philadelphia: Presbyterian Board of Publication, 1788), 35-36.

제 5 장 만대의 언약 십계명(열 말씀들)

35) Stuart, *Exodus*, 280.

36) 조영엽, 「신론」 (개정5판) (기독교문서선교회, 2012), 36.

37) James M. Freeman and Harold J. Chadwick, *Manners & Customs of the Bible* (North Brunswick, NJ: Bridge-Logos Publishers, 1998), 172. Also, John E. Hartley, Leviticus, vol. 4, Word Biblical Commentary (Dallas: Word, Incorporated, 1998), 278.

38) 조영엽, 「가톨릭교회교리서 비평」 (CLC, 2010), 102.

39) 조영엽, 「가톨릭교회교리서 비평」, 102.

40) Everett F. Harrison, ed., *Baker's Dictionary of Theology* (Grand Rapids, MI: Baker Book House, 1960), 252.

41) U. Cassuto, *A Commentary on the Book of Exodus* (Jerusalem: The Magnes Press, 1997), 334.

42) Waldemar Janzen, *Exodus,* Believers Church Bible Commentary (Waterloo, ON; Scottdale, PA: Herald Press, 2000), 340-41.

43) 조영엽, 「신론」, 42.

44) 손석태, 「출애굽기 강의」 (ESP, 2005), 155.

45) 전정진, 「레위기 어떻게 읽을 것인가」 (서울: 성서유니온선교회, 2004), 265.

46) P. B. Fitzwater, *Christian Theology: A Systematic Presentation* (Grand Rapids, MI: Eerdmans Publishing Co., 1948), 373.

47) Leon Morris, *The Gospel According to Matthew,* The Pillar New Testament Commentary (Grand Rapids, MI; Leicester, England: W.B. Eerdmans; Inter-Varsity Press, 1992), 304.

48) Matthew Henry, *Matthew Henry's Commentary on the Whole Bible: Complete and Unabridged in One Volume* (Peabody: Hendrickson, 1994), 1671.

49) 불량자(בְּלִיַּעַל, 벨리야알)라는 말은 '쓸모없는 자, 무가치한 자'라는 뜻으로, '벨리'(בְּלִי ...이 없는)와 '야알'(יַעַל, 가치가 있다)이 결합된 단어입니다. 신약성경에서는 '벨리알'로서 '불법의 사람, 사단, 적그리스도'를 가리키는 뜻으로 쓰였습니다(고후 6:15, 살후 2:3).

50) 마 5:16, 45, 48, 6:1, 4, 6(2회), 8, 9, 14, 15, 18(2회), 26, 32, 7:11, 21, 10:20, 29, 32-33, 11:25-27(3회), 12:50, 13:43, 15:13, 16:17, 27, 18:10, 14, 19, 35, 20:23, 23:9, 24:36, 25:34, 26:29, 39, 42, 53, 28:19 → **44회**, 막 11:25, 26, 13:32, 14:36 → **4회**, 눅 2:49, 6:36, 9:26, 10:21(2회)-22(3회), 11:2, 13, 12:30, 32, 22:29, 42, 23:34, 46, 24:49 → **17회**, 요 2:16, 4:21, 23(2회), 5:17, 19, 20-23(2회), 26, 36(2회)-37, 43, 45, 6:27, 32, 37, 40, 44-46(2회), 57(2회), 65, 8:16, 18-19(2회), 28, 38, 42, 49, 54, 10:15(2회), 17-18,

25, 29(2회), 30, 32, 36–38(2회), 11:41, 12:26–28, 49–50, 14:2, 6, 7, 9(2회), 10(3회), 11(2회), 12, 13, 16, 20–21, 23–24, 26, 28(2회), 31(2회), 15:1, 8–10, 15–16, 23–24, 26(2회), 16:3, 10, 15, 17, 23, 25–28(2회), 32, 17:1, 5, 11, 21, 24-25, 18:11, 20:17(3회), 21 → **110회**, 행 1:4, 7 → **2회 총177회**

51) Cyprian of Carthage, "On Jealousy and Envy," trans. Robert Ernest Wallis, in *The Ante-Nicene Fathers, Volume V: Fathers of the Third Century: Hippolytus, Cyprian, Novatian, Appendix*, ed. Alexander Roberts, James Donaldson and A. Cleveland Coxe (Buffalo, NY: Christian Literature Company, 1886), 493.

찾아보기

원어
히브리어·헬라어

숫자

주요 단어

ㄱ

ㄴ

ㄷ

ㅂ

ㅇ

ㅊ

수정증보판

하나님의 구속사적 경륜으로 본

영원한 만대의 언약 십계명

초판 1쇄 2012년 12월 19일
3판 2쇄 2022년 12월 17일

저 자 박윤식

발행처 휘선
주 소 08345 서울시 구로구 오류로 8라길 50
전 화 02-2684-6082
팩 스 02-2614-6082
이메일 Huisun@pyungkang.com

등록 제 25100-2007-000041호
책값 25,000원

Printed in Korea
ISBN 979-11-89611-15-6
ISBN 979-11-964006-3-7 04230 (세트)

※ 낙장·파본은 교환해 드립니다.
이 도서의 국립중앙도서관 출판예정도서목록(CIP)은 서지정보유통지원시스템 홈페이지(http://seoji.nl.go.kr)와 국가자료공동목록시스템(http://www.nl.go.kr/kolisnet)에서 이용하실 수 있습니다.
(CIP제어번호: CIP2019042703)

휘선은 '사단법인 성경보수구속사운동센터'의 브랜드명입니다.

휘선(暉宣)은 예수 그리스도의 복음의 참빛이 전 세계 속에 흩어져 있는 수많은 영혼들에게 널리 알려지고 전파되기를 소원하는 이름입니다.